Lexikon der Entdeckungsreisen

Lexikon der Entdeckungsreisen

Heinrich Pleticha
Hermann Schreiber

A – H

Edition Erdmann

Die Deutsche Bibliothek – CIP-Einheitsaufnahme

Pleticha, Heinrich:
Lexikon der Entdeckungsreisen /
Heinrich Pleticha ; Hermann Schreiber. –
Stuttgart; Wien; Bern: Ed. Erdmann
Bd. 1. A – H. – 1999
ISBN 3 522 60000 2

Umschlaggestaltung: Michael Kimmerle, Stuttgart
unter Verwendung der Weltkarte von Joan und Wilhelm J. Bleau
(Amsterdam 1662)
Schrift: New Baskerville und Frutiger
Satz: KCS GmbH, Buchholz/Hamburg
Reproduktion: Die Repro, Tamm
Druck und Bindung: Franz Spiegel Buch GmbH, Ulm

5 4 3 2 1* 99 00 01 02 03

Ein Lexikon besonderer Art

Die Erde ist unser Schicksal und sie zu entdecken war und ist das größte Abenteuer der Menschheit. Seit die Pharaonin Hatschepsut vor mehr als dreitausend Jahren stolz ihren Bericht über eine weite Meerfahrt in die Wände eines Tempels ritzen ließ, haben die Menschen immer wieder von ihrem Aufbruch ins Ungewisse, von der Suche nach fernen Ländern, Fahrten auf unbekannten Meeren, Märschen durch Dschungel und Wüste berichtet.

Man hat ihre Berichte und die Ergebnisse dieser grandiosen und weltweiten Bemühungen in ganzen Bibliotheken gesammelt, die heute längst unüberschaubar geworden sind. Man hat die Lebensgeschichten der berühmtesten Entdecker geschrieben, man hat über den einen hundertmal berichtet, über einen anderen noch gar nicht und doch ist oft der eine ohne den anderen gar nicht möglich und denkbar, sind sie alle gleichermaßen Kämpfer in unserem gemeinsamen Schicksal, das uns auffordert unseren Planeten kennen zu lernen, ihn zu lieben, wo immer es sei, und ihn für uns alle zu bewahren: auch in den Polargebieten und den Wüsten, auch in den Einöden und den unendlichen Wäldern. Denn dies alles ist seit urdenklichen Zeiten und in einem kunstvollen, unergründlichen Gleichgewicht, unser Leben, das heißt unsere Vergangenheit, unsere Gegenwart und unsere Zukunft.

Nicht immer haben sich die Menschen, haben sich die Entdecker an dieses Gebot gehalten. Bunt wie die Menschheit selbst ist auch die große Schar der Entdecker. Es gab und gibt Idealisten unter ihnen, die der Forschungseifer hinaustrieb in die unbekannte Ferne, die nur nach Erkenntnis strebten und nicht nach materiellen Werten, die keinen Sensationen nachjagten, sondern zufrieden waren, wenn es ihnen gelang, den Schleier des Unbekannten nur ein wenig zu lüften, nur den kleinsten Flecken von der Landkarte zu tilgen, die auch Verständnis zeigten für die fremden Menschen, denen sie begegneten, und die deren Kulturen zu erfassen und zu achten suchten. Sie bildeten, das darf man doch einmal sagen, die Mehrheit. Nicht wenige unter ihnen bezahlten ihren Forschungseifer mit dem Leben. Weil es gerade die Jungen hinaustrieb, starben sie jung, noch ehe sie richtig zu leben begonnen hatten.

Es gab aber auch genug andere unter ihnen, die Ruhmsucht hinaustrieb, und mehr noch die Gier nach Schätzen und Reichtum, die sich brutal um ihres Vorteils willen über alle sittlichen Gebote hinwegsetzten, die mithalfen die entdeckten Gebiete auszubeuten, die dort lebenden Menschen zu unterwerfen und sogar auszurotten. Aber auch von ihnen mussten manche ihr Vorgehen und ihre Gier mit dem Leben bezahlen.

Es liegt im Wesen eines biografischen Lexikons, dass es das Leben der Menschen zu erfassen sucht, und so wie jeder Beitrag mit dem Geburtsjahr beginnt und dem Sterbejahr endet, so kann und darf er sich nicht mit den positiven und negativen Auswirkungen der einzelnen Reisen auseinander setzen, weil diese erst nach dem Tode spürbar werden. Es muss daher dem Leser überlassen bleiben und ihm angeraten werden, sich, wo es ihm notwendig erscheint, in zusammenfassenden Entdeckungsgeschichten weiter zu informieren. Deshalb wurden auch die bekanntesten modernen Darstellungen im Literaturverzeichnis aufgeführt.

Natürlich können in einem Nachschlagewerk, wie es hier versucht worden ist, nicht alle Entdecker aufgeführt werden. Und es ist wohl auch verständlich, dass wir unter einem Namens-Stichwort nicht auf Dutzenden von Seiten Reisen und Abenteuer schildern konnten, sondern uns damit begnügen mussten, die großen Zusammenhänge aufzuzeigen. Je bekannter ein Entdecker war, umso leichter wird man uns zustimmen, weil es hier genügend andere Werke gibt, die dessen Lebensspuren folgen. Wir wollten aber nicht nur die bekannten Reisenden aufführen, sondern auch die oft zu Unrecht Vergessenen aus dem Dunkel ans Licht holen, nicht nur berichten, wer Amerika entdeckt hat, sondern auch von einsamen Inseln, von ewig verschneiten Einöden und verwehten Karawanenpisten. Und da eben wohl kaum jemand so prompt zu sagen wüsste, wer denn die Osterinsel, Tahiti oder auch Thule entdeckt hat, finden sich unter den biografischen Notizen auch viele geografische Hinweise, um das Suchen zu erleichtern.

Dieses Buch kennt keine Altersgrenzen. Wir wenden uns gleichermaßen an junge wie an alte Leser, an solche, die Information suchen oder einem entdeckungsgeschichtlichen Problem nachspüren möchten, aber auch an solche, die selbst auf Entdeckungsfahrten gehen, Menschen und abenteuerliche Schicksale kennen lernen möchten. Wir haben uns nicht durch sachliche Erwägungen und Prinzipien einengen lassen, weil Phantasie und Fernweh das nicht vertragen hätten. Wir haben die nüchternen Entdecker und die begeisterten Reisenden aufgenommen, wir haben die großen Gelehrten nicht mehr hervorgehoben als jene tüchtigen Walfänger, die sich angesichts des Treibeisgürtels auf einmal in Gelehrte verwandelten.

Wir haben uns bemüht die Texte möglichst lesbar zu gestalten und, so eng der Raum auch war, zu viele Abkürzungen zu vermeiden; wo wir es tun mussten oder konnten, verstehen sich die Kürzel von selbst und beeinträchtigen nicht die Lesbarkeit.

An Verweisen wurde nicht gespart, weil die Namensschreibung durch die zeitliche Distanz und die Internationalität unseres Wissensbereiches leider außerordentlich kompliziert wurde. Aus Gründen der Raumersparnis mussten wir uns bei zwei oder mehr Teilnehmern einer und derselben Expedition meistens auf einen Namen beschränken und auf die anderen hinweisen. Die Literaturwerke, die uns halfen und die auch den Lesern weiterhelfen können, sind aus dem gleichen Grund am Schluss zusammengestellt. In den Namensartikeln verzeichnen wir nur, was der Entdecker oder seine Mitreisenden selbst publiziert haben, und auch das in Auswahl des Wesentlichsten, wobei wir Werken, die ins Deutsche übersetzt wurden, den Vorzug gaben.

Eine Hauptschwierigkeit eines jeden Buches über Entdecker und ihre Reisen sind die Landkarten. Sie haben sich in Spezialverlagen zu großer Perfektion entwickelt, zu einer Perfektion wie sie in dem vorliegenden Werk nicht zu erreichen gewesen wäre. Wir haben darum auf die Hinzufügung von Karten ganz verzichtet und verweisen statt dessen auf den entdeckungshistorischen Weltatlas, der demnächst im selben Verlag wie dieses Lexikon erscheinen wird.

Die beiden Verfasser dieses Nachschlagewerkes sind nicht nur Kollegen, sondern alte Freunde und haben seit 1960 an vielen Büchern zusammengearbeitet. Wer wissen möchte, von wem dieser oder jener Artikel stammt, kann sich angesichts dieser engen Zusammenarbeit in bestem Einvernehmen nur an eine Art Faustregel halten: Die Afrika-Artikel und Asien-Stichworte der Buchstaben A–C stammen von Heinrich Pleticha, die übrigen Texte der zwei Bände von Hermann Schreiber.

A

Abbadie Antoine Thomson d', 1810–97, widmete sich vor allem der Erforschung Äthiopiens, wobei er zeitweilig von seinem jüngeren Bruder Arnauld-Michel d'A. (1815–93) tatkräftig unterstützt wurde. Die Brüder entstammten einem baskischen Adelsgeschlecht, da die Mutter aber Irin war, kamen sie beide in Dublin zur Welt. Nach Abschluss einer sorgfältigen Schulausbildung beschloss A. sich der Erforschung Afrikas zu widmen. Sechs Jahre bereitete er sich gründlich auf seine Aufgabe vor, bereiste 1836/37 Brasilien und traf sich 1837 in Massaua am Roten Meer mit seinem Bruder, der inzwischen in Algerien gewesen war. Eine erste kürzere Reise führte die beiden in das Innere Äthiopiens nach Gondar, von wo sie in den folgenden Jahren weitere Erkundungsreisen unternahmen. 1842 zog A. mit einer Pilgerkarawane zu den Felsenkirchen von Lalibela (→ Alvarez). Im Februar 1843 trat er seine größte Reise an, die ihn in das bis dahin weitgehend unbekannte Gebiet von Innarea führte. Dort erhielt er die Nachricht, dass der Gottkönig von Kaffa, einem damals noch selbstständigen Reich im SW Äthiopiens, ihn zu sehen wünschte. Noch nie zuvor hatte ein Europäer dieses Land betreten: A. hielt sich nur zwei Wochen in der Hauptstadt Bonga auf, dann kehrte er nach Condar zurück. Ein Versuch, mit seinem Bruder das von ihm in Äthiopien vermutete Quellgebiet des Weißen Nils zu finden, blieb erfolglos. Obwohl A. zu den bedeutendsten Äthiopien-Forschern seiner Zeit gehörte, wurde er doch verschiedentlich angefeindet, vor allem wollte man ihm nicht glauben, dass er bis nach Kaffa vorgedrungen war. Erst nach 1860 fanden die angezweifelten Messungen vor allem durch die Expedition → Heuglins ihre Bestätigung. Während Arnauld 1853 nochmals für ein Jahr nach Abessinien zurückkehrte, widmete sich A. ausschließlich seinen wissenschaftlichen Arbeiten und Veröffentlichungen; Hauptwerk: *Douze ans dans la Haute-Éthiopie (1868).*

Abd al Razzak, 1413–82, genannt al Samarkandi, Reisender und Diplomat aus Herat; 1441–44 auf Mission in Indien, weilte nach 1452 längere Zeit in Samarkand, wo er zahlreiche Verbindungen anknüpfte. Er beschrieb seine Reisen in verschiedene ind. Städte und die geschichtlichen und gesellschaftlichen Ereignisse dort in den Jahren nach 1317.

Abert James William, 1820–97, klassischer Philologe und Ingenieuroffizier, selbstständiger Entdecker im Bereich Ratonpass – Canadian River – Arkansas. A. verfertigte nach Auskünften von Indianern eine wertvolle Karte. Die Felszeichnungen vom Abert Lake (am Abert-Rim-Abbruch) wurden von der → Frémont-Expedition entdeckt, der A. angehörte.

Abraha, christlicher König von Saba, der um 530–71 herrschte. Er stieg aus dem Sklavenstand auf und hielt sich gegen alle Rebellionen. Als Entdeckerleistung gelten seine Expeditionen im Großraum der heutigen jemenit. Staaten und der Hadramautküste. Er machte den Versuch die Kirche von Sana an die Stelle der Kaaba von Mekka zu setzen und ihr als Pilgerziel Geltung zu verschaffen.

Abraham Charles John → Selwyn.

Abreu Antonio de, um 1480–?, portug. Entdecker der Molukken. Im Dienst des Vizekönigs d'Albuquerque ging er im Spätherbst 1511 von Malakka aus mit einer Flotte von drei Schiffen auf Entdeckungsreise. Sein Gefährte Francisco Serrão scheiterte mit der *Sabaia*, A. aber gelangte auf der *Santa Caterina* zu verschiedenen kleinen Sundainseln, fertigte Zeichnungen von ihnen an und vermaß auf weiten Strecken die Küsten von Java. Im Einzelnen können A. und Serrão (der nach seinem Schiffbruch auf einer Dschunke weitersegelte) als die Entdecker von Amboina, Ceram, Banda und der Insel Alor gelten. Ihre Fahrt wurde entscheidend für die portug. Handelspositionen auf den Gewürzinseln.

Abu Dulaf, Dichter, Reisender und Mineraloge des 10. Jh.s, von dem ein Itinerar von Buchara nach Bima (östl. von Khotan) die Forschung beschäftigt hat. A. begleitete eine nach Bima zurückkehrende Gesandtschaft und blieb längere Zeit im heutigen China, berichtet aber auch über zentralasiat. und ind. Landschaften und Städte und gibt selbst Wortkommentare zu schwierigen Partien seiner Werke. Dass diese so ungeordnet auf uns gelangt sind, hat lange ihren Wert in der Einzelaussage verdunkelt. Wüstenfeld, Yule-Oldliain, Marquart (s. Lit.) und andere Fachgelehrte haben sich ausführlich mit A. beschäftigt, der zu seiner Zeit als großer Reisender galt.

Abu Hamid al Gharnati, 1080–1170, stammte aus Granada und wurde einer der größten Reisenden der arab. Welt. Von seinem 30. Lebensjahr an war er beinahe unausgesetzt unterwegs, um die Grenzen des Islams zu erkunden, und gelangte dabei über Alexandria, Damaskus und Bagdad (wo er vier Jahre lebte) bis zur Wolgamündung. Danach war er drei Jahre in Ungarn und reiste von dort über Chorasmien und Buchara nach Persien. Als alter Mann pilgerte er nach Mekka und ließ sich schließlich in Syrien nieder. Seine ausführlichen Reisebeschreibungen, in zwei Bänden niedergelegt und in verschiedenen Manuskripten erhalten, bringen neben wertvollen Tatsachenbeobachtungen auch märchenhafte Elemente; sie wurden 1900 in Palermo ins Italienische und Teile 1953 in Madrid ins Spanische übersetzt. Übersetzung des Buchs *Tuhfa* allein 1925 von G. Ferrand ins Französische.

Abul Feda Ismail, 1273–1331, arab. Geograf und Polyhistor aus fürstlichem Geschlecht, in Damaskus geboren, wohin sein Vater Malik Afdhal vor dem Mongolensturm geflohen war. A. kämpfte selbst gegen die Mongolen, wurde 1310 Statthalter von Hamat und erblicher Sultan. Seine große Geschichte des vorislamischen Orients (lat., 1831) enthält bereits viel geografisches Material, vor allem aber ist seine *Allgemeine Geographie* wertvoll (franz. Ausgaben 1840–83).

Abu Said el Hassan, gest. um 915, arab. Geograf aus der Stadt Siraf am Persischen Golf, kundiger Kompilator und Herausgeber von Nachrichten über China und Indien *(Akhbar al Sin wa'l Hind)*. Die Quellenschriften, aus denen er schöpfte, stammen von den reisenden Kaufleuten → Soliman und → Ibn Wahab.

Abu Ubayd al Bakri (Bekri), gest. 1094, gilt neben → Edrisi als der größte geografische Schriftsteller der Araber. Sohn eines Statthalters von Huelva (Westspanien), lieferte er eine hervorragende Beschreibung von Nordafrika und verfasste ein für die Namensforschung ungemein nützliches zweibändiges geografisches Wörterbuch, das Wüstenfeld (s. Lit.) übersetzte.

Accault Michel, ca. 1650–nach 1695, Kaufmann und Abenteurer aus dem Poitou, der mit → La Salle im Mississippigebiet Erkundungen und Vorstöße durchführte und ihm durch seine Kenntnis einiger Indianersprachen sehr von Nutzen war. Erreichte nach Gefangenschaft bei den Indianern Fox River und Mackinack; nach 1695 als Waldläufer und Wanderhändler verschollen.

Acosta Joaquin, 1799–1852, Univ.-Prof., Reisender, Kartograf. Als junger Mann durch Alexander von → Humboldt für die Geografie interessiert, bereiste der körperlich sehr zähe A. die Andengebiete im nördl. Südamerika und nahm den Andenabfall zum Isthmus von Panama erstmals zutreffend in Karten auf. Noch ein Jahr vor seinem Tod erkundete A. die Sierra Nevada de Santa Marta, das höchste Gebirge Kolumbiens, über die Schneegrenze hinaus. Im Zuge seiner Wanderungen entdeckte er auch verschiedentlich Reste altamer. Hochkulturen und berichtete über gefährdete Indianerstämme, die sich ins Hochgebirge zurückgezogen hatten.

Acuña Cristobal de, 1597–nach 1676, Jesuitenmissionar aus vornehmer Familie, der die große portugies. Amazonasexpedition unter Pedro Teixeira als Aufpasser begleitete. Trotz der Vereinigung von Spanien und Portugal unter einer Krone waren um 1640 die Rivalitäten zwischen beiden Mächten beträchtlich, und Teixeiras 1400-Mann-Vorstoß zu den Quellen des Amazonas wurde als so gefährlich für die span. Besitzungen im Andenraum angesehen, dass A.s ausgezeichneter Reisebericht auf Befehl der Krone zunächst nicht veröffentlicht werden durfte. A. beschrieb den Amazonas und einige seiner Nebenflüsse eingehender und verlässlicher als alle seine Vorgänger und bezog auch die Indianerstämme und deren Gebräuche, Kleidung usw. in seine Darstellung ein. Sein *Nuevo Descubrimento del Gran Rio de las Amazonas* erschien 1641 in Madrid, 1682 in franz. und 1698 in engl. Sprache.

Adam Guillaume, um 1280–1340, Dominikanermissionar und Entdeckungsreisender, 1313/14 in Persien nachgewiesen, von wo er zunächst nach Indien und von dort nach Ostafrika reiste. Mindestens 20 Monate verbrachte er auf Kreuzfahrten im westl. Indischen Ozean und blieb anschließend neun Monate auf der Insel → Sokotra. Er schloss seine Reisen mit einem langen Aufenthalt im damals schon christlichen Abessinien und an der Sofalaküste ab und berichtete über seine Erlebnisse in einem ausführlichen *Directorium ad Passagium faciendam* (etwa: Anweisung, wie man Reisen macht) an König Philip VI. von Frankreich. Seine Zeugnisse sind wichtig für die arab. Seefahrt vor Beginn der portug. Entdeckungen in diesem Teil der Welt. Allerdings dürfte die Angabe, die Araber seien bis auf 5 Grad südl. Breite vorgestoßen, auf einem Irrtum beruhen (Breite von Kapstadt 34 Grad). → Burchardus.

Adelaide-Insel, mit 3 300 qkm eine der großen Inseln des antarktischen Raums, vor der Westküste von Grahamland gelegen und 1832 von dem Robbenjäger → Biscoe entdeckt. Höchste Erhebung Mount Gaudry, 2 136 m. Die in ihrem Westteil eisbedeckte Insel wurde 1908–10 durch die Charcot-Expedition genau erforscht. → Charcot, → Enderby.

Adélieland, der östlich des Rossmeers liegende Sektor der Antarktis, meist Terre d'Adélie genannt, weil sich dort franz. Expeditionen besondere Verdienste erworben haben. A. liegt 136–142 Grad östl. Länge am Polarkreis. 1840 entdeckte → Dumont d'Urville die Küste von A. und nahm sie für Frankreich in Besitz, 1949 wurde eine wissenschaftliche Station in Port Martin errichtet. 1913 und 1931 war A. Ausgangspunkt von Inlandexpeditionen; 1948–53 waren hier verschiedene franz. Expeditionen tätig, die von P. E. → Victor vorbereitet und zum Teil geleitet wurden. Die erste Forschergruppe auf dem Schiff *Commandant Charcot* stand unter der Leitung von F. Liotard, der zuvor auf dem brit. Forschungsschiff *John Bis-*

coe tätig gewesen war. Auf dem Eis wurden geländegängige amer. Fahrzeuge verwendet (Weasels). Eine zweite Expedition, die im Oktober 1950 unter dem Kommando von Michel Barré Brest verließ, setzte zu Küstenaufnahmen ein Motorboot ein. Außerdem wurden Schlittenvorstöße durchgeführt (bis 150 km in Richtung Pol). 1952 traf die dritte Crew an Bord der *Tottan* ein. Wegen verschiedener Zwischenfälle – Brände, Sinken eines Boots – musste das Programm abgekürzt werden, und am 2.2.1953 nahm die *Tottan* alle Teilnehmer der Expeditionen wieder an Bord. Zur Vorbereitung und Durchführung des Geophysikalischen Jahrs 1957/58 trafen weitere Expeditionen in A. ein.

Aelius Gallus, Ende des 1. Jh.s v. Chr., röm. Präfekt von Ägypten, der in den Jahren 26–24 einen verlustreichen Feldzug ins südl.ste Arabien unternahm. Da die Römer und vor allem die Römerinnen Duftstoffe und andere Hochpreisartikel aus Arabien bezogen, war Arabia Felix in der Vorstellung der Römer ein besonders reiches Land. A. plante offenbar den Zugriff auf diese Schätze, hatte sich aber mit der Landesnatur nicht hinreichend vertraut gemacht und statt einer Flottenfahrt einen Landmarsch von Leuke Komé (im heutigen Südpalästina) nach SO angetreten. Die unzweckmäßig ausgerüsteten und schlecht verproviantierten Römer gewannen zwar die Scharmützel gegen die Wüstenstämme, litten aber furchtbar unter Skorbut u. a. Krankheiten und zerstörten mehr, als sie entdeckten – zuletzt das uralte Marib, Zentrum des Königreichs Saba. A. erreichte mit nur wenigen Begleitern das röm. Ägypten, die ausführlichen Berichte vor allem von → Strabon brachten dem Römerreich nun aber verlässliche Kunde von der arab. Landesnatur und vom Leben in der Wüste. Es dauerte 1 850 Jahre, ehe die von A. erreichten Orte im Großraum Marib-Saba identifiziert werden konnten, worum sich vor allem der österr. Arabienreisende Eduard → Glaser angenommen hat.

Aetheria von Tarsus, 4. Jh., Pilgerin, die auf der Rückreise von Jerusalem einen kleinen Umweg machte, um die Stadt Seleukia in Isaurien (südl. Kleinasien) zu besuchen. Sie verfasste darüber einen kurzen, aber lebendigen Bericht, den Bernhard Kötting in seinem Buch *Peregrinatio Religiosa* (Reprint 1980) abdruckte. Auch als der Machthöhepunkt des

Römerreichs überschritten war, nutzten viele Reisende noch die Möglichkeit zwischen der schott. Grenze am Hadrianswall und Damaskus, zwischen Nordafrika und dem Schwarzen Meer auf Römerstraßen zu reisen, in einer einzigen Währung zu zahlen und sich in einer gemeinsamen Sprache zu verständigen. Das galt gleichermaßen für Pilger der griech.-röm. Religion, der Mysterienkulte, des Christentums und der Juden, ja sogar der vorislam. Pilgerfahrten. Eigene Pilgerberichte wie jener der A. sind jedoch selten.

Agricola Gnaeus Iulius, 40–93, röm. Feldherr und Statthalter von Britannien. Durch sein militärisches Vordringen tief in das heutige Schottland erweiterte er die Kenntnisse seines Jahrhunderts über die Landesnatur und die Völkerschaften im N der Insel. Als siegreicher Statthalter befahl er im Jahr 83 seiner Flotte Schottland im N zu umfahren. Um den Inselcharakter Großbritanniens zu beweisen, wäre die Fahrt nicht nötig gewesen, da dieser seit → Pytheas bekannt war, was aus den Schriften des Pomponius Mela und des Plinius schon vor A. hervorgeht, doch waren die komplizierten Küstenverhältnisse für einen Feldherrn naturgemäß interessant. Der nicht bekannte Flottenführer A.s brach sehr spät im Jahr auf, was in diesen Breiten die Fahrt sehr erschwert haben muss und offensichtlich auch zu ihrem verfrühten Abbruch führte. Immerhin konnte er über die Hebriden und die Orkneyinseln berichten; die Shetlandinseln wurden vermutlich nicht erreicht. Als das gesichtete Thule wird die kleine Insel → Fair vermutet (Hennig, s. Lit.). Es ist anzunehmen, dass A. nach dem Ende der Fahrt viel ausführlichere Berichte über die Inseln nördl. von Schottland erhielt, als Tacitus in seinem Buch über seinen Schwiegervater A. niederlegte.

Ainsworth William Francis, 1807–96, gilt als einer der großen Erforscher Vorderasiens in der 1. Hälfte des 19. Jh.s. Nach seinem Medizinstudium in Schottland betrieb er geologische Forschungen in den Pyrenäen. 1835 beteiligte er sich als Arzt an einer Euphratexpedition, wobei es ihm erstmals gelang, die Lage vieler antiker Orte näher zu bestimmen; so konnte er als Erster die Lage der altbabylon. Stadt Borsippa, des heutigen Birs Nimrud südl. von Babylon, nachweisen. Auf der Rückreise besuchte er Kurdistan und forschte im Taurusgebirge und in Kleinasien. 1838 wurde er von der

Geografischen Gesellschaft in London zusammen mit der Gesellschaft zur Beförderung christlicher Erkenntnis erneut nach Kleinasien gesandt, um den Lauf des Halys zu erforschen und um die in Kurdistan lebenden Christen aufzusuchen. 1840 erreichte er Mosul und unternahm von hier aus einen Vorstoß in das nestorianische Kurdistan. Auf dieser Reise gelang ihm eine sorgfältige Routenaufnahme des Uferlands am linken Halysufer. Auf der Rückreise überquerte er das bis dahin unbekannte Bohdangebirge am Oberlauf des Tigris. In die Heimat zurückgekehrt, legte er die Ergebnisse seiner Beobachtungen und Forschungen in zwei großen Reisewerken nieder, schrieb darüber hinaus aber auch noch ein so modern anmutendes Buch wie *Reisen auf den Spuren der 10 000 Griechen* (1844) und *Reisen des Rabbi Petachia von Regensburg* (1857).

Alaminos Antonio, 1485–nach 1521, einer der tüchtigsten Piloten seiner Zeit, Entdecker von Meeresströmungen (Golfstrom) und Segelrouten (Providence-Kanäle zwischen Karibik und Atlantik), die für die span. Schifffahrt zentrale Bedeutung erlangten. Teilnehmer an Fahrten des → Kolumbus, → Grijalva, → Cortés und → Ponce de Leon. Im Februar/März 1517 rettete A. die Reste der → Cordova-Expedition und brachte die Verwundeten aus dem stürmischen Golf von Mexiko nach Kuba zurück, wo Cordova seinen Verletzungen erlag.

Alarçón Hernando de, geb. um 1505 in Trujillo, entdeckte gemeinsam mit Ulloa im Jahr 1540, dass Südkalifornien keine Insel, sondern eine Halbinsel ist. Dass er auf dem Colorado nach N vorgedrungen und nahe an den Grand Cañon gelangt sei, wird heute bezweifelt.

Alarçón Martin de, span. Offizier und Entdecker in Texas. Er führte vom Frühjahr 1718 an bis 1719 eine militärische Expedition von Monclova (Nordmexiko) gegen die von den Franzosen in Louisiana gegründeten Handelsniederlassungen und gründete am 1.5.1718 die Stadt San Antonio, lange Zeit die bedeutendste Siedlung von Texas. Die erst 1933 wieder aufgefundenen Aufzeichnungen des Expeditionsgeistlichen lassen deutlich den starken franz. Einfluss im südl. Nordamerika erkennen.

Albanel Charles, 1616–96, kam als Jesuitenmissionar 1649 nach Kanada und erwarb sich so genaue Kenntnisse des Landes zwischen den Flüssen Saguenay und Saint Maurice, dass ihn die Behörden 1671 baten, gemeinsam mit de Saint Simon eine Landroute von Quebec zur Hudson Bay zu erkunden. Dieses Ziel wurde Ende Juni 1672 erreicht, doch fand man heraus, dass die Hudson Bay Company ihre Niederlassungen aufgegeben hatte. Auf einer zweiten Expedition 1674/75 wurde A. von den Briten bis 1676 als Spion gefangen gehalten.

Albertis Luigi Maria d', 1841–1901, aus Voltri (Provinz Genua), Naturforscher und Entdecker auf Neuguinea. A. machte als junger Mann die Feldzüge Garibaldis mit, widmete sich seit 1871 aber der Erforschung der Insel Neuguinea. Nach der Teilnahme an den Expeditionen von Beccardi und von → MacFarlane unternahm er zwei abenteuerliche Vorstöße auf dem Fly River, den er mit einem winzigen Dampfboot ca. 500 km weit befuhr, und entdeckte u. a. den Bonito River. Seine Aufzeichnungen sind über das Geografische hinaus auch für Ethnologen und Botaniker wertvoll.

Albuquerque Affonso de, 1453–1515, den seine Zeitgenossen »den Großen« nannten, war gleichermaßen Entdecker wie Eroberer und begründete die portug. Herrschaft im Indischen Ozean. Er war schon 50 Jahre alt, als er seine erste Fahrt nach Ostindien unternahm, ein zweites Mal fuhr er 1506 aus, segelte aber nur bis zur Insel Sokotra vor der Ostspitze Afrikas und von dort statt nach Indien hinüber an die arab. Küste und weiter nach Ormuz (heute Hormus) im Persischen Golf, das er eroberte. Wenn auch sein Augenmerk dabei in erster Linie auf militärische Aktionen gerichtet war, so erhellte seine Fahrt doch die südostarab. Küste, die damals erstmals befahren und beschrieben wurde. Über das Innere Arabiens konnte er nur wenige Nachrichten einholen, doch beschränkten sich für eineinhalb Jahrhunderte die Kenntnisse der Portugiesen auf diese Angaben. Auf der Insel Ormuz ließ er eine Festung erbauen; als es dort jedoch zu einem Aufstand der Eingeborenen kam und auch einige seiner Kapitäne meuterten, musste er nach Cananor (Kananur), der damals wichtigsten Niederlassung Portugals an der ind. Malabarküste, weitersegeln. 1509 übergab ihm Francesco de → Almëida die Regierung als Vizekönig von Indien. Nun hatte A. Zeit für weitere Eroberungen; 1510 besetzte er Goa an der Westküste Indiens, segelte 1511 nach Malakka in Hinterindien, das er eroberte, unterwarf Ceylon und bereitete danach ein großes Unternehmen gegen Arabien vor. 1513 segelten seine Schiffe von den portug. Stützpunkten in Indien zum Roten Meer und belagerten Aden. Dabei gewann A. wichtige Kenntnisse über die Küstenlinie an der Straße von Bab-el-Mandeb, der Meerenge zwischen dem Indischen Ozean und dem Roten Meer. A. kehrte schließlich nach Goa zurück, wo er die Kolonie auszubauen begann. Aber der Gedanke an Ormuz ließ ihn nicht ruhen und so bereitete er nach einem Jahr erneut die Eroberung der Insel vor, besetzte sie schließlich 1515 endgültig und ließ dort eine mächtige Befestigung anlegen. Ihm selbst blieben nur noch wenige Wochen, schwer erkrankt kehrte er von Ormuz nach Goa zurück und starb in dem Augenblick, als sein Schiff in Goa anlegte.

Alexander, um 100 n. Chr., griech. Fernkaufmann mit Sitz in Berenike oder Myos Hormos und einer Niederlassung auf der Insel Sokotra. Er ist der Gewährsmann für die erstaunlichen Kenntnisse von Hinterindien und Südostasien, die sich bei → Ptolemaios feststellen lassen. Nach damaliger Sitte viel selbst reisend, hat A. die Malaienhalbinsel, Sumatra und Java kennen gelernt und wohl auch die Küste von Annam bis in den Raum des heutigen Hanoi, wo damals ein stark besuchter Handelshafen lag. Hingegen dürfte ihm die Malakkastraße zwischen dem heutigen Singapur und Sumatra unbekannt gewesen sein, da sie – bis heute klippenreich und gefährlich – von der Segelschifffahrt gemieden wurde. Die Handelsreisen aus dem Mittelmeerraum bis nach Südchina sind auch in alten chines. Quellen bestätigt; ihre Ausgangspunkte waren Rotmeerhäfen des Ptolemäerreichs; eine Hauptetappe und Nachrichtenbörse war die Insel → Sokotra (in der Antike Discoridesinsel genannt), ehe sie zu einem Piratennest mit zeitweise bis zu 10 000 Piraten wurde.

Alexander der Große, 356–23 v. Chr., König von Makedonien. Von großer Bedeutung war A.s Zug zum Hindukusch und ins Pandschab (330–25 v. Chr.) A. war nicht nur von Offizieren, sondern auch von Gelehrten und Künstlern umgeben und erweiterte die Kenntnis der Mittelmeerwelt in Richtung O ganz erheblich durch seinen gewaltigen Kriegszug und die ihn begleitende Flottenaktion (→ Nearchos). Fortan gehörten Indien, der Persische Golf und der Indische Ozean mit den afrik. Küsten zum Seefahrts- und Handelsbereich der Mittelmeervölker. Es war eine Verbindung, die zwischen A. und Vasco da → Gama nie für längere Zeit unterbrochen wurde und außerordentliche wirtschaftliche und kulturelle Folgen hatte. A. ließ seine Truppen über die heutigen Städte Kandahar und Kabul und über den Chawakpass (3 548 m) des Hindukuschgebirges ins nördl.ste Afghanistan marschieren. Von dort wandte sich das Heer über den Syr Darja hinweg in den Raum der heutigen Stadt Chodschent und weiter ins Pandschab bis zum Biasfluss. Der europafernste Punkt dieses einzigartigen Zugs wird bei der Stadt Jalalpur vermutet. Dort zwang die Unzufriedenheit des Heers den König zur Umkehr, ehe das eigentliche Kernland Indiens, das damals blühende Reich des Tschandragupta, erreicht wurde. Auf dem Rückmarsch durchzog A. Gedrosien, die Wüstenpartien von Belutschistan und erreichte Anfang 324 in Persien wieder seit alters bekannte Gegenden. Unter den tüchtigsten der Diadochenherrscher, die sich A.s Reich später aufteilten, erstreckte sich die griech. Herrschafts- und kulturelle Einflusszone zeitweise bis ins Tarimbecken (Euthydemos, herrschte 225–184).

Alexander von Rhodos (Alexandra de Rhodes), Asienmissionar → Rhodes.

Alexandros, griech. Seefahrer, erreichte von Berenike am Roten Meer aus um 100 n. Chr. einen hinterind. Hauptumschlagplatz, der damals Kattigara hieß und vermutlich dem heutigen Hanoi entspricht. Dabei wurden Südindien und die Malakkahalbinsel umfahren. Die Kunde von dieser Fahrt hat sich bei → Marinos von Tyros erhalten. A. Herrmann (s. Lit.) hat sich um die Identifizierung der einzelnen Stationen besonders bemüht.

Al Gahiz → Gahiz.

Aliun Sal, gest. 1863, stammte vom oberen Senegal und war der Sohn eines wohlhabenden einheimischen Kaufmanns. → Barth nannte ihn einen Mann »von großem persönlichen Mut«. Als Leutnant im Dienst der franz. Kolonialtruppen wurde er 1860 mit einer Reise nach Timbuktu beauftragt, um das Land für Frankreich zu erkunden; doch er musste umkehren ohne die berühmte alte Wüstenstadt erreicht zu haben, wurde unterwegs beraubt und zeitweilig gefangen gehalten. 1862 traf er wieder am unteren Senegal ein. Seine Reise bestätigte die von Barth während dessen Aufenthalt in Timbuktu eingeholten Nachrichten über das Land zwischen Senegal und Niger. Bald nach seiner Rückkehr erlag er den Strapazen der Reise.

Allen William, 1793–1864, hatte schon 1832–34 als Marineleutnant an der Nigerexpedition von → Lander teilgenommen und dabei seine ersten selbstständigen Forschungen ausgeführt. 1841 befehligte er ein Dampfschiff auf einer weiteren Nigerexpedition von Trotter, musste aber wegen einer Epidemie unter seiner Mannschaft schon nach kurzer Zeit umkehren. Ein Jahr danach übernahm er wichtige kartografische Arbeiten an der westafrik. Küste, vor allem am Fuß des Kamerunbergs. 1849 beschäftigte er sich mit der Erforschung des Toten Meers und schlug vor es durch einen Kanal mit dem Mittelmeer zu verbinden.

Allouez Claude-Jean, 1622–89, Jesuitenmissionar und Generalvikar der westl. Teile der Diözese von Trois-Rivières, in die Missionare noch nie vorgedrungen waren. A. begann um 1655 mit der Erforschung des Seengebiets, vor allem Oberer See und Michigansee, und mit der Gründung weiterer Missionsstationen, von denen aus die Erkundung im Huronengebiet vorangetrieben wurde. Im Quellgebiet des Wisconsin hörte er vom großen Fluss Messipi (sic!) und drang über den Lake Winnebago zu den Algonkins vor. Seine Berichte wurden schon 1668 gedruckt und regten weitere Expeditionen an.

Almagro Diego de, 1464–1538. Wie sein Gefährte → Pizarro von niedrigster Herkunft, aber ein harter Soldat, brachten Tapferkeit und Rücksichtslosigkeit ihm den Großerfolg über das Inkareich ein, den A. mit der Gründung von Quito 1534 abschloss. Seine bedeutendste Leistung ist der Vorstoß nach S ins heutige Chile, wozu ihn die Krone von Spanien ermächtigt hatte. 500 Spanier und mehr als 10 000 Mann indian. Hilfstruppen und Träger zogen größtenteils auf den Heerstraßen der Inkaherrscher über die Höhen und Pässe der Anden in den Raum der heutigen Stadt Salta. Im März und April 1536 wurden in anstrengenden Märschen die Hochebenen der Sierra Gulumpaja und der Laguna Blanca durchmessen und bei Copiapo die chilen. Küstenebene erreicht. Ein Vortrupp unter → Alvarado berichtete, dass bis zu den Araukanern nur noch ödes Land vor A. liege, offensichtlich eine Zweckmeldung, um die Umkehr zu erwirken. Der Rückweg führte durch teilweise wüste Küstenstrecken, die ohne die Versorgungsschiffe kaum hätten bezwungen werden können. Im Streit um Cuzco unterlag A. Pizarro, wurde von diesem im Gefängnis erdrosselt und danach öffentlich enthauptet. Charakterlich weit über Pizarro stehend, war A. Analphabet, von wilder Tapferkeit und bei seinen Soldaten beliebt.

Almëida Francisco de, um 1450–1510, war eigentlich weit mehr ein Eroberer als ein Entdecker, aber auch seine Fahrten brachten wichtige Erkenntnisse für die Erschließung der Erde. Er stammte aus einer vornehmen portug. Familie, hatte sich schon bei der Eroberung von Granada durch große Tapferkeit ausgezeichnet und wurde 1505 zum ersten portug. Vizekönig in Ostindien ernannt. Mit 22 Schiffen segelte er im März 1505 von Lissabon aus zu seinem neuen Wirkungsgebiet. An dieser Fahrt nahmen auch drei dt. Handelsschiffe teil, die von den Welsern und den Fuggern ausgerüstet worden waren. Zu deren Besatzung gehörten Balthasar Springer aus Vils in Tirol und Hans Mayr als Vertreter der dt. Kaufleute. A. eroberte wichtige Stützpunkte und Königreiche in Vorder- und Hinterindien. Obzwar seine Erfolge ganz offensichtlich waren, misstraute man ihm in Portugal und sandte → Albuquerque nach Indien, der dort den Oberbefehl übernehmen sollte. A. weigerte sich das Kommando abzugeben und hielt seinen Nachfolger sogar mehrere Monate gefangen. Erst nachdem er 1508 Goa angegriffen und in Asche gelegt hatte, gab er nach, übertrug die Herrschaft an Albuquerque und verließ Indien, wurde aber auf dem Rückweg am Kap der Guten Hoffnung 1510 in einem Gefecht mit Hottentotten durch einen Lanzenstich getötet. Springer und Mayr waren schon 1506 wieder in die

Heimat zurückgekehrt. Hier arbeitete Springer einen Bericht für seine Auftraggeber aus, der in erweiterter Form sogar mit Holzschnitten nach Zeichnungen des Reisenden in Augsburg veröffentlicht wurde und nicht nur den ältesten dt. Bericht über Indien darstellt, sondern auch eine wichtige Quelle für unsere frühe Kenntnis der Hottentotten in Südafrika ist, die Springer auf der Hinreise erstmals besucht und kennen gelernt hatte.

Almëida Manoel de, 1579–1646, war 1594 in den Jesuitenorden eingetreten und hatte von 1602–20 in Indien gewirkt. Zum Visitator der äthiop. Mission ernannt, kam er 1624 nach Massaua und ging von da nach Ganeta Jesus, dem heutigen Azazo im N des Tanasees, einem bedeutenden Zentrum der Jesuitenmission in Äthiopien. Von hier aus unternahm er bis 1633 mehrere Reisen in Äthiopien, als deren Ergebnis er eine Karte veröffentlichte, die trotz einiger Mängel bis zur Mitte des 19. Jh.s die wohl wichtigste kartografische Darstellung des Landes bildete. Als 1633 die Jesuiten aus Äthiopien vertrieben wurden, musste auch er das Land verlassen und kehrte nach Indien zurück, wo er bis zu seinem Tod als Missionar wirkte.

Althaus Clemens von, um 1780–1836, aus altem münsterländ. Geschlecht; zunächst Offizier, ging er 1818 nach Peru und übernahm, da Kommandostellen nicht frei waren, die Aufgabe der Landvermessung und Kartografierung des jungen Staats. An der Spitze einer Pioniertruppe bereiste er beinahe ganz Peru und Teile des heutigen Ecuador und leistete Bahnbrechendes für die Kenntnis dieser Länder.

Alvarado Pedro de, vor 1485–1541, ist nach → Cortés die farbigste Gestalt des berühmten Eroberungszugs, tapfer, zäh und grausam, durch seine Unbeherrschtheit oft eine Gefahr für die Spanier, beim Rückzug aus Tenochtitlan *(Noche triste)* die herausragende Erscheinung und Held von Legenden. Als selbstständiger Konquistador eroberte er die Gebiete der heutigen Staaten Guatemala und El Salvador. Auf einen Vorstoß nach Ecuador verzichtete er gegen 100 000 Pesos, die ihm Diego de → Almagro bezahlte, und wandte sich stattdessen nach N, doch hinderten ihn die Wirren in seinem Herrschaftsbereich an weiteren Expeditionen.

Alvarez Francisco, gest. um 1540, kam als Kaplan und Chronist einer portug. Gesandtschaft 1520 nach Äthiopien. Zwar gelangte diese nicht an den Hof des Kaisers und musste unverrichteter Dinge wieder an die Küste zurückkehren, verblieb aber noch fünf Jahre in Massaua, bis ihr die Weiterreise nach Indien gelang. In dieser Zeit unternahm A. vier Reisen, mit denen er die Erforschung Äthiopiens durch die Europäer begründete. Sein 1540 erschienener Reisebericht gilt als die früheste und wichtigste Quelle über das Land und wurde deshalb schon 1566 unter dem Titel *Wahrhafftiger Bericht von den Landen, auch Geistlichem und Weltlichem Regiment, des Mechtigen Königs in Ethiopien, den wir Priester Johan nennen, wie solches durch die Kron Portugal mit besondern Vleiß erkündigt worden, beschrieben durch Herrn Franciscum Alvarez* ins Deutsche übersetzt. A. erwies sich darin als guter und vielseitiger Beobachter, berichtet auch über das Alltagsleben, vor allem über die kirchlichen Einrichtungen des Landes. Er gibt die ersten Nachrichten von den auch heute noch berühmten Felsenkirchen von Lalibela.

Alzacova Simon de, um 1490–1535, portug. Entdecker in Patagonien. Er trat seine Reise im September 1534 im Auftrag des Königs von Spanien an und erreichte das östl. Patagonien mit zwei Schiffen im Februar 1535, vermutlich unter 45 Grad südl. Breite. A. sandte 200 Soldaten ins Innere aus, folgte der Expedition selbst jedoch nur etwa zwei Wochen. Die enttäuschten Soldaten setzten ihren Anführer in der Wildnis aus, kehrten um, ermordeten A. und eroberten die Schiffe.

Amundsen Roald, 1872–1928, bedeutender und sehr erfolgreicher Polarforscher aus Borge (Norwegen). Nach medizinischen Studien nahm A. als 21-Jähriger an einer belg. Südpolexpedition teil und wandte sich nach diesen Eindrücken geografischen und erdmagnetischen Studien in Deutschland zu. Bekannt wurde A., als er mit nur sieben Gefährten auf der *Gjöa* die Doppelinsel Nowaja Semlja, die Spitzbergengruppe und das schwer zugängliche Ostgrönland erkundete. 1903–06 gelang ihm die Erfüllung eines Seefahrertraums: Er schaffte mit der *Gjöa* die seit Jh.en umkämpfte Nordwestpassage aus dem Atlantik in den Nordpazifik. Im Juni 1910 begann A. unter ihm später vorgeworfener Geheimhaltung seine Südpolexpedition, auf der er zielsicher von der Ross Bay aus am

Roald Amundsen.

16. 12. 1911 als Erster den Südpol erreichte, fünf Wochen vor → Scott, dessen tragischer Untergang auch auf A.s Erfolg seine Schatten warf. Der unermüdliche A. versuchte sich bald darauf an der Nordostpassage in den sibir. Gewässern, hatte dabei aber ebenso wenig Erfolg wie bei einem ersten Flugzeugvorstoß zum Nordpol (Mai 1923). Auch auf einem zweiten Flug mit dem Luftfahrtpionier → Ellsworth wurde 1925 der Pol noch nicht erreicht; dies gelang erst im Mai 1926 (Überfliegung des Pols in einem halbstarren Luftschiff gemeinsam mit Ellsworth und → Nobile). Im Sommer 1928 nahm A. an der groß angelegten Suche nach dem verschollenen Luftschiff *Italia* Nobiles teil und fand dabei den Tod im Nordpolarmeer. A. war vor allem in Deutschland sehr populär. Seine Bücher und Berichte erzielten hohe Auflagen: *Die Nordwestpassage* (1907), *Die Eroberung des Südpols* (2 Bde., 1912), *Der erste Flug über das Polarmeer* (1927). – In der Antarktis ist ein meist mit Packeis gefülltes Seegebiet als Amundsen-See auf den Karten eingezeichnet (101–123 Grad westl. Länge. Benennung 1929).

Anaximandros von Milet, 609–546 v. Chr., Schöpfer einer Weltkarte und eines Modells der Himmelskugel, Schüler des Thales und vielleicht Lehrer des → Hecataeus. Er sah die Erde nicht als Scheibe, sondern als Zylinder (!), was Hecataeus offenbar veränderte, um eine flache Karte zu erhalten. A. beschäftigte sich mit Abständen, Größe und Bahn der Gestirne und glaubte an die Möglichkeit vieler Welten, die entstehen und wieder vergehen.

Anderson James, Chefagent der Hudson Bay Company → Stewart.

Anderson Samuel, 1803–63, gebürtiger Schotte, einer der ersten Kolonisten auf der Insel Tasmanien, wo er von der Ostküste aus zahlreiche Erkundungsvorstöße ins Landesinnere unternahm. A. entdeckte den Tarwin River. Andersons Inlet ist nach ihm benannt.

Andersson Charles John, 1827–67. Der in Schweden geborene Sohn eines Engländers war leidenschaftlicher Jäger und ungemein reiselustig. So nahm er die Gelegenheit wahr, 1850 den engl. Reisenden Francis Galton nach Südafrika zu begleiten und mit ihm gemeinsam in das Ovamboland vorzudringen, ohne allerdings den ein Jahr zuvor von → Livingstone entdeckten Ngamisee zu erreichen. Dieser Fehlschlag beweist nur die großartige Leistung → Livingstones, der sogar mit Frau und Kindern bis zu dem See vorgedrungen war. Während Galton 1851 wieder nach Europa zurückkehrte, blieb A. im Land, um 1853 erneut eine Reise zum Ngamisee zu unternehmen, den er schließlich als erster Europäer vom W her erreichte, mit einem Boot befuhr und ausführlich beschrieb. 1859 unternahm er eine zweite Reise, auf der er über das Kaoko-Veld weit in das Innere Südafrikas vorstieß und schließlich 1860 an die Ufer des Okawango, »eines wahrhaft prächtigen Stromes«, gelangte, den er knapp 60 km abwärts befuhr. A. trug viel zur Kenntnis des Betschuanalands und der Kalahari bei; sein bekanntester Reisebericht trägt in der dt. Übersetzung den Titel *Der Okavango-Strom. Entdeckungsreisen und Jagdabenteuer in Südwest-Afrika* (1862).

Andrée Salomon August, 1854–97, war Ingenieur der Technischen Hochschule Stockholm und interessierte sich insbesondere für Ballonfahrten, von denen er einige nach Gotland und Finnland über die offene Ostsee erfolgreich durchführte. Nach schwieriger Geldbeschaffung für eine Ballonfahrt zum Nordpol startete er 1896 nach Spitzbergen, musste aber bis zum 11.7.1897 auf Südwind warten. Seine Gefährten hießen Strindberg und → Fraenkel, der Ballon war ein franz. Erzeugnis. Erst 1930 entdeckten Robbenjäger die Reste der Expedition und die Aufzeichnungen der Teilnehmer auf der Insel Vitö.

Androsthenes aus Thasos, lebte längere Zeit in Amphipolis, ehe er als Trierarch (Flotillenführer) an der großen Flottenfahrt des → Nearchos teilnahm. Nach 324 v. Chr. von Alexander dem Großen zur Erforschung der arab. Küsten ausgesandt, zeichnete A. den ungefähren Küstenverlauf im S des Persischen Golfs und die Lage einiger Inseln auf und wies nach, dass der Golf größenmäßig etwa dem Schwarzen Meer entspricht.

Ango, bedeutende Reederfamilie von Dieppe, die mit ihrer großen Flotte den Portugiesen entschlossen Konkurrenz machte. Ihre berühmtesten Kapitäne waren → Aubert (Neufundland), → Parmentier (Sumatra), → Verrazzano (Kanada) und Ribault (Florida). Als der König von Portugal zwei Ango-Schiffe als Prisen (d. s. erbeutete Schiffe) aufbringen ließ, segelte die ganze Flotte vor Lissabon und erreichte vollen Schadenersatz. Beträchtliche Einbußen erlitten die A., als sie ihre Schiffe König Franz I. von Frankreich zur Verfügung stellten, der seine enormen Schulden an die A. nie bezahlte.

Ansgar, Heiliger, 801 (?)–865, Bischof von Hamburg, bereiste seit 827 als Missionar Dänemark und das damals so gut wie unbekannte Schweden; auch nach seiner Bestellung zum Bischof (845) begab er sich auf schwierige Seefahrten und Landreisen. Seine Berichte enthalten Wertvolles über Siedlungen, Religion, Bräuche und den Handel der Nordgermanen.

Anson George, 1697–1762, später Lord A. of Soberton. Brit. Admiral, Weltumsegler und Reformator des Seewesens, berühmt durch seine Geschwaderfahrt 1740–44 um Kap Hoorn, mit Landungen in Chile und in Peru, und die Heimkehr mit reicher Beute um das Kap der Guten Hoffnung. Angeregt durch die Erfolge des Freibeuters Woodes → Rogers, rüstete A. seine Kaperflotte aus, hatte sehr unter Bordkrankheiten zu leiden und brachte von acht Schiffen nur die *Centurion* nach England. Mehr navigatorisch als geografisch interessiert, wurde A. für die weitere Entwicklung der Fernfahrten sehr wichtig, da er als guter Verwaltungstechniker und Organisator die wertvollen Erkenntnisse aus seiner langen Fahrt in Reformen umsetzte. Sein Reisebericht (dt. 1763) wurde ein Bestseller durch Jahrzehnte, seine Flottentaktik beeinflusste noch lange die brit. Seekriegführung.

Arago Jacques-Etienne-Victor, 1799–1855, der künstlerisch Begabteste der berühmten Familie. 1817–20 als Zeichner Teilnehmer der Weltumseglung des Schiffs *Urania*, worüber er einen ausführlichen Bericht verfasste. Er überquerte fünfmal den Atlantik und blieb trotz Erblindung fruchtbar und geistreich als Autor und Briefschreiber. A. hat sein abenteuerliches Leben selbst mehrfach beschrieben.

Araujo Manuel Paës de, einer der erfolgreichsten Bandeirantes (Sklavenjäger und Landräuber) in Brasilien. Er eroberte sich 1672 mit unmenschlicher Härte ausgedehnte Ländereien am unteren Tocantinfluss und in der Capitania Pará, womit allerdings auch eine gewisse Entdecker- und Erschließungsleistung verbunden war.

Archer David, 1816–1900, kam nach 1830 mit Vater und fünf Brüdern über Norwegen nach Ostaustralien, wo die tatkräftigen Männer im Moreton District die damals nördl.sten weißen Niederlassungen in Australien gründeten und die Landschaften bis zum Emu Creek erkundeten. A. traf auch mit → Leichhardt zusammen und wurde dessen Freund. Leichhardt benannte vier Hügel am Carpentariagolf *»The 4 Archers«*.

Arellano Don Alonso de, gest. nach 1575, Kapitän in der → Legaspi-Flotte, die seit November 1564 von Südamerika nach den Philippinen unterwegs war. Als eines der vier Schiffe in den Marshallinseln verloren ging, kam es zu einer Meuterei, die der Pilot Lope Martin anführte. A.s Rolle ist unklar, doch steht fest, dass er zahlreiche Inseln des heutigen Trust Territory genau beschrieb und verzeichnete, einige von ihnen zweifellos auch entdeckt hatte und nach April 1565 als erster Weißer den Pazifik in Westostrichtung überquerte, wobei er den Kurs nordwärts legte (40.–43. Breitengrad) und im Juli 1565 Span.-Südamerika erreichte. Der bekanntere Fray Andres de → Urdaneta erreichte Acapulco erst im Oktober 1565.

Arguin, 45 km lange gefährliche Sandbank im Ostatlantik vor Cabo Blanco (heute Mauretanien). Im Juli 1816 strandete hier die Fregatte *Medusa* unter dem Kommando des Kapitäns Duroy de Chaumareys, Flaggschiff einer kleinen Flotte, mit der Frankreich nach einem Ausgleich mit England seine Besitzungen im Senegal wieder übernehmen wollte. Da zu nahe am Land gesegelt wurde, sich die kleine Flotte auch zu sehr auseinander gezogen hatte und nach der Strandung die vorhandenen Boote nur unzureichend mit Personen von Stand besetzt worden waren, gingen auf dem »Floß der Medusa«, berühmt durch das Gemälde von Géricault, mindestens 130 Menschen zu Grunde – nach Gewalttaten und kannibalischen Szenen, von denen noch jahrelang gesprochen wurde.

Arsenjew Wladimir K., russ. Geograf und Ethnologe, der zwischen 1906 und 1917 das Ussurische Gebirge und die dort wohnenden Udechesen ausdauernd erforschte. Der Auftrag, sich mit diesem entlegenen Gebiet und einem Restvolk zu befassen, ging von der Pri-Amurischen Abteilung der Russischen Geografischen Gesellschaft in Moskau aus, um über chinesische Bevölkerungsinfiltrationen in diesem Raum Klarheit zu erhalten. A. wies nach, dass die chines. Einwanderung vergleichsweise jungen Datums sei und lediglich der chines. Handel mit dem Ussurigebiet Jahrhunderte zurückreiche. Im Zusammenhang mit diesen Arbeiten gewann A. wertvolle Aufschlüsse über Jagd- und Fangweisen, den Handel mit Fellen und die wirtschaftliche Sonderstellung des Zobels. A. schrieb darüber *Russen und Chinesen in Ostsibirien.* Dt. Ausgabe mit Karte Berlin o. J.

Ascension Fray Antonio de la, um 1570–1632, Kosmograf der Vizcaino-Expedition 1602/03 an der kalif. und nordwestamer. Küste, dem die Spanier einen hervorragenden Portulan (mittelalterliches Segelhandbuch) der mexikan. Pazifikküste verdanken. Er blieb jahrzehntelang im Gebrauch.

Ascherson Paul Friedrich August, 1834–1913, gehört zwar nicht zu den bedeutendsten dt. Afrikaforschern, doch leistete er vor allem vorzügliche wissenschaftliche Kleinarbeit. Er begleitete 1873–74 → Rohlfs in die Libysche Wüste, wo er auf abweichender Route vom Hauptweg der Expedition eine Reihe kleinerer Forschungen durchführte. Zwei Jahre später beauftragte ihn → Schweinfurth in das Gebiet der sog. Kleinen Oase zwischen der Oase Siwah und dem ägypt. Faijum zu reisen; dabei gelang es ihm, eine Reise von bisher in der Literatur verbreiteten geografischen Ungenauigkeiten zu berichtigen. Diese Reise bedeutete großen Gewinn für die Kenntnis jenes Gebiets und zugleich auch für die pflanzengeografische Forschung.

Ashehurst Thomas, Kaufmann und Schiffseigner aus dem engl. Atlantikhafen Bristol. → Fernandes.

Ashley Will Henry, um 1778–1838, eine der farbigsten Figuren aus der Frühzeit der USA, Grubenbesitzer, Pulverfabrikant, Pelzhändler und Scout und seit 1820 Vizegouverneur von Missouri. Die von ihm gegründete Rocky Mountains Fur Company tat 1821–36 unendlich viel für die Erforschung des ausgedehnten Gebirges, wobei A.s Kompagnon Thomas Fitzpatrick den South-Pass entdeckte und James Bridger den Großen Salzsee, den er für einen Meeresarm hielt. Den Weg vom Großen Salzsee nach Saint Louis legte A. in nur 70 Tagen zurück, womit die Tauglichkeit der gefundenen Gebirgsübergänge bewiesen war.

Astrup Eyvind, 1871–95, Polar- und Grönlandforscher, der zweimal → Peary begleitete und auf einer eigenen Schlittenreise die Nordküste der Melville Bay erstmals kartografisch aufnahm. Man verdankt A. auch wertvolle Aufzeichnungen und Beobachtungen über das Inlandeis und über das Leben auf Grönland. A. endete durch Freitod.

Atkinson Thomas William, 1799–1861, war als Waisenknabe seit seinem achten Lebensjahr auf sich selbst gestellt und wollte ursprünglich Architekt werden, bildete sich aber auch als Maler aus. Durch die Schilderungen Alexander von Humboldts über Zentralasien angeregt, beschloss er die dortige Landschaft im Bild festzuhalten und brach auf, obwohl er kaum die Mittel für eine solche Reise besaß. Sieben Jahre lang durchstreifte er das Gebiet zwischen dem Ural und dem Baikalsee und gelangte im S bis zum Tienschan-Gebirge. Die Leistungen dieses Autodidakten sind ungemein beeindruckend, legte er doch auf seinen Kreuz-und-quer-Zügen etwa 63 000 km zurück, mehr als die Hälfte davon nach eigenen Angaben in Wagen und Schlitten, knapp 3 000 im Boot und über 20 000 zu Pferd. Dabei ging es ihm nicht um neue geografische Erkenntnisse und kartografische Aufnahmen, sondern in erster Linie um seine Zeichnungen; er brachte 560 in Farbe ausgeführte Skizzen aus Gebieten mit, die bis dahin kaum ein Europäer betreten hatte. Nicht weniger reizvoll als die Bilder sind seine Landschaftsschilderungen, denn er sah die durchreisten Gebiete mit den Augen des Malers und beschrieb sie auf lebendige, fassliche Weise.

Aubert Thomas, Kapitän der berühmten Reederfamilie Jehan → Ango (Vater und Sohn), die seit 1474 ihre Fischereiflotten von Dieppe aus auf die Neufundlandbänke schickte. Mit dem Schiff *La Pensée* befuhr A. den Sankt-Lorenz-Strom und brachte acht Indianer mit nach Rouen. Später erkundete er vor allem Neufundland und nahm es mit den vorgelagerten Inseln für Frankreich in Besitz.

Auckland-Inseln, 1806 von Abraham → Bristow entdeckt, unbewohnt (1941–45 Wetterstation).

Audubon John James, 1780 (1785?)–1851, franz. Naturforscher und Tiermaler, Schöpfer des legendären Werks *The Birds of America.* Als Sohn eines franz. Marineoffiziers auf Haiti oder in der Nähe von New Orleans geboren, erhielt A. in Frankreich eine sorgfältige Erziehung durch eine ihn anbetende Stiefmutter. Mit 18 Jahren ging A. nach Nordamerika, heiratete 1808 und begann sich ornithologisch und künstlerisch für die Vogelwelt der USA zu interessieren, vor allem im O und S der USA. Um sich seine ausgedehnten Reisen leisten zu können, gab er Malunterricht, während seine Frau als Lehrerin tätig war. 1826 hatte er genügend Material beisammen, um an eine Publikation zu denken, fand in England auch sofort Verständnis und Förderer und konnte, unterstützt von seinen Söhnen Victor und John, das große Werk zur Subskription auflegen. Zwischen 1826 und 1839 teilten die drei Männer ihre Zeit zwischen Amerika und England, besorgten Material auf neuen Reisen und förderten die für ihre Zeit auch technisch sensationelle Publikation in insgesamt 10 großformatigen Bänden, Seit 1839 in New York lebend, bemühte sich A. um eine verkürzte 7-bändige Ausgabe und um ein Ergänzungswerk über die Vierbeiner Nordamerikas (Texte von John Bachman). Die Vollendung dieses großen Werks in 2 Tafel- und 3 Textbänden 1854 erlebte A. nicht mehr. Die Originalausgaben zählen heute zu den höchstbezahlten Titeln des Buchantiquariats und trugen erheblich zu weltweitem Interesse an den jungen Vereinigten Staaten bei.

Austin Horatio Thomas, 1801–65, brit. Vizeadmiral und Polarforscher. Nach seiner Teilnahme an der zweiten → Parry-Expedition erhielt A. 1850 den Auftrag nach den verschollenen Franklin-Schiffen zu suchen. Er befuhr die Barrowstraße bis zum Wellingtonkanal, überwinterte dort mit vier Schiffen auf der Griffithinsel und erkundete mit seinen Offizieren auf ausgedehnten Schlittenexpeditionen den ganzen Bereich zwischen Coburginsel, Wolstenholme- und Whale-Sund (Spuren der → Franklin-Expedition wurden erst 1859 bzw. 1879 gefunden).

Avé-Lallemant Robert, 1812–84, Arzt und Reisender aus Lübeck, Mitglied der österr. Novara-Expedition. Veröffentlichte vier Bände Reisebeschreibungen aus Brasilien und ein Buch über die Pflanzen der Tropen. A. wirkte bahnbrechend auch im Kampf gegen Tropenkrankheiten.

Avé-Lallement German, verdienter Kartograf, der als Bergingenieur um 1875 nach Argentinien ging, dort zunächst die Provinz San Luis und das Flussgebiet des Desaguadero aufnahm, später dann vor allem das Gebiet um den Aconcagua und die Mesa del Volcan, wo er Dutzende von Gipfeln in ihrer Höhe bestimmte und die Lage zahlreicher Bergsiedlungen festhielt. Neben Landkarten und Reisebeschreibungen veröffentlichte A. auch mineralogische Studien über das Aconcaguagebiet (alles in span. Sprache zwischen 1882 und 1892).

Ayolas Juan de, 1485–1538, span. Notar, der im Stab Pedro de Mendozas nach Argentinien kam und 1535 den Auftrag erhielt klimatisch günstige Lagen für Städtegründungen ausfindig zu machen. 1536 begann er seine Reise den Paraná aufwärts mit acht Galeeren und etwa 400 Mann, unter denen sich Ulrich → Schmidel aus Straubing befand. Es gelang, die stark befestigte Hauptstadt der Guarani-Indianer zu erobern. Da dies am Himmelfahrtstag geschehen war, wurde die hier gegründete span. Stadt Asuncion genannt. Auf dem weiteren Vormarsch den Paraguayfluss aufwärts und durch den Gran Chaco nach NW wurde A. von Indianern getötet.

Azara Don Felix de, 1746–1811 oder 1821, span. Ingenieuroffizier, weilte 1781–1801 zu Grenzfestlegungsarbeiten an der argentin.-brasil. Grenze im Raum des heutigen Paraguay. Während der diplomatischen Verhandlungen bildete er sich zoologisch aus und unternahm ausgedehnte Studienreisen. Sie führten zu hervorragenden wissenschaftlichen Ergebnissen und machten Höhen- und Ortsangaben, Flussläufe und Landesnatur erstmals verlässlich bekannt. Von ihm entdeckte Tierarten führen die Bezeichnung *az.*

Azoren, Gruppe von neun Inseln im Atlantik, 1 600 km von Portugal, zu dem sie heute gehören. Aufgrund eines Münzfunds, einer Kombination karthag. Münzen, die in dieser Zusammenstellung eindeutige Beweiskraft hat, ist die zumindest einmal erfolgte Erreichung der Inseln um 320 v. Chr. sicher. Wiederentdeckung 1431 durch Gonçalo Velho Cabral. Der bedeutende Geograf Martin → Behaim lebte fünf Jahre auf der Insel Faial.

B

Babbage Benjamin, 1815–78, engl. Ingenieur, der um 1850/51 nach Australien auswanderte und sich dort an verschiedenen Expeditionen ins Landesinnere beteiligte, da man zu dieser Zeit noch an einen großen Süßwassersee als Herz des Kontinents glaubte. B. war einer der Ersten, der in der großen Seenplatte südöstl. der Musgravekette wissenschaftliche Landschaftsaufnahmen und Höhenmessungen durchführte.

Back Sir George, 1796–1878, brit. Seeoffizier, Marinemaler und Entdecker, der das Polarmeer unter Sir John → Franklin kennen lernte, 1833 eine Suchexpedition nach Sir John → Ross ins nördl. Kanada führte, den heute nach ihm benannten Großen Fischfluss erstmals in ganzer Länge befuhr und kartografisch aufnahm. 1836/37 geriet er bei der Aufnahme der Eismeerküste von der Westküste der Hudson Bay bis Point Turnagain ins Packeis, wobei sein Schiff, die *Terror*, schwer beschädigt wurde und zehn Monate eingeschlossen blieb.

Baer Karl Ernst von, 1792–1876, Arzt und Zoologe, wissenschaftlicher Entdecker der Insel Nowaja Semlja, der auch Studienreisen zu den finn. Inseln nach Nordfinnland und Lappland durchführte und das Kaspische Meer mit seinen Zuflüssen sowie das Asowsche Meer erforschte. Der hervorragende Gelehrte (Friedensklasse des Pour le Mérite) hat die Doppelinsel Nowaja Semlja dank seiner umfassenden Kenntnisse nicht nur kartografiert, sondern auch hinsichtlich aller interessierenden naturwissenschaftlichen Fakten erschlossen und darüber 1838 in einer wissenschaftlichen Zeitschrift St. Petersburgs berichtet.

Baffin William, vor 1584–1622, brit. Seefahrer und Entdecker der nach ihm benannten Bucht und Insel. B. nahm 1612 an der → Hall-Expedition zur Suche nach einer Nordwestpassage teil; er musste damals schon einen guten Ruf gehabt haben, weil ihn Hall als Chefpilot anheuerte. Nach Jahren im Dienst einer russ. Walfangkompanie, die ihm genaueste Kenntnis des Nordpolarmeers einbrachten, ist B. wieder als Pilot auf der *Discovery* auf der Suche nach einer Nordwestdurchfahrt. Dabei stellte er mit Hilfe seiner erstaunlichen astronomischen Kenntnisse erste Höhen- und Lageberechnungen an, die noch 200 Jahre später als vollgültig anderen Expeditionen dienten. Er kam über 300 Seemeilen weiter nach N als sein Vorgänger Davis und erreichte 77.45 Grad nördl. Breite. B. fiel 1622 bei Kämpfen der East India Company im Raum Ormuzd.

Baker Sir Samuel White, 1821–93. Der gebürtige Londoner bereiste nach längerem Aufenthalt auf Mauritius 1846 die Insel Ceylon, wo er acht Jahre als Elefantenjäger lebte, sich aber auch intensiv mit Land und Leuten beschäftigte, wie sein Buch *Eight Years Wanderings in Ceylon* (1855) beweist. Eine Zeit lang wirkte er beim Bau einer türk. Bahnlinie mit und beschloss dann die Nilquellen zu suchen und dabei zugleich die beiden Forscher → Speke und → Grant zu treffen, die von der ostafrik. Küste aus mit der gleichen Absicht nach Innerafrika aufgebrochen waren, nur wollte B. im Gegensatz zu ihnen den Weg nilaufwärts wählen. Davor unternahm er eine Jagdexpedition in das nordäthiop. Bergland, die ein ganzes Jahr dauerte. 1862 rüstete er in Khartum drei Barken aus, mit denen er nilaufwärts nach Gondokoro fuhr, wo er mit Speke und Grant zusammentraf, die vom Viktoriasee aus nordwärts gezogen waren. Da die bei-

Samuel Baker und seine Frau beim Ritt durch die Wüste.

den Forscher aber am Oberlauf einen Bogen des Flusses abgeschnitten hatten, war ein Stromstück unbekannt geblieben, in dessen Bereich sie nach den Aussagen der Eingeborenen noch einen weiteren bisher unbekannten großen See vermuteten. B. sah in der Suche nach diesem See eine neue Aufgabe, da aber die Sklavenhändler in seiner Expedition eine Störung ihres Gewerbes erblickten, konnte er nicht direkt südwärts vorstoßen, sondern musste in einem Bogen ostwärts ausholen, bis er schließlich wieder zurück an den Nil gelangte. Dann durchzog B. unter größten Gefahren das Reich Unjoro und erreichte endlich 1864 den gesuchten See, den er Albert Nyanza (Albertsee) nannte. Zehn Tage befuhr er in einem Boot das Nordostufer des Sees, konnte aber den Ausfluss des Weißen Nils nicht entdecken. Dann kehrte er wieder über Khartum und Suez nach England zurück. Die Gräuel der Sklavenjagd, die er auf seinen Reisen kennen gelernt hatte, bewogen ihn, den Vizekönig von Ägypten für den Plan zu gewinnen, das Obernilgebiet zu erobern und dort den Sklavenhandel zu unterbinden. Der Khedive Ismail ernannte ihn zum Pascha und übertrug ihm den Befehl über eine kleine Armee, mit der B. von Khartum aus bis Gondokoro vorstieß und dort eine Militärstation anlegte. Zwar gelang es ihm, den Sklavenhändlern schwere Verluste zuzufügen und ihren Handel zu unterbinden, aber die Ruhe dauerte nur so lange, als er sich selbst im Land aufhielt. 1873 kehrte er nach England zurück. Weitere Reisen führten ihn nach Zypern, Indien, Nordamerika und Japan.

Balboa Vasco Nuñez de, 1475–1517, span. Konquistador und Entdecker des Pazifiks. B. war 1501 in die Neue Welt gekommen und hatte zunächst auf Haiti als Siedler gelebt, bis ihn seine Schulden veranlassten sich den Abenteurern auf dem Isthmus von Darien anzuschließen. Unter Gefahren und Intrigen wurde B. Alkalde der dortigen span. Niederlassung und unternahm eine Expedition ins Binnenland über den Caledonia River nach Comogre, wo er (wie vor ihm schon Kolumbus) von Indianern das Gerücht eines zweiten großen Meers im SW hörte. Das veranlasste B. im September 1513 zur Durchquerung der Landenge von Panama aufzubrechen, was die Überquerung der Kordilleren in Mittelamerika verlangte; auf schnell gezimmerten Flößen wurden die Flüsse bezwungen und am 25. September 1513 konnte B. den Pazifik sehen. An der Mündung des Sabanaflusses in den Stillen Ozean ging B. ein paar Schritte ins Meer und nahm, als er salziges Weltmeerwasser feststellte, das *Mar del Sur* für seinen König in Besitz. B. erblickte auch einige der Küste vorgelagerte Inseln und empfing Nachrichten über Nordwestsüdamerika, die der in seiner Begleitung nachgewiesene Francisco → Pizarro offenbar mehr beachtete als B. selbst. Im Juli 1515 erhielt B. auf seine Berichte hin die Ernennung zum Generalkapitän der Provinzen Colba und Panama und zum Obersten Statthalter der Südsee (so wurde der Pazifik genannt, weil der Isthmus von Panama beinahe westöstl. verläuft, der Pazifik also im S des Karibischen Meers lag). Die gelegentlichen Berührungen früherer Reisenden mit dem westl. Pazifik und B.s Entdeckung rundeten nun das Bild der Erde ab. Für die span. Kolonien zwischen Mexiko und der Magellanstraße wurde die weitgehend ungestörte Schifffahrt am Ostrand des Pazifiks von entscheidender Bedeutung. Dass der elegante und selbstsichere B. bald Neid und Missgunst erregte und Pedrarias → Davila ihn schließlich unter Vorwänden hinrichten ließ, war ein düsterer Auftakt für die nun anbrechende Ära im Kampf um die beiden Weltmeere.

Ball Henry Lidgbird, ca. 1760–1818, brit. Marineoffizier, der auf dem Schiff *Supply* Siedler auf die Norfolkinseln brachte, dabei am 17.2.1788 Lord Howe Island sichtete und am 13.3.1788 für die brit. Krone in Besitz nahm. Die Insel mit ihren kleinen Nebeneilanden wurde nach dem Ersten Lord der Admiralität benannt, einer ihrer Erhebungen gab B. den Namen Mount Lidgbird. Auf den Admiralty Islets, 20 km von der Hauptinsel entfernt und wegen schlechter Landemöglichkeit nur schwer erreichbar, gibt es einen Felsenturm, The Ball's Pyramide. B. beteiligte sich in späteren Jahren wiederholt an wissenschaftlichen Expeditionen zu den Norfolkinseln, wo eine Bucht seinen Namen trägt.

Balleny John, ca. 1795–1856, brit. Kapitän der *Eliza Scott*, mit der er Südpolarforschungen durchführte und im Februar 1839 die nach ihm benannte Gruppe von fünf Inseln entdeckte. Sein Begleitschiff, der Kutter *Sabrina*, befehligt von Kapitän Freeman, sank im März 1839. Der südl.ste Punkt, den B. erreichte, liegt unter 69.2 Grad südl. Breite.

Balleny-Inseln, ausgedehnte Gruppe von fünf größeren und vielen kleinen Inseln innerhalb des südpolaren Treibeisgürtels und daher bisher erst fünfmal angelaufen. Höchste Erhebung, 1520 m, auf Sturge, der südl.sten Insel. Die vulkanischen Inseln sind meist von Eis bedeckt. Ihr Entdecker war der Robbenfänger J. Balleny 1839. → Enderby.

Banks Sir Joseph, 1743–1820, brit. Naturforscher, Weltreisender und Mäzen. Mit 18 Jahren erbte B. einen großen landwirtschaftlichen Besitz und die Nutznießung von 270 Pachtfarmen, was ihn in die Lage versetzte den in Oxford verwaisten Lehrstuhl für Botanik mit einem hoch qualifizierten Dozenten zu besetzen und sein Leben lang Forschungsvorhaben, Expeditionen, Mustergärten, Bibliotheken u. Ä. zu finanzieren. 1766 fuhr B. nach Neufundland und Labrador. Von August 1768 bis Juni 1771 nahm er an → Cooks erster Reise teil und half mit ihren großen wissenschaftlichen Gewinn zu sichern. 1772 besuchte B. Island und studierte die Insel Staffa (Innere Hebriden) mit ihren Basaltsäulen und Höhlen. Entdeckungsgeschichtlich höchst bedeutsam wurde B.s Förderung von Forschern wie → Park und → Flinders und sein Interesse an Australien. Dank seiner engen Freundschaft mit König Georg III. konnte B. eigenes und Kronvermögen vereinigen, um den institutionellen Hintergrund der Entdeckungsfahrten zu schaffen, die Gärten von Kew sowie die *Association for promoting the Discovery* (Afrika) zu gründen. B.s Haus Nr. 32 Soho Square wurde zum Treffpunkt der Naturwissenschaftler, so wie ein halbes Jh. davor der Weimarer Frauenplan für die Geisteswissenschaftler.

Bantschoa, arab. Name des Rebellengenerals Huang Ch'ao → Ibn Wahab.

Baranowinsel, nach dem langjährigen Leiter der russ. Alaskakompanie benannt, galt lange Zeit als Teil des nordwestamer. Festlands, bis → Lissjanski ihren Inselcharakter entdeckte. Sie trägt heute einen National History Park bei Sitka (mit Russenfriedhof).

Barclay Henry führte 1877/78 wichtige geodätische Messungen im N Südaustraliens und an der Grenze von Queensland durch und untersuchte die landwirtschaftlichen Qualitäten dieser Gegend. Dabei entdeckte er Passagemöglichkeiten über die Strangway Range und den Herbert River. Ausgangs- und Endpunkt der Expedition war Alice Springs.

Barents Willem, ca. 1550–1597, holl. Seefahrer und Entdecker im Bereich der Nordostpassage, um die er sich in drei großen Fahrten bemühte. Die erste Expedition umfasste vier Schiffe, die sich im Juni 1594 teilten. B. und ein Begleitschiff erreichten am 4.7.1594 Nowaja Semlja, am 31.7. die Oranjeinseln, wo Packeis zur Umkehr zwang. Im Jahr darauf brachte eine Flottenfahrt von sieben Schiffen, deren eines B. kommandierte, keine darüber hinausgehenden Ergebnisse. Die dritte Expedition umfasste nur zwei Schiffe, erreichte am 9.6.1596 die Bäreninsel, so benannt nach einem 4 m langen Eisbären, der hier erlegt wurde. Erkundungsfahrten von der Bäreninsel aus erbrachten u. a. die (Wieder-)Entdeckung der den Normannen schon bekannten Spitzbergen-Gruppe. Auf den nach vielen Mühsalen erreichten Oranjeinseln wurden B. und seine Leute zur Überwinterung gezwungen (von August 1596 bis Juni 1597), in einer aus Treibholz erbauten Hütte. Als das Eis auch im Frühjahr das Schiff nicht freigab, entschloss man sich mit Booten Rettung zu suchen. Dabei starb B., während zwölf seiner Leute sich in zwei Booten zur Kolamündung durchkämpfen konnten, wo ein holl. Schiff sie aufnahm. 1871 entdeckte Carlsen das Blockhaus und 1875 fand man sogar den Bericht B.s über seine letzte Fahrt. B. hat unter schwierigen Bedingungen den Nordrand Europas erkundet und von diesen Küsten und Inseln des Polarmeers die ersten verlässlichen Nachrichten geliefert. Das Meer zwischen Skandinavien, Spitzbergen und Nowaja Semlja ist seit 1853 nach ihm benannt.

Das Innere von Barents' Hütte. Zeitgenössischer Stich.

Barlango Fray Tomàs (oder Theodor?), der Entdecker der bis heute viel genannten Galapagos-Gruppe. Er stellte dort schon 1535 »viele große Schildkröten« fest und gab den Hauptinseln erste Namen, die größtenteils heute wieder gelten, weil die Inseln zu Ecuador gehören. Die engl. Namensgebungen gehen auf Walfänger zurück. B. starb 1551 als dritter Bischof von Panama.

Barré Michel, franz. Antarktisforscher → Adélieland.

Barreto Dona Isabel de, Frau und Witwe Mendañas, die nach seinem Tod seine zweite Fahrt zu Ende führte und dabei die Pakininsel (Karolinengruppe) entdeckte (21.12.1595). Ihr Pilot war → Quiros, Kapitän ihres Flaggschiffs ihr Bruder Lorenzo, der Entdecker der Swallow-Gruppe in den Salomonen.

Barth Heinrich, 1821–65, gilt zu Recht als einer der bedeutendsten dt. Afrikaforscher. Er stammte aus einer Hamburger Kaufmannsfamilie, studierte in Berlin Philologie und Geschichte, wandte sich aber aus besonderem Interesse der Geografie der Mittelmeerländer zu. 1845 unternahm er seine erste größere Mittelmeerreise, die ihn nach Spanien, Marokko, Libyen und Ägypten führte und von der er über Vorderasien und den Balkan in die Heimat zurückkehrte. 1849 wurde er Privatdozent für alte Geografie an der Universität Berlin. Durch Vermittlung des preuß. Gesandten in England durfte er mit dem dt. Gelehrten → Overweg an einer britischen Expedition unter der Leitung von → Richardson in die Länder am Tschadsee teilnehmen. Die Reise führte 1850 von Tripolis aus quer durch die Sahara nach Bornu. 1851 starb Richardson und so zogen B. und Overweg

Timbuktu. Abbildung aus Barths Reisewerk.

allein weiter und besuchten teils gemeinsam, teils in getrennten Unternehmungen den Süden und Osten des Tschadseegebiets. Dabei halfen B. seine eiserne Konstitution und sein zäher Wille alle Strapazen und Gefahren zu überwinden. Während Overweg 1852 an Sumpffieber starb, kam B. als erster Europäer bis Baghirmi und im Herbst 1853 bis Timbuktu, wo er bis Frühjahr 1854 blieb. Auf der Rückreise traf er in Kuka, der Hauptstadt von Bornu, seinen Landsmann → Vogel, den man zu seiner Rettung ausgesandt hatte. Beide Forscher blieben noch einige Wochen zusammen, dann zog Vogel allein weiter. Als B. erkannte, dass er am Ende seiner Kräfte war, verließ er im Frühjahr 1855 Kuka und kehrte über Mursuk nach fast sechs Jahren Abwesenheit in die Heimat zurück. Hier widmete er sich der Herausgabe seines Reisewerks *Reisen und Entdeckungen in Nord- und Zentralafrika in den Jahren 1849–55* (5 Bde., 1857/58), das zu den Meisterleistungen der Reiseliteratur des 19. Jh.s zählt. 1864 erhielt B. die Professur für Geografie an der Universität Berlin, doch starb er schon ein Jahr danach.

Bartlett Bob, 1875–1946, als Robert Adam B. auf Neufundland geboren, Seemann mit bedeutenden Verdiensten in der Arktis. Von Kind auf an der Seefahrt und dem Segeln interessiert, machte er seine erste Arktisexpedition 1898–1902 auf der *Windward* unter → Peary. 1905/06 und 1908/09 kommandierte er die *Roosevelt* für Peary und nahm an seinem erfolgreichen Vorstoß zum Pol 1909 teil. 1913–18 kommandierte er → Stefanssons Flaggschiff *Karluk* und rettete, als sie vom Eis eingeschlossen wurde, die ganze Besatzung bis auf vier Mann, die sich selbstständig gemacht hatten. Der Bericht über dieses Ereignis trägt den Titel *Northward Ho!* (1919). Weitere Expeditionen galten 1928 den Aleuten und 1930 Grönland, doch verbrachte B. auch viel Zeit auf eigenen Arktiskreuzfahrten mit seinem Schoner *Effie M. Morrisey*. Seine gut lesbare humorvolle Autobiografie erschien 1928 unter dem Titel *The Log of Bob Bartlett*.

Bartlett John Russel, 1805–86, ist der seltene Fall eines reisenden Bibliothekars. Heute noch berühmt durch sein *Dictionary of Americanisms*, verließ er 1850 seinen Schreibtisch und schloss sich einer Topografengruppe an, die bis 1853 mit der Vermessung der US-Grenze gegen Mexiko befasst war.

Man hat berechnet, dass er etwa 8 000 km zurücklegte, verteilt auf acht Reisen zwischen dem Golf von Mexiko und Kalifornien. Seine Forschungen waren vor allem für die Gebiete westl. des Rio Grande del Norte wichtig, die bis dahin wissenschaftlich noch nicht bereist waren, und für den südl. Teil der Rocky Mountains auf amer. Gebiet.

Bashenow, Pelzhändler und Jäger der Baranow-Kompanie in (Russ.) Alaska. Im Auftrag seiner Gesellschaft, die in Alaska eine ähnliche Rolle spielte wie die Hudson Bay Company in Nordwestamerika, drang B. als Erster längs des Copper River (späterer Name!) nach N ins Landesinnere vor. Er legte mit Ruderern und unter größten Anstrengungen auf dem reißenden Fluss mehr als 300 km zurück, obwohl die Ufer ein Treideln der Boote nicht gestatteten und der Fluss durch Stromschnellen, mitgeführte Eisblöcke und Untiefen sehr gefährlich war und oft unter haushohen Gletscherabbrüchen des Wrangellgebirges hinfloss. Nach mehreren Tagereisen entdeckten B. und seine Leute eine Indianersiedlung bei einer Kupfermine, wo die Indianer Äxte und Messer aus Kupfer schmiedeten, das in schweren Brocken vorkommt. Nachdem einige spätere Expeditionen spurlos verschwunden waren (die Copper-Indianer galten als Kannibalen), gelang es endlich, acht Tagereisen oberhalb der Copper-Stromschnellen einen kleinen Handelsposten zu errichten.

Basile, 1. Jh. n. Chr., vermutlicher Name jenes griech. Kaufmanns, der im ägypt. Handelsplatz Berenike am Nordufer des Roten Meers vor 89 n. Chr. den *Periplus Maris Erythraei* verfasste, eines der kostbarsten und überraschendsten geografischen Werke des Altertums. → Marinos von Tyros und → Ptolemaios kannten es. In ihm findet sich ohne jeden Vorbehalt die Mitteilung, dass sich südl. von Afrika Indischer und Atlantischer Ozean vereinigen (1 400 Jahre vor Vasco da Gama!), sowie eindeutige Hinweise auf Lage und Verkehrsverhältnisse von Indien, Ceylon, Hinterindien und China. Der Text dieses alten Schifferhandbuchs hat sich bis auf einige Stellen im Codex Heidelbergensis erhalten.

Bass George, 1771–1803, brit. Schiffsarzt, der gemeinsam mit → Flinders ausgedehnte Bootsfahrten an den Küsten Tasmaniens und Südostaustraliens durchführte und auch versuchte, die sog. Blauen Berge zu bezwingen. 1802 entdeckte B. die Marotiri-Inseln 75 km südöstl. von Rapa in der (heute franz.) Gruppe der Austral Islands (Tubuai-Inseln). Dabei handelt es sich um acht Felsenriffe und eine Insel mit zwei Gipfeln, auf deren Einsattelung Thor → Heyerdahl 1956 archäologische Untersuchungen durchführte. Die Befestigungen sind nicht so ausgedehnt wie die auf Rapa, ähneln ihnen aber darin, dass sie offenbar von einem nicht polynes. vorgeschichtlichen Volk stammen, das die Tubuai-Inseln dichter bevölkerte, als dies heute der Fall ist. Während die Marotiri-Inseln nur gelegentlich Bass-Inseln genannt werden, bewahrt die → Bass-Straße zwischen Australien und Tasmanien seinen Namen.

Bass-Straße, 340 km lang und im Mittel 70 m tief. Die erst 1798 von dem brit. Seefahrer George → Bass entdeckte Straße trennt Australien von Tasmanien und ist der Rest einer abgesunkenen Landverbindung, reich an Klippen, Untiefen und Inseln. In dem sehr schwierigen Fahrwasser kam es zu zahlreichen Schiffstragödien, darunter dem bis heute ungeklärten Verlust des Goldschiffs *Britomart* im August 1840.

Bastian Adolf, 1826–1905, Sohn einer angesehenen Kaufmannsfamilie aus Bremen; studierte Medizin und wurde 1851 Schiffsarzt. Seine erste lange Reise führte ihn zunächst nach Australien, wo er die dortigen Goldfelder besuchte. Nächste Station der Reise waren Mexiko und Kalifornien, von hier segelte er nach China und gelangte über Hinterindien und Indonesien nach Kalkutta in Indien. Hier unternahm er eine viermonatige Bootsreise auf dem Ganges und durchquerte den Dekkan. Im Zweistromland suchte er die Ruinen von Babylon und Ninive auf und reiste über Syrien und Palästina nach Kairo. Er schiffte sich nilaufwärts ein, ritt durch die Wüste nach Kosseir am Roten Meer, setzte nach Djidda über und zog mit einer Karawane von Mekka nach Aden. Über die Seychellen und Mauritius führte ihn eine Schiffsreise nach Kapstadt, von wo aus sich ihm eine Gelegenheit zur Weiterreise in die portug. Besitzungen an der Westküste Afrikas bot. Hier drang er nach San Salvador, der alten verfallenen Hauptstadt des ehemaligen Negerkönigreichs Kongo vor und gab unter dem dem Titel *Ein Besuch in San Salvador* 1859 den ersten modernen Bericht über diese Stadt. Entlang der afrik. Westküste reiste er nach Lissabon zurück. Danach durchwanderte er die Iberische Halbinsel, fuhr in die Türkei und besuchte von da aus Russland, Schweden und Norwegen. 1861–65 bereiste B. Birma, Siam und Kambodscha, wo er als Erster die berühmten Ruinen von Angkor wissenschaftlich beschrieb. Die nächsten Stationen waren Indonesien und Peking. Von hier aus zog er auf dem Überlandweg durch die Mongolei und Sibirien nach dem Kaukasus. Ergebnis dieser Reise war ein großes Werk, *Die Völker des östlichen Asien* (6 Bde., 1871). 1868 übernahm er in Berlin die Verwaltung der völkerkundlichen Sammlungen der Königlichen Museen und gründete die Deutsche Gesellschaft zur Erforschung Äquatorial-Afrikas, als deren Vorsitzender er 1873 eine mehrmonatige Reise nach Loango an der Westküste Afrikas antrat. Die Leitung einer von ihm gründlich vorbereiteten großen Expedition von der Loangoküste aus in das Innere Afrikas überließ er aber anderen und kehrte in die Heimat zurück. 1875/76 bereiste B. im Auftrag des Königlichen Museums Peru, Ecuador, Kolumbien und Guatemala, segelte von hier nach San Francisco, durchquerte Nordamerika und kehrte über die Antillen in die Heimat zurück. 1878–80 besuchte er erneut Russland, Persien, Indien, den Malaiischen Archipel, Hawaii, den NW der USA und Yukatan, und als erster Direktor des neu gegründeten Museums für Völkerkunde in Berlin unternahm er schließlich zwischen 1889 und 1905 noch drei weitere große Reisen nach Indien, Ostafrika, Südostasien und Westindien. Wohl keiner seiner Zeitgenossen hat die Welt eingehender bereist als er. Sein Hauptaugenmerk galt dabei weniger der geografischen als viel mehr der völkerkundlichen Forschung.

Bastidas Rodrigo de, span. Notar und Entdecker, der 1500 zwei Schiffe ausrüstete, aber schon im September 1502 wieder in Cádiz war. Mit Juan de la → Cosa stand ihm einer der berühmtesten Piloten der Zeit zur Verfügung, weswegen auch lange Küstenstrecken der Südwestkaribik entdeckt wurden, ehe → Kolumbus dorthin gelangte.

Bates Henry Walter, 1825–92, engl. Zoologe und Südamerikareisender. Der Verehrer → Darwins stammte aus einer wohlhabenden Industriellenfamilie, wandte sich früh naturwissenschaftlichen Studien zu und bereiste von 1848 an elf Jahre lang im Wesentlichen den Amazonas und sein Einzugsgebiet. Dabei entdeckte er u. a. nicht weniger als 8 000 unbekannte oder in ihrem amer. Vorkommen neue Insektenarten. Unter dem Titel *The Naturalist on the River Amazonas* veröffentlichte er 1863 in London einen zweibändigen Reisebericht, der 1866 dt. erschien und eine bis dahin unerreichte, detailgetreue Beschreibung des ganzen Flussgebiets auch in geografischer und ethnologischer Hinsicht enthält. Eine Digestfassung gab der Amerikanist Krickeberg 1924 bei Brockhaus, Stuttgart, heraus.

Batuta, Battuta → **Ibn Batutah.**

Baudin Nicolas, 1754–1803, franz. Seefahrer und Entdecker zunächst in österr. Diensten (B. holte 1792 exotische Pflanzen aus Ostindien für die Gärten und Gewächshäuser von Schloss Schönbrunn), danach für Napoleon. In zähen und nicht immer glücklichen Fahrten, auf denen er oft → Flinders begegnete, nahm B. unbekannte Küstenstriche von Tasmanien (vor allem die Halbinseln) auf, aber auch öde Küstenstrecken in Süd- u. Nordaustralien, z. B. nördl. von Kap Banks bis zur Encounter Bay. Entkräftet von Auseinandersetzungen mit seinen Mitarbeitern und unsäglichen Strapazen, starb B. auf Mauritius.

Bauer Ferdinand Lukas, 1760–1826, Botaniker und Maler, bereiste als erster Österreicher nicht nur Australien, sondern auch Timor, die Norfolkinseln und das Kapland und brachte mehr als 2 000 Zeichnungen und Aquarelle seiner botanischen Eindrücke mit, aber auch zahlreiche Bilder von Tieren, die zum Teil der ersten Ausgabe des berühmten Reiseberichts von → Flinders (1814) beigegeben wurden.

Baumann, Kapitän des Schiffs *Thienhoven* bei → Roggeveens Weltumseglung. Die nach ihm benannte, von Roggeveen entdeckte Inselgruppe heißt heute Manua Islands (Samoagruppe, Amer. Samoa) und besteht aus den Inseln Ta'u, Ofu und Olosega, bekannt geworden durch den verheerenden Taifun vom 18. Januar 1987.

Baumann Oscar, 1864–99, studierte an der Universität Wien und an der Technischen Hochschule ohne sich auf einen bestimmten Studienzweig festzulegen. Schon als junger Mann wollte er unbedingt Forschungsreisender werden. Nachdem er sich im Militärgeografischen Institut in Wien in topografischen Arbeiten geschult hatte, besuchte er als 19-jähriger Montenegro und bestieg und kartografierte als Erster den Durmitor. Daraufhin teilte man ihn als Kartografen der österr. Kongoexpedition unter → Lenz zu. Dabei gelang B. die erste sorgfältige kartografische Aufnahme des Stromgebiets bis zu den Stanleyfällen. Nach seiner Rückkehr vom Kongo besuchte er 1886 die Insel Fernando Poo vor der afrik. Westküste und promovierte dann in Leipzig bei dem bekannten Geografen und Völkerkundler Friedrich Ratzel mit einer Arbeit über diese Insel. Zwischen 1888 und 1893 führten ihn mehrere große Expeditionen nach Ostafrika, wo er das Gebiet von Usambara, ein Bergland im NO des heutigen Tansania, erkundete, dann durchstreifte er acht Monate lang das Gebiet zwischen der ostafrik. Küste und dem Kilimandscharo und lieferte als Ergebnis eine *Karte des nordöstlichen Deutsch-Ostafrika* im Maßstab 1 : 300 000. 1892 trat er an der Spitze einer Karawane von 200 Mann seine größte Entdeckungsreise an, die ihn wieder in den N von Ostafrika zum Ostafrikanischen Graben führte, wo er den Riesenkrater des Ngorongoro und die abflusslosen Salzseen Manjara und Eiassi entdeckte. Auf dem Weitermarsch nach NW durchquerte er die südl. Serengeti und gelangte bis an das Ufer des Viktoriasees. Er durchwanderte dessen östl. Randlandschaften, verfolgte den Kagera bis zur Quelle und kam als erster Europäer nach Ruanda. Der Rückmarsch ging über den Tanganjikasee zur Küste. Damit waren, wie er selbst sagte, »die riesigen weißen Flecken, welche die Karte des nördlichen Deutsch-Ostafrika aufwies, ausgefüllt«. Nach kleineren kartografischen Arbeiten im Gebiet des Sansibararchipels und am unteren Pangani war B. 1896–99 österr.-ungar. Konsul in Sansibar.

Beachcomber, im engeren Sinn Strandguträuber, später allgemein für (meist gestrandete) Einzelgänger europ. oder amer. Schiffe, die nach Schiffbrüchen oder Desertionen, Meutereien usw. auf einer meist kleinen Insel zu einer neuen Existenz gelangten. Da dies nur in den Frühzeiten transpazifischer Fahrten möglich war, sind ihre gar nicht so selten zu Papier gebrachten Eindrücke und Erlebnisse heute geschätzte Dokumente für die Erschließungsgeschichte vor allem des pazifischen Raums und werden z. B. im Bishop-Museum auf Hawaii, aber auch in Neuseeland und in Australien gesammelt und gelegentlich neu ediert. Erfolgreiche B. waren z. B. der Schwede Charles Savage auf der Sandelholzinsel Vanua Levu (Fidschi) oder, in der gleichen Gruppe, Paddy Connel auf der Insel Rewa. Zum amer. Vizekonsul auf Levuka (1822) brachte es David Whippy aus New Hampshire, während → Lockerby sich mehr für den Gelderwerb durch Sandelholz interessierte.

Beale Edward Fitzgerald, ca. 1825–93, suchte im Auftrag der amer. Regierung einen Weg von Fort Defiance zum Colorado und führte dabei Kamele mit.

Beauchesne-Gouin Jacques de, ca. 1668–1745, franz. Seefahrer und Entdecker im Südatlantik. Begann im Dezember 1698 mit vier Schiffen einen Handelsvorstoß an die den Spaniern vorbehaltene Westküste Südamerikas, lief unter häufigen Gefechten mit Korsaren verschiedene chilen. Häfen an und kehrte, aus Furcht vor den Klippen einen weiten Bogen beschreibend, um Kap Hoorn zurück. Auf der Hinfahrt benannte er eine Insel der Magellanstraße Ile Louis-le-Grand (nach Ludwig XIV.), doch hat sich diese Benennung ebenso wenig erhalten wie andere, die er in dieser Gegend vornahm. Hingegen entdeckte er 1701 auf der Rückfahrt südöstl. von Feuerland die nach ihm benannte Beauchesne-Insel.

Beaufort Henri-Ernest Grout Chevalier de, 1798–1825. Der franz. Adelige verbrachte nach der Marineschule in Toulon einige Jahre in der Levante und wurde mit 21 Jahren als Schiffsoffizier an den Senegal versetzt. 1821 kehrte er nach Paris zurück, um sich systematisch auf die Tätigkeit eines Forschungsreisenden vorzubereiten, indem er Botanik, Zoologie und Geologie studierte und Arabisch lernte. 1824 reiste B. an den Gambia, drang bis zu den Mandingo vor und beendete seine erste Reise in Bakel am Senegal. Durch seine Forschungen ergänzte er die Berichte, die Mungo → Park über diesen Raum gegeben hatte. Dann gelang ihm die kartografische Aufnahme der Siedlungen zwischen Gambia und Senegal. Sein großes Ziel aber war Timbuktu, wohin er im Herbst 1824 aufbrach. Unterwegs wurde er von Mauren ausgeplündert und musste wieder nach Bakel zurückkehren. Weiteren Plänen setzte sein früher Tod in Bakel ein Ende.

Beaumont L. A., brit. Offizier, Teilnehmer an der strapaziösen → Nares-Expedition, bei der er die Nordwestküste von Grönland bis ca. 8.30 Grad nördl. Breite aufnahm. Die von ihm gesichtete B.-Insel ist nach ihm benannt.

Beautemps-Beaupré Charles-François de, 1766–1854. »Der Vater der Hydrografie« hatte als Schüler seines Verwandten, des Geografen Buache, eine kartografische Methode von großer Präzision entwickelt und begleitete den Konteradmiral → D'Entrecasteaux auf der Suchexpedition nach → La Pérouse in den Pazifik. Das hielt ihn 1791–96 von Paris fern, erbrachte aber die bis dahin besten Aufzeichnungen über die geografischen Verhältnisse in den besuchten Teilen des Stillen Ozeans, insbesondere auf den neu entdeckten → Kermadecinseln. Nach 1796 lagen praktisch alle hydrografischen Aktivitäten der franz. Regierung in den Händen von B.-B., der mit seinen großen Atlanten zum Vorbild wurde.

Beccari Odoardo, 1843–1920, ital. Naturwissenschaftler, der ausgedehnte Reisen in Afrika, vor allem aber in der südostasiat. Inselwelt durchführte. Hervorzuheben ist seine Borneoreise (1865–68), zum Teil gemeinsam mit dem Marchese Doria, mit Schwergewicht auf Sarawak und den Wasserscheiden im Innern der großen Insel. 1879 reiste B. in Südostafrika (Assab Bay, Massaua), wandte sich aber schon 1871 wieder seinem Hauptforschungsgebiet Melanesien zu und bereiste, weitgehend in Gemeinschaft mit d'Alberti, vor allem Neuguinea und benachbarte Inselgruppen. Außer seinen botanischen Studien und Sammlungen ist dabei die Besteigung des Arfakgebirges hervorzuheben; auch der Samsonfluss wurde von B. entdeckt. – B.s zahlreiche Schriften sind Reiseberichte und Briefsammlungen in ital. Sprache über Neuguinea, Borneo und Malaysia, aber auch botanische Beobachtungen. Sein Buch *Nelle Foreste di Borneo* (In Borneos Wäldern) erschien 1904 auch in engl. Sprache. Nach seinem Tod erschienen noch Fragmente seiner Tagebücher und Briefe.

Becknell William, ca. 1785–1832, »Father of the Trail« genannt, womit der Santa Fé Trail gemeint ist, von 1821–80 (Jahr der Vollendung der Eisenbahnstrecke) die wichtigste Handelsroute im amer. SW und keineswegs eine Einbahnstraße nach W für Siedler. Teilweise schon von → Vazquez de Coronado und 1806 von Pike genutzt, erlangte sie ihre Bedeutung erst durch B., der auf der Strecke durch Kansas den Schutz gegen die Indianer organisierte. B.s Helfer und Nachfolger waren John Mac Knight, Hugh Glenn, Jacob Fowler und Stephen Cooper, die Zugtiere waren Ochsen und Maultiere, die beförderten Güter umfassten alles, was man brauchte, von Gold und Silber über Pelze, Felle und Wollstoffe bis hin zu Gegenständen des täglichen Bedarfs und Waffen. B.s erste Ladung hatte einen Wert von 300 Dollar.

Beechey Frederick William, 1796–1856, brit. Seefahrer und Pazifikforscher. Nach Teilnahme an den Napoleonischen Kriegen erste Polarerfahrungen in den Expeditionen von J. → Franklin u. W. E. → Parry und kurze Aktivitäten im Mittelmeer (Syrten). Gemeinsam mit seinem Bruder Henry, der das Talent des Vaters geerbt hatte und ein guter Maler war, nahm B. die Küstenstrecke Tripolis–Bengasi–Derna auf. Seine große Leistung ist jedoch die lange Pazifikfahrt mit dem kleinen Schiff *Blossom*, wobei er den Auftrag hatte den von O her eine Nordwestpassage suchenden Kapitänen Franklin und Parry entgegenzufahren. Die Reise begann am 19.5.1825 in Spithead und endete im Oktober 1828 in Woolwich. In diesem Zeitraum hatte die *Blossom* 73 000 Seemeilen zurückgelegt. Die wichtigsten Stationen der gewaltigen Reise waren die Osterinsel (16.11.1825), danach die Elizabeth Islands und Pitcairn. Dort konnte B. von John Adams, dem letzten Überlebenden der Bounty-Meuterer, einen authentischen Bericht der Vorgänge aufzeichnen. Am 29.12.1825 ankerte B. in der Lagune von Mangareva (Gambier Islands), ging dort als erster Europäer an Land und lieferte einen ausgezeichneten Bericht. Am 26.1.1826 entdeckte er Vanavana und nannte die Insel Barrow Island. Die Insel Fangataufa wurde drei Tage später kartografisch aufgenommen und Cockburn Island genannt, eine weitere nördlichere Entdeckung (Ahunui) erhielt den Namen Byam Martin Island. Über Tahiti und Hawaii erreichte er Petropawlowsk auf Kamtschatka am 28.6.1826 und war am 22.7. mit zwölf Tagen Verspätung im Kotzebue-Sund, wo er sich mit der Franklin-Expedition treffen sollte. Nach Ruhepausen vornehmlich auf Hawaii lief er im August 1827 noch einmal den Treffpunkt an und kehrte um Kap Hoorn nach England zurück. B. bewegte sich über den Pazifik hinweg wie außer ihm nur James Cook und ergänzte dessen Küstenaufnahmen vor allem in Kanada und Alaska. 1854 wurde B. Konteradmiral, 1855 Präsident der Royal Geographical Society.

Behaim Martin, 1459–1507, Nürnberger Patrizier, der wahrscheinlich als junger Mann in seiner Heimatstadt den bedeutenden Mathematiker und Astronomen Johannes Müller kennen lernte, der sich selbst, einer gelehrten Sitte der Zeit entsprechend, nach seinem Geburtsort Königsberg im heutigen Unterfranken Regiomontanus nannte. Von ihm könnte B. seine astronomischen und nautischen Kenntnisse erworben haben. 1476 ging B. für einige Jahre als Handelsvertreter nach Antwerpen, von wo aus er Kontakte mit Lissabon, der bedeutendsten westeurop. Handels- und Hafenstadt in dieser Zeit, anknüpfte. 1482 reiste B. erstmals selbst nach Lissabon, wo er möglicherweise den Portugiesen gewisse astronomische und mathematische Kenntnisse vermittelte, die ihn Regiomontanus gelehrt hatte. Dazu gehörte auch die Benutzung des so genannten Jakobsstabs, mit dessen Hilfe sich Meridianbestimmungen auch auf See vornehmen ließen, während man bisher dazu hatte an Land gehen müssen. Damit hatte B. den portug. Kapitänen einen wichtigen Dienst erwiesen, weshalb der 25-Jährige so rasch in die »Astronomische Junta« aufgenommen wurde, ein wissenschaftliches Gremium, das in Lissabon die Grundlage für die Afrikafahrten zu bearbeiten hatte. Auch erlaubte man ihm selbst an einer dieser Entdeckungsreisen teilzunehmen. So begleitete er → Cao auf seiner Reise 1484–86 entlang der westafrik. Küste. Nach seiner Rückkehr wurde B. in Portugal zum Ritter geschlagen. Dann übersiedelte er auf die Azoren. 1490/91 besuchte er Nürnberg und fertigte hier mit Hilfe tüchtiger Handwerksmeister seinen »Erdapfel«, die älteste erhaltene Darstellung der Erde in Globusform. Über die weiteren Lebensdaten B.s ist wenig bekannt. 1494 beauftragte ihn der portug. König mit einer diplomatischen Mission in den Niederlanden, dann dürfte er noch einmal einige Jahre auf den Azoren gelebt haben; B. starb in Lissabon.

Behrens Carl Friedrich, 1701–nach 1750, nahm 1721 und 1722 an der Südseefahrt → Roggeveens teil, auf der die Osterinsel entdeckt wurde, und schrieb darüber Berichte, die aber eher für den Bereich Melanesien Brauchbares enthalten.

Bekri El, gest. 1094, arab. Reisender und Schriftsteller, dem wir eine Beschreibung von Nordafrika verdanken. Obwohl B. von Irrtümern nicht frei ist und gelegentlich auch unklar berichtet, sind doch seine Mitteilungen über normann. Raubflotten an der Nord- und Nordwestküste von Afrika geografisch wie historisch von Bedeutung. B. verzeichnete einen ersten Überfall auf einen nordwestafrik. Hafen 851 (nicht 844, wie bei Hennig – s. Lit.) und auf die Stadt Alhucemas östl. von Tanger im Jahr 866. Zweimal überfielen sie zu nicht genau bekannten Zeitpunkten die Stadt Azila unweit des Kap Spartel (Nordafrika). Durch B. steht es fest, dass die franz. Normannen oder auch skand. Wikinger bereits im 9. Jh. wiederholt die Straße von Gibraltar passierten.

Belcher Sir Edward, 1799–1877, brit. Pazifik- und Polarforscher, Teilnehmer der *Blossom*-Expedition und Nachfolger des bei den Vermessungsarbeiten an der kalif. Küste erkrankten → Beechey. Im Juli 1837 schlichtete B. gemeinsam mit → Du Petit-Thouars den auf Hawaii ausgebrochenen Streit um die katholischen Missionare, die daraufhin im Land bleiben durften, und beteiligte sich mit der *Sulphur* 1840 an einem Angriff auf Kanton im Zug des sog. Opiumkriegs. 1843–46 kommandierte B. die Samarang und führte wesentliche Klärungen der Küsten und Wasserstraßen zwischen Südostasien und Korea herbei. Als über 50-Jähriger begab er sich noch auf die Suche nach → Franklin; es war die letzte der Suchexpeditionen und B.s energischer Einsatz auf Bootsfahrten und Schlittenexpeditionen brachte wertvolle Erkenntnisse über die geografischen Verhältnisse zwischen Jones-Sund und Patricksinsel. B. verlor vier seiner fünf Schiffe, musste zweimal überwintern und wurde durch den nach ihm benannten B.-Kanal (North Cornwall/Table-Insel) geehrt. Im Tagebuch des Expeditionsteilnehmers Robert → McClure wird B. angegriffen; ebenso in G. F. McDougalls Darstellung von Aufgabe und Wiederauffindung von HMS *Resolute* (einem der von B. aufgegebenen Schiffe).

Bell Gertrude Lowthian, 1868–1926, war, wie es in der Einleitung zu ihren Briefen heißt, »Gelehrte, Dichterin, Historikerin, Archäologin, Kunstkritikerin, Bergsteigerin, Gärtnerin, Entdeckungsreisende, Naturwissenschaftlerin, Staatsdienerin«. Nach Studien der Orientalistik in England unternahm sie seit 1900 ausgedehnte Forschungsreisen in Syrien, Palästina und Arabien. Auf der Rückreise von Persien und Mesopotamien lernte sie in Syrien den jungen T. E. → Lawrence (später berühmt geworden als Lawrence von Arabien) kennen, mit dem sie eine Zeit lang zusammenarbeitete. Während des Ersten Weltkriegs gehörte sie dank ihrer hervorragenden Sprach- und Landeskenntnisse zu den wichtigsten Agenten der brit. Regierung in Arabien und im Irak.

Bell Robert, 1841–1917, arbeitete 1856–1908 an der topografischen Durchdringung fast aller weniger bekannten kanad. Landschaften, namentlich der großen Seen, der Hudson Bay, des Athabasca River. Einer der Quellflüsse des Nottawai River wurde nach B. benannt. Nach N reichte das Forschungsgebiet B.s bis nach Baffinland. B. veröffentlichte seine Berichte in Montreal in franz. Sprache.

Bellingshausen Fabian Gottlieb Benjamin von, 1778–1852, balt. Seefahrer, in der russ. Expansion in Richtung Pazifik besonders erfolgreich. Nach ersten Erfahrungen auf der Bark *Nadeschda* unter → Krusenstern 1810–15 im Mittelmeer stationiert, 1819–21 Leiter der zaristischen Antarktisexpedition mit der Barke *Vostok* und dem Versorgungsschiff *Mirnyi*. B. sichtete 1820 als Erster das antarkt. Festland, bewies den Inselcharakter des Sandwichlands, nahm lange Strecken der Küste von Südgeorgien auf und entdeckte am 10.1.1821 die Peter-I.-Insel. B. stiftete einige Verwirrung, weil er eine Reihe bereits entdeckter Inseln im Südpazifik zusätzlich zu ihren Eingeborenen-Namen und jenen, die ihnen andere Entdecker gegeben hatten, nun auch noch mit ausführlichen russ. Bezeichnungen versah, doch ist seine genaue Aufnahme der Tuamotu-Gruppe – immerhin 76 Inseln – wegen des gefährlichen Fahrwassers zwischen den Atollen eine große Leistung; zehn der von ihm aufgenommenen Inseln waren unbekannt gewesen. B.s Arbeiten in der Tuamotu-Gruppe sind seit 1930 aktuell geworden, weil die

Archäologen des Bishop-Museums (Hawaii) Spuren vorpolynes. Zivilisationen in der Gruppe entdeckt hatten und Wortstämme, die auf eine Besiedlung einzelner dieser Inseln von Südamerika aus hindeuten. Die Insel Ono-i-Lau (Fidschi-Gruppe), die erst B. der Wissenschaft bekannt machte, wurde vermutlich vor ihm nur von der Bootsmannschaft unter → Bligh betreten. Nach B. ist ein Kap auf Sachalin benannt und eine ozean. Insel (Motu One). B. wurde 1843 Admiral und 1847 persönlicher Adjutant des Zaren.

Bellot Joseph-René, 1826–53, Leutnant zur See, franz. Teilnehmer an der → Kennedy-Expedition zur Rettung → Franklins, 1853 Offizier auf der *Phoenix*. Kam ums Leben, als er zu Fuß mit Eilnachrichten für → Belcher unterwegs war und ein Sturm die riesige Eisscholle unter ihm aufriss. Eine Meeresstraße an der Boothia-Halbinsel ist nach ihm benannt.

Beltrame Giovanni, 1824–1906, ging 1853 im Dienst eines ital. Missionsinstituts an den Oberen Nil. 1854 unternahm er von Khartum aus eine Reise auf dem Blauen Nil. Nach kurzem Europaaufenthalt kehrte er wieder nach Khartum zurück und bereiste den Fluss mit anderen Missionaren bis zur Station Heiligenkreuz bei Gondokoro. Von hier aus unternahm er mehrere Exkursionen durch damals völlig unbekannte Gebiete. 1862 verließ er Afrika und beschäftigte sich in Italien als Professor vorwiegend mit linguistischen Arbeiten über das Nilgebiet.

Beltrami Giacomo Costantino, 1779–1855, ital. Reisender und eines der seltenen Beispiele für einen Entdecker-Poeten. Mit großem Mut und beachtlicher Ausdauer suchte B. 1822–24 nach den Quellen des Mississippi. Nach einem Zerwürfnis mit → Long ganz auf sich gestellt, kämpfte er sich vom Red Lake zum Turtle Lake vor und entdeckte auf der Höhe einer Wasserscheide einen See, den er Julia Lake nannte; auch der Itasca Lake wurde von ihm erreicht und auf einer umstrittenen Karte eingetragen. B. kehrte 1828 nach Europa zurück. Seine Entdeckungen, über die er in schwärmerischen Briefen an eine in Italien zurückgebliebene Contessa berichtete, werden von der amer. Kritik bestritten, obwohl → Schoolcraft erst 1832 in diese Gegenden kam. B.s Reisewerk erschien in franz. Sprache in New Orleans (1824) und in engl. Sprache 1828, sodass Schoolcraft es kennen musste.

Belzoni Gianbattista, 1778–1823, nimmt eine merkwürdige, doch keineswegs unbedeutende Sonderstellung unter den zahlreichen Afrikareisenden ein. In seiner Jugend führte er ein recht bewegtes, abenteuerliches Leben, trat für kurze Zeit in ein Kloster ein, reiste dann nach Holland und von da nach England, wo der fast 2 m große junge Mann als Kraftmensch in einem Zirkus auftrat. 1815 kam er nach Ägypten, wo er dank seiner technischen Kenntnisse beim dortigen Herrscher eine Anstellung zu finden hoffte. Als Aufseher beim Abtransport von Altertümern im Auftrag des engl. Konsuls erwarb er sich erstaunliche Kenntnisse in der Archäologie und bereiste nun auf eigene Faust das Niltal bis nach Nubien. Dort untersuchte er als erster Europäer den heute versetzten Felsentempel von Abu Simbel. Von Nubien aus zog er ans Rote Meer, kehrte nach Kairo zurück, öffnete bei Gizeh die Chephren-Pyramide und drang bis in die Grabkammer vor. Weitere Reisen führten ihn in das Faijum und in die Libysche Wüste. 1822 fuhr er an die Westküste Afrikas, aber der Plan, von da aus nach Timbuktu und an die Nigerquellen vorzustoßen, wurde durch seinen frühen Tod auf dieser Reise vereitelt.

Blick auf Ibrim in Nubien. Aus dem Reisewerk Belzonis.

Benalcazar Sebastian de, um 1492–1551, einer der erfolgreichsten Konquistadoren, Gefährte und Stellvertreter → Pizarros, eroberte 1533 Quito mit nur 200 Mann und erbaute den Hafen Guayaquil. Danach eroberte er sein späteres Gouvernement Popayan (heute Südkolumbien) und gründete 1537 Cali. Ein entbehrungsreicher Eroberungszug über die Anden nach Bogotá brachte ihm die Enttäuschung, dort auf → Quesada und → Federmann zu treffen. Historisch wichtig wurde B.s Vorstoß ins Caucatal, wo er die selbstständige Indianerkultur des Chibcha-Reichs entdeckte (Vor-Inka-Kultur mit eigenem Recht). B. starb auf der Heimreise nach Spanien.

Benjamin von Tudela → Tudela.

Berejnik → Iwanow.

Berendt Carl Hermann, 1817–78, dt. Forschungsreisender und Sprachforscher, der die erste verlässliche Karte der Verapaz-Hochfläche und des Flusslaufs vom Rio Chixoy herstellte. Sein Hauptverdienst lag jedoch in der Entwirrung der mesoamer. Dialektgeografie, wobei eine Reihe von Altsprachen ermittelt, charakterisiert und vor dem Vergessenwerden bewahrt wurde. Seine Karte von Yukatan erschien in Petermanns Mitteilungen (s. Lit.). Starb bei Ausgrabungen in Guatemala.

Bering Vitus Jonassen, 1680–1741, stammte aus Jütland, diente in der dän. Marine und besuchte dabei West- und Ostindien und trat schließlich 1704 in Amsterdam in die Dienste Zar Peters I. Nachdem er sich im Nordischen Krieg ausgezeichnet hatte und zum Kapitän befördert worden war, übertrug ihm der Zar die Führung einer Expedition in das Gebiet von Kamtschatka, auf der er die Ostgrenze Asiens näher erforschen sollte. Anfang 1725 reiste B. auf dem Landweg über Tomsk und Jakutsk bis nach Ochotsk und zog dann mit seinen Leuten auf Hundeschlitten quer über die Halbinsel Kamtschatka. An der Küste ließ er ein Schiff bauen und verfolgte im Sommer 1728 den genauen Küstenverlauf nach N. Dabei entdeckte er die Meeresstraße zwischen Asien und Amerika, die später nach ihm benannt wurde. Nachdem er bis zum 15. August weit ins Polarmeer nach N vorgedrungen war, betrachtete er seine Aufgabe als erfüllt und beschloss umzukehren. Noch einmal überwinterte er in Kamtschatka und kehrte dann durch Sibirien nach St. Petersburg zurück. Da man dort seinen Aussagen mit Misstrauen begegnete, wollte er mit einer weiteren Expedition beweisen, dass Kamtschatka tatsächlich gegenüber dem amer. Festland liege. Die Vorbereitungen dauerten aber über sieben Jahre, und währenddessen gelangten Aussagen von Kosaken nach St. Petersburg, die Berings Entdeckungen bestätigten. Die »Große Nordexpedition« begann 1741. B. lief diesmal mit zwei Schiffen von der Awatschabucht an der ostsibir. Küste aus und landete unter 59 Grad nördl. Breite an der Nordwestküste Amerikas. Dort blieb er aber nur so kurz, dass der dt. Naturforscher Georg W. → Steller, der ihn begleitete, nicht einmal Zeit für wissenschaftliche Beobachtungen fand. Die Heimfahrt stand unter einem ungünstigen Stern. Während das eine Schiff rechtzeitig die Küste von Kamtschatka erreichte, wurde B. mit seinen Leuten durch widrige Stürme aufgehalten und landete schließlich Anfang November auf einer kleinen Insel vor der Küste. Dort beschloss man zu überwintern, aber ein Großteil der Seefahrer, unter ihnen auch B., starb an Skorbut. Der Rest konnte sich auf das Festland retten.

Bernatzik Hugo Adolf, 1897–1953; der aus Wien stammende Völkerkundler unternahm mehrere Forschungsreisen in das Obere Nilgebiet, nach Portugiesisch-Guinea, Hinterindien und nach Nordwestafrika. In seinen seit 1934 erschienenen Büchern gab er lebendige, auch einen breiten Leserkreis interessierende Schilderungen, die er mit für damalige Verhältnisse hervorragenden und ungemein eindrucksvollen Fotos ergänzte. Sie sind oft letzte Zeugnisse sterbender Stammesgemeinschaften. Seine Hauptwerke sind eine große *Völkerkunde* (3 Bde., 1939 und 1954) sowie ein *Handbuch der angewandten Völkerkunde von Afrika* (2 Bde., 1947).

Berreo y Oruna Don Antonio de, verheiratet mit einer Nichte des → Quesada; selbstständiger Sucher nach der Goldstadt Manoa, befuhr 1584 mit 700 (!) Mann zwei Zuflüsse des Orinoko und diesen selbst in seinem Oberlauf unter Strapazen, Kämpfen mit Indianern und Verlusten durch Krankheiten. Seine Versuche vom Orinoko aus Guayana zu erreichen blieben erfolglos. B. wurde 1595 von Sir Walter → Raleigh gefangen genommen.

Bertandona Francesco Ximenez de, bask. Pilot, der 1533/34 nach einer Meuterei, deren Anführer er war, die kalif. Küste entdeckte, dort jedoch mit fast allen seinen Leuten von Indianern umgebracht wurde.

Best George, gest. 1584, Leutnant → Frobishers und Chronist seiner Reisen, die er alle mitmachte. B. erfreute sich als begabter und gebildeter junger Offizier der Förderung durch Sir Christopher Hatton (1540–91), der seinerseits einer der Günstlinge Königin Elisabeths I. war. B.s Berichte erschienen 1578 in London.

Beurmann Moritz von, 1835–63, zeigte schon als Gymnasiast großes Interesse für die Naturwissenschaften, trat nach der Schule bei den Gardepionieren ein und ging drei Jahre auf die Königliche Ingenieurschule. Während seines Garnisonsdiensts in Luxemburg beschäftigte er sich mit der zeitgenössischen Afrikaliteratur und wurde durch die Berichte → Barths angeregt selbst nach Afrika zu gehen. B. studierte Arabisch und reiste nach Ägypten, von wo aus er eine Expedition nach Nordäthiopien unternahm. Er zog nilaufwärts durch die Nubische Wüste nach Berber, von wo aus er auf einer von Europäern bisher noch nicht berührten Strecke nach Suakin am Roten Meer kam. B. fuhr mit dem Schiff weiter nach Massaua, doch verhinderten Unruhen eine Weiterreise und so kehrte er über Aden nach Kairo zurück. Ein zweites Unternehmen führte ihn über Khartum und Kassala zu den Bogos, einem kleinen hamitischen Volk von Hirten und Ackerbauern in Äthiopien. Nach Zwischenaufenthalt in Europa beschloss er das Schicksal des verschollenen Forschungsreisenden → Vogel aufzuklären, reiste nach Bengasi und zog von da in die Sahara. In Mursuk schloss er sich einer Karawane in das Reich Bornu an und kam bis zur Hauptstadt Kuka, wo er vier Monate blieb. Auf der Weiterreise nach Wadai wurde er ermordet.

Biddulph John, 1840–1921, kam schon 1858 als Offizier nach Indien und nahm von 1873–74 an einer Expedition nach Ostturkestan teil, zog dann allein weiter und erforschte den Karakaschfluss. 1874 drang er von Kaschgar aus ostwärts bis zur Stadt Maralbaschi vor, besuchte den Kleinen Pamir und nach seiner Rückkehr aus Turkestan das Obere Industal. B. konzentrierte sich vor allem auf die Erforschung der Gebirgsländer im N des Indus-Quertals und beschäftigte sich mit den Eingeborenenstämmen des Hindukusch, über die er umfangreiches Material zusammentrug.

Bieber Friedrich Julius, 1873–1924, wuchs in Wien in einfachen Verhältnissen auf. Er sollte Schuster werden, aber das Fernweh trieb ihn schon mit 15 Jahren zum ersten Mal hinaus. Zu Fuß zog er über den Balkan nach Konstantinopel und wieder zurück. Danach konnte er bei einem kleinen Buchhändler als Verkäufer arbeiten, was ihm die Möglichkeit verschaffte viel zu lesen. B. liebte Reiseliteratur und interessierte sich vor allem für Äthiopien, das sein großer Traum wurde.

1892 erhielt B. die Möglichkeit eine Reise nach Afrika zu unternehmen. Ein Offizier, der nach Äthiopien vorstoßen wollte, nahm ihn als seinen Begleiter mit. Aber schon in Aden wurde das Geld knapp, der Offizier verschwand mit der Reisekasse und B. musste zu Fuß über Arabien und den Balkan wieder nach Wien zurückkehren. Hier gelang es ihm endlich, einen Beamtenposten im Handelsministerium zu erhalten. Er sammelte alle Nachrichten über Äthiopien, das unter der Herrschaft Kaiser Meneliks II. 1898 in der Schlacht bei Adua ein Kolonialheer der Italiener besiegt hatte. In Aufsätzen und Vorträgen trat B. unermüdlich für wirtschaftliche Kontakte Österreichs mit Abessinien ein. Dann geschah das Unerwartete: 1904 wurde B. von Kaiser Franz Joseph persönlich beauftragt eine Botschaft an Menelik zu überbringen. Dabei gelang es B., der inzwischen die Landessprache erlernt hatte, recht gute Kontakte mit Menelik zu knüpfen, die dazu führten, dass 1905 eine offizielle österr. Delegation nach Äthiopien geschickt wurde, an der B. als Wegbereiter und Dolmetscher teilnahm. Gemeinsam mit Alfons von Mylius, einem anderen Teilnehmer der Mission, gelang es B., in Addis Abeba von Menelik die Genehmigung zu einer Reise in das bis dahin Fremden verschlossene und von Äthiopien erst kurz zuvor unterworfene kleine Kaiserreich Kaffa im SW des heutigen Äthiopien zu unternehmen. B. sammelte eifrig völkerkundliches Material, das er nach seiner Rückkehr in Wien zu einem großen Werk über Kaffa verarbeitete. Vier Jahre später reiste er mit dem Großindustriellen E. G. Pick noch einmal zu Menelik, der ihn zum Obersten der abessin. Armee ernannte und ihm einen der höchsten Orden des Landes verlieh. Während dieser Reise durfte er auch den gefangenen letzten Kaiser Kaffas besuchen und sprechen. Die Rückreise führte ihn von Äthiopien aus in den Sudan und über Khartum in die Heimat, wo er sich nun ganz seinen Studien und wissenschaftlichen Arbeiten widmete.

Bigsby John Jeremiah, 1792–1881, brit. Feldscher und Kanadareisender, kam 1818 mit einem dt. Schützenregiment in die Neue Welt, hatte zunächst eine schwere Ruhrepidemie unter den Einwanderern zu bekämpfen und brach 1822 mit einer Kommission zur Festlegung des Grenzverlaufs von Fort William zum Lake of the Woods auf. In den folgenden Jahren unternahm B. ausgedehnte Kanufahrten zur Kartografierung des nördl. Oberen Sees. Seine *Pictures of Travels in the Canadas* mit Stichen nach B.s Skizzen erschienen 1850 in London und sind ein erschütternder Bericht über die Verhältnisse, unter denen Einwanderer damals in Kanada leben mussten.

Bikini, Atoll im US-Trust-Territory im Pazifik, seit 1946 für Nukleartests verwendet, später wenig erfolgreiche Wiederbesiedlungsversuche. Das Atoll wurde am 9.10.1825 von → Kotzebue auf seiner zweiten Weltumseglung entdeckt.

Biruni Abul Reihan Muhammed ben Ahmed el, 984–1062, Astronom, Geograf und Mathematiker aus Chorasmien, schrieb in arabischer Sprache. Von seinen mindestens acht Werken haben sich nicht alle erhalten, doch ist bekannt, dass er den ganzen Mittelmeerraum bis an den Atlantik bereist hat und danach in Indien Erdkunde und Philosophie, vor allem der Griechen, an Hochschulen vortrug, ehe er am Hof der Sultane von Gazna in geachtetem Ruhestand sein Leben vollendete. Wüstenfeld (s. Lit.) nimmt an, B. sei Schiite gewesen und habe zeitlebens eine tiefe Abneigung gegen die Araber gezeigt. Besonders wertvoll ist sein *Canon Masudicus*, ein astronomisches und geografisches Werk mit vielen historischen Nachrichten, das B. dem Sultan Masud ben Mahmud 1043 gewidmet hat. Seine Chronologie orientalischer Völker hat C. Eduard Sachau 1878 in Leipzig herausgegeben (engl. 1879). Sie enthält ebenfalls geografische Mitteilungen nicht nur über den Orient, sondern sogar über den Ostrand des Atlantiks.

Biscoe John (Joe), 1794–1843, brit. Südpolfahrer, der die Antarktis nach → Cook u. → Bellingshausen weiter erforschte, Graham-Land den Namen gab und die nach ihm benannten Inseln im Südpolarmeer entdeckte. Auf dem Weg von England nach Tasmanien und zurück besuchte B. zweimal die Falkland-Gruppe. Das Logbuch der Brigg *Tula* und einen Reisebericht veröffentlichte B. 1833 in engl. und dt. Sprache.

Bishop Charles, 1765–1810, brit. Pazifikreisender, zeitweise Gefährte von → Bass. Zwischen 1799 und 1801 besuchte B. auf seinem Schiff *Nautilus* verschiedene Inseln der Gilbert-Gruppe und andere Eilande, die heute zu Kiribati gehören. Eine Neuentdeckung war die Insel Nonouti unweit Tarawa und Christmas Island. Nonouti und die Nachbarinseln werden heute häufig von Touristen besucht, weil sie ursprüngliches Eingeborenenleben bewahrt haben.

Bjarni Herjulfsson, norweg. Seefahrer des 10. Jh.s, der Europäer, von dem mit einiger Sicherheit gesagt werden kann, dass er als Erster die (nord-)amerikan. Küste gesichtet hat. B. kam aus Norwegen nach Island, um seinen Vater zu treffen, musste erfahren, dass dieser mit → Erik dem Roten nach Grönland ausgewandert sei, und segelte weiter nach Grönland. Dabei nach W verschlagen, gelangte er dreimal an Küstengebiete, die ihn wenig einladend dünkten, weswegen er nicht landete und nur in Grönland, wo er seinen Vater antraf, davon berichtete. Es hat sich vermutlich um die Nordostküste von Neufundland gehandelt, beim zweiten und dritten Landkontakt dann um die Labradorküste. Vermutungen, B. habe die Resolution-Insel gesichtet, stießen auf wenig Glauben. → Leif Eriksson.

Björn Tordisson, Teilnehmer der Polarexpedition von → Erlingr Sigvatson.

Blackbirding, von Blackbird, die Amsel. Euphemistische Bezeichnung für das Pressen von Sklaven oder auch Schiffsbesatzungen auf den kleineren pazifischen Inseln. Die Unglücklichen mussten auf Walfangschiffen entlaufene Matrosen ersetzen, im chilenischen Salpeterbergbau arbeiten oder ihre Lungen bei der Guano-Gewinnung ruinieren. Deshalb führte das B. zu einer da und dort recht frühen Inbesitznahme pazifischer Inseln durch europäische Mächte, die damit eine gewisse (nicht immer sehr wirksame) Schutzfunktion ausübten. B. ist somit eine der Ursachen der Entdeckung und der Kolonisierung in diesem Raum.

Blackwood Francis Price, 1809–54, brit. Australienforscher, vornehmlich in Nordostaustralien und am Großen Barrierriff (1841–45). Seine Aufnahmen von Küstenstreifen,

Durchlässen, Inseln und der östl. Torresstraße gelten als vorbildlich, wozu noch die ethnografischen und geologischen Forschungen des B. begleitenden Joseph Beete Jukes (1811–69) kamen. Auch Teile Neuguineas waren in die fruchtbaren Fahrten B.s auf der *Fly* einbezogen worden.

Blaxland Gregory, 1778–1853, Farmer in Australien und Führer (?) einer Expedition zur Weidelandsuche 1813. Gemeinsam mit William Charles Wentworth und William Lawson brach B. auf, um einen Weg durch die Blauen Berge zu finden, was am oberen Cox River und bei der Wasserscheide unterhalb Mount York auch gelang (der Berg, von dem aus sie Weideland sichteten, wurde nach B. benannt). Gouverneur Macquarie ließ auf der gesichteten Strecke einen Fahrweg anlegen, auf dem schon 1815 die ersten Siedler in das Innere von Neusüdwales zogen und die Stadt Bathurst gründeten, die erste Binnenlandsiedlung Australiens.

Bligh William, 1754–1817, begleitete → Cook auf dessen dritter Reise. 1787 segelte er mit der *Bounty* von England nach Tahiti, um von dort Pflänzlinge des Brotfruchtbaums nach Westindien zu bringen. B. konnte seine Ladung zwar übernehmen, doch brach auf der Rückfahrt wegen seiner brutalen Strenge auf dem Schiff eine Meuterei aus, und B. wurde mit 19 Gefährten in einem Boot ausgesetzt; dank seiner überragenden seemännischen Fähigkeiten erreichte er aber die Insel Timor und machte unterwegs sogar noch mehrere Entdeckungen im Bereich der Fidschiinseln und der Neuen Hebriden. 1791 segelte er erneut mit zwei Schiffen nach Tahiti und anschließend wieder zu den Fidschiinseln, wo er seine Entdeckungen von 1789 ergänzte. Erstmals untersuchte er die Torresstraße genauer und kartierte und benannte eine ganze Reihe von Inseln, bis er über Westindien 1793 wieder nach England zurückkehrte. 1806 wurde B. Gouverneur von Neusüdwales in Australien, machte sich aber dort durch sein heftiges und hochmütiges Wesen so unbeliebt, dass es zu einer Revolte kam und er schließlich von seinem Posten abgelöst wurde. Trotzdem erhielt er 1811 den Rang eines Admirals.

Boas Franz, 1858–1942, dt. Erforscher des westl. Baffinlands und der dort lebenden Eskimostämme. Zwischen

August 1883 und September 1884 unternahm B. mühsame Wanderungen mit Schlitten und Bootsfahrten in den Fjorden von Baffinland und auf den umliegenden Inseln. Neben der Küstengestalt nahm B. auch viele ethnografisch bedeutsame Fakten, ja sogar Sagen und Lieder der Eskimos auf. Seine Karte der Cumberlandinsel und auch die des Baffinlands weisen erhebliche Verbesserungen gegenüber den vorhergegangenen brit. Karten auf. B. forschte auch bei den Festlandindianern Nordwestamerikas und wirkte seit 1899 an der Columbia University. 1901–05 am *American Museum for Natural History* beschäftigt, hatte er die Auswertung der Ergebnisse der Jesup-North-Pacific-Expeditionen vorzunehmen. Als Autor sehr fruchtbar, musste B. sich den Vorwurf gefallen lassen, dass ihm mehr an Stoff und Detail als an der Zusammenschau gelegen sei.

Bodmer Karl, 1809–1893, schweizer. Tier- und Landschaftsmaler, Begleiter des Prinzen Maximilian zu → Wied auf seiner Forschungsreise von 1832/34 in Amerika. B. veröffentlichte selbst Berichte von dieser Reise und empfing auf ihr zahlreiche Anregungen aus der Begegnung mit der Natur und den Völkerschaften Amerikas. Indessen ist er nicht wie etwa → Catlin als Indianermaler zu bezeichnen, sondern schloss sich der Schule von Barbizon an und stellte im Salon (1836 und später) Landschafts-, Tier- und Genrebilder aus. Seine Amerika-Erinnerungen kamen mehr bei seiner Tätigkeit als Illustrator für Zeitschriften und Sammelwerke zum Tragen.

Boënechea Don Domingo, ca. 1730–75, span. Südseefahrer. Er verließ am 26.9.1772 Callao mit der Fregatte *Aguila*, um im Auftrag von Don Manuel de Amat, Vizekönig von Chile und Peru, eine span. Kolonie auf Tahiti zu errichten. Beim Durchqueren des Tuamotuarchipels entdeckte er die Insel Tauere und wenig später noch Haraiki und kehrte am 21.1.1773 nach Chile zurück. Auf seiner zweiten Reise begleiteten ihn auf einem zweiten Schiff Oberleutnant Don Thomas Gayangos und zwei Priester, um die Heiden von Tahiti zu bekehren. Entdeckt wurden die Inseln Tatakoto und Amanu (Tuamotu-Gruppe). Als B. die Priester abgesetzt hatte, segelte er weiter nach Ralatea und anderen Inseln, die alle mit neuen span. Namen versehen wurden. Auf der Rückkehr nach Tahiti erkrankte B. und starb am 26.1.1775. Er wurde auf Tahiti begraben. Gayangos führte die Expedition zurück nach Callao.

Bogle George, 1746–81, stammte aus Schottland und trat nach Studien an der Universität Edinburgh 1765 in die Dienste der Ostindischen Kompanie. Generalgouverneur Warren Hastings beauftragte ihn mit einer Mission an den Tashi Lama und so trat B. 1774 von Kalkutta aus seine Reise nach Tibet an, auf der er von dem Arzt A. Hamilton begleitet wurde. Sie gelangten über Bhutan bis nach Tashilunpo, der Residenz des Tashi Lama, wo sie sich bis April 1775 aufhielten und dann nach Bengalen zurückkehrten. Eine zweite Reise nach Tibet kam nicht zustande, da B. in Kalkutta starb.

Bollaert William, 1807–76, engl. Chemiker und Montantechniker, bereiste die wenig bekannte Provinz Tarapaca (damals Peru) und beschrieb als Erster den Vulkan Isluga in der Hauptkette der Anden, dessen Höhe (5 486 m) er allerdings überschätzte. Diese Mitteilungen waren für die Verkehrsnutzung der Gegend (Pichutapass) wichtig und qualifizierten B. für spätere Untersuchungen in Texas auf Eignung des Landes für Einwanderer und eine wirtschaftliche Expansion. 1853/54 weilte B. wieder im nördl. Südamerika und in Chile.

Bonaparte-Wyse → Wyse.

Bonard Louis-Adolphe, 1805–67, franz. Vizeadmiral aus Cherbourg und Kolonialpionier. Als sein Schiff *La Sirène* 1830 vor der alger. Küste scheiterte, wurde er von dem Barbareskenfürsten gefangen genommen und erst wieder befreit, als Algier durch eine Gemeinschaftsaktion der Seemächte erobert wurde. 1853–55 Gouverneur in Franz.-Guayana, erhielt B. 1861 das Oberkommando in Indochina, eroberte mit Landungstruppen Bien-Hoa und die Zitadelle von Vinh-Long (1862), widmete sich dann aber der organisatorischen Durchdringung des Landes, der kartografischen Aufnahme und der Verbesserung der Verkehrswege. 1862 schloss er mit Tu-Duc (Kaiser von Annam) den Vertrag von Saigon und wurde der erste Gouverneur dieses franz. Schutzgebiets. B. eroberte auch die Inselgruppe Poulo-Condor vor der Mekongmündung und warf einen Aufstand nieder, ehe er, die

Ratifizierung des Vertrags durch Tu Duc (1830–83) im Gepäck, nach Frankreich zurückkehrte.

Bonneville Benjamin Louis Eulalie de, 1796–1878, amer. Offizier der Pionier- und Grenztruppen aus franz. Familie. 1832 wurden ihm längere Urlaube zu selbstständigen Erkundungsexpeditionen bewilligt, deren Kosten er teilweise durch Pelzhandel decken wollte. Es gelang B., die bis dahin nur flüchtig bekannten und schwer voneinander zu unterscheidenden Oberläufe und Quellgebiete der Flüsse Snake River, Columbia, Muscle Shell, Sweetwater u. a. kartografisch zu klären und in Aufzeichnungen zu kommentieren, die der bekannte Schriftsteller Washington Irving (1783–1859) herausgab und um Tagebücher B.s vermehrte (1837). Wegen Urlaubsüberschreitung aus der Armee entlassen, wurde B. im Krieg gegen Mexiko reaktiviert und zog sich 1866 als Brigadegeneral zurück. Die späteren Bewertungen B.s unterscheiden sich von Irving und sehen in B. eher einen wagemutigen Händler als einen Entdecker; er hatte allerdings sehr gute Indianerkontakte und war auch bei den Rothäuten wegen seiner humanen Gesinnung beliebt.

Bonpland Aimé, 1773–1858, franz. Arzt und Naturforscher, zeitweise Begleiter Alexander von → Humboldts. B., der eigentlich Goujaud hieß, wollte zunächst nach Afrika, lernte als Marinearzt aber den Atlantik kennen und entschloss sich nach Kontakten in Paris Humboldt zu begleiten, dessen wichtigster Gefährte er wurde. Nach sechsjähriger gemeinsamer Arbeit vor allem in Südamerika konnte Humboldt im Dezember 1804 dem Pariser *Jardin des Plantes* eine wissenschaftlich geordnete Sammlung von 6 200 Pflanzenarten übergeben; Kommentar und Edition durch B. verzögerten sich jedoch bis 1808/09, weil B. die Gärten der Kaiserin Josephine pflegte. Nach ihrem Tod und Napoleons Niederlage ging B. nach Argentinien, nahm eine medizinische Professur an und führte nun eigene Expeditionen durch, wobei er sich besonders für den Mate-Anbau interessierte. Da Mate jedoch Staatsmonopol in Paraguay war, ließ der Diktator Dr. Francia (1757–1840) B.s Pflanzungen zerstören und konfinierte B. bis 1830 in einem entlegenen Gebiet. Später durfte B. nach Brasilien ausreisen, blieb aber weiter an geografischen und botanischen Erkundungen interessiert und entdeckte 1849 die Victoria Regia am Paraná (1801 hatte sie → Haenke am Rio Marmore erstmals gefunden). B. hielt Kontakt zu franz. Gelehrten wie Arago, leistete aber über Korrespondenzen hinaus wenig Schreibtischarbeit, sodass seine Papiere noch weitgehend unveröffentlicht sind. Daran mögen auch seine beschränkten wirtschaftlichen Verhältnisse in den letzten Lebensjahren schuld gewesen sein

Carsten Borchgrevink.

Borchgrevink Carsten, 1864–1934, norweg. Australien- und Südpolarforscher. Acht Jahre brachte B. als Landmesser im Innern Australiens zu, dann ging er als Matrose auf den Walfänger *Antarktik* und betrat 1895 mit drei anderen als Erster das antarktische Festland. Wichtiger wurde die von dem engl. Verleger Newnes finanzierte Expedition der *Southern Cross* 1898–1900, die mit 78,50 Grad die südlichste damals bekannte Breite erreichte. Auch wurde jene Bucht (Wal Bay) aufgefunden, von der aus 1911 → Amundsen seinen geheimen Vorstoß zum Südpol startete. B. führte auch Schlittenerkundungen durch, wobei ihm ein Lappländer zur Seite stand.

Bossi Bartolomeo, 1817–90, ital. Offizier, Abenteurer und Patagonienreisender, der 1850–54 in Kalifornien forschte, danach bis 1872 als Admiral der argentin. Flotte in die Machtkämpfe Argentiniens eingriff und nach 1879 mit der *Charrua* Kanal-, Insel- und Halbinselsysteme der Südspitze von Südamerika befuhr, diese allerdings nur summarisch aufzeichnete.

Bossu Jean-Bernard, 1720–92, franz. Amerikareisender aus Burgund, der von Louisiana nach N vorstieß und sich gute Kenntnisse der Indianersprachen aneignete. Die erste Reise 1750–53 führte ihn von La Nouvelle Orléans ins Illinoisgebiet, auf der zweiten (1757–62) verfolgte er den Flusslauf des Alabama und den Tombigbee im Auftrag des Gouverneurs. Da Louisiana aber 1762 an England bzw. Spanien abgetreten werden musste, blieben die genauen und auf Indianerauskünfte gestützten Forschungen B.s im Land ohne Folgerungen, doch findet der Bericht über diese Reisen bis heute starke Beachtung in den USA.

Bougainville Louis-Antoine de, 1729–1811, einer der bedeutendsten franz. Seefahrer und Entdecker mit starken wissenschaftlichen Ambitionen, schon 1755 Mitglied der *Royal Society* in London, 1756 Adjutant Montcalms in Kanada und an den Kämpfen gegen England als Oberst hervorragend beteiligt. 1763 ging B. als Fregattenkapitän auf die Falklandinseln, wo er 1764 eine franz. Kolonie gründete, die auf span. Druck aufgegeben werden musste, obwohl die Inseln unbewohnt gewesen waren. Darauf folgte der franz. Regierungsauftrag einer Weltumseglung (die erste Frankreichs) mit den Schiffen *Boudeuse* und *Etoile* und einer Anzahl bekannter Gelehrter an Bord. Man verließ Saint Malo am 15.12.1766, passierte die Magellanstraße, befuhr den Pafizik bis Neuguinea, die Molukken und Insulinde und erreichte am 16.3.1768 wieder Saint Malo. Im Freiheitskampf der Amerikaner führte B. eine Hilfsflotte und wurde Maréchal einer Landarmee. 1791 wurde B. Vizeadmiral, zog sich aber aus dem öffentlichen Leben zurück, da man seinen hervorragend ausgearbeiteten Plan einer Nordpolexpedition nicht zu fördern bereit war. B.s zweibändiger Bericht über die Weltumseglung wurde viel gelesen und begründete ein neues Interesse für Erdkunde und fremde Länder in allen Kulturnationen. Obwohl → Wallis ihm um zehn Monate zuvorkam, nahm B. Tahiti und die umliegenden Inseln für Frankreich in Besitz und begründete damit Franz.-Polynesien, eine Verbindung, die sich auch geistesgeschichtlich und auf die Literatur des 18. Jh.s auswirkte.

Louis-Antoine de Bougainville.

Bouguer Pierre, 1698–1758, breton. Südamerikaforscher, Hydrograf und Alpinist. Schon in jungen Jahren verblüffte B. durch nautische und geografische Studien, die ihm eine Professur in Vannes eintrugen. 1735 reiste er mit Isabella Godin (Jean → Godin des Odonais) und → La Condamine nach Süd- und Mittelamerika zur Messung eines Meridianbogens und zu magnetischen Messungen. Danach nahm B. mit La Condamine Höhenmessungen und hydrografische Untersuchungen in der Südwestkaribik und im heutigen Panama vor, wobei B. berühmte Gipfel wie den Montecristi und den Chimborasso kennen lernte und den Antisana mit einer Abweichung von nur 23 m vermaß. An diesem 5 870 m hohen Berg wurde eine der höchsten Dauersiedlungen der Erde besucht, das Dorf Tambo de Antisana in beinahe 4 000 m Höhe. B. berichtete von Reisen und Forschungen lediglich in wissenschaftlichen Denkschriften, von denen es allerdings popularisierende dt. Versionen gibt.

Bouman Cornelis, holl. Teilnehmer der → Roggeveen-Expedition in die Südsee 1721/22. Sein Schiff *Thienhoven* entdeckte im Ostteil der Samoa-Gruppe die Boumans-Eylanden und im Juni 1722 die hoch aufragende Vulkaninsel Tutuila (höchste Erhebung 702 m), heute eine der Hauptinseln von Amer.-Samoa. Secondeleutnant de Langle und elf weitere Mitglieder der → La-Pérouse-Expedition wurden auf Tutulla ermordet, in einer Bucht, die heute noch Massacre Bay heißt (1787). Das Schiffsjournal der *Thienhoven* enthält wichtige Ergänzungen zu den eigenen Berichten von Roggeveen.

Bourgey Eugène, 1838–99, Offizier aus Südfrankreich, der sich nach dreijährigem Aufenthalt auf Tahiti vor allem der Erforschung von Melanesien widmete. Er durchquerte als Erster Neukaledonien von Yaté bis zur Mündung des Boulariflusses und 1865 die Strecke von Canala zur Hauptstadt Nouméa. B.s Reisen folgten unmittelbar auf die für Neukaledonien entscheidenden Nickelfunde (1863) und auf den Beginn der Häftlingsdeportationen (1864) und blieben daher zunächst unausgewertet. Erst als 1897 die Deportationen endeten, erinnerte man sich an B.s Informationen über eine zivile Nutzung der Insel, die nun freilich zu einem Großteil von Häftlingen und deren Nachkommen bewohnt war.

Bourmont Etienne Véniard de, Sieur de Vergié, etwa 1675–1730, berühmter franz. Waldläufer und Entdecker im Missourigebiet. B. verteidigte das soeben gegründete Detroit (damals Ville d'étroit) 1705–07 mit großer Tapferkeit. Nach der Abberufung von Lamothe-Cadillac oder wegen Liebesgeschichten desertiert, trat B. im damals noch kaum bekannten Missourigebiet auf, das er wegen seiner Verbindung zu einer Häuptlingstochter bereisen konnte. Zum Unterschied von anderen Waldläufern, von denen man nur die Namen kennt, beschrieb B. seine Ermittlungen zunächst in einem kurzen Hilfsbuch für Händler von nur 22 Seiten, später dann anspruchsvoller in seiner *Exacte Description de la Louisiane* (1717).

Gestützt auf seine Gründung Fort d'Orléans begann B. mit systematischen Erkundungsvorstößen in den Raum westl. des heutigen Kansas City bis an die Grenzen von Colorado. B. leitete die kurze franz. Besitznahme von Teilen des heutigen Staats Kansas ein (1719–25), kehrte jedoch danach nach Frankreich zurück; das Gebiet blieb bis 1803 in den Händen der Indianer.

Bouvet de Lozier Jean-Baptiste, 1706–86; der auch kurz Lozier-Bouvet genannte Seefahrer entdeckte 1739 die nach ihm benannte Insel im Südatlantik (54.26 Grad südl. Breite), die er zunächst wegen der beinahe 1 000 m hohen Olafspitze für ein Kap des antarkt. Festlands hielt. (Die Valdivia-Expedition von 1898 vermaß dann die B.-Insel, die heute norweg. ist.) Obwohl die franz. Compagnie des Indes auf B.s großen Plan einer Antarktisumsegelung und genaueren Aufnahme des Kontinents nicht einging, gilt B. als der Vater der Südpolarforschung. Charles de Brosses brachte einen Auszug aus seinen Berichten.

Bove Giacomo, 1852–87, ital. Arktis- und Südamerikaforscher, Teilnehmer der berühmten Vega-Expedition von → Nordenskjöld und 1881/82 vor allem auf Staten Island und in Patagonien unterwegs, wo er geografisch hervorragend arbeitete, während seine ethnografischen Ergebnisse später diskutiert wurden. B. forschte auch am oberen Paraná, widmete seine letzten Lebensjahre aber wieder Feuerland, insbesondere der Insel Ushuaia und dem Admiralty Sound.

Bovo (11. Jh.), ein Bischof ohne Diözese, den Erzbischof Alebrand von Hamburg und Bremen gerne um sich hatte, weil er viel von fremden Ländern zu erzählen wusste. B. war dreimal nach Jerusalem gereist und auf einer dieser Pilgerfahrten von Sarazenen nach Bagdad verschleppt worden; die Rückkehr von dort sei eine wahre Odyssee gewesen und hätte ihn durch alle Länder des Nahen Ostens geführt, die damals in Mitteleuropa noch weitgehend unbekannt waren, wie der Chronist Adam von Bremen berichtete. Bovo ist ein Abt-Name, der in dem berühmten Kloster Corvey wiederholt vorkommt, ohne dass sich Verbindungen zu B. beweisen lassen.

Bower J. St. C., engl. Marineoffizier und Melanesienforscher, der auf dem bewaffneten Schoner *Conflict* die schon vorher vereinzelt gesichtete Conflict-Gruppe in den Louisiaden aufnahm und benannte. Seit B.s Arbeit 1880 weiß man, dass es sich um insgesamt 22 bis zu 5 km lange Inselchen mit reichem Kokospalmenbestand handelt. Die Hauptinsel ist Irai, 114 km östl. von Neuguinea.

Bowers H. R., Leutnant der brit. Marine, Mitglied der letzten Scott-Expedition zum Südpol. → Scott.

Brackebusch Ludwig, 1849–1906, dt. Kartograf Argentiniens, wo er 1875 bis zu seiner Emeritierung wirkte. Mit enormem körperlichem Einsatz kartografierte B. zunächst die Provinz Cordoba, deren westl. Gebiete nur ungefähr bekannt waren, und bereiste ab 1883 von Tucumàn aus die Gebirgslandschaften bis zur Wasserscheide von Tacanas. 1887/88 widmete er sich vor allem der genauen Aufnahme von Kordillerenpässen und der Quellgebiete von Rio Castaño und Agua negra. Ergebnis dieser Forschungen ist die moderne Karte Argentiniens, erstmals vorgelegt 1889 auf der Pariser Weltausstellung, wo sie eine Goldmedaille erhielt.

Brackenridge Henry Marie, 1786–1871, amer. Pelzhändler und Reiseschriftsteller, der 1811 den Missouri befuhr, und zwar bis ca. 1 800 km stromaufwärts von Saint Louis. Die Beschreibung dieser Reise, erstmals 1814 in Pittsburgh veröffentlicht, hatte großen Erfolg und wurde bis 1904 immer wieder aufgelegt (dt. Ausgabe 1818).

Bradshaw Joseph, Reisender und Forscher in Nordwestaustralien, der auf eigene Faust und Kosten 1891 die Gegenden zwischen dem Kimberley District und dem Prince Regent River erstmals bereiste. War der Zweck der Reise auch die Entdeckung von Kolonialland, so brachte sie doch wichtige Aufschlüsse über Flussläufe und Gebirgszüge in dieser Gegend des Kontinents und das Leben der Aborigenes in den Höhlen der Sandsteingebirge am Sepulchre Creek.

Brandan → Brendanus.

Braun (Brun) Samuel, 1590–1668, Feldscher aus Basel. 1607 trat er seine Wanderschaft rheinabwärts nach Amsterdam an, wo er Arbeit bei einem Wundarzt fand. Hier wurde seine Wanderlust durch die vielen Schiffe angeregt, die aus allen Erdteilen in den Hafen einliefen. So ließ sich B. Ende 1611 als Wundarzt auf einem Handelsschiff anwerben, das nach Westafrika fuhr. Auf dieser ersten Reise lernte er bereits die Loangoküste und die Kongomündung kennen. Auf einer zweiten Reise von 1614–16 gelangte er über Benin und Kamerun nach Gabun. 1617–20 ging er noch einmal nach Westafrika, um in der Festung Nassau als Militärarzt zu arbeiten. Auf seinen Fahrten trieb er auch Handel, was ihm ein beachtliches Vermögen einbrachte, sodass er als begüterter Mann zurückkehrte. 1624 verfasste er ein Buch, in dem er seine Fahrten beschrieb. Es gilt als die früheste dt. Nachricht über die Guineaküsten und wenn man B. auch nicht als den ersten dt. wissenschaftlichen Afrikareisenden bezeichnen kann, so enthält seine Schilderung doch viele interessante geografische und vor allem völkerkundliche Hinweise, weswegen man ihn zu den frühen Entdeckungsreisenden zählt.

Brazza Pierre Savorgnan de, 1852–1905, röm. Adeliger, der sich seit seiner Kindheit für Reisebeschreibungen und Astronomie interessierte. Mit zwölf Jahren kam er auf Vermittlung eines Admirals in die franz. Marineschule, beantragte als 18-Jähriger seine Einbürgerung in Frankreich und wurde schließlich Marineoffizier. Während seiner Dienstzeit lernte er die Küsten von Algerien, Nordamerika sowie die franz. Stationen am Senegal kennen. Dann erbot er sich den Lauf des Ogowe in Äquatorialafrika auf seine Eignung als Handelsweg in das Innere des Erdteils hin zu erforschen. Die Aufgabe war wegen der feindseligen und kriegerischen Stämme an seinen Ufern sehr gefährlich, doch konnte B. sie während einer dreijährigen Reise bewältigen. Sein Ziel war es dabei immer, nicht mit Waffengewalt gegen die Eingeborenen vorzugehen. 1878 traf er wieder in Paris ein, um dort Bericht zu erstatten. Sobald er sich von den Strapazen und einer schweren Krankheit erholt hatte, ging er erneut nach Afrika. Dort hatte inzwischen → Stanley den Kongo befahren und → Lenz als Erster die Wasserscheide zwischen Ogowe und Kongo überschritten. B. versuchte nun 1880 im Auftrag einer franz. Kolonialgesellschaft den oberen Ogowe mit dem Kongo durch Stationen zu verbinden. Das Unternehmen erwies sich als ein Wettlauf zwischen ihm und Stanley; denn Letzterer war bereits wieder im Auftrag des Königs der Belgier unterwegs, um am Kongo ebenfalls Stationen anzulegen und dort Besitzungen für den König zu erwerben. B. legte diesmal den Weg, zu dem er auf der ersten Reise fast zwei Jahre benötigt hatte, innerhalb von drei Monaten zurück, gründete nahe der Mündung des Passaflusses in den Ogowe die Station Franceville, zog auf neuer Route weiter an den Kongo und erwarb hier am sog. Stanley-Pool ein Territorium, auf dem er eine zweite Station gründete, die später nach ihm Brazzaville benannt wurde. Dann befuhr er den Kongo stromabwärts und traf dabei mit Stanley zusammen. Über den Ogowe kehrte er 1881 wieder nach Franceville zurück, von wo aus er noch einmal vier Monate lang intensive Forschungen am Oberlauf des Ogowe-Quellgebietes betrieb. Da es aber sein Ziel war, den Raum zwischen Ogowe und Kongo politisch und wirtschaftlich für Frankreich zu gewinnen, unternahm er 1883–85 eine dritte Reise in dieses Gebiet. Seine Erfolge veranlassten das franz. Parlament die Kolonie Franz.-Kongo zu gründen, dessen erster Generalkommissar B. wurde. Nach kurzem Aufenthalt in Algier kehrte er 1895 nach Paris zurück, wo er heiratete und sofort wieder (bis 1897) in den Kongo ging. Eine letzte Afrikareise unternahm B. 1905.

Brehm Alfred Edmund, 1829–84, stammte aus Thüringen, wo er in Renthendorf bei Neustadt an der Orla geboren wurde. Häufig kennt man ihn nur als den Verfasser des sechsbändigen klassischen Werks *Tierleben*, doch unternahm er als Zoologe auch mehrere Forschungsreisen nach Afrika, Spanien, Skandinavien und Sibirien. Mit 18 Jahren schloss er sich als Jagd- und Sammelgehilfe einer dt. Expedition an, die von Kairo nach dem Oberen Nilgebiet aufbrach. Dabei machte er sich selbstständig, zog mit einem Missionar nach Dongola und von dort weiter durch die Bayudasteppe nach Khartum, der Hauptstadt des Sudan. Dann kehrte er wieder nach Kairo zurück. B. studierte Arabisch und den Koran und reiste 1850 an den Blauen Nil, nach Sennar, nach dem Sinai und erneut nach Oberägypten. 1852 kehrte er nach Europa zurück. Seine Berichte und vor allem seine Untersuchungen über das Tierleben in Steppe, Wüste und Urwald trugen zur besseren Kenntnis dieses Raums bei. Seine *Reiseskizzen aus Nord-Ost-Afrika* (1855) zählen dank ihrer exakten Schilderungen zu den Standardwerken der Reiseliteratur über das nördl. Afrika. 1856 bereiste B. Spanien, ein Jahr danach Norwegen und Lappland und schließlich 1876 Sibirien.

Brenchley Julius Lucius, 1816–73, brit. Geistlicher, der 1850 begann Mississippi und Missouri zu bereisen und die Rocky Mountains zu erforschen. Während seine Kanufahrt von den Mississippiquellen bis Saint Louis gut belegt ist, zweifelt man an seiner Besteigung des Chimborasso. B., der auch Südamerika, Hawaii und China bereiste, erkundete die Umgebung des Tauposees im neuseeländ. Maorigebiet und nahm 1865 an der Südseekreuzfahrt der *Curaçoa* teil. Auf all diesen Reisen entfaltete er eine eifrige Sammlertätigkeit.

Brendanus senior, gest. 587, Abt zu Cluainfert (Irland). Er dürfte unter den verschiedenen Heiligen dieses Namens jener sein, dem man die halb legendäre Meerfahrt zuschreibt. Angesichts der erwiesenen Fernfahrten ir. Mönche (Färöer, Island) und der wiederholten Reisen des Abts zu Klöstern auf der brit. Hauptinsel und im schott. Inselbereich ist B.s vermutlich unfreiwil-

Holzschnitt aus dem Volksbuch von St. Brendans Meerfahrt.

lige Atlantikfahrt gewiss nicht erfunden. Ein erster Bericht darüber erschien im 9. Jh. als *Navigatio Brendanni.* Die Legende, die B. von der Auffindung des »gelobten Landes für die Heiligen« in Gestalt einer Insel im Weltmeer berichtet, ist die erfolgreichste Entdeckergeschichte aller Zeiten und selbst in heute halbvergessene Sprachen wie das schott. Gälisch und das Altprovenzalische übersetzt worden. Die von B. angeblich entdeckte Insel Brendan figurierte bis 1589 auf Weltkarten.

Brentano Carl, 1694–1751, mit der nach Deutschland eingewanderten Sippe des Peter Anton B. offenbar nicht verwandt, missionierte in portug. Südamerika und vorher in Peru, wo er eine Karte der Provinz Quito erstellte. Wichtig ist seine Geschichte der Missionen am Marañonfluss.

Bridger James, 1804–81, Pelzhändler und Waldläufer, zeitweise zusammen mit → Ashley. Entdeckte 1824/25 den Großen Salzsee; 1830 untersuchte er den späteren Yellowstonepark. Seine Tagebücher sind eine wichtige Quelle für die Routensuche zum Pazifik.

Brieva Domingo de, portug. Franziskanerpater, befuhr den Amazonas dreimal in der ganzen Länge, einmal (1639/40) im Rahmen der großen Texeira-Expedition mit 1 200 Indianern in 45 Booten.

Bristow Abraham, ca. 1765–nach 1818, brit. Kapitän, auf Walfängern der Fa. → Enderby weltweit unterwegs. Auf der *Ocean* entdeckte er am 18.8.1806 zwischen 50.26 und 50.56 Grad südl. Breite und 165.52 und 166.22 Grad östl. Länge, also im Südpazifik, die ausgedehnte Gruppe der Aucklandinseln, so benannt nach Lord Auckland, mit dem B.s Vater befreundet war. 1807 lief B. die Gruppe noch einmal an. Eine weitere Pazifikreise unternahm er auf dem Walfänger *Sir Andrew Hammond,* durchquerte den Bismarckarchipel vor Neuguinea und entdeckte die Purdyinseln im SW der Admiralitätsinseln. In diesem Teil des Pazifiks entdeckte B. noch weitere Inseln und Riffe und benannte sie. B. versuchte, die Auckland-Gruppe zu einer Versorgungsstation für Walfangschiffe auszubauen, doch hielt sich dort außer etwa 300 Maoris, die 1852 auch aufgaben, keine Dauerbevölkerung. Lediglich Versorgungsdepots für Schiffbrüchige blieben bis 1929 erhalten.

Brocardus de Monte Sion → Burchardus.

Brøndsted Jorge, dän. Ingenieur, zeitweise in argentin. Diensten. Er kartografierte 1882/83 vor allem die Hochgebirgsgegenden zwischen dem Lago Aluminé und der Reloncavibucht. Dabei dürfte er die genaue Lage des Barilochepasses ermittelt haben; dieser Pass spielt in Missionsberichten der Jesuiten aus dem 17. und 18. Jh. eine gewisse Rolle.

Brooke Sir James, 1803–68; der in Indien geborene Engländer trat mit 16 Jahren in die bengal. Armee ein und nahm am Birmakrieg teil. Da ihm sein Vater ein beachtliches Vermögen hinterlassen hatte, erwarb er 1839 ein eigenes Schiff und fuhr von Singapur aus nach Sarawak auf Borneo. Hier führte er eine Reihe von Untersuchungen durch, die erste gesicherte Daten über den NW der Insel lieferten. Darüber hinaus erlaubte ihm der Radscha auch völkerkundliche Forschungen. Als erster Europäer konnte B. zehn Tage unter den Dajaks verweilen, die als Kopfjäger berüchtigt waren. Eine weitere Reise führte ihn nach Celebes, das er ebenfalls durchforschte. Nachdem er 1840 den Statthalter des Sultans von Brunei gegen eine Meuterei unterstützt hatte, wurde er 1842 vom Sultan zum Radscha von Sarawak erhoben. Gleichzeitig ernannte ihn die brit. Regierung zu ihrem Generalkonsul in Borneo. Seine Tagebücher vermitteln lebendige Eindrücke von Landschaft und Kulturen der Sundainseln und zählen deshalb zu den wichtigen Zeugnissen der Entdeckungsgeschichte.

Brooke John, brit. Seefahrer, der im Mai 1622 auf der *Trial* nach Java unterwegs war, aber zu weit nach SO gelangte und auf das North West Cape des damals unbekannten Australiens stieß. Bei widrigen Winden wurde eine große Insel gesichtet und drei kleinere Inseln östl. von ihr. Dann lief die *Trial* auf ein Riff, B. konnte sich mit einigen Gefährten in einem Boot nach Java retten. Einem anderen Boot unter dem Schiffsoffizier Thomas Bright gelang dies ebenfalls und da 1820 auf Grund der Beschreibungen die Barrowinsel als der

Ort dieser Ereignisse ermittelt wurde, sind B. und Bright offenbar die ersten Briten, die Australien sichteten.

Brooks N. C., Kapitän der hawaiian. Bark *Gambia*, mit der er 1859 die Midwayinseln Sand und Eastern entdeckte, die daraufhin einige Zeit als Brooks Islands geführt wurden. Acht Jahre später wurden sie für die USA in Besitz genommen.

Broughton William Robert 1762–1821, brit. Marineoffizier, bis 1793 im Verband der → Vancouver-Flotte, 1795–98 als Kommandant der *Providence* weltweit auf Entdeckungsfahrten. B. übernahm das Schiff, das → Blighs Brotfrüchte nach Westindien gebracht hatte, in Plymouth, verließ diesen Hafen am 15.2.1795 in einem kleinen Flottenverband und erreichte am 5.5.1795 Rio de Janeiro. Danach wurde die verlassene Insel → Gough besucht und am 2.8.1795 Tasmanien erreicht. Bei einem längeren Aufenthalt auf Hawaii wurden freundschaftliche Gespräche mit König Kamehameha geführt, der die *Providence* besichtigte. Sie ankerte dann in Fair Haven (Honolulu), erst ein Jahr zuvor von William Brown entdeckt, dem Kapitän des brit, Handelsschiffs *Butterworth.* Am 22.2.1796 brach B. zum Nootkasund auf, wo bis Juli Vermessungsarbeiten durchgeführt wurden. Zurück auf Hawaii, verlor B. zwei Seeleute beim Wasserholen auf Niihau und zerstörte als Strafsanktion 16 Kanus. Danach wandte sich B. der Küstenfahrt in den japan. Gewässern zu, wofür in Macao ein Schoner als Versorgungsschiff angekauft wurde. Es gelang, mit den Ainu (Nordjapan) freundschaftlichen Verkehr aufzunehmen. Am 17.5.1797 lief die *Providence* unweit der Typinsaninsel auf ein Korallenriff, aber die Besatzung konnte sich auf den Schoner retten. In Macao wurden die Briten auf verschiedene für England bestimmte Schiffe verteilt, bis auf 35 Mann und Offiziere, die den Schoner auf dem Weg um Afrika bis 1799 nach England brachten. B. war es gelungen, die bis dahin so gut wie unbekannten Ostküsten von Hokkaido und von Korea aufzunehmen ohne von den misstrauischen Japanern (ähnlich wie die russ. Entdecker) verhaftet zu werden; auch die Südspitze von Sachalin wurde angelaufen. Der Bericht über diese wichtige und ausgedehnte Reise erschien 1804 in London und 1805 in Weimar (gekürzt).

Brousseau Georges, forschte 1887–98 meist im Regierungsauftrag in Franz.-Guayana und ermittelte u. a. die Flussläufe des Maroni, Tananahoni, Itany und des Carsevenne, den er selbst in seiner ganzen Länge befuhr. Dem wichtigsten Nebenfluss des Carsevenne gab er den Namen Fleuve Carnot (Carnotfluss). Während seine 1:100 000-Karten nicht ohne weiteres zugänglich sind, erschienen seine Reise- und Forschungsberichte 1901 im Druck.

Brouwer Hendrik, 1581–1643, holl. Seefahrer, der 1642 mit drei Schiffen nach Chile auslief, um für die Holländische Westindien-Kompanie Handel zu treiben. Obwohl er keinen Entdeckungsauftrag hatte, umrundete er im März 1643 die → Staaten-Insel im Südatlantik, die bis dahin für einen Teil des antarktischen Festlandes gehalten worden war, und stellte ihre Ausdehnung fest.

Brown Alfred N., 1803–84, Missionar und Erforscher der Nordinsel Neuseelands. 1833/34 war er teils zu Fuß, teils im Kanu und teils mit einem Küstensegler um die Erkundung der Flüsse Waihou und Waikato bemüht, drang ins Quellgebiet des Walpa vor und gründete die Missionsstation Puriri. B. sichtete auch den Ruapehu, den höchsten Berg der Insel.

Brown Charles B., ca. 1830–1917, seit 1865 in der Karibik als Geologe und Topograf um die Aufnahme der den Briten verbliebenen Inseln bemüht, seit 1868 in Brit.-Guayana tätig. Bis 1872 zeichnete er die Läufe der Flüsse Mazaruni, Siparuni und Potaro auf, aber auch die Landschaften im NW der Kolonie. Auf Andeutungen von Indianern hin entdeckte B. 1870 die malerischen Wasserfälle und Katarakte des Potaro und befuhr den Fluss anschließend bis zur Einmündung in den Essequibo. Spätere Unternehmungen waren dem oberen Essequibo gewidmet und den Wasserläufen im guayan.-brasil. Grenzgebiet. Für eine brasil. Schifffahrtsgesellschaft bereiste B. 1873–75 den Amazonas, eine Reise von mehr als 20 000 km, auf der B. von zwei anderen Wissenschaftlern begleitet wurde.

Brown Robert, 1773–1858, schott. Botaniker, war seit 1810 Mitarbeiter von → Banks, der ihn schon vorher als wissenschaftlichen Teilnehmer der → Flinders-Expedition von 1802 vorgeschlagen hatte. B. blieb nach der Expedition in Australien zurück und besuchte bis 1805 vorwiegend südl. Gegenden des austral. Festlands, aber auch die Inseln der Kent-Gruppe, und kehrte mit einer Sammlung von 4 000 z. T. unbekannten Pflanzen nach England zurück. Banks öffnete B. seine reiche Fachbibliothek und ermöglichte ihm die Abfassung wichtiger botanischer Ergänzungen zu einer Reihe von Reiseberichten aus dem austral. und dem pazifischen Bereich. Den nach B. benannten Gipfel an der Spencerbucht hat B. als Erster erstiegen. Seine gesammelten Werke erschienen 1825–33 in dt. Sprache.

Brown Robert, 1842–95, Erforscher der von → Vancouver erstmals umschifften gleichnamigen Insel vor der kanad. Pazifikküste. Im Sommer 1863 wiederholte B. Vancouvers Umfahrung, aber mit einem kleinen Boot, das ihm gestattete immer wieder bei Siedlungen und Flussmündungen anzulegen. Dann drang er ins Inselinnere vor, um den Central Lake zu vermessen, und führte 1864 eine Gouvernementsexpedition zur genauen Aufnahme der Insel, was B. für den Südteil gelang. Es wurden ca. 2 000 km in Booten oder zu Fuß zurückgelegt und dabei in zwei Flüssen so viel Gold gefunden, dass ein wahrer Goldrausch anhob, der binnen zwei Jahren den Charakter der Insel und ihrer Siedlungen veränderte. Vielleicht war dies der Grund für B. die Erforschung des Nordteils seinem Mitarbeiter → Buttle zu überlassen. Er selbst durchquerte noch das Kaskadengebirge zwischen Eugene (Oregon) und Boisé (Idaho), ehe er 1866 nach Europa zurückkehrte.

Bruce James, 1730–94, interessierte sich schon als Junge für Mathematik und Astronomie. Nachdem er eine Zeit lang als Geschäftsmann tätig gewesen war und sich ein Vermögen erworben hatte, beschloss er auf ausgedehnte Reisen zu gehen. Er fuhr nach Portugal, Spanien, Frankreich und den Niederlanden und begann dann in England orientalische Sprachen zu studieren, denn sein großes Ziel war die Suche nach den »keuschen Quellen« des Nils. Dabei ging er allerdings von falschen Voraussetzungen aus; denn er sah im Blauen Nil den Hauptfluss und im Weißen nur einen Nebenarm. Um sich in Ruhe auf das Unternehmen vorbereiten zu können, wurde er brit. Konsul in Algier, vertiefte hier seine arab. Sprachkenntnisse und durchforschte zugleich weite Teile Nordafrikas und Vorderasiens bis an den Nordrand Syriens. Im Sommer 1768 reiste er nilaufwärts, durchquerte die Wüste nach Kosseir, einem Hafen am Roten Meer, und setzte von da nach Djidda an der arab. Küste über. Nächste Station war Massaua, von da aus ging es über Adua, die Hauptstadt der äthiopischen Provinz Tigre, und das alte Aksum unter steten Gefahren nach Gondar, der Hauptstadt Äthiopiens. Seine medizinischen Kenntnisse, die er im Kampf gegen eine Blatternepidemie einsetzte, verschafften ihm bald Ansehen und die Gunst des Kaiserhofs. In den vier Jahren in Äthiopien gelang es B., an den Tanasee und damit zu den Quellen des Blauen Nils vorzustoßen. Wenig erfreulich war sein Versuch nachzuweisen, dass ihm allein das Recht der Erstentdeckung gebühre und die Forschungen des Jesuiten → Paez, der schon 150 Jahre vor ihm an den Tanasee gekommen war, in das Reich der Fabel zu verweisen sei. Obgleich man sich in Äthiopien bemühte, B. im Land zurückzuhalten, gelangte er auf einer langen und gefährlichen Reise westwärts über Nubien und Ägypten nach 6 000 km wieder in die Heimat. Er arbeitete jahrelang an seinem lebendigen Reisebericht *Travels into Abyssinia* (1790), der zu Unrecht heute weitgehend in Vergessenheit geraten ist.

Reisen
zur Entdeckung
der Quellen des Nils
in den Jahren
1768. 1769. 1770. 1771. 1772. und 1773.
in fünf Bänden
von
James Bruce von Kinnaird, Esq. F. R. S.
Ins Teutsche übersetzt von
J. J. Volkmann D.
und mit einer Vorrede und Anmerkungen versehen
von
Johann Friedrich Blumenbach.
Prof. zu Gött. und Königl. Großbrit. Hofrath.
Erster Band.
Mit Churfürstl. Sächs. gnädigster Freyheit.
Leipzig,
in der Weidmannschen Buchhandlung. 1790.

Frontispiz der 1. deutschen Ausgabe des Reiseberichts von James Bruce in deutscher Sprache.

Brûlé Etienne, 1592–1633, berühmter franz. Waldläufer, der erste Weiße am Oberen See und am Eriesee. B. kam 1608 als Gefährte von Samuel → Champlain in das damals Nouvelle France genannte Seengebiet und lernte 1610/12 die Sprachen der Algonkin und der Huronen. 1615 sollte er vom Susquehanna River indian. Hilfstruppen für Champlain heranführen, kam aber zu spät, und Champlain musste zurück nach Quebec. Die angegriffenen Irokesen nahmen B.

gefangen und marterten ihn, doch rettete ihn der Aberglaube des Stamms, der annahm, B. könnte Gewitter herbeizaubern. 1618–21 war B. in Quebec, danach ging er wieder zu den Indianern und führte nach 1629 die Engländer unter David Kirke nach Quebec. Wieder bei den Indianern, wurde er von den Huronen vermutlich wegen einer Liebesaffäre getötet. Obwohl wegen seines Frontwechsels zu den Briten oft verurteilt, war B. der Prototyp jener franz. Abenteurer, die zu Land jene Eigenschaften zeigten, die die großen Korsaren von Saint-Malo oder Dieppe zur See bewiesen.

Brunner Thomas, 1821–74, Neuseelandpionier. Landete 1841 mit den ersten Siedlern und widmete sich vor allem der Erforschung der Südinsel, indem er mit drei Expeditionen Weidegründe und Passwege suchte.

Bryant William, bereiste 1791 die damals erst flüchtig bekannte Ost- und Nordostküste Australiens und die Torresstraße und schlug sich nach Timor durch. B. war gemeinsam mit seiner Frau Mary aus dem Zuchthaus von Portjackson entsprungen und entdeckte auf seiner Flucht, über die Mary berichtete, Teile der Moreton Bay und die Küste zwischen den Kaps Flattery und Weymouth, die Cook nicht berührt hatte.

Buch Christian Leopold Freiherr von, 1774–1853, dt. Naturwissenschaftler und Erforscher des nördl.sten Europas. 1806–08 bereiste B. Nordnorwegen und Lappland und wies nach, dass die skand. Halbinsel sich langsam hebt. Nach Studien auf den Kanarischen Inseln und in Deutschland arbeitete B. theoretisch an einer Verknüpfung von Geologie und Chemie, schuf mit 42 Blättern eine vorbildliche geognostische Karte von Deutschland und beschrieb nach Gebirgsformationen in Russland auch die Bäreninsel im Nordpolarmeer. In der Kunst der Landschaftsbeschreibung über Alexander von Humboldt gestellt, leitete B. mit seinen Veröffentlichungen eine neue Ära des allgemeinen Interesses für die Naturforschung und die Erdkunde ein. Goethe, der sich eingehend mit B.s Werken beschäftigte, hatte allerdings ein kritisches Verhältnis zu B.s Theorien (»Er weiß nichts, aber niemand weiß mehr, und da ist es denn am Ende einerlei, was gelehrt wird, wenn es nur einigermaßen einen Anschein von Vernunft hat«; Goethe am 5.4.1829 zu Eckermann).

Buchan David, etwa 1782–1842, brit. Seeoffizier, der mit Mannschaften des Schoners *Adonis* die Insel Neufundland und deren Bewohner erforschte und von der Anse des Exploits ca. 200 km ins Innere vorstieß. Im Rahmen der von der brit. Admiralität befohlenen Suche nach einer Nordwestdurchfahrt erhielt B. 1818 den Auftrag mit der *Dorothea* und der *Trent* in beinahe gerader Nordfahrt zwischen Spitzbergen und Grönland das Polarmeer zu durchqueren. Packeis verhinderte ein Vordringen über 80.34 Grad nördl. Breite hinaus. Später berühmte Forscher wie → Franklin und → Beechey waren auf dieser Fahrt B. unterstellt, sie führten die *Trent*. Den Fahrtenbericht verfasste Beechey erst 1843.

Buchanan (seit 1818 Hamilton) Francis, 1762–1829. Der aus Schottland stammende Naturforscher war 1794 als Arzt in die Dienste der Ostindischen Kompanie getreten. 1795 nahm er an einer Expedition nach Birma teil und lieferte hervorragende kartografische Aufnahmen des hinterindischen Ländergebiets. Nach der Eroberung von Mysore durch die Engländer betraute der damalige Generalgouverneur von Ostindien B. mit der wissenschaftlichen Untersuchung der neu gewonnenen Territorien. B. zog im Frühjahr 1800 von Madras aus an die Malabarküste, folgte ihr bis Kanara und kehrte im Juli 1801 nach Madras zurück. Seine sorgfältigen Beobachtungen veröffentlichte er in einem dreibändigen Reisewerk. Schon 1802 wurde er nach Nepal entsandt, hielt sich dort 14 Monate in der Nähe der Hauptstadt Katmandu auf und betrieb dabei eingehende geografische Forschungen. 1807 übernahm B. gründliche statistische Aufnahmen im Gebiet von Bengalen bis 1814 und legte die Ergebnisse in 25 Foliobänden nieder. Obgleich die Untersuchungen nicht ganz abgeschlossen werden konnten, gelten sie doch als einer der bedeutendsten Beiträge des frühen 19. Jh.s zur Kenntnis Bengalens.

Bunbury Henry William St. Pierre, 1812–75, in Australien stationierter Offizier, der nach zwei Jahren in Tasmanien (1835/36) sich vor allem der Erforschung Westaustraliens widmete. Nach einer Expedition zum Williams-Bezirk in den südwestaustral. Küstengebirgen richtete er dort eine Militärstation ein und reiste über Land zurück nach O, wobei er erste und genaue Wegbeschreibungen gab und gute Beobachtungen über die Aborigenes mitteilte. Die Stadt Bunbury, südl. von Perth an der Küste gelegen, ist nach ihm benannt.

Bunce Daniel, 1813–72, engl. Botaniker, der → Leichhardt 1846 bei dem Versuch Australien zu durchqueren begleitete. Nach Scheitern der Expedition befuhr B. den Murrayfluss bis zum Meer. B. forschte auch an der Moreton Bay und lieferte Aufzeichnungen über die Sprachen der Aborigines.

Bunge Alexander, 1851–1930, russ. Polarforscher dt. Herkunft und Sohn des Asienforschers B. Gemeinsam mit Baron Toll unternahm B. 1885 im Auftrag der Kaiserlichen Akademie zu St. Petersburg eine Expedition zu den Polarmeer-Zuflüssen aus dem System der Jana und im Raum des alten Pelzhandelswegs von Kolymsk. Mit Booten wurde die Eismeerküste des Jana-Mündungsgebiets erkundet, aber auch einige Inseln (Große Ljachowinsel, Kotelnoi). Die Ostausläufer der Kotelnoi-Insel erhielten den Namen Bungeland. Die Berichte über die Forschungen auf den neusibir. Inseln erschienen in dt. Sprache.

Bunnell Lafayette Houghton, 1824–1903, Militärarzt und Erforscher abgelegener Gegenden Kaliforniens. Mit dem Mariposabataillon auf Indianerjagd, entdeckte er 1851 das (von ihm so benannte) Yosemitetal. Ein Jahr darauf wurde das Tal abermals begangen, da sich aufständische Indianer hierher geflüchtet hatten. (Die Gegend am Merced River gehört seit 1864 zum Yosemite-Nationalpark, einem der ältesten der USA. Die Yosemite-Indianer lebten damals noch wie in der Steinzeit.) Es scheint, dass der Prospektor William Penn Abrams das Tal vor B. aufgesucht hatte, ohne jedoch darüber zu berichten oder seine Schönheit zu bemerken.

Burchardus, gest. um 1305, dt. Dominikanermönch aus Barby an der Elbe (Sachsen-Anhalt), Missionar und Reisender. Nach seiner Ausbildung in einem der rhein. Dominikanerklöster ging B. ins Heilige Land und blieb jahrelang im Berg-Zion-Kloster in Jerusalem. Aufgrund von dort aus unternommener Reisen und Exkursionen verfasste er eine der bedeutendsten Arbeiten über Palästina und Syrien im Mittelalter *(Descriptio Terrae sanctae)*, die wir besitzen. B.s Grundsatz, nur Selbstgesehenes niederzuschreiben, hebt die *Descriptio* über die meist durch fantastische Ergänzungen in ihrem Wert geminderten Berichte seiner Zeitgenossen hinaus. Die beste Ausgabe des Buchs erschien 1475 bei Lucas Brandis in Lübeck. Das ihm wegen seines Ruhms zugeschriebene Reisebuch von Guillaume → Adam hat er nicht verfasst; er wurde auch verwechselt mit einem Minoritenmönch namens Burchard, der 1533 die Levante und das Rote Meer bereiste.

Johann Ludwig Burckhardt.

Burckhardt Johann Ludwig, 1784–1817, Sohn eines wohlhabenden Seidenfabrikanten aus Basel, studierte Naturwissenschaften, Geografie, Sprachen und Geschichte in Leipzig und in Göttingen und ging als 22-Jähriger nach London, wo er sich intensiv mit der arab. Sprache beschäftigte und sich auch einem harten körperlichen Training unterzog, um den Strapazen von Forschungsreisen, wie er sie plante, gewachsen zu sein. Im Gewand eines mohammedanischen Inders, der angeblich in London aufgewachsen war und deshalb nur unvollkommen Arab. sprach, reiste er unter dem Namen Ibrahim Ibn Abdallah nach Aleppo, um hier seine orientalischen Studien fortzusetzen. 1812 fuhr er nach Ägypten und besuchte unterwegs als erster Europäer die Ruinen von Gerasa und die Felsengräber von Petra. Von Kairo aus ging er, nach wie vor als arab. Kaufmann verkleidet, nach Nubien und von dort über Berber nach Suakin am Roten Meer. Dann setzte er nach Djidda, dem Hafen Mekkas an der arab. Küste, über. Bevor er die heiligen Stätten des Islams besuchen durfte, musste er sich einer Prüfung durch zwei arab. Gelehrte unterziehen, doch er bestand sie so glänzend, dass man ihn nun überall für einen strenggläubigen Mohammedaner hielt. Mit einer Pilgerkarawane erreichte er Mekka und gelangte sogar bis Medina zum Grab des Propheten Mohammed. Dabei musste er sorgfältig darauf achten, nirgends erkannt zu werden, denn als »Ungläubigem« wäre ihm an den heiligen Stätten des Islams der Tod sicher gewesen. Als er wieder in Kairo war, erhielt er die Nachricht vom Tod seines Vaters. Da in Kairo die Pest wütete, ging er zu den Beduinen am Sinai, dann wollte er von Kairo aus mit einer Karawane an den Niger vorstoßen, doch mitten in den Vorbereitungen starb er und wurde auf dem mohammedanischen Friedhof in Kairo bestattet.

Burkart Hermann Josef, 1798–1874, dt. Bergingenieur aus Bonn, der zwischen 1825 und 1835 für zwei verschiedene engl. Bergbaugesellschaften in Mexiko tätig war und die Gelegenheit zu Entdeckungsfahrten im Raum Zimapan-Zacatecas nutzte, wobei er sich zwar vor allem für sein eigenes Fach interessierte, aber auch über die Einwohner, ihre Siedlungen und Gebräuche berichtete. Sein Reisebuch erschien 1836 in zwei Bänden. (Dt. Bergleute waren seit 1536 in Mexiko tätig.)

Robert Burke.

Burke Robert O'Hara, 1821–61, seit 1853 Polizeiinspektor in Melbourne, 1858 Chef des Distrikts Castlemaine (Kolonie Victoria). 1860 begann B., von einem Komitee gefördert, eine große Expedition (25 Pferde, 20 Kamele) zum Carpentariagolf Nordaustraliens, der auch die Deutschen Beckler (Botaniker und Arzt) und Becker (Zeichner und Naturforscher) angehörten. Die Gruppe zog zwischen der Simpson-Wüste und dem Cooper's Creek nordwärts und hatte dabei unter schwersten Unwettern, Hunger und Durst zu leiden. Vorstöße in völlig unbekanntes Gebiet mussten bald aufgegeben werden; man kehrte – bis auf eine kleine Gruppe, die einen kurzen Weg zum Golf gewählt hatte – schließlich zum Cooper's Creek zurück, wo bis auf einen einzigen Expeditionsteilnehmer alle an Entkräftung starben. Die Howitt-Hilfsexpedition fand B., von Eingeborenen versorgt, im Besitz wichtiger Aufzeichnungen, nach welchen die Erschließung des Nordterritoriums begann.

Burmeister Hermann, 1807–92, Arzt und Naturforscher aus Stralsund, der 1850 zunächst nach Brasilien ging, um mit finanzieller Unterstützung des Königs von Preußen nach Fossilien zu suchen. 1856 unternahm er eine zweite Reise, diesmal nach Argentinien, wo er den Raum zwischen Buenos Aires und den Kordilleren zoologisch durchforschen wollte. B. lebte zeitweilig als Farmer am Paraná, nahm seine Forschungen aber immer wieder auf und bereiste auch den N Argentiniens. Die Ergebnisse fasste er in dem großartig beobachtenden Buch *Reise durch die La Plata-Staaten* (1860), aber auch in zahlreichen anderen Schriften zusammen. Noch 1887 bereiste B. Patagonien; er war ein großer Gelehrter mit schwierigem Charakter, dem Argentinien viel verdankt.

Burnes Sir Alexander, 1805–41, stammte aus Schottland. Mit 16 Jahren trat er in ein ind. Regiment ein und machte sich in den folgenden zehn Jahren mit Land, Leuten und Sprache vertraut. Schließlich beschloss er selbstständig Forschungsreisen in die nordwestl. von Indien gelegenen Länder zu unternehmen, ein Vorhaben, das von den brit. Behörden abgelehnt wurde, da sie Schwierigkeiten mit den einheimischen Fürsten befürchteten. 1831 wurde B. mit Geschenken des Königs von England zum Maharadscha von Lahore gesandt und konnte als erster Europäer seit Alexander dem Großen den Stromlauf des Indus näher erforschen und kartografisch aufnehmen. Nach der Rückkehr erhielt B. endlich die Genehmigung zu einer Expedition nach Zentralasien. Das war keine ungefährliche Angelegenheit, war doch noch wenige Jahre zuvor ein Landsmann von ihm, W. → Moorcroft, in dem Gebiet getötet worden, das er näher erkunden wollte. 1832 trat B. seine Expedition an, begleitet von einem ehemaligen brit. Militärarzt und einigen Eingeborenen. Es gelang ihm, bis zu dem damals in Europa noch wenig bekannten Buchara vorzudringen und dabei die Landschaft zwischen Kabul und dem Amu-Darja näher zu erforschen. In Buchara selbst hielt er sich mehrere Wochen auf, da ihm aber der Rückweg über die Oase Chiwa versperrt war, setzte er seine Reise südwestwärts fort und gelangte über Persien wieder nach Indien zurück.

Burrough Stephen, 1525–84, engl. Seefahrer in nordpolaren Gewässern. B. suchte auf der *Searchthrift* im Auftrag der Muscovy-Company nach einer nordöstl. Durchfahrt und sichtete dabei als erster Westeuropäer die große Insel Nowaja Semlja. Mit Hilfe eines einheimischen Lotsen erkundete B. wichtigste Plätze im N wie Kola, die Dolgoi Insel und die Petschoramündung, musste aber vor Erreichung der Obmündung wegen Treibeis umkehren. B.s Bericht über die Samojeden, ihre Sprache und Religion wurde in die Hakluyt'sche Sammlung aufgenommen. Vermutlich in Kenntnis dieser Reise sandte die zaristische Regierung 1636 den Kosaken Elisej Busa von Jenisseisk aus zur Lenamündung, um dort das Land aufzunehmen und Steuern einzutreiben. Er begegnete Jakuten und Jukagiren, blieb jahrelang bei ihnen und kehrte im offenen Boot auf dem Eismeer an seinen Ausgangspunkt zurück.

Burton Richard Francis, 1821–91, trat mit 21 Jahren in den Militärdienst und kam nach Indien. Hier unternahm er seine ersten geografischen Forschungen. Als Mohammedaner verkleidet, besuchte er die heiligen Städte Mekka und Medina und das unbekannte Innere Arabiens. 1854 bereiste er das fremdenfeindliche Somaliland und kam als erster Europäer, wieder verkleidet als mohammedanischer Kaufmann, nach Harrar. Nachdem er 1855 auf türkischer Seite am Krimkrieg teilgenommen hatte, stieß er 1858 gemeinsam mit → Speke von Sansibar aus in das Innere Ostafrikas vor. Sie entdeckten den Tanganjikasee, wo B. erkrankte und in Tabora zurückbleiben musste; Speke reiste weiter und entdeckte auch noch den Viktoriasee.

Nach einer Amerikareise bestieg B. 1860 gemeinsam mit dem dt. Botaniker Gustav Mann als Erster das Kamerungebirge und drang nach Dahome vor. Als brit. Konsul lernte er 1864 Brasilien kennen. Dann wandte er sich der Erforschung der syr. Ruinenstätten zu, besuchte 1869 Palmyra und unternahm Ausgrabungen in Midian am Roten Meer. Mit → Cameron ging er 1881–82 nach Westafrika an die Goldküste. B. trat auch als feinsinniger Übersetzer hervor, so z. B. mit der Übertragung der orientalischen Märchensammlung *Tausendundeine Nacht.*

Busa Elisej, Kosak und Eismeerforscher → Burrough.

Buteux Jacques, 1599–1652, Superior des Jesuitenordens in der Provinz Trois Rivières, von wo aus er Reisen nach N unternahm, um unbekannte Gegenden und unbekehrte Indianerstämme aufzusuchen. Zur Vorbereitung einer Expedition zur Hudson Bay verhandelte er mit verschiedenen Häuptlingen und versuchte sie durch Geschenke seinem Vorhaben geneigt zu machen; eine Gruppe von Irokesen tötete ihn jedoch und warf seinen Leichnam in einen Fluss.

Buttle John, führte 1865 eine eigene Expedition von der Westküste her ins Innere der Vancouver-Insel, die er zuvor schon mit → Brown begangen hatte. B. gilt als Entdecker des Kennedysees, widmete sich aber im Übrigen mehr den sensationellen Goldfunden als der Geografie der großen Insel. Immerhin ist ein See nach ihm benannt; auch das Quellgebiet des Bear River wurde von ihm aufgenommen.

Button Sir Thomas, gest. 1624 (nicht 1634), walis. Seeoffizier, der 1612 das Kommando über eine Expedition zum Aufsuchen der Nordwestpassage erhielt und mit den Schiffen *Resolution* und *Discovery* die Westküste der Hudson Bay aufnahm. Er benannte den Nelson River nach seinem Segelmacher, der während der Expedition gestorben war. B. entdeckte Mansel Island, beobachtete die hohen Flutstände, die offensichtlich vom Fox Basin hereinkamen, und kehrte 1613 nach England zurück. Eine Zeit lang wurde die ganze Hudson Bay nach B. benannt, doch heute gilt dieser Name nur noch für eine kleine Bucht nahe Churchill. Reste von B.s Winterquartieren wurden 1631 von Luke → Fox und 1673 von → Groseilliers aufgefunden. Da B.s eigene Aufzeichnungen verloren gingen, berichtete Fox über die Expedition (London 1635).

Buyers John, Handelsfahrer, der mit seinem Schoner *Margaret* im Frühjahr 1802 (nicht 1803) einige Inseln der Tuamotu-Gruppe entdeckte. Sie heißen heute (nach der Rückführung der verschiedenen Benennungen auf den Eingeborenennamen) Makemo, Taenga und Faaité. Makemo ist die größte und ertragreichste dieser Inseln, ein Atoll von 64 km Länge und mit zwei voneinander weit entfernten Einfahrten und heute dauernd bewohnt (Pukeva Village). → Bellingshausen, der 1820 die Inseln genauer aufnahm, gab dem langen Atoll einen langen Namen: Prinz–Golenitschew-Kutusow-Smolensk-Insel. Die Insel übte auf Europäer eine besondere Anziehungskraft aus: Ein Engländer brachte hier 40 (!) Jahre zu und als Alain Gerbault 1926 Makemo erreichte, traf er hier noch den dän. Piloten des Dichters R. L. Stevenson an.

Byrd Richard Evelyn, 1888–1957, amer. Marineoffizier und Polarforscher. Im Mai 1926 überflog er gemeinsam mit Floyd Bennet von Spitzbergen aus den Nordpol. Er wandte sich der Erforschung der Antarktis zu, wobei er für die Polarforschung Methoden entwickelte, die noch heute eine große Rolle spielen. Bei seiner ersten Antarktisexpedition gelang ihm 1929 sein erster Flug zum Südpol. Auf dieser und drei weiteren Großexpeditionen von 1933–47 erforschte B. die Küste und große Inlandgebiete der Antarktis. Die amer. Regierung übertrug B. 1955 die Vorbereitung der amer. Antarktisunternehmungen im Rahmen des Internationalen Geophysikalischen Jahrs. In deutscher Sprache erschienen: *Himmelwärts* (1929), *Flieger über dem sechsten Erdteil* (1931), *Mit Flugzeug, Schlitten und Schlepper* (1940), *Allein* (1947).

Byron John, 1723–86, brit. Weltumsegler und Großvater des Dichters Lord Byron. Auf der *Wager* Teilnehmer der → Anson-Expedition, scheiterte B. 1741 an der Küste von Feuerland nördl. der Magellanstraße, überlebte aber und kehrte nach Entbehrungen 1745 nach England zurück. Nach den Kriegsjahren übertrug man B. das Kommando über *Dolphin* und *Tamar* mit dem Auftrag, nach der Pepysinsel zu suchen (so benannt nach Sir Samuel Pepys, dem durch sein Tagebuch bis heute berühmten Sekretär der Admiralität). Da B. die Insel nicht fand (weil sie aller Wahrscheinlichkeit nach gar nicht existiert), widmete er sich den ebenfalls an der Südostküste von Südamerika liegenden Falklandinseln, lief in den Hafen ein, den er als einen der schönsten der Welt bezeichnete, und nahm die Doppelinsel mit den kleineren Eilanden für England in Besitz (Jan. 1765). Da ihm der Südatlantik zu unwirtlich war, lief er entgegen seiner Order in den Pazifik, streifte die Tuamotu-Gruppe und entdeckte Tepoto und Napuka, Inseln, wo ihn bewaffnete Eingeborene nicht landen ließen, sodass er nur vage Pläne zeichnen konnte. (Die Schwesterinseln sind die nördl.sten der Tuamotu-

Gruppe und 160 km von der nächsten Insel entfernt. Napuka ist ein Atoll, Tepoto eine Koralleninsel in Sichtentfernung.) Nach Entdeckungen, meist aber Wiederentdeckungen in den Salomonen, den Ladrones und in der Dokelau-Gruppe, kehrte B. über Batavia und das Kap der Guten Hoffnung nach England zurück. Obwohl die wirklich neuen Ergebnisse seiner Weltumseglung eher dürftig zu nennen sind, brachten seine Berichte doch wichtige Fakten über die Entwicklung zahlreicher vorher entdeckter Inseln unter den neuen Verhältnissen (z. B. für die Tinian-Inseln). Zugleich war die große Fahrt eine gute Schule für den über B. hinausgelangenden, genaueren → Carteret.

C

Cabeza de Vaca Alvaro Nuñez, ca. 1498–ca. 1570, span. Notar und Schatzmeister der → Narvaez-Expedition von 1527. Nach einem Schiffbruch im Raum des heutigen Galveston gerettet, blieb C. fast acht Jahre unter den bettelarmen, am Rand des Verhungerns dahinvegetierenden Indianern und legte in dieser Zeit als Wanderhändler und Arzt an die 4 500 km zurück. Sein im wahrsten Wortsinn einzigartiger Bericht *Navragios* (Schiffbrüche) wurde von Termer 400 Jahre nach den Ereignissen ediert und von dem Völkerkundler Alex D. Krieger geografisch rekonstruiert. Außer sensationellen Mitteilungen über das Leben der Indianer, die nicht einmal Steinzeitniveau hatten, weil sie ohne Keramik z. B. aus Löchern im Boden den Saft der Kaktusfeigen tranken, erklärt C. auch, warum es in diesem Teil Nordamerikas nicht zu höheren Zivilisationen kommen konnte: Überleben war alles. 1536 stieß C. mit seinem inzwischen großen Gefolge an Indianern, die ihm wie einem Heiland folgten, auf span. Ansiedlungen in Nordmexiko, wo inzwischen alle Indianer geflohen waren, sodass die Gutsbesitzer sofort C.s Gefolgsleute zu versklaven versuchten. In den daraus erwachsenden Auseinandersetzungen stand die Krone auf Seiten C.s. 1540-44 war C. Statthalter im La-Plata-Distrikt, kehrte aber nach ernsten Schwierigkeiten mit den Sklavenhaltern nach Spanien zurück, wo er zwischen 1567 und 1571 in Sevilla starb. Neben der Denkschrift des Las Casas und einigen anderen Memoranden sind C.s *Navragios* nicht nur die aufschlussreichsten Zeugnisse über das Leben der Indianer jener Zeit, sondern auch die beredteste Anklage der span. Kolonialpolitik. → Soto, → Vazquez de Coronado und → La Salle haben aus C.s Kenntnissen geschöpft. → Estebanico.

Caboto Giovanni, um 1450–nach 1498, venezian. Seefahrer, möglicherweise aber in Genua geboren, der Entdecker Nordamerikas nach der folgenlosen Entdeckung durch → Leif Eriksson. C. war seit 1475 in Bristol tätig, wo die Islandfahrt für ihn zur Routine wurde, sodass er ab 1490 den Westweg zu den Gewürzinseln und nach Cathay (China) suchte, aber auch nach den reichen Stockfischgründen, von denen die bask. und breton. Fischer erzählten. Begleitet von seinem Sohn Sebastiano → C. erreichte er am 24.6.1494 (also genau genommen vor dem Inselentdecker Kolumbus) das amer. Festland westl. der St.-Johns-Insel an der Labradorküste. Mit einem Patent König Heinrichs VII. von England unternahm er eine zweite Reise, nahm amer. Küstenländer für England in Besitz und kehrte im August 1497 nach England zurück. Von dieser zweiten Fahrt ist, wohl weil man sie geheim halten wollte, nur wenig bekannt. C.s Schiff hieß *Matthew,* für die zweite Rückfahrt von Neufundland nach Bristol soll er nur 15 Tage gebraucht haben. Unklar ist, wie Juan de la → Cosa, der bedeutendste Pilot der span. Entdeckungsfahrten, Einblick in die Ergebnisse der Caboto-Fahrten gewinnen und sie bereits um 1500 in seiner Karte berücksichtigen konnte. Möglicherweise steht dies mit C.s ungeklärtem Verschwinden 1498 in Zusammenhang; dazu hat auch sein Sohn sich nie geäußert.

Caboto Sebastiano, vor 1484–nach 1557, venezian. Seefahrer, Begleiter seines Vaters auf der Amerika-Entdeckungsfahrt und 1508/09 selbst auf der Suche nach einer Nordwestdurchfahrt. C., der eine kgl. brit. Pension genoss, trat 1512 in span. Dienste, wurde 1518 Erster Pilot der Flotte und 1526–30 mit Entdeckungsfahrten im La-Plata-Gebiet betraut, hatte dabei jedoch ärgste Schwierigkeiten mit seinen Mannschaften, die den vollen Erfolg seiner Patagonienfahrten verhinderten. Die letzten zehn Jahre seines Lebens verbrachte C. in England und starb 1557 in London im Ruf eines großen Kosmografen. Seine Aufzeichnungen haben sich nicht erhalten, doch spricht für seine Bedeutung, dass er von König Eduard VI. nicht nur eine Pension erhielt, sondern auch Governor of the Merchant Adventurers war, also eine Art Francis Drake der Handelsschifffahrt. In dieser letzten Phase seines Lebens interessierte er sich wieder für die Nordwestpassage und baute den brit. Russlandhandel aus.

Cabral Pedro Alvarez, 1462–1526, portug. Seefahrer und erster mit Sicherheit bekannter Entdecker des heutigen Brasiliens. Aus einer adeligen Familie mit guten Beziehungen zum Hof stammend, erhielt C. 1499 die Position des Generalkapitäns einer neuen Indienfahrt auf den Spuren des Vasco da → Gama. Es war also keine Entdeckungs-, sondern eine Handelsflotte, die C. kommandierte und die, von Strömungen und bei Windstille nach W vom Kurs abgedrängt, am 22.4.1500 hohe Küstenberge Brasiliens sichtete. Da Ostern nahe war, erhielt ein Gipfel den bis heute bewahrten Namen Monte Pascoal. C. blieb bis zum 27.4. an dieser Küste, ermittelte einen sicheren Hafen (Porto Seguro), nahm das Land für König Manuel in Besitz und sandte sein Vorratsschiff mit den ersten Berichten über die Landnahme nach Lissabon zurück. C. konnte nicht wissen, dass Vicente Yanez → Pinzón und unabhängig von diesem Diego de Lepe vermutlich wenige Wochen vorher ebenfalls an die brasil. Küste gelangt waren, ohne dass dies besondere Folgen gehabt hätte.

Cabrillo Juan Rodrigues, um 1495–1543, portug. Seefahrer und Teilnehmer an der unglücklichen → Narvaez-Expedition, der 1542 mit den Schiffen *San Salvador* und *Victoria* die Westküste der kalif. Halbinsel erkundete und erst in der Monterey Bay (auf etwa 40 Grad nördl. Breite) umkehren musste. Nach C.s Unfalltod führte Bartolomeo → Ferrelo, sein Pilot, die Expedition zu Ende.

Cadamosto (Ca'Da Mosto) Alvise da, um 1426–1483, war schon in jungen Jahren als Kaufmann im Mittelmeergebiet tätig. Während einer Handelsfahrt nach Flandern kam er in Kontakt mit Prinz Heinrich dem Seefahrer, der ihm vorschlug in seinen Diensten an der nordwestafrik. Küste nach S vorzudringen. Am 22.3.1455 stach er mit nur einem Schiff von Portugal aus in See, erreichte die Kanarischen Inseln und segelte von da aus in wenigen Tagen weiter zum Kap Blanco und zum Senegal, der nach seiner Aussage angeblich schon fünf Jahre zuvor von drei Schiffen des Prinzen Heinrich entdeckt worden war. Auf der Weiterfahrt zum Königreich »Gambra« (Gambia) traf er auf zwei andere portug. Schiffe unter dem Kommando seines Landsmanns Usodimare. Gemeinsam mit ihm setzte er die Fahrt am Kap Verde vorbei fort und erreichte die Mündung eines breiten Stroms, in dem er zu Recht den Gambia vermutete. Die drei Schiffe konnten ihn aber nur wenige Kilometer lang flussaufwärts befahren, da sie von feindseligen Eingeborenen an der Weiterreise gehindert wurden. Daraufhin kehrten die Schiffe nach Portugal zurück, doch segelten C. und Usodimare 1456 erneut mit zwei Karavellen aus, entdeckten die Inseln am Kap Verde und kamen wieder bis zum Gambia. Diesmal drangen sie fast 500 km flussaufwärts vor, mussten aber schließlich umkehren, da die Mannschaft unter Fieber litt. Trotzdem wagten sie sich noch weiter südwärts über den Kasamansa hinaus. Da sich hier ihre Dolmetscher aber nicht mehr mit den Eingeborenen verständigen konnten, mussten sie umkehren und nach Portugal zurücksegeln. C.s und Usodimares Reisen brachten wichtige Erkenntnisse über die nordwestafrik. Küste, zumal er eine Reisebeschreibung verfasste, die ungemein lebendig war und seine Beobachtungen in allen Einzelheiten darstellte. Sie wurde aber erst 30 Jahre nach seinem Tod gedruckt.

Cadell Francis, 1822–1879, schott. Australienforscher. C. begann 1848 vor allem den Murrayfluss zu befahren, gelangte dabei von Swan Hill bis in den Alexandrinasee und führte nach erkannter Schiffbarkeit des Murray ein kleines Dampfschiff bis Gannawarra (wie kurz vor ihm bzw. zugleich Randell mit der *Mary Ann*). Weitere Flusslauferforschungen beschäftigten C. bis 1859, dann suchte er im Auftrag der Regierung von Südaustralien nach Siedlungsplätzen im Nordterritorium, widmete sich aber immer wieder auch Flüssen wie dem Blyth River und dem Roper River. Er wurde auf den Bandainseln, südl. von Ceram, ermordet.

Caesar Gaius Iulius, 100–44 v. Chr., röm. Staatsmann und Feldherr, Entdecker der brit. Hauptinsel in den Jahren 55 und 54 v. Chr., ein Ruhm, den er sich freilich mit → Pytheas von Massilia und dem Feldherrn → Agricola teilen muss, vor allem aber mit einer großen Schar unbekannter Kaufleute. Wie im ganzen Altertum die Regel, waren die Händler nicht nur in den Alpen, an der Ostsee und an der Donau den Legionen vorausgeeilt, sondern unterhielten auch über den Ärmelkanal hinweg eifrigen Warenaustausch. Als C. seine Invasion Südenglands vorbereitete, brauchte er daher nichts anderes zu tun, als sich bei Schiffern und Kaufleuten im heutigen Belgien und in Nordwestfrankreich nach den Verhältnissen auf dem anderen Ufer zu erkundigen. Im Unterschied zu den an der Geheimhaltung ihrer Verbindungen lebhaft interessierten Händlern gab C. jedoch im IV. und V. Buch seines Gallischen Krieges genaue und für die Nachwelt wertvolle Auskünfte über England.

Cailliaud Frédéric, 1787–1869, lernte in Paris das Goldschmiedehandwerk, betrieb aber nebenbei auch mineralogische und archäologische Studien. Als junger Mann durchstreifte er Belgien, Holland und Italien und nahm an einer abenteuerlichen Fahrt nach Griechenland teil. Von dort reiste er 1815 über Konstantinopel nach Alexandria, wo er sich mineralogischen Forschungen widmete. Auf seiner Wanderung durch das Niltal gelangte C. bis nach Oberägypten, besuchte danach das Faijum und kam bis zu der wenige Jahre zuvor durch → Hornemann wieder entdeckten Oase Siwah. Hier begann er gemeinsam mit dem jungen Marineoffizier Letorzec seine eigentliche Forschungsreise durch die Libysche Wüste, die sich durch ungemein gründliche Routenaufnahmen und Messungen auszeichnete und mit der er die »Hauptgrundlage für unsere Kenntnis der betreffenden Gegenden« schuf.

Zwei Jahre später nahm er, wiederum mit Letorzec, an einem ägypt. Kriegszug nach Dongola und Sennar teil und brachte die erste genauere Kunde auch von den oberen Nilländern. Dabei sprach er im Gegensatz zu James → Bruce den Weißen Nil als den eigentlichen Hauptfluss des Nil an. Gemeinsam mit Letorzec fuhr er den Blauen Nil bis Sennar hinauf und lieferte auch dabei ungemein gründliche Messungen. Von größter archäologischer Bedeutung war seine Entdeckung von Meroë und von anderen Ruinenstätten in den oberen Nilländern. 1822 kehrte er wieder nach Frankreich zurück und wurde fünf Jahre später zum Konservator des Naturhistorischen Museums in Nantes ernannt.

Caillié René, 1799–1839, Sohn eines armen Bäckers aus Mauzé (Poitou). Daniel Defoes berühmter Roman *Robinson Crusoe* erweckte in C. die Sehnsucht nach Abenteuern und Reisen.

Schon mit 16 Jahren unternahm er seine erste Reise nach Senegal und Guadeloupe. 1824 kam er wieder nach Senegal,

René Caillié.

um von dort aus nach Timbuktu am Niger vorzustoßen, das bisher nur der englische Major → Laing erreicht hatte, der aber auf dem Rückweg in die Heimat ermordet worden war. C. bereitete sich ungemein gründlich auf das Unternehmen vor, lernte acht Monate lang Arabisch und machte sich mit der Religion des Islams vertraut. Dann wanderte er als mohammedanischer Kaufmann verkleidet ins Landesinnere, wo er sich als Ägypter ausgab, der in seine Heimat zurückkehren wollte. Unterwegs erkrankte er schwer an Skorbut und musste fünf Monate in Time bleiben, konnte dann aber doch zum Niger weiterziehen, schiffte sich dort ein und erreichte am 20.4.1828 Timbuktu. Hier hielt er sich unter steter Gefahr erkannt und erschlagen zu werden drei Wochen auf und schloss sich dann einer Karawane an, die durch die Sahara nach Marokko zog. Am 12.8.1828 traf er in Fez ein und kehrte von hier aus nach Paris zurück, wo man ihn begeistert empfing. Die Geografische Gesellschaft erkannte ihm den Preis von 10 000 Francs zu, den sie für die Erreichung der berühmten Handelsmetropole am Wüstenrand ausgesetzt hatte, und gewährte ihm darüber hinaus eine jährliche Pension von 1 000 Francs. C. verfasste einen ausführlichen und ungemein spannenden Reisebericht, zog sich dann in seine Heimat zurück, kaufte sich ein kleines Gut, heiratete und widmete sich bis zu seinem Tod der Landwirtschaft.

Caley George, um 1770–1829, engl. Naturwissenschaftler und Australienforscher, von → Banks gefördert. C. kam 1800 nach Sydney, wurde Direktor des Bot. Gartens von Paramatta und schloss sich als Botaniker einer Reihe von Expeditionen an der Küste und in die Blauen Berge an. Bei dem Versuch einen Übergang über diese Barriere zu finden taufte er einen Gipfel Mount Banks, musste aber bald darauf umkehren.

Cameron Verney Lovet, 1844–94, trat mit 13 Jahren in die engl. Marine ein und erwarb sich danach auf weiten Reisen im Mittelmeer, in Westindien und im Roten Meer nautische und sprachliche Kenntnisse. Als Leutnant auf einem Kriegsschiff kam er 1868 erstmals an die ostafrik. Küste und nahm am Feldzug der Engländer gegen Äthiopien teil. Als 1872 die Nachricht von der Auffindung → Livingstones durch → Stanley bekannt wurde, erklärte er sich sofort bereit die Leitung einer engl. Expedition zu übernehmen, die dem in Innerafrika weilenden greisen Forscher Hilfsgüter bringen sollte. Mit drei engl. Begleitern brach er 1873 nach Innerafrika auf, kam aber trotzdem zu spät und seine Expedition kreuzte sich mit dem kleinen Trupp Afrikaner, der die Leiche des inzwischen verstorbenen Livingstone zur Küste brachte. Trotzdem beschloss C. seine Reise nach W fortzusetzen. Nachdem der erste seiner europ. Begleiter unterwegs dem Klima erlegen war, der zweite die Rückführung Livingstones übernahm und der dritte Selbstmord verübte, zog er allein weiter an den Tanganjikasee, wo er mit seinen Forschungen begann. Dabei blieb er zwar auf Livingstones Spuren, konnte aber dessen Forschungen wesentlich erweitern und vertiefen. Vor allem gelang ihm der Nachweis, dass der Lualaba (ein Quellfluss des Kongo) nicht mit dem Nil zusammenhängen konnte, wie Livingstone angenommen hatte. Er entdeckte mehrere neue Seen und zog dann über Nyangwe und durch die Quellgebiete der südl. Nebenflüsse des Kongo nach W, bis er schließlich bei Katombela nördl. von Benguela am 7.11.1875, zweieinhalb Jahre nach Antritt seiner Reise, den Atlantischen Ozean erreichte. Mag seine Expedition auch nicht so spektakulär gewesen sein wie die nachfolgende große Reise Stanleys, so brachte sie doch dank seiner sorgfältigen Vermessungen und insgesamt rund 4 000 Höhenbestimmungen

Camerons Übergang über den Lugungwa. Aus seinem Reisebericht.

wichtige Erkenntnisse über das Quellsystem des Kongos. Sein Reisebericht *Across Africa* (Quer durch Afrika) fand nicht die gleiche Verbreitung und Anerkennung wie die Werke Livingstones und Stanleys, gibt aber eine lebendige Beschreibung des Unternehmens. 1878 durchquerte C. die asiat. Türkei und Persien, um die Möglichkeit einer Eisenbahnverbindung vom Mittelmeer nach Indien zu untersuchen. 1882 kartografierte er mit Unterstützung → Burtons die Gegend östl. der Goldküste. Schon seit 1876 hatte er sich in die Kolonialpolitik Großbritanniens eingeschaltet und gehörte dem Vorstand mehrerer Gesellschaften zur verkehrsgeografischen Erschließung der ostafrik. Küstengebiete an.

Campbell Island, zu Neuseeland gehörige Insel, 1810 von → Hasselbourgh entdeckt, in einsamer Lage im Südpazifik (Subarktis), 114 qkm groß, höchste Erhebung Mount Honey, 569 m. Im 19. Jh. Walfangstation, heute Meteorologenpunkt mit kleiner Besatzung.

Cano Juan Sebastian del, 1476–1526, bask. Kapitän und Teilnehmer an der ersten Weltumseglung unter → Magellan, in deren Anfängen er die *Concepcion* befehligte. Nach dem Tod Magellans auf der Moetan-Insel vor Cebu übernahm C. das Kommando der Expedition, hatte jedoch wegen der neun Toten auf Moetan und anderer Ausfälle nicht mehr genug Mannschaften und musste die *Concepcion* aufgeben. Danach stieß sich die *Trinidad* unter Espinosa ein Leck und machte sich selbstständig, sodass C. auf der *Victoria* am 21.12.1521 die Rückfahrt nach Spanien allein antreten musste. Am 18.3.1522 wurde dabei die später als Nouvelle Amsterdam bezeichnete Insel im südl. Indischen Ozean entdeckt. Am 6.9.1522 erreichte C. mit dem Rest seiner Mannschaften – 18 Mann (!) – auf dem 85-Tonnen-Schiff San Lucar de Barrameda. Kaiser Karl V. setzte C. einen Ehrensold von 500 Dukaten aus, dessen sich C. freilich nicht mehr lange erfreuen konnte: Er ging im Juli 1525 mit der → Loaysa-Expedition als stellvertretender Kommandant und Pilot neuerlich auf Weltreise zu den Molukken und starb wie Loaysa während der Durchquerung des Stillen Ozeans noch vor Erreichen der Philippinen.

Cantwell John C., amer. Offizier und Alaskareisender. Mit einem kleinen Dampfboot befuhr er 1884 den Kobuk River ca. 500 km weit und nahm auch den Selawiksee auf. 1885 drang er bis zum Großen Fischsee vor; 1900/01 führte er die Nunivak-Expedition auf dem Fluss Yukon. Ein Nebenfluss des Tanana River ist nach C. benannt. Über seine Reisen ist in Petermanns Mitteilungen (s. Lit.) berichtet (1886).

Cao Diego, gest. etwa 1486, gilt zwar als einer der bedeutendsten portug. Seefahrer und Entdecker, doch weiß man über sein Leben und Reisen nur sehr wenig. 1482 unternahm er seine erste größere Schiffsreise entlang der westafrik. Küste, die so erfolgreich gewesen sein muss, dass ihn 1484 König Johann II. von Portugal für die geleisteten Dienste in den Adelsstand erhob und ihm eine Pension aussetzte. Auf der ersten Reise entlang der westafrik. Küste legte er eine Strecke von rund 1 400 km zurück und entdeckte dabei die Mündung des Kongos. Dort setzte er erstmals einen steinernen Wappenpfeiler statt der sonst üblichen hölzernen zum Zeichen der Besitzergreifung für den portug. König. Dann segelte er weiter bis zum heutigen Kap Santa Maria, wo er einen zweiten Wappenpfeiler errichtete. Dann kehrte er wieder in die Heimat zurück. Die zweite Reise trat er wahrscheinlich im Sommer 1485 an. An dieser dürfte auch der Deutsche Martin → Behaim aus Nürnberg teilgenommen haben. Bis zum Kap Santa Maria war die Fahrtroute nun bekannt, von dort an begann Neuland. Und nochmals erhellte er eine Küstenstrecke von weiteren 1 000 km bis zum heutigen Namibia, wo er am Kap Cross einen letzten Wappenpfeiler aufstellte. Dieser wurde übrigens wieder entdeckt und in das Museum für Meereskunde in Berlin gebracht.

Carnegie David Wynford, 1871–1900, adeliger Ingenieur und Teepflanzer auf Ceylon, der aus Abenteuerlust nach Westaustralien weiterwanderte. Ehe er in einem Eingeborenenaufstand den Tod fand, konnte er das Innere Westaustraliens zweimal durchqueren und die vereinzelten Routen seiner Vorgänger zu einem übersichtlichen Bericht zusammenfassen, der reich an topografisch wichtigen Einzelheiten war. Obwohl C. an den Nutzen der kartografierten Gebiete nicht zu glauben vermochte, war seine große Westaustralienkarte für die weitere Erschließungsarbeit von entscheidender Bedeutung. Am Rand der Gibsonwüste ist ein See nach C. benannt.

Carpine Giovanni del Pian del, um 1180–nach 1252, Franziskanerpater und bedeutender Asienreisender. C. machte eine schnelle und steile Karriere in seinem Orden, war schon 1228 Provinzial für Deutschland und 1230, obwohl Italiener, Provinzial für Spanien. 1241 durchzog er als Kreuzzugsprediger Deutschland und trat schließlich 1245 im Auftrag Papst Innozenz' IV. eine Reise zum Großkhan der Mongolen an, weil man vermutete, dass der Mongolensturm in Europa das Werk unbotmäßiger Untergebener sei. C. reiste über Prag und Breslau nach Kiew und stieß sechs Tagesreisen vom Dnjepr auf die Vorposten der Tataren. Über die zugefrorenen großen Flüsse kam C. an die Wolga, wo Batu Khan sich der Delegation annahm. Unter seiner Führung durchquerten die Patres endlose Ebenen, zogen am Balchaschsee entlang und trafen im Juli 1246, nach vergleichsweise sehr schneller Reise, am Hof des Großkhans unweit der heutigen Ruinen von Karakorum ein. Dort rüsteten die Hordenhäupter und Würdenträger eben zur Wahl eines neuen Großkhans. Dieser hieß Kuiuk, ließ sich die päpstlichen Schreiben übersetzen und beurlaubte die Gesandten im November 1246. Sie waren geachtet und gut behandelt worden, doch hatte sich Kuiuk Khan alle Ermahnungen des Papstes energisch verbeten und gedroht noch viel furchtbarere Eroberungszüge zu unternehmen als seine Vorgänger. Schon im November 1247 war C. wieder in Lyon, ein Beweis dafür, wie schnell und sicher man damals reisen konnte, da praktisch ganz Asien in den Händen der miteinander Frieden haltenden Mongolenkhane war. Obwohl C. nicht sonderlich gebildet war und z. B. Schwarzes und Kaspisches Meer nicht unterschied, ist seine gigantische Reisestrecke doch eine Entdeckerleistung von Rang mit ersten und zutreffenden Mitteilungen über die westchines. Randgebirge, die Mongolei und die Hofhaltungen der in Europa als kulturlose Ungeheuer angesehenen Khane. Die erste vollständige Ausgabe seines Berichts erschien 1838 in Paris, ausführliche dt. Auszüge und Erläuterungen 1930 in Leipzig.

Carr Boyd William, Australien-Brite aus Queensland, der 1873 als stellvertretender Expeditionsführer mit Hodgkinson vom Fluss Mulligan aus in Richtung des Überlandtelegrafen vordrang, wobei der Fluss Maud entdeckt wurde. Später in Westaustralien auf Goldsuche, nahm er 1895 seine Forschertätigkeit wieder auf und entdeckte zwei Seen (Van Haast und Flemming). C. war der Typus des australischen Waldläufers und mit allen Tücken des Landes vertraut. Nach 20-jähriger Goldsuche war er einer der besten Kenner der ausgedehnten Wüstengebiete des austral. W.s.

Carstenz Jan niederländ. Seefahrer, der 1623 zu Erkundungen im Raum zwischen Neuguinea und Nordaustralien auslief. Mit den Schiffen *Pera* und *Arnheim* passierte er in Sicht der Südküste Neuguineas die Torresstraße nur teilweise und wich vor den Nordausläufern des Großen Barrierriffs nach S., d. h. in den Carpentariagolf, aus. Er legte wiederholt an und gab verschiedene Benennungen, die sich z. T. bis heute erhalten haben (z. B. Staten-Fluss nach den niederländ. Generalstaaten). C. kam auch mit Eingeborenen in Berührung; diese hatten eine tief schwarze Hautfarbe und liefen völlig nackt umher; auf dem Kopf hatten sie ein Haarnetz, in dem sie Nahrung mit sich trugen.

Carteret Philip, 1733–96, engl. Weltumsegler, war schon 1764–66 mit → Byron unterwegs und ab August 1766 als Kapitän der *Swallow* einer der erfolgreichsten Entdecker im pazifischen Raum. Gemeinsam mit → Wallis stieß er durch die Magellanstraße nach W vor, wurde dort aber von der *Dolphin* unter Wallis getrennt und suchte zur Auffrischung der Vorräte die (Robinson-)Insel Juan Fernandez auf. Er klärte die geografische Lage zwischen Osterinsel und den Nordausläufern der Antarktis und entdeckte am 2.7.1767 → Pitcairn, so benannt nach einem Seekadetten, der das Eiland als Erster erblickt hatte. Eine Landung war nicht möglich, weswegen die Position um 3 Grad zu weit westl. angegeben wurde, was Fletcher Christian dazu veranlasste, mit den Meuterern von der *Bounty* hier Zuflucht zu suchen: Etwaige Suchschiffe kreuzten demnach ca. 350 km zu weit westl. Am 11.7.1767 entdeckte C. das Mururoa-Atoll, danach niedrige und unbewohnte Inseln, die heute Nukutipipi und Anuarurao heißen und heute wie damals zu den 37 unbewohnten Atollen der Tuamotu-Gruppe gehören. Auf Nahrungssuche lief C. danach einige Inseln an, die bereits → Mendaña entdeckt hatte (wobei er nicht alle als Wiederentdeckungen erkannte und sie neu benannte). Die Reef-Inseln in den Salomonen führen noch heute als (zweiten) Namen die Bezeichnung

Swallow-Inseln. Es handelt sich dabei um etwa ein Dutzend niedriger Inseln auf einer Fläche von etwa 70 x 70 km, mit Bewohnern, die als ausgezeichnete Seefahrer gelten. Auf einer dieser Inseln wurde 1871 Bischof Patterson ermordet. Bis auf Nifiloli haben alle Inseln melanes. Bevölkerung. – Echte Entdeckungen waren Ndai, von C. Gower Island benannt, schwer zugänglich und voll von feindseligen Insulanern, sowie die sechs auf einem kreisförmigen Atoll liegenden Carteretinseln, heute Kilinailau genannt, in der Bougainville-Gruppe (4.55 Grad südl. Breite, 155.20 Grad östl. Länge), wozu am 25.8.1767 noch die erheblich größere Insel Buka kam: 70 km südwestl. gelegen, ist sie die nördl.ste Insel der Salomonen, die Mendaña unbekannt geblieben war. (Buka hat heute 20 000 Einwohner und ragt zu ca. 400 m Höhe auf. Die Carteretinseln werden in verschiedener Zahl angegeben, je nachdem, welche Riffe als Inseln gezählt werden. Die Bevölkerung besteht aus ca. 1 000 Polynesiern, die aus Buka stammen.) – Am Beginn der Rückfahrt entdeckte C. im September 1767 auf Grund starker Gegenströmungen, dass New Britain nicht eine einzige Insel ist, sondern durch den von C. so benannten St.-Georgs-Kanal von der Insel New Ireland getrennt. Diese ist dünn, lang gestreckt und liegt quer vor der 600 km langen Insel New Britain. New Ireland hat Bastionen kleiner Inseln nach NO vorgelagert. Wegen des schlechten Zustands seiner Mannschaft musste C. weitere Entdeckungsfahrten unterlassen und nahm Kurs auf Makassar, wo ihm der holländ. Gouverneur David Boelen jedoch jede Hilfe verweigerte. Erst in Batavia, wo er im Juni 1768 eintraf, konnte er eine Erholungspause einlegen und im September die Rückreise antreten. Am 20.3.1769 traf C. auf der Reede von Spithead ein.

Cartier Jacques, 1492 (?)–1557, einer der großen Seefahrer aus dem breton. Saint-Malo, machte als Pilot vermutlich eine Reise nach Brasilien und gehörte 1524 zur Mannschaft des Giovanni da → Verrazzano auf dessen Nordamerikafahrt. 1534 von König Franz I. zum Capitaine und Pilote pour le Roi ernannt, verließ er Saint-Malo am 20.4.1534 mit zwei Schiffen und entdeckte an der Labradorküste Landstriche, die ihm so öde erschienen, dass er sie »das Land, das Gott dem Kain gab« nannte. Dann lief er jedoch in den St.-Lorenz-Golf ein, berührte die Magdalen Islands, Prince Edward Island und die

Bay of Chaleur (alles spätere Bezeichnungen), wo er mit Micmac-Indianern Pelzhandel trieb. An der Gaspé Bay pflanzte C. das Lilienbanner auf, nahm einige vornehme Indianer an Bord, um sie zu Dolmetschern auszubilden, und sichtete auf der Rückfahrt noch die Anticosti-Insel. – Am 19.5.1535 begann die zweite Reise mit den Schiffen *Grande Hermine, Petite Hermine* und *Emerillon.* C. passierte zum zweiten Mal die Belle-Isle-Straße und fuhr als erster Europäer den Hochelaga (Indianername für den St.-Lorenz-Strom) hinauf. Mit Booten erreichte C. die Orte der heutigen Städte Quebec und Montreal. Nach einer schweren Skorbutwelle im Dezember, bei der C. 52 seiner 110 Männer verlor, kehrte er am 15.7.1536 nach Saint-Malo zurück. Etwa ein Dutzend Indianer, die er gegen ihren Willen an Bord genommen hatte, starben in den Jahren darauf ohne Kanada wieder gesehen zu haben. – C.s dritte Reise, nun mit fünf Schiffen, begann im Mai 1541. Ein Jahr darauf folgte als Verwaltungsautorität der Sieur de Roberval. C. gründete eine Kolonialstadt mit Fort nahe dem heutigen Cap Rouge, doch scheiterten die Vorstöße über die Montrealinsel hinaus an den Schwierigkeiten des Terrains und den Stromschnellen. Nach einem abermaligen Hungerwinter brach C. seine Kolonisationsversuche ab und kehrte mit den überlebenden Kolonisten gegen den Befehl Robervals nach Frankreich zurück. Da das Land nun im Krieg gegen Kaiser Karl V. lag, kam es zunächst zu keiner Wiederholung der Kolonisationsversuche. → Chauvin, → Champlain.

Jacques Cartier. Gemälde des 16. Jh.

Carvajal Gaspar de, 1504–84, Mönch aus dem span. Trujillo, der 1540/41 die sensationelle Amazonasfahrt des Francisco de → Orellana mitmachte und die sieben Monate währende Entdeckungsreise im Boot beschrieb. C. gab damit einen frühen Bericht von dieser für Europäer kaum vorstellbaren Landschaft aus riesigen Urwäldern und verwirrend zueinander strömenden Flüssen.

Carver Jonathan, 1710–80, Feldscher im brit.-franz. Krieg, der sich 1763 zu Entdeckungsvorstößen in die für England neuen Gebiete entschloss. C. brach im September 1766 in der Seenplatte auf und ging über den Wisconsin River zum Mississippi, dann diesen stromaufwärts bis zum Minnesota River, wo er überwinterte. Da es ihm nicht gelang, bis an die Pazifikküste durchzustoßen, kehrte er, zeitweise im Boot, am Nordrand der Seenplatte wieder zu seinem Ausgangspunkt Fort Mackinack zurück, hatte also insgesamt an die 6 000 km zurückgelegt und nach seinen Worten zwölf Indianerstämme besucht. Sein kluger und lebhafter Bericht ist aufgrund der vielen Einzelheiten über Gebräuche und Sprachen der Indianer sehr wertvoll und erlebte nach der Londoner Erstausgabe von 1778 noch mehr als 30 Auflagen.

Casati Gaetano, 1838–1902, stammte aus der Nähe von Monza in Oberitalien, hatte anfangs als Offizier in der ital. Armee gedient, bevor er im Auftrag der Mailänder Handelsgeografischen Gesellschaft in den Sudan ging, um dort kartografische Arbeiten zu übernehmen. 1880–83 bereiste er in der Bahr-el-Ghazal-Provinz das Gebiet der Niam-Niam und der Monbuttu, das nach ihm noch einmal → Schweinfurth gründlich erforschte. In Ladó traf er sich mit Emin Pascha (→ Schnitzer), mit dem er die Provinz gegen die aufständischen Anhänger des Mahdi verteidigte. 1886 reiste er nach Unjoro, wo er jedoch gefangen gesetzt und seiner Tagebücher beraubt wurde. Schließlich gelang ihm aber die Flucht und die Rückkehr nach Wadelai zu Emin und kehrte mit diesem und mit → Stanley an die ostafrik. Küste zurück. Sein ungemein spannender Reisebericht

Emin Pascha und Gaetano Casati.

erschien unter dem Titel *10 Jahre in Äquatoria und die Rückkehr mit Emin Pascha* (1891).

Cass Lewis, 1782–1866, amer. Politiker und Naturforscher, wobei ihm zustatten kam, dass er seit 1813, also als relativ junger Mann, schon Gouverneur des Michigan-Territoriums war. Er hatte denn auch keine Schwierigkeiten, eine starke Expedition zusammenzustellen, und erreichte im Mai 1820 über den Huronsee und den oberen See den Mississippi, den er stromaufwärts befuhr und am 21.7.1820 den heute nach ihm benannten See erreichte. C. wurde von Henry Rowe → Schoolcraft begleitet, der zwölf Jahre später die Vorstöße zu den Mississippi-Quellen wieder aufnahm und erfolgreicher war als C., der am Cass-See aufgab und umkehrte. C. war einer der populärsten konservativen Politiker der USA, befürwortete einen Krieg gegen England wegen Oregon und war 1848 Präsidentschaftskandidat.

Castagnares Agostinho, 1687–1744, einer der vielen Jesuitenpater, die ihren Einsatz bei der Erforschung Amerikas mit dem Leben bezahlt haben. C. forschte vor allem im Bereich der Zamuco-Indianer und bemühte sich den Lauf des Pilcomayo–Flusses zu kartografieren, was wegen der dort stark wechselnden Wasserstände besonders schwierig war. Im September 1744 wurde C. von dem ihm nur flüchtig bekannten Stamm der Mataguayos ermordet, als er seine Leute zum Holzschlagen für den Bau einer Kapelle aussandte. Mit ihm starb der Laienbruder Franz Azoca.

Castañeda Pedro de, um 1510–nach 1553, ein unauffälliger Teilnehmer der großen → Vazquez-de-Coronado-Expedition nach Nordamerika, über die er den besten von vier vorliegenden Berichten verfasste, wenn auch erst zehn Jahre nach den Ereignissen: *Relación de la Jornada de Cibola.*

Castelnau Francis de la Porte Comte de, 1812–80, war zuletzt franz. Konsul in Melbourne. Von Juni 1843 bis März 1847 bereiste C. Südamerika zwischen Rio de Janeiro und Lima, weitgehend ohne sich der Wasserwege zu bedienen; zeitweise reiste er gemeinsam mit Fachgelehrten, von denen der Bergingenieur Eugène Comte d'Osery am 1.12.1846 von seinen indian. Führern ermordet wurde, wobei wertvolle

Materialien der Expedition und Aufzeichnungen C.s verloren gingen. C. erforschte vor allem die bis dahin wenig bekannten Distrikte Goiás und Mato Grosso, dazu die Quellen des Paraguayflusses und den Uberabasee; er besuchte auch den Titicacasee und vor der Rückreise nach Europa die Guyana-Kolonien. Seine Berichte erschienen in kostspieligster Aufmachung (15 Bände Texte und Karten), die erst Petermanns Mitteilungen (s. Lit.) durch Teilauswertung in Deutschland bekannt machten.

Castillo Agostino del, um 1845–89, argentin. Seeoffizier, der 1887 erfolgreiche Forschungen in Patagonien unternahm. Er befuhr den Fluss Gallegos in seiner ganzen Länge, nahm das Quellgebiet kartografisch auf und lieferte genaue Lageskizzen von den westpatagon. Hafenorten und anderen möglichen Anlegestellen, wobei militärische Gesichtspunkte mit berücksichtigt wurden.

Catlin George, 1796–1872, kein Entdecker im engeren Sinn, aber für die Popularisierung der Entdeckungen von größter Bedeutung. Zum Jusstudium bestimmt, wurde C. ohne jede künstlerische Ausbildung ein gefragter Maler und porträtierte die Bourgeoisie von Philadelphia mit Erfolg und gegen gute Bezahlung, bis ihn nach einer Alternative verlangte. Diese fand er bei seinen berühmten Gemälden aus der indian. Welt und dem damals noch wilden amer. Westen. Im Frühjahr 1830 reiste er über Saint Louis den Mississippi aufwärts nach Fort Crawford und weiter zum Missouri und nach Fort Leavenworth. Er begleitete dann (dank guter Verbindungen aus seiner Porträtistenzeit) amer. Truppen zu den Pawnees und anderen Stämmen und fuhr 1832 den Missouri bis Fort Union hinauf. Weitere Reisen folgten bis 1837 in Nord- und

Zeichnung George Catlins.

ab 1853 in Südamerika. Eine besondere Sensation waren die von ihm im Bild festgehaltenen »weißen Indianer« (Mandans), weil sie mit ihrem Aussehen und ihrer Lebensweise in Häusern zu Theorien über eine Abkunft von skand. Seefahrern Anlass gaben. C. ist auch mit seinen ethnografischen Berichten von großer Bedeutung für die Entdeckungsgeschichte und die Amerikanistik.

Cavelier de La Salle René Robert → La Salle.

Cavendish (auch Candish) Thomas, 1560–92, hat in seinem kurzen Leben neben zahlreichen Korsarenfahrten auch (als Dritter) eine Weltumseglung vollbracht. C. begann seine Laufbahn als Begleiter von Sir Richard Grenville, einem Verwandten von Francis → Drake, was C. bewogen haben mag es Drake gleichzutun. Er verließ Plymouth am 21.6.1586 mit drei Schiffen und 123 Mann, von denen nur ein Drittel auf der winzigen *Desire* (140 t) am 10.9.1588 zurückkehrte. C. erreichte Patagonien, entdeckte dort den Hafen Port Desire, passierte die Magellanstraße und erbeutete auf der pazifischen Seite des span. Südamerika womöglich noch mehr als vor ihm Drake. An der Südspitze Kaliforniens nahm er das span. Schatzschiff *Grande Santa Ana* und kehrte über Ladronen, Philippinen, Molukken und das Kap der Guten Hoffnung nach Europa zurück. Mit zwei Jahren und 50 Tagen war dies die schnellste der Erdumseglungen bis dahin und eben darum auch arm an geografischen Erkenntnissen. Immerhin nahm C. an mehr als 100 Orten neue Lagebestimmungen und Tiefenmessungen vor. Von einer neuerlichen Fernfahrt, die 1591 mit fünf Schiffen unternommen wurde und die den Chinahandel Englands begründen sollte, kehrte C. nicht mehr zurück. Die Flotte musste in der Magellanstraße umkehren; C. starb an Bord.

Cazal P. Manoel Ares de, 1754–1833, der Marinos des Staates Brasilien, ein portug. Geistlicher, der in der wenig entwickelten Provinz Goiás seinen Studien lebte und eifrig alle Nachrichten über die Landesnatur und die geografischen Verhältnisse sammelte, ehe er 1817 mit königlicher Unterstützung seine große und grundlegende *Brasilianische Länderkunde* vorlegen konnte. Nach Provinzen gegliedert, übersichtlich und auch das unbekannte Landesinnere darstellend, war sie ein Epoche machendes Werk.

Chabert Joseph-Bernard de Cogolin, Marquis de, 1724–1805, franz. Seeoffizier und Hydrograf, der 1750/51 im Auftrag Ludwigs XV. die (noch) franz. Gebiete Nordamerikas bereiste, vornehmlich Acadie (heute Nova Scotia), Cape Breton und Neufundland, von welcher Insel er als Erster verlässliche Karten anfertigte. Dazu kamen Spezialkarten von besonders gefährlichen Gewässern und Fahrstraßen, eine Arbeit, die später → Cook für die neuen Herren dieser Gegenden fortführte. Neben seinen wissenschaftlichen Verdiensten nahm C. an der Eroberung von Mahé teil und wurde zum Vizeadmiral befördert; 1792 emigrierte C., kehrte aber unter Napoleon zurück.

Chaldoun → Ibn Khaldun.

Challenger, Name zweier brit. Forschungsschiffe mit ozeanografischen Aufträgen. *Challenger I* trug die Expedition von 1872–76, die wissenschaftlich von Sir Wylfrid Thomson, seemännisch von George → Nares geleitet wurde. *Challenger II* maß 1951 im Marianengraben (Pazifik) eine Tiefe von 10 899 m.

Die Korvette »Challenger« vor den St.-Pauls-Felsen.

Challe(s) Robert, 1659–1720 oder 1721, frz. Literat und Abenteurer, »ein sehr angenehmer Mensch, fröhlich, unterhaltsam und engagiert, ein Lebenskünstler und Genussmensch«, Urteile über C. in einem histor. Lexikon von 1758; in heutigen Nachschlagewerken, auch spezialisierten, ist er nicht mehr zu finden. Dass Colbert de Seignelay, ein Sohn des allmächtigen Ministers, C.s Mitschüler war, bestimmte sein Leben auf weite Strecken. Er wurde Marineoffizier, verlor bei riskanten Unternehmungen im damals eben noch französischen Kanada und Akadien sein ganzes ererbtes Vermögen und musste froh sein, als Chronist frz. Unternehmungen zur See unterzukommen, angesichts der Verhältnisse auf Kriegsschiffen des Sonnenkönigs kein leichtes Brot. An Bord der von einem trinkfreudigen Kapitän kommandierten *Ecueil* nahm C. an der Ostasienreise des Geschwaders von Abraham Duquesne-Guitton teil, die am 24.2.1690 begann und am 19.8.1691 glücklich endete, wobei Kaperkrieg vor den indischen Küsten getrieben wurde. Die Flotte lief die Gangesmündung an, den Golf von Bengalen, Pondicherry u. a. damals zwischen den Seemächten umstrittene Orte. Siam, wohin eine vier Jahre zuvor in Frankreich eingetroffene Gesandtschaft zurückgebracht werden sollte, wurde nicht erreicht, hingegen überquerte Duquesne den Atlantik und besuchte Martinique, wo C. vom Tod seines Gönners Colbert de Seignelay erfuhr. C. nahm dann noch als *Ecrivain du Roi* an der Seeschlacht von La Hougue (29.5.1692) teil, in der die vereinigten britisch-holländischen Kriegsflotten unter Lord Russel die Franzosen unter Tourville vernichtend schlugen. Cs. Bericht über die Schlacht vor den Küsten des Cotentin ist von besonderer historischer Bedeutung, wenn auch nicht so lebendig wie sein *Journal d'un Voyage fait aux Indes Orientales.* (dt. Ausgabe mit gutem Vorwort Stuttgart 1980). Gegen Ende seines Lebens erntete C. noch literarischen Ruhm mit der vierbändigen Novellensammlung *Les Illustres Françoises* und starb in Chartres.

Chalmers James, 1841–1901, schott. Missionar, der nach Jahren auf Rarotonga 1878 eingehende Küstenforschung auf Ost-Neuguinea begann, dabei etwa 90 Dörfer erstmals besuchte und in den Zentralgebirgen Besteigungen vornahm. C. wurde am 7.4.1901 von Eingeborenen erschlagen und gefressen.

Chambeyron Léon, 1827–84, franz. Schiffsoffizier und Hydrograf, war vor allem um die Erforschung von Neukaledonien bemüht und durchquerte wiederholt diese große Insel. Drei Jahre (1860–63) widmete er der Südostküste zwischen Cape Reine Charlotte und der Toupeti-Insel, bereiste dann die Westseite und nahm schließlich die nördl. Rifflandschaften auf (etwa 50 km zwischen Hauptinsel und Belepinsel). Die nördl.ste seiner Forschungsstätten war die kleine Huoninsel,

260 km von Neukaledonien, in der Gruppe der Surprise Isles, die insgesamt nur 60 ha bedecken. Eine letzte Ausgabe von C.s Berichten wurde 1886 von Banaré herausgegeben, der zeitweise mit C. gereist war.

Chamisso Adelbert von (eigtl. Louis Charles Adélaide de Ch. de Boncourt), 1781–1838, dt. Dichter und Naturforscher, 1792 aus Frankreich emigriert. C. blieb in Berlin, als seine Eltern später nach Frankreich zurückkehrten, und wurde Offizier. Nach der verräterischen Übergabe von Hameln an die Franzosen 1806 nahm C., der sich korrekt verhalten hatte, seinen Abschied und widmete sich nur noch den Naturwissenschaften. 1815 erhielt er den Antrag, Otto → Kotzebue auf der Weltumseglung der *Rurik* zu begleiten, wurde aber in seiner Arbeit auf der ganzen Reise erheblich behindert, sodass er seine Berichte und Tagebücher erst 1836 vollständig herausgeben konnte. Nach seiner Rückkehr lebte C. als Vorsteher der kgl. Herbarien und seinem literarischen Werk. Seine Entdeckerleistung liegt nicht nur auf botanischem Gebiet (er schaffte z. B. eine so gut wie vollständige Aufnahme der Flora der Ratakinseln), sondern auch in den hervorragenden Landschaftsbeschreibungen, insbesondere der Korallen- und der Vulkaninseln, und seinen Forschungen über hawaiian. Sprachen. Henze (s. Lit.) betont sehr zutreffend, dass C. die Eingeborenenwelt des Stillen Ozeans und im Besonderen Mikronesiens am Vorabend der Zerstörung ihres gewohnten Lebens noch gesehen und geschildert habe, freilich ohne sie retten zu können. Sein Gedicht → »Sala y Gomez« (1816) machte die Felseninsel in Ostpolynesien in Deutschland bekannt. Ähnlich wie Goethe erfasste C.s Genius Erscheinungen und Eindrücke aus allen Bereichen der Natur von der Meteorologie bis zur Topografie und Linguistik.

Champlain Samuel de, 1567 (68?)–1635, franz. Seefahrer, Kartograf und Kolonialpionier, auch »le père de la Nouvelle France« genannt (der Vater von Französisch-Nordamerika). Mitten in schwerste Religionskriege hineingeboren, hatte C. gute Gründe Jugend und erste Aktivitäten zu kaschieren. Immerhin steht fest, dass er in dem (heute versandeten) kleinen Salzhafen Brouage zur Welt kam und sich erste Sporen auf Korsarenfahrten nach Mittelamerika verdiente. Die Rente, die der stets geldknappe König Heinrich IV. ihm aussetzte, muss in diesen frühen Verdiensten begründet gewesen sein, vielleicht in reicher Korsarenbeute. Nach Kanada segelte C. zum ersten Mal 1603 unter dem Sieur de Pont-Gravé, vermutlich schon mit kartografischen und Beobachtungsaufträgen für den König. Er fuhr den St.-Lorenz-Strom aufwärts bis zu den Lachine-Stromschnellen, entwarf auf Grund indian. Auskünfte eine Karte des Seengebiets und nahm später den Richelieu River und Nova Scotia auf. Schon 1604 war C. wieder nach Kanada unterwegs, gründete eine Kolonie auf der Ile Sainte-Croix (heute Dochet's Island, Maine) und blieb bis 1607 in Acadie, jener Neu-England-Kolonie, an der die Franzosen gefühlsmäßig heute noch hängen. C. nahm die Neu-England-Küsten auf, den Kennebec River und gründete 1608 Quebec als Pelzhandelszentrum, die älteste bis heute dauernd bewohnte Kolonialstadt in Kanada. – 1609 kam es zu schweren Kämpfen des Huronenbunds gegen die Irokesen; Champlain, von Anfangserfolgen ermutigt, unterstützte die Huronen, während die Briten heimlich die Irokesen mit Waffen belieferten und damit die sehr viel kampftüchtigeren Indianervölker für sich hatten, was in der Folge entscheidend wurde. In fortdauernden Kämpfen zweimal verwundet, erkundete C. bis 1628 die Flüsse Ottawa und Mattawa sowie den French River, den Nipissing und verschiedene Seen, hatte aber wegen der Untüchtigkeit der Huronen und der Saumseligkeit seines Gefährten → Brûlé keine Waffenerfolge; 1629 musste er nach tapferem Widerstand Quebec übergeben (die Stadt kam 1632 durch Friedensvertrag an Frankreich zurück und wurde von C. wieder aufgebaut). C. starb im Dezember 1635 in Quebec. 1905 wurde in Toronto eine *Champlain-Society* gegründet.

Chancellor Richard, ?–1556, brit. Seefahrer und Pionier des Russlandhandels. Er wuchs in der Familie von Sir Henry Sidney, dem Irland-Minister König Heinrichs VIII. auf, hatte also beste Verbindungen, als er 1553 in der Nordostexpedition von Sir Hugh → Willoughby zum Ersten Piloten ernannt wurde. Schlechtwetter in der Nordsee trennte ihn von den anderen sechs Schiffen, doch setzte er unverdrossen seine Fahrt fort, lief in das Weiße Meer ein und ankerte im August 1553 vor der Dwinamündung. Von hier reiste C. zu Land nach Moskau (!) weiter, wurde von Zar Iwan IV. dem Schrecklichen sehr huldvoll empfangen und erreichte ein schriftliches Handelsabkommen mit für die brit. Schifffahrt sehr günstigen Bedingungen. Schon zwei Jahre später kam es zur Gründung der Muscovy Company. 1555 lief C. abermals in Richtung Russland aus; auf der Rückreise fand er bei einem Schiffbruch an der schott. Küste den Tod.

Charcot Jean-Baptiste Etienne Auguste, 1867–1936, franz. Antarktisforscher. Nach Studien der Medizin unternahm C. 1903–05 eine Expedition in südpolare Gewässer. Vom Forschungsschiff *Le Français* aus wurden erstmals genauere Küstenaufnahmen im Bereich des Grahamlands mit den vorgelagerten Biscoe-Inseln und des Palmer-Archipels durchgeführt. Obwohl die zweite Forschungsfahrt 1908–10 demgegenüber keine Sensation brachte, erregte sie nicht zuletzt wegen des provokanten Namens *Pourquoi pas* (Warum nicht?), den C. dem Forschungsschiff gegeben hatte, weltweites Interesse. Die Ergebnisse der ersten Reise wurden überprüft und erweitert und zudem die → Charcot-Insel entdeckt. C., nach dem Ersten Weltkrieg Frankreichs führender Ozeanograf und für sein Institut in Neuilly mit großen Mitteln ausgestattet, führte beinahe alljährlich Lehr- und Forschungsreisen im Nordatlantik durch. 1936 starb er während einer solchen Reise mit neunzehn seiner Mitarbeiter und Studenten unweit Islands.

Charcot-Insel, etwa 2 000 qkm groß, in der West-Antarktis mit einer Erhebung von 610 m (Mont Monique), im Übrigen aber von einer 300 m dicken Eisschicht bedeckt. 1910 von → Charcot entdeckt, 1929 von → Wilkins vermessen.

Chardin Jean, 1643–1713, franz. Asienreisender, als Sohn eines Juweliers auf seinen ersten Reisen auch kaufmännisch interessiert, schließlich aber nach eigenen Studien bester Kenner Persiens im 17. Jh. 1666/67 durchmaß er Persiens wüstenhaftes Innere von N nach S, reiste weiter nach Indien, weilte 1669 nochmals in Persien und traf 1670 wieder in Frankreich ein. 1672 reiste er, diesmal mit vorwiegend wissenschaftlichem Interesse, über Smyrna und die Schwarzmeerküste nach Tiflis und Eriwan. Bis 1674 hielt er sich in den bedeutendsten alten Städten Persiens auf, segelte schließlich von Bender Abbas nach Indien und kehrte 1679 nach Paris zurück. Während er das Persische in verschiedenen Stammessprachen beherrschte und die wichtigsten Städte aus langen Aufenthalten kannte, fühlte er sich in Indien durch die Unkenntnis der Sprache gehemmt. Seine Persienberichte erschienen seit 1681 in verschiedenen Ausgaben und Auflagen, zum Teil mit einem wertvollen Atlas. C. starb bei London, wo ihn der kunstsinnige König Karl II. Stuart wiederholt ausgezeichnet und auch in diplomatischen Verwendungen eingesetzt hatte.

Charlevoix Pierre-François-Xavier de, 1682–1761. War Lehrer am Jesuitenkolleg in Quebec und wurde vom Regenten Philipp von Orléans 1719 mit der Erkundung eines Handelswegs an den Pazifik beauftragt. Er verließ Montreal im Mai 1721, reiste den ganzen Mississippi langsam abwärts, wobei er alle franz. Handelsposten besuchte, und erreichte am 5.1.1722 La Nouvelle Orléans. Beim ersten Versuch nach Frankreich heimzukehren erlitt er Schiffbruch, musste zurück nach Louisiana, kam schließlich aber heil nach Frankreich und konnte in seinem großen Bericht die erste erzählte Geschichte von Franz.-Nordamerika geben. Sie enthält kundige Vorschläge für die weitere Entwicklung und wurde trotz ihres Umfangs von sechs Bänden noch ein halbes Jahrhundert lang immer wieder aufgelegt und mehrfach übersetzt und spielte in den wilden Spekulationen mit Kolonialpapieren eine große Rolle.

Charnay Desiré, 1828–1915, franz. Weltreisender, der als einer der Ersten die Tempelruinen und Urwaldstädte der altamer. Kulturen besuchte (1857–61, 1880/81, 1882/83) und die ersten tauglichen Fotografien davon mitbrachte. Er bereiste auch die USA, den Jemen und andere Länder.

Chaumont Alexandre Chevalier de, 1632–1710, franz. Seeoffizier und Leiter der Gesandtschaft Ludwigs XIV. an den Hof von Siam. Seiner Gesandtschaft gehörten 1685/86 auch der Schriftsteller Abbé de Choisy und der junge Missionar Guy Tachard an (gest. 1712 in Bengalen). C. und Choisy haben über die pompöse Reise berichtet. Wenig später entsandte der Sonnenkönig ein ganzes Geschwader nach Südostasien.

Chauvin Pierre, Sieur de Tonnetuit, gest. 1603. Franz. Offizier, Pelzhändler und Kolonialpionier, seit 1596 in Kanada, gründete 1600 die Handelsstation Tadoussac am Saguenay River, durch viele Jahre Hauptumschlagplatz für Pelze.

Chesney Francis Rawdon, 1789–1872, wurde in Irland geboren und schlug die militärische Laufbahn ein. Als Artillerieoffizier beschloss er 1829, nach Konstantinopel zu gehen, um den Türken im Kampf gegen Russland beizustehen. Da der Krieg aber bei seiner Ankunft schon beendet war, übernahm er einen Auftrag des brit. Botschafters in der Türkei und reiste nach Ägypten, um einen günstigen Verkehrsweg von Europa nach Indien zu erarbeiten. Als Erster schlug er den Bau eines Kanals durch die Landenge von Suez vor, wie ihn später der Franzose Ferdinand Lesseps ausführte. Sein Ratschlag blieb jedoch unbeachtet und wurde von den engl. Behörden erst viel zu spät als richtig erkannt. C. erreichte den Euphrat bei Ana, befuhr den Strom auf einem selbst gebauten Floß bis nach Bagdad und von dort aus auf einem kleinen Dampfer bis zum Persischen Golf. Da der Fluss bis dahin noch nicht vermessen worden war, versuchte er mit Hilfe eines Taschenkompasses wenigstens eine grobe Routenaufnahme. Nach der Rückkehr von dieser gefährlichen Reise gelang es ihm, die brit. Regierung von der Wichtigkeit einer groß angelegten Expedition zur Erforschung des Zweistromlands zu überzeugen. Man übertrug ihm in London die Ausführung des Unternehmens, das von 1835–37 dauerte und wichtige geografische Ergebnisse erbrachte, da auch C.s beinahe durchwegs wissenschaftlich hervorragend geschulte Begleiter wichtige Einzelbeiträge zur Forschung lieferten. Nach Ende dieser Reise diente C. in Indien und China und wurde auf Grund seiner Verdienste 1866 zum General befördert.

Chimmo William, um 1822–91, brit. Marineoffizier und Hydrograf, schon 1845 als Kadett auf dem Vermessungsschiff *Herald* an der amer. Westküste, 1852 als Kapitän des Dampfers *Torch* im Westpazifik unterwegs. Zunächst wurden die Riffe und Miniaturinseln rund um Neukaledonien genauer bestimmt, besonders das D'Entrecasteaux-Riff, vier Jahre später wurde die *Torch* auf der Suche nach der → Gregory-Expedition eingesetzt und lief in den für Segelschiffe schwierigen Carpentariagolf ein. An dessen Südrand wurden zwei kleine Inseln untersucht (Sweers bei der Bentinckinsel, und Bountiful vor dem Ostkap der Wellesley-Insel). Dann lief die *Torch* in die Mündung des Albert River ein und versuchte, die Fahrt stromaufwärts fortzusetzen. Hier wurde Gregorys verlassenes Lager entdeckt. – 1867 erkundete C. Fischgründe, Laichplätze und Strömungsverhältnisse an der Labradorküste, 1868–70 unternahm er Messungen und Lotungen in systematischer Aneinanderreihung vom Malayischen Archipel bis nach Hongkong, aber auch in den besonders schwierigen Gewässern der Sulu-See und ihren Durchlässen in Richtung Celebes, wo viele Schiffe gescheitert und die Wracks dann eine leichte Beute der Piraten geworden waren.

Chordadbeh → Ibn Chordadbeh.

Choris Login Andrejewitsch, 1795–1828, Zeichner, Lithograf und Reisender dt.-russ, Herkunft, nahm 1813 an einer Kaukasusexpedition des Freiherrn Friedrich August Marschall von Bieberstein (1768–1826) teil, wo er vor allem Ansichten der Flusslandschaften Terek und Kur festhielt, und begleitete 1815–18 Otto von → Kotzebue auf dessen Weltreise. Die Skizzen von Eingeborenen und die Ansichten nach der Natur machten C. zunächst in Paris bekannt; eine Halbinsel im Kotzebue-Sund erhielt den Namen Choris. 1826 begann C. mit einem neuen großen Mappenwerk über die äquatorialen Gegenden, wurde aber im März 1828 zwischen Jalapa und Vera Cruz (Mexiko) von Straßenräubern ermordet. Eine Sammlung von Studien zu Trachten und Völkerschaften des Zarenreichs ist von ihm erhalten geblieben. Cuvier und → Chamisso nahmen sich der Edition seiner Arbeiten an.

Chramtschenko, russ. Seefahrer und Erforscher Alaskas, das damals in russ. Besitz war, auf → Kotzebues erster Weltumseglung 1815–18 Untersteuermann auf der *Rurik.* 1819–23 nahm er im Auftrag der Schelikoff-Gesellschaft die Küsten von Alaska auf, wobei ihm ein junger Finne namens → Etolin zur Hand ging. Wichtige Ergebnisse C.s waren die Entdeckung zweier Flüsse, des Nushagak, der in die Bristol Bay mündet, und des Kuskokwim, einem südl. Parallelfluss zum Yukon, ein wichtiger Wasserlauf, der auch einem Gebirgszug und einer Meeresbucht im SW Alaskas den Namen gibt. C. fuhr ihn etwa 80 km stromaufwärts und widmete sich dann wieder der Küstentopografie. C. nahm auch völkerkundliche Aufzeichnungen vor und legte sogar ein Vokabular der Eingeborenensprachen an. 1828–30 unternahm C. eine Alaskafahrt von Kronstadt aus, was an sich schon eine halbe Weltumseglung bedeutete, und vermaß → Sitka, jene Indianerburg, in der Gouverneur Baranoff eine festungsartige Hauptstadt errichtet hatte, seit bei einem Eingeborenenaufstand 1802 sehr viele Russen umgekommen waren und der Rest erst im letzten Augenblick durch ein eben ankommendes brit. Schiff gerettet wurde. Die letzte große Reise C.s führte ihn von Kronstadt nach Kamtschatka, wobei er in den Marshallinseln topografische Forschungen vornahm.

Christian IV., 1577–1648, König von Dänemark, förderte die Entdeckungsfahrten seiner Flotte entscheidend und umsegelte selbst das Nordkap. Über seine Grönlandexpeditionen → Hall, → Baffin.

Ciéza de Leon Pedro, 1518–54, erster Chronist des span. Peru, mit dem nach den Zerstörungen und Ausbeutungen durch → Pizarro das wissenschaftliche Interesse für Peru und die Inkazivilisation einsetzte. C. nahm zunächst als Soldat an verschiedenen Gefechten teil, auch an der großen Schlacht vom April 1548 bei Cuzco. Schon vorher hatte C. die Inkastraßen, Flussläufe und Siedlungen in Notizen festgehalten. Nach 1548 war er von Statthalter La Gasca offiziell als Chronist beschäftigt, wählte seine Routen nun selbst und erreichte auf Inkastraßen den Titicacasee, den er als Erster beschrieb, dazu die wichtigen Ruinen von Tiahuanaco aus der Vor-Inka-Zeit. Gegenüber seinen Gewährsleuten so kritisch eingestellt wie → Herodot, lieferte C. in jahrelanger, 1550 abgeschlossener Arbeit eine erste und erstaunlich verlässliche Landeskunde von Peru und eine Chronik der Ereignisse (erster Teil 1553, zweiter Teil 1573 gedruckt).

Clapperton Hugh, 1788–1827. Der aus Schottland stammende C. trat schon mit 13 Jahren in die Handelsmarine ein und unternahm mehrere Fahrten nach Nordamerika. Dann wechselte er zur Kriegsmarine und kämpfte in Kanada gegen die Amerikaner. 1817 kehrte er in seine Heimat zurück, vier Jahre später wählte ihn sein Landsmann W. Oudney als

Begleiter auf einer Expedition nach dem Zentralsudan. Gemeinsam mit ihm und seinem Landsmann → Denham zog er im Februar 1822 von Tripolis aus quer durch die Sahara zum Tschadsee, dessen Küstenlinie die drei verfolgten. Als Oudney am 12.1.1824 starb, reiste C. mit Denham weiter bis Sokoto, doch konnte er seinen Plan, von hier aus zum Niger vorzustoßen, nicht ausführen, sondern musste in die Heimat zurückkehren. Bald danach erhielt er den Auftrag, eine neuerliche Reise nach West-Afrika zu unternehmen, um von Benin aus nordwärts an den Niger vorzustoßen und diesen zu erforschen. Gemeinsam mit seinem Diener → Lander brach er im Dezember 1825 in das Innere auf und zog über das Gebiet der Yoruba weiter an den Niger, den er überquerte, um die Reise dann durch völlig unbekanntes Gebiet bis nach Sokoto fortzusetzen. Damit fand er den Anschluss an seine erste Expedition, sodass der Weg von Tripolis über den Zentralsudan bis an die westafrik. Küste erkundet war. Hier allerdings starb er an Ruhr und Lander brachte sein Tagebuch nach Europa zurück.

Clark George Rogers, 1752–1818, Mississippi-Pionier, General des Freiheitskriegs, den er auf die noch wenig bekannten und völlig ungesicherten westl. Territorien ausdehnte. Mit kleinen, von ihm selbst aufgestellten Truppen trat er den Briten und den mit diesen verbündeten Shawnees am Ohio und am Mississippi entgegen, wobei ihm die lokale franz. Bevölkerung zu Hilfe kam. Obwohl schon seit 1774 (unter Lord Dunmore) in kriegerische Expeditionen und Indianerkämpfe verwickelt, suchte C. nach dem Friedensschluss eine Versöhnung mit den Shawnees. Sein vergeblicher Kampf um die Erstattung seiner enormen Reisekosten entzweite ihn mit der Regierung des jungen Staats und veranlasste ihn zur Zusammenarbeit mit span. und franz. Interessengruppen, was zu Unrecht als Verrat an den USA verstanden wurde: Es war C. im Grund stets darum gegangen, die Grenzen der USA weiter nach W zu schieben und zu sichern.

Clark William, 1770–1838, jüngerer Bruder George Rogers → Clark, vorwiegend als Entdecker bekannt, daneben Indianeragent und Gouverneur des Missouriterritoriums. C. nahm schon als junger Offizier an Expeditionen gegen die Indianer teil (unter »Mad« Anthony Wayne), führte aber 1803 die erfolgreiche Expedition mit → Lewis zum Pazifik und zurück, wobei in drei Jahren nicht nur entscheidende Durchbrüche der Wegesuche erzielt wurden, sondern auch jene Tagebücher und Berichte entstanden, die erstmals ein verständliches und zutreffendes Bild des westl. Berglands und seiner Verhältnisse gaben.

Clark William, Kapitän der *Winslow* → Malden Island.

Clavering Douglas Charles, 1794–1827, schott. Grönlandforscher, segelte 1823 mit einem kleinen alten Kriegsschiff nach Spitzbergen, wo eine Beobachtungsstation auch mit astronomischer Ausrüstung angelegt wurde. Eine weitere Station wurde auf der neu entdeckten Penduluminsel vor der grönländ. Ostküste errichtet (75.12 Grad nördl. Breite). C. erforschte die gefährliche Ostküste Grönlands, die schon so vielen Schiffen zum Verhängnis geworden war, in zwei Booten, entdeckte und benannte einige Inseln und Halbinseln und trat am 31.8.1823 die Rückfahrt an. Dabei wurden im September noch zwei Kaps (Broer Ruys und Parry) begangen und vermessen. Am 19.12.1823 traf die Expedition, an der auch der Geograf Edward → Sabine teilnahm, wieder in England ein. C. starb im Sommer 1827 auf der Rückreise von Afrika nach England, als sein Schiff sank.

Clerk James (oder John), Kapitän des Walfangschiffs *John Palmer*, entdeckte 1826 das Atoll Beru (heute Kiribati), die kleine Insel Tamana (5 km lang und 1,25 km breit) und die 19 km lange Onotoa-Insel, der C. seinen eigenen Namen gab. T(h)amana nannte er Rotch's Island, da er nicht wusste, dass diese winzige Insel schon 1804 von J. Cary entdeckt worden war. Beru war 1900–60 Missionszentrum für einen weiten Umkreis und führte im Lauf seiner Geschichte sechs (!) verschiedene Namen.

Clerke Charles, 1743–79, brit. Seefahrer, Teilnehmer an der zweiten und dritten Reise des James → Cook. (Auf der ersten Reise Cooks war er zwar gemeldet, musste aber wegen Krankheit zurücktreten. Noch als Kadett hatte er eine Reise mit → Byron auf der *Dolphin* gemacht.) Nach Cooks Tod im Februar 1779 übernahm C., zu diesem Zeitpunkt Kapitän der

Discovery, die Führung der Gesamtexpedition und versuchte die gestellte Aufgabe – die Entdeckung einer Durchfahrt durch das Nordpolarmeer – doch noch zu lösen. Er verließ am 15.3.1779 die Hawaii-Gruppe, erreichte am 30.4. Petropawlowsk auf Kamtschatka und segelte weiter in die Beringsee, stieß aber schon am 19.7. auf in diesem Jahr vergleichsweise weit südlich liegendes Packeis. Er segelte entlang des Packeises nach W, suchte zuletzt also keine Durchfahrt im N Amerikas, sondern im N Russlands. C. starb vor der Küste von Kamtschatka am 22.8.1779; nach dem Tod des zweiten Expeditionsleiters musste ein Leutnant (Gore) das Kommando übernehmen.

Clipperton John, brit. Korsar und Abenteurer, gab einer Insel den Namen, die heute ungleich berühmter ist als er: 1703 mit → Dampier in die Südsee ausgelaufen, desertierte C. 1704 in Mittelamerika und bemannte mit 21 anderen Meuterern eine Barke, mit der er Seeraub betrieb. Schlupfwinkel der C.-Bande war die nur 8 km im Umfang messende Koralleninsel 2 900 km westl. von Panama mit ihrer nur für kleine Schiffe zugänglichen Lagune. Die heute in franz. Besitz befindliche Insel war zwischen 1897 und 1932 in mexikan. Besitz, wurde aber bei Ausbruch des Ersten Weltkriegs von Mexiko vergessen, sodass sich auf ihr ein schauriges Drama von Gewalt, Hunger und gegenseitiger Vernichtung abspielte, das durch die Weltpresse ging.

Coats William, brit. Handelsfahrer im Dienst der Hudson-Bay-Company, der 1749–51 vor allem an der Ostküste der großen Bucht genauere Messungen und Sondierungen vornahm, weil an günstigen Stellen neue Handelsposten gegen das (Land-)Vordringen der Franzosen geschaffen werden sollten. C. ist der Verfasser eines Periplus (altes Schifffahrtshandbuch) für die Hudson Bay, welches einzigartige Dokument erst 1852 bekannt wurde.

Codazzi Agostino, 1793–1859, venezolan. Offizier und Kartograf, dem die ersten verlässlichen Karten Venezuelas und Kolumbiens zu danken sind. Nach der Befreiung von span. Kolonialherrschaft schuf C., behindert durch Unruhen und das Fehlen technischer und wissenschaftlicher Voraussetzungen, in den Jahren 1828–40 die ersten zuverlässigen Landkarten der venezolan. Provinzen, dazu großer Teile von Guyana und der Orinokomündung. Heute noch sehr wertvoll ist seine große Karte über die Verteilung der Indianerstämme im nördl. Südamerika (die von Alexander von → Humboldt hoch gelobten Arbeiten mussten jedoch in Paris gedruckt werden). Da sich die politischen Verhältnisse in Venezuela unerfreulich gestalteten, nahm C. eine Einladung nach Kolumbien an, wo er ähnlich fruchtbar an der Kartografie von vier Provinzen arbeitete, ehe er auf der Sierra de Santa Marta an Urwaldfieber starb. Neben seinen Landkarten haben auch die Landesbeschreibungen grundlegende Bedeutung.

Coffin James Joshua, um 1790–1838. Walfänger aus Nantucket (USA), der mit seinem Schiff *Transit* etwa 1 000 km südl. von Tokio auf eine der vier Gruppen der Bonininseln stieß und einige Benennungen vornahm. Die ausgedehnte Gruppe vulkanischer Inseln, in der einzelne Eilande auftauchen und wieder verschwinden und Erdbeben häufig sind, wurde 1593 von dem japan. Seefahrer Ogisawara entdeckt, nach dem sie heute benannt ist, doch fanden auch europ. Seefahrer und Walfänger einzelne Inseln und Riffe, die noch nicht verzeichnet waren. Nach amer. Besatzung im Zweiten Weltkrieg kamen die Inseln 1968 wieder unter japan. Oberhoheit und sind heute ein viel besuchter Nationalpark.

Collenso William, 1811–99, aus Cornwall, Missionar und naturwissenschaftlicher Amateur mit Finderglück, der sich um die Erforschung der Nordinsel von Neuseeland, aber auch ihrer Fauna und Flora verdient gemacht hat. Aufgrund der guten Kontakte mit den Maoris entdeckte C. den Vogel Moa, über den er 1842 berichtete. Schon 1839 hatte er das Reinga-Kap auf der langen Aupori-Halbinsel auf mühsamem Landweg erreicht und 1841/42 eine Ostwestdurchquerung der Nordinsel von der Poverty Bay bis zum eben gegründeten Auckland bewerkstelligt. Sein Weg führte über den Waikaremoanasee und durch das Gebiet des (heutigen) Ureweru-Nationalparks. 1847 gelang ihm die Durchquerung des Ruahine-Range-Gebirges, das heute die Grenze zwischen den Distrikten Hawkes Bay und Wellington bildet.

Collinson Sir Richard, 1811–83, Ostasien- und Nordpolarfahrer. Nach der Teilnahme am Opiumkrieg (1842) beteiligte sich C. an den Suchfahrten nach der → Franklin-Expedition. In hartnäckigen Versuchen erreichte C. 1850–55 eine nördl. Breite von 73.23 Grad und gelangte in der Nordkanada vorgelagerten polaren Inselwelt über die Melville-Insel zur Victoria-Insel. Auf Schlitten wurde über die zugefrorene Victoriastraße die Gateshead-Insel erreicht. C. war ein hervorragender Organisator und brachte trotz mehrfacher Überwinterungen unter schwierigsten Verhältnissen seine *Enterprise* im Mai 1855 gut nach England zurück.

Colnett James, 1754 (?)–1806, brit. Seefahrer, nahm als Kadett an James → Cooks zweiter Reise teil und sichtete als Erster Neukaledonien, woran das Kap C. erinnert. Nach Jahren als Ostasienfahrer mit Handelsschiffen beteiligte sich C. an der Erforschung der nordamer. Westküste bis Alaska und begann 1793 eine Weltreise zur Auffindung von Stützpunkten für Walfänger. Ergebnis dieser Bemühungen war eine erste Karte der Galapagos-Gruppe, in der C. zahlreiche Benennungen vornahm, und eine Karte der Cocosinsel. Bis heute erhalten hat sich seine Benennung Revilla Gigedo für die mexikan. Gruppe aus einer großen und drei kleinen Inseln südl. von Kalifornien im Pazifik.

Colster (oder Colsteerdt) Willem Joosten van, Molukkenfahrer aus den Niederlanden, der 1622 als Maat auf der *Pera* nach Neuguinea gelangte. Der Kapitän eines zweiten Schiffs, der *Arnheim*, wurde von Eingeborenen erschlagen, worauf C. das Kommando übernahm, sich von der *Pera* trennte und die Rückfahrt antrat. Er verfehlte dabei zunächst die Torresstraße und hielt sich wochenlang im Carpentariagolf auf, wobei er von dem in vielen Riffen und Halbinseln aufgesplitterten Arnhemland am Nordwestausgang des großen Golfs erste Kartenaufzeichnungen anfertigte. Während Groote Eylandt nicht als Insel erkannt wurde, ist das Südende des Golfs mit den beiden Wellesley-Inseln und den kleineren Eilanden zutreffend verzeichnet.

Colter John, um 1775–1813, amer. Pelztierjäger, Teilnehmer an der Expedition von → Lewis und → Clark und seit 1806 wieder selbstständig auf Jagd. Als er im Auftrag eines Großhändlers allein die Krähenindianer aufsuchte und mit anderen Stämmen am Yellowstone River Verbindung aufnahm, durchquerte er als erster Weißer das Gebiet des heutigen Yellowstone-Nationalparks bis hin zum Jacksonsee.

Combès Francisco, gelehrter Jesuit, dessen Geschichte der Philippinen bis vor etwa 100 Jahren eine der Hauptquellen für das Wissen von diesen Inseln war, auf denen die Mission ja schon durch → Urdaneta im 16. Jh. begonnen hatte. Das 1667 in Madrid veröffentlichte große Werk des Paters C. konnte in der Folge nicht verbessert und neu aufgelegt werden, weil der auf den Philippinen 16 Kollegien zählende Jesuitenorden aufgelöst wurde und kundige Nachfolger für die Patres nicht zur Verfügung standen. Erst 1897 kam es zu einer kommentierten Neuauflage.

Conrad Joseph, 1857–1924, Seefahrer und Schriftsteller, Sohn eines politisch verfolgten ostpoln. Intellektuellen. C. teilte die Verbannungsjahre mit seinem Vater, lernte in Odessa das Meer lieben und floh vor dem zaristischen Militärdienst nach Marseille. Da er seine ganze Barschaft in Monte Carlo verspielt hatte, begann ein abenteuerliches Leben von äußerster Härte auf Schiffen aller Nationen, zuerst in Richtung England, dann auf einem Wollklipper nach Australien und erst ab 1887 auf Dampfschiffen. C. wurde brit. Staatsbürger, machte sein *Master's Certificate* für Handelsschifffahrt und scheute auch vor riskantesten Fahrten wie einer Expedition den Kongo aufwärts nicht zurück, wobei er sich eine unheilbare Tropenkrankheit zuzog. An seinem ersten Buch *Allmeyers Wahn* schrieb er fünf Jahre, da er zwar fließend Französisch, bis zuletzt aber nicht fehlerfrei Englisch sprach. Dennoch gilt C. heute mit Henry James als der größte englische Erzähler seiner Zeit. Den ihm 1924 angebotenen Adel schlug er aus, »Die Schauplätze aller seiner Bücher sind authentisch und können aus den Stationen seines Seefahrerlebens belegt werden« *(The Cambridge Guide to English Literature).* Ebenso häufig verfilmt wie Somerset Maugham, Herman Melville und R. L. Stevenson hat C. die exotische Welt der fernen Meere und der Inselschicksale den Europäern bewusst gemacht und das Verständnis für diese Welt gefährdeter Schönheit geweckt.

Conti Niccolò di, um 1400, venezian. Kaufmann, der etwa 25 Jahre im Orient lebte. Der arab. und der pers. Sprache mächtig, trat er zum Islam über und gelangte von Damaskus über Bagdad und Oman nach Vorderindien, befuhr den Ganges und reiste bis zu den Sundainseln weiter. Nach der Rückkehr in die Heimat bat er Papst Eugen IV. um Absolution, weil er angeblich um seiner Sicherheit willen vom Christentum abgefallen war und den islamischen Glauben angenommen hatte. Der Papst gewährte sie ihm unter der Bedingung, dass er seinem Sekretär einen ausführlichen Bericht über seine Reise diktiere. Davon blieb leider nur ein Teil erhalten, aber schon das wenige ist aufschlussreich genug. Conti erwähnt z. B. als erster Europäer das Vorkommen von Zimt auf Ceylon, auch kannte er sich auf den Sundainseln gut aus. So steht der verhältnismäßig kurze Text heute ebenbürtig neben den Werken eines Marco → Polo oder eines → Ibn Batutah.

Conway Sir William M., 1856–1937, brit. Weltreisender und Alpinist, der nach kunstgeschichtlichen Studien zunächst den Nahen Osten aufsuchte und 1892 im Auftrag der *Royal Geographic Society* ins Karakorum-Gebirge reiste, um die dortige Vergletscherung aufzuzeichnen und zu fotografieren, was Wanderungen von insgesamt 111 km in Höhen bis zu 5 000 oder 6 000 m bedingte. Die drei längsten Gletscher der Erde wurden dabei aufgenommen (Baltoro-, Biafo- und Hispar-Gletscher) und eine neue, genauere Karte in zwei Blättern fertig gestellt. Im Sommer 1896 durchquerte C. das westl. Spitzbergen und drang 1897 bis zur Newtonspitze vor. 1898 und 1900 weilte C. in den Anden und bestieg den Aconcagua und den schwierigeren Illimani, 41 km südöstl. von La Paz. Der Versuch, in Feuerland den Monte Sarmiento zu besteigen, schlug fehl.

Cook James, geb. 1728 in Marton (Yorkshire), gest. 1779 auf Hawaii. Brit. Marineoffizier und einer der mutigsten und erfolgreichsten Entdecker aller Zeiten. Nach sieben Jahren auf einem Kohlenschiff in die Kgl. Marine übernommen, wurde C. 1759 Unterleutnant und nahm im brit.-franz. Kolonialkrieg vor dem umkämpften Quebec wichtige Lotungen im St.-Lorenz–Strom vor. 1762–67 nahm C. unter oft schwierigsten Bedingungen Küsten- und Gewässerverhältnisse vor Neufundland auf und gab acht Spezialkarten heraus. Von C.s Verlässlichkeit und Kaltblütigkeit beeindruckt, gab ihm die brit. Admiralität 1768 das Kommando über die *Endeavour Bark*, ein ehemaliges Kohlenschiff, da C. die Widerstandsfähigkeit dieses Schifftyps in der rauen Nordsee hatte erproben können. Zweck der Expedition, an der auch Gelehrte wie → Banks und der Astronom Ch. Green teilnahmen, war die Beobachtung des für 1769 erwarteten Venusdurchgangs von der dafür günstig gelegenen und als gastlich bekannten Insel Tahiti aus, die Captain → Wallis zwei Jahre zuvor für England in Besitz genommen hatte. Tahiti wurde schon im April 1769 erreicht und der Venusdurchgang bei günstigem Wetter am 3.6. beobachtet; danach machte sich C. auf die Suche nach dem Südkontinent, der damals alle seefahrenden Nationen beschäftigte. (Die Inseln rund um Tahiti hatten zu Ehren der *Royal Society* die Bezeichnung Gesellschaftsinseln erhalten.) Am 7.10.1769 wurde die Ostküste von Neuseeland gesichtet, das man damals noch für den Ostrand Australiens hielt. Diese Auffassung widerlegte C. durch seine vollständige Umschiffung der Doppelinsel, wobei er eine in den Grundzügen zutreffende Karte anfertigte. Am 19.4.1770 erreichte C. die Ostküste Australiens, hatte aber in dem gefährlichen Fahrwasser des Großen Barrierriffs erhebliche Schwierigkeiten, musste ein Leck ausbessern und durchfuhr dann die Torresstraße, womit alle Zweifel am Inselcharakter Neuguineas beseitigt waren. Über Batavia und das Kap der Guten Hoffnung erreichte die *Endeavour Bark* am 11.6.1771 England. – Angesichts dieser glanzvollen Leistung und ihrer Ergebnisse begannen bald Vorbereitungen für eine neue Expedition unter C., der aufgrund der holl. und franz. Teilergebnisse einen Plan zur Eingrenzung des Australkontinents entworfen hatte. Es spricht für die Urteilsfähigkeit der Admiralität, dass sie auch diesmal C. gegen Mitbewerber mit stärkerer Protektion mit der vollen Verantwortung betraute und ihm zwei neue Kohlenschiffe zur Verfügung stellte: die

James Cook. Gemälde von Webber.

Resolution unter C. selbst und die *Adventure* unter → Furneaux. Als Naturforscher war der Danziger Polyhistor J. G. → Forster an Bord, dem sein Sohn zur Hand gehen sollte. Banks hatte auf eine Teilnahme verzichtet. Als Maler reiste der Engländer William Hodges (1744–97) mit, an später bekannt gewordenen Offizieren hatte C. → Clerke, → Colnett, → Vancouver und andere zur Verfügung. – Die zweite Weltreise C.s dauerte von 13.7.1772 bis 30.7.1775. C. stieß mutig in den tiefen Süden vor, wurde auf 67 Grad südl. Breite vom Eisgürtel zur Umkehr gezwungen, wiederholte aber nach einer Erholungspause auf Tahiti seinen Versuch im September 1773 und erreichte nun 71.1 Grad. Nach abermaliger Umkehr gelangen im Pazifik so wichtige Entdeckungen wie Neukaledonien und die Norfolkinseln. C. nahm diesmal den Rückweg um Kap Hoorn, entdeckte im Südatlantik Südgeorgien und die Sandwichinseln und kehrte über den Atlantik nach England zurück. Obwohl nun mit Ehren überhäuft und durch eine Sinekure am Hospital von Greenwich aller Sorgen enthoben, bewarb sich C. um die für die Auffindung einer Nordwestdurchfahrt ausgesetzte Belohnung von 20 000 Pfund; damit kam C. zu seiner dritten Weltreise, wobei er wieder die *Resolution* kommandierte und ein zweites Schiff, die *Discovery*, ihm unter Clerke beigegeben wurde. Plymouth wurde am 12.7.1776 verlassen. Über das Kap der Guten Hoffnung segelte C. in den Pazifik, machte auf Tahiti Rast und erreichte am 7.3.1778 die amer. Nordwestküste. In der Beringstraße zur Umkehr gezwungen, landete C. im Januar 1779 auf Hawaii, wo es wegen eines der Expedition entwendeten Boots (nicht ohne Schuld von C.s Leuten) zu einer kriegerischen Auseinandersetzung kam, in deren Verlauf C. tödliche Verletzungen erlitt und am 14.2.1779 starb. Clerke versuchte nun seinerseits die Nordwestdurchfahrt zu finden, starb aber am 22.8.1779, wonach Leutnant Gore die Expedition nach England zurückführte. Die Hauptquellen über C.s Reisen sind neben seinen mehrfach edierten eigenen Tagebüchern die Schriften von Vater und Sohn Forster.

Cooke Edward, Teilnehmer der großen Korsaren-Unternehmung des späteren Gouverneurs Woodes Rogers. Er ergänzte seine an sich schon wertvollen Berichte über die Jahre 1708–11 durch Auszüge aus span. Schifffahrtsakten und Logbüchern, die den brit. Kapern in die Hände gefallen waren. Dabei handelte es sich z. T. um Materialien, die die Spanier bis dahin eifersüchtig geheim gehalten hatten.

Cordes Simon de, verschollen im Februar 1600. C. führte nach dem Tod von Mahu die holl. Molukkenexpedition; als die fünf Schiffe nach der Ausfahrt aus der Magellanstraße von den dort häufigen Stürmen versprengt wurden, gelang es C., vor der chilen. Küste die Flotte wieder zu vereinigen und den Pazifik in Richtung Japan zu überqueren. Dort versprengte sie abermals ein Sturm, in dem C. den Tod fand. Sein Bruder Balthasar C. gelangte mit seinem Schiff als erster Holländer auf die Molukken, wurde von den um ihr Gewürzmonopol besorgten Portugiesen jedoch sogleich interniert.

Cordoba Antonio de, um 1742–1805, span. Seeoffizier, Kartograf und Völkerkundler, der sich auf Befehl König Carlos' III. vor allem um die Aufnahme der Felsenwildnis im Bereich der Magellanstraße verdient machte. Dabei schrieb C. die ersten verlässlichen Berichte über die bis dahin nur summarisch und abwertend beschriebenen Patagonier und Feuerländer. Die Ergebnisse der Expeditionen von 1785/86 und 1788/89 auf der Fregatte *S. Maria de la Cabeza* sind noch nicht vollständig veröffentlicht.

Cordova Francisco Hernandez de, gest. April 1517 auf Kuba, Konquistador und Erforscher von Yukatan. Seine Sklavenfangexpedition wurde auf Anraten des Piloten → Alaminos, der an Yukatans Küsten Steinbauten gesehen hatte, als Eroberungszug von Kuba aus durchgeführt, blieb aber nach Vorstößen auf der Halbinsel Yukatan und verschiedenen Landungsunternehmungen letztlich wegen starker indianischer Gegenwehr erfolglos. C. ist nicht auf Yukatan gefallen (Samhaber, s. Lit.), sondern erst auf Kuba seinen Verletzungen erlegen. C.s Berichte veranlassten weitere Expeditionen in dieser Richtung, die schließlich zur Eroberung von Mexiko führten.

Cordova Francisco Hernandez de, span. Konquistador und Erforscher insbesondere von Nicaragua, dessen großen Binnensee er erstmals aufnehmen ließ. Auch in Costa Rica gründete er die ersten span. Siedlungen, wurde aber 1526 von Pedralvarez de Avila nach einem umstrittenen Gerichtsverfahren hingerichtet. Ein Hauptmann des C. befuhr als erster Weißer den Fluss Desaguadero (auch San Juan, heute Grenzfluss zwischen Costa Rica und Nicaragua).

Corney Peter, um 1775–1836, brit. Handelsfahrer auf den Routen zwischen Nordamerika und China, wobei oft Hawaii berührt wurde. Der historisch und völkerkundlich interessierte C. sammelte seine Notizen aus diesen letzten Segelschiffzeiten im Pazifik; als sich die Amerikaner intensiver für Hawaii interessierten, entsann man sich dieser Quellenschriften und gab sie 1896 kommentiert heraus.

Corte Real Gasparo, 1460–um 1503 (verschollen). Als Sohn des portug. Gouverneurs der Azoreninsel Terceira sehr an Entdeckungsreisen interessiert, kehrte er 1501 von einer erfolgreichen, aber wenig bekannten Nordamerikafahrt zurück, die bis in die Eisdrift geführt haben muss. Auf einer zweiten Reise in diese Breiten kam er um.

Corte Real Miguel, um 1455–nach 1511 (verschollen). Der Sohn des Gouverneurs von Terceira ging 1503 mit insgesamt drei Schiffen auf die Suche nach seinem in nordamer. Gewässern verschollenen Bruder Gasparo → Corte Real. Er erreichte Neufundland, wo sich die kleine Flotte aufteilte, um die Küsten, Inlets und Flussmündungen absuchen zu können. Als C. am vereinbarten Treffpunkt nicht erschien, kehrten nach einigem Warten die zwei anderen Schiffe nach Portugal zurück. Die einzige (umstrittene) Spur über den Verbleib von C. ist eine Felseninschrift in lat. Sprache an einem Felsen in Massachusetts mit dem Datum 1511.

Cortés Hernando (nicht Cortez), geb. 1485 in Medellin (Spanien), gest. 2.12.1547 auf seinem Landsitz bei Sevilla. Mehr Eroberer als Entdecker, ist C. doch die größte Gestalt des Zeitalters, ein Mann von altspan. Unbedingtheit und jener Tapferkeit, die noch aus den Maurenkriegen in die Conquistà hineinwirkte. Gebildeter als die meisten anderen Konquistadoren, hochintelligent und von einnehmenden Umgangsformen, erwarb er sich auf Haiti 1504–11 die nötigen Einblicke in neuspan. Verhältnisse und wurde dann Sekretär und Vertrauter des Diego de Velazquez, Gouverneur von Kuba. Da eine Expedition unter → Grijalva Hinweise auf reiche Indianerstädte auf Yukatan erbracht hatte, sicherte sich C. durch Intrigen und Tricks das Kommando einer zweiten Großexpedition nach Mexiko. Diese verließ mit elf Schiffen und 600 Mann 1519 Kuba und landete fünf Wochen darauf in der Mündung des Tabasco. Hier kam es zu einem Ereignis, das manche Kommentatoren als entscheidend ansehen: Neben anderen Indianerinnen, die der Kazike von Tabasco den Ankömmlingen zum Geschenk machte, ging eine adelige Geisel namens Malitzin ins Eigentum der Eroberer über und wurde die Geliebte des C. Diese hochintelligente und sprachenkundige junge Frau beriet C. in der Folge, führte Verhandlungen und scheint ihn in heiklen Situationen aus ihrer Kenntnis der Völkerschaften der Hochebene mit wichtigsten Informationen versorgt zu haben. C. hatte mit ihr einen Sohn, der später von der span. Krone hoch geehrt, geadelt und mit einer Pension ausgestattet wurde, was indirekt den Anteil Malitzins an dem einzigartigen Eroberungszug in das Aztekenreich beweist.

Cortés nimmt die Kapitulation der Azteken entgegen. Nach einer Darstellung in einer zeitgenössischen Bilderchronik.

Am 16.8.1519 begann C. von Cempoalla aus seinen Feldzug mit 300 Mann Fußvolk und 15 Reitern, die besonders wertvoll waren, weil die Azteken Pferde nicht kannten. Der schließliche Erfolg einer so kleinen Streitmacht war möglich, weil außer dem Glücksfall Malitzin noch folgende günstige Voraussetzungen gegeben waren: Das Aztekenreich, in hoher Kultur erstarrt, hatte andere Indianervölker des mexikan. Hochlands gedemütigt und mit großer Grausamkeit beherrscht, sodass es eine starke Opposition gab, die nur auf eine Gelegenheit zum Losschlagen gegen Tenochtitlan (heute Mexiko-City) wartete.

Im Glauben der Azteken spielte der Kulturheros Quetzalcoatl eine große Rolle, eine Art Prometheus, weiß oder hellhäutig, der in der Vorzeit die Azteken zu ihrer hohen Kultur erweckt, sie dann aber zu Schiff verlassen hatte. In der Landung der Spanier, über die vom ersten Augenblick an Moctezuma unterrichtet wurde, sah der alt und unsicher gewordene Kaiser eine Rückkehr jenes Halbgottes. (Ob es sich dabei um eine ferne Erinnerung an eine frühe Europäerlandung in Mittelamerika handelt, ist bis heute Gegenstand zahlreicher Hypothesen, in denen Phoiniker und Wikinger eine Rolle spielen.) – Von dem Küstenstamm der Totonaken mit Trägern, Führern und Hilfstruppen ausgestattet, überschritten die Spanier den Pass unterhalb des Cofre de Perote und trafen nordwestl. des Vulkans, der heute nach Malitzin benannt ist, auf die Residenz der Tlaskalteken, des tapfersten Hochlandstamms. Da alle Versuche, sie zu Verbündeten zu machen, zunächst fehlschlugen, kam es hier zu mörderischen Schlachten, der tiefsten Krise der Eroberung bis zur so genannten *Noche triste*. Erst als die Tlaskalteken, von den kriegerischen Tugenden der Spanier beeindruckt, sich ihnen zum Zug gegen Mexiko anschlossen, schöpfte C. wieder Zuversicht. Während der Nächtigung in Cholula, östl. des Popocatepetl, sollten die auf Privatquartiere verteilten Spanier alle von den Moctezuma hörigen Cholulteken umgebracht werden. Die Familie, bei der Malitzin wohnte, warnte die Indianerin, um sie zu retten, sie wiederum informierte C., der in der Stadt ein furchtbares Blutbad anrichtete (das als der erste Schandfleck des Eroberungszugs gilt). Damit war der Weg in die Residenz Tenochtitlan frei. Gegen den Rat des Prinzen Cauhtemoc hatte Moctezuma sich entschlossen die von einem Sieg zum anderen eilenden Fremden als Götter anzusehen und kampflos in die Stadt zu lassen, ja ihnen am 8.11.1519 in ehrenvoller Prozession entgegenzuziehen. (Die nur auf Dämmen zugängliche Lagunenstadt wäre andernfalls kaum einzunehmen gewesen.) Bald erkannte Moctezuma jedoch seinen Irrtum, denn die Spanier hielten ihn im eigenen Palast als Gefangenen und forderten immer wieder Gold und Edelsteine, wovon es allerdings große Mengen gab. – Im Frühjahr 1520 meldeten indian. Späher die Landung einer zweiten span. Truppe. Es war eine Art Strafexpedition unter → Narvaez, die den selbstherrlichen C. in die Schranken weisen und von ihm Rechenschaft über die (vom nach Kuba gedrungenen Gerücht übertriebene) Goldbeute verlangen wollten. In Eilmärschen brach C. zur Küste auf, überfiel in der Nacht die

Truppe des Narvaez und stellte die Gefangenen vor die Wahl, an seiner Seite reich zu werden oder als Gefangene Sklavenarbeit zu verrichten. Damit hatte er einen neuen Zuwachs an Menschen und Kriegsmaterial, fand aber in Tenochtitlan eine äußerst gespannte Situation vor: C.s Stellvertreter Pedro de → Alvarado hatte ein religiöses Fest dazu genutzt, den waffenlos feiernden Aztekenadel niederzumetzeln. Nun gab es keine Versöhnung mehr; Kaiser Moctezuma wurde, als er von einer Terrasse des besetzten Palasts aus sein Volk zum Frieden ermahnte, mit Steinen beworfen, weigerte sich, ärztliche Hilfe anzunehmen und starb, wonach nun Cauhtemoc als Feldherr den Aufstand gegen die Spanier führte. In mörderischen Straßenschlachten kämpften die mit ihrer Beute schwer beladenen Spanier die Dammwege aus der Stadt frei; in dieser legendären *Noche triste* (traurige Nacht) fanden viele Gefährten des C. mit ihrer Gold- und Silberlast in der Lagune den Tod. Erst bei den treuen Tlaskalteken konnte C. seine Truppe wieder aufbauen und im Mai 1521 die Belagerung von Tenochtitlan beginnen, die drei Monate später zur endgültigen Eroberung führte. – C. erwies sich nun als ein umsichtiger Statthalter, ließ Bergbaugebiete erkunden, aber auch Wege zum Pazifik und die Küste in Richtung Kalifornien und Vormarschstraßen in den Norden. Die eindrucksvollste seiner weiteren Unternehmungen war der technisch sehr schwierige Zug nach Honduras (Okt. 1524–Juni 1526). Im Frühjahr 1540 kehrte C. nach Spanien zurück. Neben den fünf Berichten, die C. selbst an Kaiser Karl V. nach Spanien sandte, sind die Aufzeichnungen des Feldhauptmanns Bernal → Diaz del Castillo eine Hauptquelle für die Ereignisse in Mexiko. Sie werden ergänzt durch Kommentare des Fray L. de Gomara, der als Hausgeistlicher des C. viel in seiner Nähe weilte. In jüngster Zeit sind auch vereinzelte (Bild-)Berichte bekannt geworden, wie sie die aztekischen Späher ihrem Kaiser übermittelten. Eine literarische Gestaltung von halluzinatorischer Kraft, die beiden Seiten Gerechtigkeit widerfahren lässt, gelang dem dt. Dichter Eduard Stucken mit dem Romanfresko *Die weißen Götter* (1918).

Coryat(e) → Koryatt, Thomas.

Cosa Juan de la, um 1449–1510, der bedeutendste Pilot der großen Entdeckungen und eben darum von manchen

Rätseln umgeben (man hat, wenn man seine Aktivitäten verfolgt, den Eindruck, er habe mehr gewusst als Kolumbus). Auf der ersten Fahrt des Kolumbus war Juan de la C. Teileigner der *Santa Maria*, auf der zweiten Fahrt war er Chefpilot und Hauptkartograf (1493–96). 1499/1500 begegnet er uns als Chefpilot der Hojeda-Expedition und zeichnete nun seine große Weltkarte mit allen neu entdeckten Gebieten. 1509 abermals mit → Hojeda am Golf von Darien, wurde C. durch einen vergifteten Indianerpfeil getötet.

Coudreau Henri-Anatole, 1859–99, franz. Südamerikaforscher und Kartograf. Als Lehrer zunächst in Cayenne (Franz.-Guayana) tätig, begann er mit Exkursionen und Landaufnahmen im strittigen franz.-brasil. Grenzgebiet und später auch im Bereich des Amazonas und einiger Nebenflüsse, wobei seine Auftraggeber auch brasil. Provinzregierungen waren (Flüsse Tapajoz und Xingu mit Nebenflüssen). Auch die Gebirgszüge in Franz.-Guayana wurden von C. besser als bis dahin beschrieben. Als er im August 1899 zu einer Forschungsreise in die Flussgebiete von Tumbetas und Cachorro aufbrach, zog er sich ein Dschungelfieber zu, dem er erlag. Seine Frau und Reisegefährtin gab seine letzten Berichte und Kartenwerke heraus.

Couppé Louis, 1850–1926, franz. Missionar, der 1889 als erster apostolischer Vikar von Neuguinea eingesetzt wurde. (Heute gibt es drei katholische Erzdiözesen auf der Insel.) Knapp fünf Jahre im Land, machte sich Monsignore C. zu einer Erkundungsfahrt in Booten auf und fand im Bereich von Kap Palliser den Karawatfluss. Eine zweite Entdeckungsfahrt, wieder in Booten, hatte die Nordküste von Neupommern zum Ziel. C. berichtete darüber in einem langen Brief an seinen Vorgesetzten in der Kongregation Sacré Cœur.

Cousin Jean, Leutnant in der Flotte des Reeders → Ango aus Dieppe. Verschiedene Chronisten des 15. Jh.s berichten, dass C. 1488 die Küste von Südamerika erreicht habe, und zwar unweit der Mündung des Amazonas. Weniger glaubhaft sind andere Berichte, nach denen er das Kap der Guten Hoffnung umsegelt haben soll. Da in Dieppe auf Kosten des Hauses Ango eine ausgezeichnete Navigatorenschulung stattfand, sind frühe Amerikafahrten einzelner Ango-Schiffe nicht unwahrscheinlich, fischten doch die Bretonen und Basken seit mindestens 1430 jenseits des Atlantiks.

Cowley Ambrose, brit. Korsar und Weltumsegler, war 1683 auf jenem Freibeuterschiff, dessen Fahrten → Dampier geschildert hat, beschrieb aber ausführlicher als der später so berühmte Kapitän die Gruppe der Galapagosinseln, wo sich die Engländer nach ihren Raubzügen an der Westküste Südamerikas eine Pause gönnten. C., der eine gewisse Bildung genossen haben muss, zeichnete den komplizierten Archipel der Galapagosinseln im Ganzen zutreffend auf und benannte eine Reihe von Örtlichkeiten nach seinem Gutdünken. Hingegen ist die → Pepysinsel, die er im Großraum der Falkland-Gruppe entdeckt haben will, wohl eine Schlechtwettertäuschung gewesen.

Cox Guillermo E., Südamerikareisender und Alpinist, der 1862–64 in den Hochgebirgen des chilen.-argent. Grenzgebiets wichtige Begehungen vornahm und zu Klärungen von Passwegen und Wasserläufen gelangte. Vom Nordende des Golfs von Corcovado (Chile) aus führten C.s Expeditionen durch die Bergwelt und über den Perez-Rosales-Pass, aber er beging auch den in der Regel nur von Indianern benützten Raneopass und umrundete die Laguna de Lacar. C. war zeitweise Gefangener der Pehuenkas, kam aber gegen Lösegeld wieder frei. Seine Auskünfte über die Wasserscheiden und Flussrichtungen spielten in späteren Grenzverhandlungen eine Rolle.

Cox Ross, 1793–1845, ir. Pelzhändler und Abenteurer, der nach seiner eigenen, an kennzeichnenden Einzelheiten reichen Erzählung (London 1831, 2 Bde.) den Columbia River 17-mal in seiner ganzen Länge bereist hatte – und das innerhalb von sechs Jahren.

Cranz David, 1723–77, Missionar aus Pommern, reiste im Auftrag der Herrnhuter 1761 nach Grönland, besuchte die dortige Mission und unternahm weit ausgreifende Exkursionen, die ihm ein offensichtlich eingehendes Bild des Landes und seiner Bewohner vermittelten. Obwohl nur knapp vier Wochen im Land, verfasste C. nach seiner Rückkehr eine histor. Landeskunde von Grönland, die neben dem bekannten Werk von → Egede bestehen kann und für Jahrzehnte die Hauptinformationsquelle über die große Insel blieb.

Crawford John, 1783–1868, studierte in England Medizin und wurde mit 20 Jahren Militärarzt in Ostindien. Sein Dienst führte ihn 1808 auf die Insel Pinang (Penang), wo er Sprache und Sitte der Malayen zu studieren begann. Dann nahm er als Militärarzt an der brit. Expedition zur Eroberung von Java teil und erhielt schließlich am Hof eines der eingeborenen Inselfürsten den Posten eines Gesandten, den er fast sechs Jahre lang bekleidete und zu eingehenden Forschungen über den asiat. Archipel benutzte. Nach mehrjährigem Englandaufenthalt von 1817–21 kehrte er nach Indien zurück und wurde mit einer Mission an die Höfe von Siam und Cochinchina betraut. Sein ausführlicher Reisebericht über dieses Unternehmen erweiterte die wissenschaftlichen Erkenntnisse über das südl. und östl. Hinterindien und wurde von bedeutenden Geografen als »musterhafte Gesamtbetrachtung« bewertet. 1823 übertrug ihm die brit. Regierung den Posten eines Statthalters von Singapur, den er drei Jahre innehatte, dann wurde er Gesandter am Hof von Birma. Trotz seiner politischen Tätigkeit fand C. noch Zeit für wissenschaftliche Arbeiten und veröffentlichte ein wichtiges Reisewerk über diesen Raum. 1827 kehrte er nach London zurück.

Crevaux Jules Nicolas, 1847–82, lothring. Südamerikareisender und leidenschaftlicher Entdecker vor allem im Amazonasgebiet und (im Auftrag franz. Ministerien) im Inneren von Franz.-Guayana. Er nahm den Oyapockfluss bis in dessen Quellgebiet auf und gelangte zum bis dahin unbekannten Rio Parù, einem großen Zufluss des Amazonas aus dessen nördl. Einzugsgebiet. C. forschte auch im Orinokogebiet und bereiste schließlich im Winter 1881/82 das Gebiet des Rio Pilcomayo, um einen ausbaufähigen Handelsweg zwischen Bolivien und Argentinien zu erkunden. Im April 1882 wurde er mit fast allen seinen Begleitern von einer Gruppe räuberischer Toba-Indianer überfallen und ermordet. C. erhielt für seine Forschungen im franz. Kolonialgebiet die Goldmedaille der Pariser Geografischen Gesellschaft.

Crozet Julien-Marie, 1728–80, breton. Schiffsoffizier auf der *Mascarin* und damit Teilnehmer an der → Marion-Dufresne-Expedition. Auf ihr wurden 1772 u. a. die nach C. benannten Inseln entdeckt, eine unwirtliche Inselgruppe im südl. Indischen Ozean, die von ihren Entdeckern auch als *Iles froides* (die kalten Inseln) bezeichnet wurde. Bekannt wurde C. durch seinen Bericht über die Expedition, die nach der Ermordung ihres Leiters durch neuseeländ. Maoris im Juni 1772 abgebrochen worden war. (Die C.-Inseln waren 1805–70 Versorgungsstation für Robbenfänger, sind seit 1924 in franz. Besitz und haben seit 1964 eine ständige wissenschaftliche Station auf der Hauptinsel Ile de la Possession.)

Crozier Francis Rawdon Moira, 1796–1848, Nordpolarforscher. C. nahm als junger Mann an der Arktisfahrt von William Edward → Parry auf den Schiffen *Fury* und *Hecla* teil (1821) und beteiligte sich auch in den folgenden Jahren an Unternehmungen im nördl.sten Kanada. Er galt als einer der erfahrensten brit. Arktisforscher, als er 1839–43 Sir J. C. → Ross in die Antarktis begleitete, und war 1844 im Gespräch, als es um eine neue Expedition zur Auffindung der Nordwestpassage ging, deren Leitung dann J. → Franklin anvertraut wurde. Nach dem Tod Franklins übernahm C. die Leitung der bereits ernsthaft gefährdeten Expedition, gab die im Eis festsitzenden Schiffe auf und versuchte, mit den überlebenden Besatzungsmitgliedern den Großen Fischfluss zu erreichen. Dabei fand er mit allen seinen Gefährten den Tod.

Cruz Don Luis de, span. Offizier und Pionier der südamer. Verkehrswege, erkundete in ausdauernden Märschen im Frühjahr 1806 die südl. Provinzen Argentiniens und Chiles von W her. Nach Durchquerung der ausgedehnten Pampas und der Aufzeichnung bis dahin nur ungenau bekannter Flussläufe im Einzugsgebiet des Rio Negro beendete C. seine Unternehmung in Cordoba. Sein Reisebericht enthält auch wichtige Mitteilungen über die Pehuenka-Indianer, wurde aber erst 30 Jahre nach der Expedition in Buenos Aires veröffentlicht.

Cunningham Allan, 1791–1839, brit. Botaniker und erfolgreicher Erforscher ausgedehnter Landstriche im O Australiens. Als Begleiter → Kings auf vier Expeditionen erwarb er sich die nötige Australienerfahrung und Expeditionstechnik und entdeckte 1823 selbstständig einen Passweg über das Liverpool-Range-Gebirge. Seine Hauptleistung vollbrachte C. jedoch mit der Erforschung der Gebiete zwischen Dividing Range und Moreton Bay, wobei er auch die damals so gut wie unbekannten Darling Downs beschrieb und (nach einem Gouverneur) benannte. Auf seiner letzten Reise erforschte C. das Binnenland westl. von Brisbane und drang bis in die Quellgebiete des Brisbane River vor. Seine Reiseberichte erschienen in London, da es in Australien an entsprechenden Druckanstalten noch fehlte.

Cunningham John, 1575–1651, aus Schottland, Teilnehmer an frühen Arktisexpeditionen der dän. Krone. Möglicherweise war er der Führer einer mit drei Schiffen ausgestatteten Expedition, die der Pilot James → Hall navigatorisch beriet. Jedenfalls gibt es heute auf Grönland einen Fjord und einen Berg, die nach C. benannt sind. 1606 findet sich C.s Name noch einmal auf der Teilnehmerliste einer Expedition zur Auffindung der Nordwestpassage, die jedoch nur bis in die Davisstraße vorzudringen vermochte. Diese frühen Grönlandreisen mit brit. Teilnehmern und Piloten unterstützen die Theorie, dass die Grönland-Wikinger (→ Erik der Rote) Überfällen schott. Seeräuber erlagen.

Cunningham Richard, 1793–1835, Direktor des Botanischen Gartens von Sydney. In den Jahren vor seiner Ernennung mit Forschungen auf Neuseeland beschäftigt, ging er 1835 mit der → Mitchell-Expedition an den Darling-River im westl. Hinterland von Brisbane und wurde bei einer botanischen Exkursion am Boganfluss von Eingeborenen ermordet. (C. war ein Bruder von Allan → Cunningham.)

Curtis Roger, brit. Marineleutnant und Erforscher der Nordostküste von Labrador. C. hatte das Glück auf einen Indianer hingewiesen zu werden, der die Küstenstrecke zwischen 53 und 58 Grad nördl. Breite sehr genau kannte. Dieser namentlich Unbekannte begleitete C., der auf einem kleinen Schiff geduldig die Inselgruppen, Küsten und Flussmündungen der bis dahin völlig unbekannten Strecke abfuhr. Diese 1773 erfolgten Aufnahmen bildeten die Grundlage einer genauen Karte, die erst 90 Jahre später von Chimmo in Einzelheiten ergänzt wurde.

Czekanowski Alexander, 1832–76, stammte aus Polen, war mütterlicherseits aber dt. Herkunft. Nach dem Studium der Medizin und Mineralogie in Dorpat kehrte er in die Heimat zurück, nahm am poln. Aufstand von 1863 teil und wurde daraufhin von den russ. Behörden nach Sibirien verbannt. Ursprünglich in einem kleinen Dorf im Gouvernement Irkutsk untergebracht, erhielt er 1868 die Erlaubnis nach Irkutsk zu übersiedeln, wo er Verbindung mit der Kaiserl.-Russ. Geografischen Gesellschaft aufnahm, die ihn mit geologischen Forschungen im Gouvernement beauftragte. 1873 durfte er dann eine größere Expedition in die untere Tunguska und an den damals fast völlig unbekannten Olenek unternehmen. Dabei erforschte er den Verlauf dieses Flusses, der in das nördl. Eismeer mündet, zuerst auf einem Floß, bis ihm das Eis Einhalt gebot, dann drang er auf Rentierschlitten bis zur Mündung vor. Eine weitere Reise im folgenden Jahr ergänzte diese Forschungen; dann wurde C. begnadigt und kehrte nach St. Petersburg zurück. Eine neue Reise, die schon geplant war, konnte nicht mehr ausgeführt werden, da er Selbstmord verübte.

D

Dablon Claude, 1619–97, Missionar des Jesuitenordens, kam 1655 nach Quebec und nahm an verschiedenen Missionsreisen auf den Spuren franz. Pelzhändler teil. 1669–71 war er Superior der West-Mission und Leiter der gesamten kanad. Missionsarbeit 1671–80 und 1686–93. Seine erste Reise führte ihn, gemeinsam mit Pater Chaumonot, zu den Onondagas am Ontariosee, wobei die beiden Patres nur mit knapper Not das nackte Leben retten konnten. 1668 gründete D. die wichtige Mission Sault Sainte Marie und nach einer neuen Erkundungsreise 1670 dann die Missionsstation Michili Mackinack, die für das ganze Seengebiet besondere Bedeutung erlangte. D. war nicht nur selbst ein unerschrockener Forscher etwa im Bereich des Fox River, sondern auch ein kundiger Herausgeber anderer Jesuitenberichte, die insgesamt ja die wichtigste Quelle für die schrittweise Erschließung Nordamerikas darstellen.

Da Costa-Favella Pedro, Hauptmann des Sklavenfängers Texeira. Er schlug auf Texeiras großer Expedition von 1639 im Amazonasgebiet am Zusammenfluss von Napo und Rio Aguarico jenen Wappenpfeiler ein, der den Portugiesen diesen Teil des innersten Brasiliens gegen span. Ansprüche sicherte (heute im Gebiet von Peru).

Dalager Lars, 1715–72, ein sportlicher Kaufmann, der nach einer Handelsfahrt bis zum grönländ. Hafen Frederikshaab den Versuch unternahm die große Insel zu durchqueren, was mit den Möglichkeiten jener Zeit nicht gelingen konnte. Immerhin aber wurden zwei Gipfel bestiegen, in einer Kette, die heute D.s Namen trägt. Wie → Egede und einige andere Reisende beweist D., dass in

Dänemark im 18. Jh. ein starkes Interesse für Grönland erwacht war.

Dalfinger Ambrosius, etwa 1500–33, Prospektor des Hauses der Welser und Resident ihrer Handelsgesellschaft in Venezuela, wo die Welser in Coro (auf der Halbinsel Paraguana) eine große Faktorei unterhielten. Nach einem Vorstoß zum Maracaibosee, wo er eine Niederlassung gründete, traf D. in Coro auf Nikolaus → Federmann, Feldhauptmann der Welser, ging aber ohne diesen und mit nur 170 Mann im Juni 1531 auf eine jener Expeditionen, die man später der Suche nach Eldorado zuordnete. D. gelangte über den Rio Cesar zum Magdalenenstrom, folgte diesem stromaufwärts und wandte sich dann ins Gebirge nach O, um einen kurzen Rückweg nach Coro zu finden. Beim Abstieg aus den Bergen kam es zu Scharmützeln mit Indianern, und D. starb an einem vergifteten Pfeil. Der Rest seiner Expedition erreichte im November 1533 die Siedlung Coro. D.s Nachrichten über ein hoch kultiviertes Indianerreich (das der Chibcha) hatte weitere Expeditionen zur Folge, die längs der Kordilleren von Merida im südl. Venezuela auf Bogotá zielten.

Dalgleish Andrew, im März 1888 im Gebiet des Karakorumpasses ermordet. Brit. Reisender in Zentralasien, meist in Gemeinschaft mit A. D. Carey, dem Sohn des gleichnamigen berühmten Sprachforschers aus Kalkutta. Während Carey eher wissenschaftliche Interessen verfolgte, dachte D. auch an wirtschaftliche Möglichkeiten. Die beiden reisten mitunter nur im Abstand weniger Tage nach der → Prschewalski-Expedition 1884–87 im Bereich der alten Seidenstraßen durch das Tarimbecken, wobei sie auch den Lobnor-See erreichten. Die jahrelangen Bemühungen der beiden Reisenden gehören zu den bedeutenden Vorarbeiten für Sven → Hedin und Sir Aurel → Stein und berührten so gut wie alle Punkte, die später durch die dt. Turfanexpedition von Le Coq die wissenschaftliche Welt zu interessieren begannen. Sven Hedin hat diese Leistung schon zehn Jahre nach D.s Tod in seinem Buch über Asiens Wüsten gewürdigt.

Dall William Healey, 1845–1927, Amateurbotaniker und Hydrograf, der auf Veranlassung der Western Union die mögliche Trasse einer Telegrafenlinie durch das Yukon-Territorium erforschte. Die Expedition begann 1865 am Norton Sund, erforschte den unteren Yukon und stützte sich danach vor allem auf die russische Niederlassung Nulato. Gemeinsam mit den Amerikanern Ketchum und Lebarge sowie mit dem Engländer → Whymper wurde teils im Kajak, teils im Landmarsch nicht nur der Lauf des Yukon erforscht und aufgezeichnet, sondern auch der ganze Bereich zwischen Fort Yukon, wo die Hudson Bay Company eine Niederlassung unterhielt, und Fort Selkirk. Auch der Porcupine, ein Zufluss des Yukon, wurde erforscht und damit die Tauglichkeit von Birkenkanus und Hundeschlitten als Verkehrsmittel in diesem Teil Amerikas erwiesen. D. blieb bis 1868 in Alaska und setzte, begeistert, aber ohne rechte Schulung weiterforschend, einige geografische Irrtümer in die Welt, doch ergänzten seine hydrografischen Forschungen glücklich die ersten Ergebnisse, die russische Offiziere wie → Zagoskin erzielt hatten. Einen vollen Erfolg erreichte D. mit einer Expedition 1871–74, also *nach* dem Verkauf Alaskas an die Vereinigten Staaten. Die USA hatten D. einen Astronomen und Geodäten beigegeben, und es gelang, die Alëutenkette verlässlich aufzunehmen. Da D. auch die Hafenbecken vermaß, die zahllosen Inseln und die Durchfahrten aufnahm, waren seine Messungen und Forschungen von besonderer praktischer Bedeutung für die nun anhebende Erschließung Alaskas durch die Amerikaner.

Dallmann Eduard, 1830–96, deutscher Antarktis-, Nordmeer- und Melanesienforscher. Seine erste Reise unternahm er im Auftrag der Dt. Polarschifffahrtsges. 1873/74 auf dem Dampfer *Grönland*, wobei die in Schären zerschlagene Westküste von Grahamland (Antarktis) aufgenommen wurde. 1877–83 unternahm D. Suchfahrten im russ. Eismeergebiet und bis zur Jenissei-Mündung, wo er nach seinen Angaben schon 1866 die Wrangelinsel betreten hatte. 1884/85 war er der seemännische Führer der → Finsch-Expedition an der Nordküste von Neuguinea, wo das Deutsche Reich inzwischen eine Kolonie gegründet hatte (Kaiser-Wilhelm-Land). Obwohl als Seemann verpflichtet, machte sich D. auf dieser Expedition auch als Entdecker besonders verdient, indem er den Sepikfluss 60 km stromaufwärts mit einer Barkasse befuhr.

Dalrymple George Elphinstone, 1826–76, schott. Australienforscher, der vor allem im nordöstl. Queensland aktiv war. Als Beamter der Krone begann D. 1859 mit der Erforschung des Burdekin River, dessen komplizierten Lauf (erst parallel zur Küste, dann Durchbruch durchs Gebirge) vor D. schon → Leichhardt teilweise erforscht hatte. D. trug diesem Umstand dadurch Rechnung, dass er jenes Küstengebirge nach Leichhardt benannte und die Burdekin-Forschung durch die Aufzeichnung des Unterlaufs abschloss. Eine Schiffsexpedition im September 1860 brachte Gewissheit darüber, dass der Burdekin in die Upstart Bay mündet. D. gründete später östl. dieser Bay die Küstenstadt Bowen. An der Rockingham Bay gründete er den Hafen Cardwell. Auf dem Höhepunkt des austral. Goldruns zum Goldcommissioner ernannt, fand und bahnte er einen direkten Weg von den Palmer-Goldfeldern zur Küste. Neben vielen Benennungen, die auf D. zurückgehen, erinnern auf der Karte von Queensland nicht wenige D.- oder Elphinstone-Berge, Höhen, Creeks usw. an den hingebungsvollen Entdecker und Erschließer dieses Landes.

Daly D. D., hoher, als Feldmesser ausgebildeter brit. Kolonialbeamter im heutigen Malaysia. Nach 100 Jahren, in denen sich Großbritannien für die Halbinsel nur militärisch interessiert hatte, begannen 1874 Forschungen im Innern der Malaiischen Halbinsel unter der Leitung und mit kartografischen Aufnahmen von D. (1875/76). Dabei wurden vor allem die Flüsse Muar, Pahang und Perak mit Quellgebieten und Wasserscheiden erforscht. Nach derselben Methode widmete sich D. 1883–87 dem N Borneos.

Dampier William, 1652–1715, engl. Pirat, Weltumsegler und Amateurgeograf aus Somersetshire, der über seine Reisen eingehend und farbig berichtete. Mit 16 Jahren schon Vollwaise, erwirbt D. nur eine summarische Bildung und geht aus Abenteuerlust zur See. Nach ersten Reisen im Atlantik (Neufundland) und im Indischen Ozean (Java) arbeitet D. als Plantagenaufseher in Jamaika und beginnt dort sein Tagebuch zu führen, das er bei allen späteren Fährnissen immer wieder zu retten versteht. 1675–78 arbeitet er in verschiedenen Gegenden Süd- und Mittelamerikas als Schiffer, nimmt aber auch an Piratenfahrten teil, deren größte im April 1683 in Virginia beginnt, über Kap Hoorn in den Pazifik führt und

William Dampier.

nach ausgiebigen Kreuzfahrten zwischen der Malaiischen Halbinsel und Neuguinea schließlich über Sankt Helena in England endet. Im Januar 1699 erhält D. sein erstes Kommando, aber die *Roebuck*, mit der die austral. Gewässer erforscht werden sollen, ist ein schlechtes Schiff und D. auch nicht hart genug für eine so riskante Reise; es kommt sogar zu einer Seegerichtsverhandlung gegen ihn. Erst in der Gemeinschaft mit dem energischen Woodes Rogers 1708–11 kommt D. zu einer wirklich erfolgreichen, nicht in erster Linie der Freibeuterei dienenden Reise. Die zwei Schiffe machen dennoch gleichsam nebenher reiche Beute, deren Verteilung in England freilich so lange hingezogen wird, dass D. seinen Anteil nicht mehr selbst verbrauchen kann. Diese große Reise mit dem späteren Gouverneur von Jamaika und Bezwinger der Karibikpiraten erfüllt D. alle Hoffnungen, die er schon als Junge gehegt hat; sein Leben ist reich an Episoden, die in die Entdeckungsgeschichte und in die Geschichte der Seefahrt eingegangen sind (u. a. wird auf Juan Fernandez der Matrose Selkirk an Bord genommen, das Urbild des Robinson). Die Entdeckerleistung D.s, hinter seiner schriftstellerischen zurücktretend, ist dennoch nicht zu vernachlässigen. Mit der *Roebuck* erarbeitete er ein Bild der austral. Westküste lange vor → Cook, auch erzielte er Klarheit darüber, dass Neu-Hannover, Neu-Irland und Neu-Britannien zwar etwas merkwürdig geformte Inseln, aber eben doch nicht Teile von Neuguinea sind. In diesen Gewässern, in denen zwei Meeresstraßen an D. erinnern, nahm er auch eine Reihe von Benennungen vor. Am King Sound in Nordwestaustralien gibt es eine nach ihm benannte Stadt. D.s Aufzeichnungen, wiederholt aufgelegt, umfassen 1250 Seiten und sind in alle Weltsprachen übersetzt.

Danibegow Rafael, um 1760–nach 1827, georg. Händler und Asienreisender, dessen Name verschieden transkribiert wird (Danibegashvili u. Ä.). Der erfolgreiche und gebildete Kaufmann stand Georg XIII. nahe, dem letzten König Georgiens, das 1802 russ. Provinz wurde. Zwischen 1795 und 1827 unternahm D. insgesamt fünf ausgedehnte Reisen nach Mittel- und Zentralasien, bei denen er Colombo auf Ceylon, aber auch die gesamte ind. Ostküste besuchte. Nach langem Aufenthalt in Delhi setzte er zu seiner eigentl. Leistung an, zur Überquerung der Gebirgszüge Karakorum und Kunlun, und erreichte über Jarkand die sibir. Stadt Semipalatinsk. Über Omsk reiste er nach Moskau und verfasste einen Reisebericht von geringem Umfang, der 1969 neu aufgelegt wurde.

Danielsson Bengt, Gefährte von Thor → Heyerdahl auf der *Kon-Tiki*. Als das Floß 1947 vor Raroia auf den Korallengürtel geworfen wurde, blieb D. 18 Monate auf der Insel und schrieb zwei Bücher über sie.

Daniil Palomnik, Abt eines Klosters in Kiew und Verfasser der ersten bekannten russ. Reisebeschreibung. Seine Reise ins Heilige Land trat er 1106 an; sie führte ihn über Konstantinopel nach Jaffa und Jerusalem, wo er sich 16 Monate aufhielt. Er erkundete auch die anderen heiligen Stätten, zum Teil im Schutz des Kreuzfahrerheers von Kaiser Balduin I., und erreichte auf unbekannten Rückwegen seine Heimat. – Sein lebendiger, detailgetreuer und vergleichsweise ausführlicher Bericht wurde schon früh auch ins Französische und ins Deutsche übersetzt und findet seither das ungeteilte Interesse der Forschung. Ein zweiter zeitlicher Ansatz seiner Reise wäre für die Jahre 1113–15 möglich, ebenso die Herkunft von D. aus Tschernitschew.

Darapsky Ludwig, dt. Ingenieur und Chilereisender, der sich vor allem der Atacamawüste zwischen 24.30 und 26.30 Grad südl. Breite widmete, die damals ein weißer Fleck auf der Landkarte war. 1899/1900 gelangte er zu geografisch wertvollen ersten Karten und Berichten über diese Landschaft.

Darke John Charles, 1806–44, engl. Australienforscher, der in Tasmanien und Südaustralien Erstbegehungen durchführte. 1824–33, zuletzt im Regierungsauftrag tätig, führte D. Vermessungsarbeiten im bergigen NW der Insel durch (Derwent-Massiv), 1838 ging er in Regierungsdiensten nach Südaustralien, und 1844 brach er von Port Lincoln aus zu einer Expedition ins Innere der Halbinsel Eyre auf. An ihrem Nordrand, den die Gawler Ranges bilden, wurde D. unweit des Waddikee Rock von Eingeborenen überfallen und durch Speerwürfe so schwer verletzt, dass er wenige Tage später starb. Ein naher Gipfel wurde zu seinem Gedächtnis nach ihm benannt.

Darwin Charles, 1809–82, brit. Naturwissenschaftler und Weltreisender. 1831–36 erhielt er die Chance, auf der *Beagle* die → Fitzroy-Expedition um die Erde als Naturforscher zu begleiten und hatte neben den ausgiebigen Vermessungsarbeiten der Gruppe vor allem in Patagonien Zeit sich mit den heimischen Pflanzen und Tieren zu beschäftigen. Nach entscheidenden Eindrücken in Chile, dem südl.sten und dem mittleren Argentinien und an der weiteren Westküste des Kontinents hielt sich D. von 16.9. bis 20.10.1835 auf den → Galapagosinseln auf, wo er reiches Beobachtungsmaterial fand und seine berühmt gewordenen Theorien entwickeln konnte. Geografisch bedeutsam sind vor allem seine Ausführungen über die Entstehung der Korallenriffe und -inseln. Davon abgesehen hat D. eine farbige und viel gelesene Beschreibung seiner großen Reise geliefert, die seit 1844 auch in dt. Sprache wiederholt aufgelegt wurde.

Die »Beagle« mit Fitzroy und Darwin vor der südamerikanischen Küste.

Dauvergne Henri, franz. Zentralasienreisender des 19. Jh.s. D. lebte in Srinagar (Kaschmir) und brach von dort, angeregt durch seinen brit. Freund → Dalgleish, zu zwei großen Reisen auf: 1888 nach Russisch-Turkestan, in das Tienschangebirge und über den Pamir nach Ostturkestan und 1889 nach kurzem Aufenthalt in Kaschmir über den

Karakorumpass, wo er für den ermordeten Dalgleish eine Gedenktafel anbrachte. Er ging dann abermals in den Pamir, ins Hindukuschgebirge und zurück nach Gilgit. D. hat auf beiden Reisen wesentliche Beobachtungen gemacht und Klärungen herbeigeführt, z. B. über Be- und Entwässerung des geheimnisvollen Gaskulsees; auch stellte er fest, dass der Kun-Lun-Hauptkette nördl. eine weitere Gipfelkette vorgelagert ist und der Fluss Tung in den Serawschan mündet. Petermanns Mitteilungen (s. Lit.) haben seine Ergebnisse schon 1890 gewürdigt, bald darauf auch Sven → Hedin.

David Armand, 1826–1900, Missionar und Botaniker aus den Pyrenäen, der 1862 nach China ging und von Peking aus mit franz. Unterstützung ertragreiche Exkursionen durchführte. Als ausdauernder Fußwanderer lernte er u. a. die Mongolei so genau kennen wie vor ihm kaum ein anderer Europäer. Er weilte längere Zeit in Jehol, verlegte 1866 aber seinen Ausgangspunkt nach Sartschi am Hoangho-Knie und begann 1868 von Peking aus eine mehr als zwei Jahre währende Reise in den S Chinas. Er geriet dabei zwar in Bereiche, die vor ihm schon von namhaften anderen Forschern berührt worden waren, konnte aber durch seine langsame und genaue Forschungswanderung deren Beobachtungen ergänzen. 1870–72 weilte D. in Europa und brach dann zu einer letzten Chinareise ins Tsinlingschangebiet auf. Offenbar, weil die Geografen eine Berücksichtigung ihrer Wissenschaft angemahnt hatten, machte D. nun hier ausführliche geologische Aufzeichnungen und lieferte wie schon über die Gebirgsregion von Szetschuan nun auch Angaben zu der über 4 100 m ansteigenden Kette des Tsinlingschan (südl. des Weihoflusses). Die Rückreise erfolgte auf den Flüssen, vermutlich weil sich schon Krankheit und Erschöpfung abzeichneten, die ihn im April 1874 zur Heimkehr nötigten.

David-Néel Alexandra, 1868–1969, franz. Schriftstellerin, Buddhismusforscherin und Tibetreisende. Zunächst Schauspielerin und Sängerin, nahm sie mit 27 Jahren ein Engagement nach Saigon an, ging 1899 nach Athen und von dort nach Tunis. Seit 1903 war D. vorwiegend journalistisch tätig, heiratete dann Philippe Néel, Direktor einer Eisenbahngesellschaft, und widmete sich fortan intensiver ihren religiösen und philosophischen Interessen. 1911 reiste sie erstmals nach Indien und lernte den Dalai-Lama kennen. Seine Einladung ermöglichte ihr jahrelange Tibetaufenthalte, bei denen sie nicht nur Lhasa kennen lernte, sondern zahlreiche andere Städte und Landschaften dieses für Europäer noch weitgehend verschlossenen Landes. 1941 verwitwet, kehrte sie 1944 nach Europa zurück und widmete sich mit erstaunlicher Tatkraft der Auswertung ihrer vielen Aufzeichnungen und Eindrücke. Ihre Schriften weisen sie als profunde Kennerin des tibetischen Buddhismus aus. Als Alterssitz erwählte sie sich das provenzalische Städtchen Digne, dem sie auch ihr gesamtes Vermögen vererbte. Ihre bei aller Wahrheitsliebe von der Sache her oft abenteuerlichen Lebens- und Reiseberichte wurden in alle Weltsprachen übersetzt.

Davidson George, 1825–1911, engl. Geograf und Astronom, der in amer. Diensten die Küsten Alaskas aufnahm, als dieses Land an die USA kam. D. operierte größtenteils noch von den russ. Stützpunkten Sitka, Unalaschka und Kodiak aus und gab eine genaue Schifffahrtsanweisung für die Süd- und Südwestküste Alaskas heraus, die alte Ergebnisse von → Cook und → Vancouver verbesserte.

Davila Pedrarias, um 1460–1531. Seit 1514 Statthalter im Großraum des heutigen Panama, herrschte D. zwar grausam und geldgierig, förderte aber die Erkundung und Verzeichnung der ganzen Landenge durch immer neue Expeditionen und ließ Städte gründen (u. a. Santa Cruz). Konkurrierende Entdecker und Eroberer behinderte oder beseitigte D. skrupellos (→ Balboa).

Davis Edward, einer der vielen Kapitäne, mit denen → Dampier als Offizier segelte. Brachte 1687 mit der Sandinsel D.-Land (angeblich vor der südchilen. Küste) ein ähnliches Phantom auf die alten Karten, wie es die → Pepys-Insel war.

Davis John, 1543–1605, bedeutender Seefahrer des Elisabethinischen Zeitalters, unweit von → Drake beheimatet und wie dieser bei vielen Unternehmungen vom Glück begünstigt. Nach vielen Jahren als Seefahrer, die ihm einen großen Ruf als Pilot eintrugen, erhielt D. 1585–87 dreimal nacheinander den Auftrag, eine Nordwestpassage zu suchen; bei der ersten Reise kam er durch günstige Eisstände so tief in die Arktis voran, dass man ihn als Bahnbrecher für → Hudson und → Baffin bezeichnete. Auf Grönland erreichte er Upernavik auf 72 Grad nördl. Breite, auf Baffin Island die Cumberland-Halbinsel mit dem Exeter Sound. Dort taufte er einen Landvorsprung Kap Walsingham nach einem Förderer seiner Unternehmungen. Im Umgang mit den Eskimos zeigte D. Einfallsreichtum und Mut. D. war nicht nur ein großartiger Nautiker, der die Gerätschaften zur Standortbestimmung vereinfachte und verbesserte, sondern auch ein Mann von großem persönlichen Mut, der z. B. einmal auf einer 20-t-Schaluppe weitersegelte, als seine beiden größeren Schiffe leckgeschlagen waren und die Mannschaften protestierten. Als Kapitän eines Schiffs der → Cavendish-Korsarenflotte von 1591 wurde D. vor der Magellanstraße von Cavendish getrennt und im August 1592 von den mörderischen Strömungen am Kap Hoorn nach O zurückgetrieben. Bei dieser Gelegenheit entdeckte er die Falklandinseln, ohne auf ihnen zu landen. D. wurde auf einer Molukkenfahrt von malaiischen Piraten getötet.

Davy John, brit. Truppenarzt in Indien und einer der ersten Erforscher Ceylons. Dank seiner guten Beziehungen zu dem brit. Gouverneur Sir Robert Brownrigg erhielt er die Möglichkeit und die Mittel, 1817/18 das Innere der Insel Ceylon kennen zu lernen. Als Arzt vor allem naturwissenschaftlich interessiert, nahm er geologische und barometrische Forschungen vor und bestieg im April 1817 als erster Ausländer den Adams Peak, was gefährlich war, da der Berg bis heute als heilig gilt. Die 2 243 m hohe Gipfelpyramide ist heute von Januar bis April von buddhistischen Mönchen bewohnt (der Berg wird schon 150 v. Chr. mit seinem singhales. Namen erwähnt). D.s Aufzeichnungen über diese frühen Unternehmungen wurden 1821 gedruckt (2. Aufl. 1969).

Dawson George Mercer, 1849–1901, hervorragender brit. Geologe, 1873 Mitglied der nordamer. Grenzkommission, führte 1887 die große staatliche Expedition zur Aufnahme des nördl. Britisch-Kolumbien und des Yukon-Territoriums und berichtete darüber (Montreal 1888). Das in Goldgräbergeschichten häufig auftauchende Dawson City am Yukon ist nach ihm benannt. D. blickte über seine Wissenschaft hinaus, interessierte sich intensiv für die Indianer und publizierte vergleichende Wörterbücher der Indianersprachen von Britisch-Kolumbien, z. T. gemeinsam mit W. F. Tolmie.

Dease Peter Warren, 1805–63, Cheffaktor der Hudson Bay Company, unternahm 1836–40 gemeinsam mit Thomas → Simpson Erkundungsexpeditionen im Bereich des Coppermine- und des Großen Fischflusses. Simpson, ein Neffe des gleichnamigen Gouverneurs, beschaffte 1836 die Mittel für die Anlegung eines vorgeschobenen Depots. Im Jahr darauf fuhren die beiden den Mackenzie River abwärts und nahmen die Eismeerküste westwärts bis Point Barrow auf. Sie überwinterten am Großen Bärensee, wo sie Fort Confidence gründeten. 1838 fuhren sie den Coppermine River hinab und erkundeten die Küste ostwärts bis zum Großen Fischfluss. Die D.-Strait wurde nach ihm benannt und Simpson entdeckte und benannte Victoria Island. Nach einer zweiten Überwinterung am Großen Bärensee befuhren sie noch einmal den Coppermine River, um ihre Aufzeichnungen abzustimmen, und kehrten Anfang 1840 nach Fort Garry zurück. Während Simpson auf neue Forschungsaufträge wartete, wurde er auf einer nahen Prärie ermordet. D. gab 1843 ohne auf dem Titel mit aufzuscheinen die Berichte Simpsons über Flüsse, Küsten und Indianerbeobachtungen heraus. Eine Biografie Simpsons schrieb dessen Bruder Alexander 1845.

Deasy Henry Hugh Peter, einer der nicht wenigen brit. Offiziere, die trotz mangelnder Vorbildung aus Abenteuerlust und Entdeckerdrang in die weißen Flecken der Zentralasienkarten vordrangen und diese verkleinerten. In der zweiten Hälfte 1896 erforschte er die Seengebiete des westl. Tibet und vermaß die wegen ihrer Tendenz zum Wandern und zu gelegentlichem Austrocknen kartografisch schwierigen Seen Arutso und Jeshil-Kul. D.s Wege differierten dabei von jenen seiner Vorgänger, vor allem weil es ja noch keine zureichenden Landkarten dieses Gebiets gab. D.s Hauptleistung besteht in der Erarbeitung einer neuen, großen Zweiblattkarte dieses Teils Tibets mit dem Lanakpass (Westtibet). Auch die Oberläufe der Flüsse Khotan-Darja und Jarkent-Darja wurden durch D. festgelegt. Der geodätisch hervorragend ausgebildete Kavallerieoffizier nahm sich allerdings wenig Zeit für die Ergänzung seiner Reiseaufzeichnungen durch Beobachtungen von allgemeinerem Interesse.

Debaize Michel-Alexandre, 1845–79, stammte aus Glazais (Deux-Sèvres). Nach Theologiestudium und Priesterweihe widmete er sich eifrig dem Studium oriental. Sprachen und erhielt schließlich nach gründlicher Vorbereitung von der franz. Regierung 100 000 Francs für eine Reise nach Afrika bewilligt. Am 25.7.1879 brach er von Sansibar auf, um den Kontinent zu durchqueren, gelangte aber nur bis zum Tanganjikasee, wo er im Alter von erst 34 Jahren als eines der zahlreichen Opfer starb, die die Entdeckung Afrikas forderte.

Decken Carl Claus von der, 1833–65, gehörte zu jenen Reisenden, die immer wieder vom Missgeschick verfolgt wurden. Schon als Knabe las er gern Reisebeschreibungen, zeigte aber auch besonderes Interesse für den Soldatenberuf. So trat er 1850 in Hannover in das Kadettenkorps ein und blieb zehn Jahre im Hannoverschen Militärdienst. Schon während dieser Zeit unternahm er größere Reisen nach Algier und Tunis, die in ihm den Entschluss reifen ließen, Forschungsreisender zu werden. Auf einen Rat von Heinrich → Barth hin schiffte er sich 1860 nach Sansibar ein, um in Ostafrika den Hamburger A. Roscher zu treffen; als er von dessen Ermordung am Niassasee erfuhr, entschloss er sich Roschers Spuren zu folgen, aber die Treulosigkeit seines arab. Führers zwang seine Karawane schon nach drei Wochen zur Umkehr. Trotzdem brachte er von dieser kurzen Reise sorgfältige kartografische Aufzeichnungen mit. Sein nächstes Ziel war der Kilimandscharo, der zwar zehn Jahre zuvor von dem dt. Missionar → Rebmann entdeckt worden war, über den man aber immer noch viel zu wenig wusste. Vor allem bezwei-

Ostafrikanisches Dorf. Abbildung aus Deckens »Reisen in Ost- Afrika«.

felten einige Gelehrte in Europa die Existenz einer Schneehaube, die sie in diesem tropischen Gebiet für unmöglich hielten. Auch waren die geografischen Koordinaten und die Höhe des Bergs noch unbekannt. D. informierte sich sorgfältig bei Rebmann und brach dann, begleitet von dem engl. Geologen R. Thornton, 1861 von Mombasa in das Landesinnere auf. Am 14.7. erblickte er zum ersten Mal den Kilimandscharo, »so hoch wie vier Vollmonde übereinander«. Sie erreichten den Berg und unternahmen einen Besteigungsversuch, mussten aber wegen Regenwetter bei 2 500 m aufgeben. Dann umwanderten sie das gesamte Bergmassiv und kehrten schließlich zur Küste zurück. Sie hatten Lage und Höhe des Bergs nun so genau bestimmt, dass alle Einzelheiten als gesichert gelten konnten, und trotzdem gab es in Europa immer noch vereinzelte Zweifler, die den Schneeberg in den Tropen in das Reich der Fabel verwiesen. Ein Jahr später trat D. mit O. Kersten aus Altenburg in Thüringen eine zweite Expedition zum Kilimandscharo und in das Gebiet der Massai im W des Bergs an. Diesmal gelang es ihnen, den Kibo, den Hauptgipfel des Kilimandscharo, bis zu einer Höhe von 4 280 m zu bezwingen, mussten aber mit Rücksicht auf ihre schwarzen Begleiter unterhalb der Schneegrenze erneut umkehren. Nun fasste D. den Entschluss eine große Expedition zur Erforschung der ostafrik. Flüsse Tana und Djuba auszurüsten. Da ihm ausreichende finanzielle Mittel zur Verfügung standen, ließ er in Hamburg dafür eigens einen etwas größeren und einen kleinen Dampfer bauen, die zerlegt nach Sansibar transportiert und dort zusammengesetzt wurden. Mit ihnen fuhr D. zur Somaliküste. Dort aber wurde das kleinere Fahrzeug mit einem Mann an Bord aufs offene Meer hinausgetrieben und ging verloren. Die Expeditionsmitglieder fuhren mit dem großen Dampfer den Djuba aufwärts, kamen aber nur sehr langsam voran und liefen schließlich auf einen Felsen auf. Bei dem Versuch Lebensmittel zu beschaffen wurde D. in der Stadt Bardera ermordet. Ein Teil seiner Begleiter fand bei einem Überfall der Somali auf das Lager der Expedition den Tod. D.s Begleiter Kersten brachte die Aufzeichnungen des Forschers in zwei Bänden heraus.

Delaporte Louis-Marie-Joseph, 1842–1925, historisch interessierter franz. Marineoffizier, der 1865–68 an verschiedenen Expeditionen in Siam und im späteren Franz.-Hinterindien teilnahm. Nach einer großen Mekong-Expedition begann D. sich für die ausgedehnten Ruinenstätten der Khmer-Herrscher (Tonle-Sap und Angkor) zu interessieren und brachte es zuwege, eine Reihe wertvoller Skulpturen aus dem dortigen Urwald nach Frankreich zu schaffen. Dies trug nicht wenig dazu bei, das Interesse der franz. Öffentlichkeit an dieser Weltgegend zu wecken, die später ein wichtiger Teil des franz. Kolonialreichs wurde (bis 1976).

Delisle Guillaume, Kartograf, zeichnete die erste Karte des Mississippitals. → Le Sueur.

Delisser E. A., wenig bekannter, aber origineller Australienforscher, offensichtlich ein Amateur, den das Entdeckungsfieber befiel und der in einem durchaus dilettantischen Ansatz mitten hinein ins leerste, wüsteste Australien stieß: Er brach im Juni 1865 mit einem Gefährten namens Hardwicke in der Bucht Head of Bight auf und marschierte zunächst eine Woche lang nach NNW und danach noch zwei Tage in genau nördl. Richtung, also auf die Große Victoriawüste zu. Im Jahr darauf berichtete er über seine Reise, 1867 resümierten Petermanns Mitteilungen (s. Lit.) diesen Bericht. Da er viele km weit keinen Baum gesichtet hatte, benannte er die heute von der W-O-Strecke der Kalgoorlie-Eisenbahn durchschnittene Ebene Nullarbor Plain, welche Bezeichnung sich bis heute erhalten hat.

De-Long-Straße, unter 71 Grad nördl. Breite und 180 Grad östl. Länge, trennt die Tschuktschenhalbinsel von der → Wrangelinsel und wurde 1821–23 von Ferdinand Baron von → Wrangell ausdauernd, aber ohne eindeutige Ergebnisse, 1866 dann von Eduard → Dallmann erforscht. Dieser wies nach, dass die Wrangelinsel kein Teil des Festlands ist, doch wird seine Leistung noch immer zu Gunsten anderer Forscher wie Hooper und Berry bestritten, die 1881 in diesen Gegenden Vermessungen vornahmen.

Denham Dixon, 1786–1828. Der aus London stammende brit. Offizier gilt als der erste abendländische Erforscher des Zentralsudans. Nach Militärdienst in Portugal, Spanien und Frankreich wurde seine Aufmerksamkeit auf Nordafrika gelenkt. 1821 erhielt er überraschend die Leitung der so genannten Bornu-Mission übertragen, die ursprünglich Oudney und → Clapperton durchführen sollten. Ihr Ziel war es, in erster Linie Handelsbeziehungen mit Zentralafrika herzustellen, darüber hinaus jedoch auch wissenschaftliche Forschungen zu betreiben. Von Tripolis aus folgte D. den bereits vor ihm aufgebrochenen Oudney und Clapperton und zog mit ihnen im November 1822 von Mursuk aus nach Bornu in damals noch völlig unbekanntes Gebiet. Als erste Europäer kamen die drei an das Nordufer des Tschadsees und gelangten von da aus nach Kukal, die westl. des Sees gelegene Hauptstadt von Bornu. Von hier aus unternahmen sie, meist getrennt, kleinere Expeditionen in den Zentralsudan, durch die erstmals das Gebiet zwischen Kanem im O und Sokoto im W näher erhellt wurde. Leichtsinnigerweise schloss sich D. zwei Kriegszügen des Sultans an, wobei er verwundet und gefangen genommen wurde und nur durch seine Geistesgegenwart entkommen konnte. 1824 unternahm er eine Reise zu dem südl. in den Tschadsee einmündenden Fluss Schari, den Clapperton und Oudney schon ein Jahr zuvor entdeckt hatten. Er suchte flussaufwärts vorzudringen, wurde aber durch das Misstrauen und die Feindseligkeit der hier lebenden Bevölkerung daran gehindert. Nachdem zwei Versuche, auch das Ostufer des Tschadsees zu besuchen, erfolglos verliefen und Oudney inzwischen gestorben war, kehrten die beiden Forscher über Kuka 1825 wieder nach Tripolis zurück. Ihr Buch *»Narrative of Travels and Discovery in North and Central Africa«* (1826) lieferte den ersten Augenzeugenbericht über die Verhältnisse im Zentralsudan, dessen wissenschaftliche Erforschung dann mit → Barth begann.

Denhardt Clemens, 1852–1929. Der aus Thüringen stammende Reisende war 1878 das erste Mal in Begleitung seines Bruders und des Arztes G. A. Fischer von Sansibar aus zum Tanafluss aufgebrochen und hatte diesen aufwärts bis Massa verfolgt, musste aber von einem weiteren Vordringen absehen, da ihm die Tauschwaren für Lebensmittel ausgingen. Ein Jahr danach führte er Vermessungsarbeiten im Gebiet von Mombasa und an der Küste südwärts bis zum Pangani durch, um zuverlässige Unterlagen für eine Küstenkarte zu liefern. 1885 zog er wieder mit seinem Bruder Gustav in das Gebiet von Witu, einer Küstenlandschaft im heutigen Kenia, und erwarb dort vom Sultan einen 60 km langen Küstenstreifen, der zwar der Kolonie Deutsch-Ostafrika angegliedert, aber schon 1890 im Tausch gegen Helgoland an England abgetreten wurde.

Dennet Thomas, Kapitän der *Britannia*, segelte 1797 von Australien nach China und hielt sich dabei in der Gruppe der Marshallinseln auf. Von den vier Inseln, die er bei dieser Gelegenheit näher beschrieb, war Kili am Südende der Koralleninselkette eine Neuentdeckung. Allinglapalap beschrieb D. zum ersten Mal, entdeckt war die Insel aber schon im 16. Jh. worden, als die span. Pazifikfahrer häufiger durch die Marshall-Gruppe segelten. (Die nur wenige m über das Meeresniveau aufsteigenden Inseln waren 1885–1914 dt. Kolonialgebiet, nach 1920 japan. Mandatsgebiet und sind heute ein von den USA verwaltetes Trust Territory.)

D'Entrecasteaux Antoine Raymond Joseph de Bruni, Chevalier, 1739–93. Von seinem schönen Schloss im Departement Var, wo heute noch Erinnerungsstücke an ihn zu sehen sind, machte sich D. schon als Fünfzehnjähriger auf, um in der kgl. Marine zu dienen. Im Krieg von 1778/79 (u. a. Frankreich und Spanien gegen England) kommandierte D. bereits eine Fregatte mit 32 Kanonen und brachte eine Flotte von Handelsschiffen unter den Augen der Briten von Marseille in die Levante. 1785 erhielt D. das Kommando der franz. Indien-Flotte, 1787 wurde er Gouverneur der Maskareneninseln. Nach einer Chinareise erhielt er 1791 den Auftrag nach dem verschollenen → La Pérouse zu suchen. Mit den Schiffen *Recherche* und *Espérance* lief er in die ozean. Gewässer aus, wo er zwar keine Spur der seit drei Jahren vermissten Expedition entdeckte, aber eine ganze Reihe bis dahin unbekannter oder unzureichend bekannter Inseln. So zeichnete er z. B. die Westküste von Neukaledonien auf, die Südküste von Neu-Holland, den nach ihm benannten Meereskanal bei Tasmanien und das ebenfalls seinen Namen bewahrende Bruny Island. Auf Tasmanien wurden Flussmündungen (Huon) und Naturhäfen vermessen, auch der Mündungstrichter des Derwent wurde von einem Offizier D.s aufgenommen. Im März 1793 passierte D. die Nordspitze von Neuseeland, sichtete und bestimmte die Drei-Königs-Inseln und stieß auf der Weiterfahrt auf eine Gruppe weit verstreuter kleiner Inseln, die er Kermadec-Inseln nannte (die noch immer hafenlosen Inseln 965 km nördl. von Auckland sind heute ein Naturschutzgebiet). Die D.-Inseln liegen am Südostende von Neuguinea und sind mit einer Gesamtfläche von mehr als 3 000 qkm seine bedeutendste Entdeckung, wenn er sich auch nicht die Zeit nahm sie genauer zu erforschen (das besorgten erst 80 Jahre später → Moresby und → Thomson). Trotz eindrucksvoller und ausdauernder Kreuzfahrten fand D. seinen verschollenen Landsmann La Pérouse nicht, brachte jedoch wertvolle Klärungen der Verhältnisse im austral.-melanes. Raum zuwege. Im Juli 1793 erkrankte D. an Skorbut und starb. Leutnant D'Auribeau brachte beide Schiffe sicher nach Java. → Beautemps-Beaupré.

Denys Jean, franz. Seefahrer aus dem einst sehr lebhaften normann. Hafenstädtchen Honfleur. 1506 segelte D. gemeinsam mit dem aus Rouen gebürtigen Piloten Gamard nach Neufundland, wo Bretonen und Basken sich auf den noch heute in franz. Besitz befindlichen Inseln Saint Pierre und Miquelon bereits eingerichtet hatten. Da die Fischer aus guten Gründen über die reichen Fanggebiete schwiegen, ist die Fahrt des D. die erste, die von der Wissenschaft zur Kenntnis genommen wird. D. fand auf Neufundland schon einen angelegten und frequentierten Hafen franz. Fischer vor (Havre de Jehan), was auf jahrelange Vertrautheit mit diesen Gewässern schließen lässt.

De Peyster Arent, brit. Seefahrer. D. ist ein Beweis, dass man auch noch 1819 ganze Inselgruppen entdecken konnte. Auf der Fahrt von Südamerika nach Indien stieß er 1 100 km nördl. der Fidschiinseln auf die Tuvalu-Gruppe (polynes. für »Acht Inseln« – es sind aber neun) und benannte sie nach Edward Ellice, Abgeordneter für Coventry und Eigentümer des Schiffs *Rebecca*. Die polynes. Bevölkerung der Inseln ist heute stark europäisch durchsetzt (Walfänger, Abenteurer, Outlaws, → Beachcomber u. Ä.), doch bilden sie jetzt eine konstitutionelle Monarchie und sind im Brit. Commonwealth. D. entdeckte auch noch das Inselchen Nukufetau in der Wallis-Gruppe, das seine Offiziere nach ihm benannten, ohne dass sich diese Benennung hielt.

Dernschwam Hans, 1494–1568, österr. Orientreisender aus Brüx, in Wien und Leipzig gebildet, gleichwohl aber in seinen Aufzeichnungen naiv und mitunter weitschweifig. In Diensten der Fugger bereiste D. zunächst Siebenbürgen und erhielt 1553 die Erlaubnis sich auf eigene Kosten der diplomatischen Mission anzuschließen, die Kaiser Ferdinand I. unter der Führung des fläm. Diplomaten Ogier Ghislain de Busbecq an die Pforte entsandte (1555–62) und die sich nach Zwischenaufenthalten in Amasia, Skutari und anderen Städten schließlich in Konstantinopel am Hof Sultan Suleimans fixierte. D.s Tagebuch zeigt nicht das souveräne Urteil des gebildeteren Busbecq, besticht aber durch viele Einzelheiten aus dem damals so gut wie unbekannten Kleinasien. Die Originalaufzeichnungen wurden erst 300 Jahre nach ihrer Abfassung aufgefunden und durch den Geografiehistoriker Klepert ediert.

Descalzi Nicolò, 1801–57, ital. Hydrograf und Südamerikaforscher, ähnlich wie → Bonpland ein Opfer des Doctor Francia: D. versuchte 1825 den Rio Bermejo und dessen Einzugsgebiet (Großraum des Rio Paraguayo) zu erforschen, doch setzte ihn der gewalttätige Diktator gefangen und ließ ihn erst nach fünf Jahren frei. D. beendete seine Arbeit, gab in Buenos Aires neue, gute Karten des Flussgebiets heraus (die Argentinien wegen strittiger Landstreifen interessierten) und wurde in den patagon. S entsandt. Dort nahm er den Rio Negro auf und bereiste ihn bis zur Choël-Choël-Insel (1833), eine Gegend, die bis dahin völlig unbekannt gewesen war. Im Hafen Carmen de Patagones an der Rio-Negro-Mündung in den Atlantik dürfte D. die Passage der *Beagle* um wenige Tage verfehlt haben, jedenfalls erwähnt → Darwin den Italiener nicht.

Deschnew Semyon Iwanowitsch, um 1600–73, Kosakenhetman und Entdecker im Dienst des Zaren und einzelner reicher Sibirienhändler. Sein Hauptforschungsgebiet war die Tschuktschenhalbinsel im äußersten NO Asiens und der Einzugsbereich des Flusses Kolyma. Durch seine unerschrockenen und mit erstaunlicher Kondition unternommenen Land- und Flussexpeditionen der Jahre 1638–49 brachte D. die ersten sicheren Nachrichten über die Beringstraße, die Anadyrmündung und die geografischen und klimatischen Verhältnisse an der Meerenge. D. starb in Moskau. Die Bedeutung seiner Aufzeichnungen wurde erst im nächsten Jahrhundert erkannt.

Desgodins Auguste, 1826–1913, wallon. Missionar in Indochina, der nach einer gescheiterten Tibetmission (1855/56) über Hongkong 1859 in Szetschuan einreiste. Trotz Verkleidung zurückgewiesen, später gefangen gesetzt, erreichte er schließlich den Ukiofluss, an dem er auf weiten Strecken als erster Europäer entlangreiste und eine Missionsstation in Bonga gründete, der er bis 1865 vorstand. Nach ihrer Zerstörung durch Eingeborene ließ er sich am oberen Mekong nieder und wirkte insgesamt an die 20 Jahre in den Hochgebirgsgegenden am Oberlauf der großen hinterind. Flüsse. Über dieses noch heute fast nur aus der Luft bekannte Gebiet veröffentlichte D. Aufsätze mit topografischen, geologischen, zoologischen und ethnografischen Themen und gab auch kartografische Hinweise. Die verstreut erschienenen Aufzeichnungen sind erst zum Teil in Zusammenfassungen publiziert.

Desideri Ippolito, 1684–1733, gebildeter Jesuitenmissionar aus Pistoia, der sich über Delhi, Lahore, Kaschmir und Bhutan nach Tibet begab, wo er 1716 eintraf. Da Lhasa damals für Europäer noch strikt verboten war und die Versuche die Stadt zu erreichen schon manches Opfer gefordert hatten, schloss sich D. dem Expeditionszug an, der eine Tatarenprinzessin nach Lhasa bringen sollte. Dabei erblickte er als erster Europäer den Berg Kailas und erreichte im Januar 1716 die Stadt Sakadsong. Nachher blieb er in verschiedenen Klöstern bis 1721, wobei er vor allem Auszüge aus dem tibet. religiösen Werk *Kangiar* übersetzte (exakt: Kahgyur), die tibet. Übersetzung der grundlegenden buddhistischen Werke in 100–108 Bänden, vor der Erfindung der Buchdruckerkunst in Europa von Holztafeln gedruckt. Von anderen Missiona-

Der Palast des Dalai Lama in Lhasa, wo Desideri 1716 eintraf, nach einer Darstellung von 1667.

ren deswegen denunziert, wurde D. 1727 nach Europa zurückgerufen, wo er versuchte sich in Rom zu rechtfertigen; er durfte jedoch nicht mehr nach Tibet.

Desventurades-(Desaventuradas-)**Inseln**, 3,23 qkm, die Gruppe der drei kleinen Inseln San Felix, San Ambrosio und Gonzales 700 km westl. der chilen. Küste im Pazifik, 1572 oder 1574 vermutlich von Juan → Fernandez entdeckt; sie sind unbewohnt.

Dewar James, Kapitän des brit. Schiffs *Princess Augusta*, mit dem er 1761 die heute zu Irian Barat (Westneuguinea) gehörende kleine Mapia-Gruppe (nördl. des Vogelkopfs) entdeckte und beschrieb. Eine weitere Entdeckung auf dieser Reise war Pulo Ana, eine kleine Insel außerhalb des Großen Barrierriffs von Palau, aber zu dieser Gruppe gehörend (die ganze Gruppe war 1526 zufällig von einem abgetriebenen portug. Molukkenfahrer entdeckt worden; sechs Jahre nach D. finden wir dann → Carteret in der Gruppe, der sie genauer aufnimmt).

Dias Thomas, portug. Kolonialpionier des 17. Jh.s, wurde 1684 vom Gouverneur von Malakka zum König von Menangkabau entsandt, um einen Handelsvertrag zustande zu bringen. Wie schon frühere, weniger erfolgreiche Expeditionen benützte D. den Fluss Siak, überquerte dann die Zentralkette der Sumatragebirge und erreichte Boeo, die Residenz des Herrschers. Nach kurzem, aber offenbar erfolgreichem Aufenthalt kehrte D. auf einer anderen Route an die Küste zurück. Die Reise blieb für Jahrhunderte der erste Versuch ins Innere der großen Insel einzudringen, der durch F. M. Schnitger der Vergessenheit entrissen wurde. (Die ersten sicheren Nachrichten über Sumatra waren durch Marco → Polo nach Europa gelangt.)

Diaz Bartolomeo, um 1450–1500, gehört zu den großen portug. Seefahrern. Er wurde 1486 von König Johann II. nach der Rückkehr Diego → Caos beauftragt dessen Forschungen entlang der Südküste Afrikas fortzuführen. Im Sommer 1487 segelte er mit zwei Karavellen und einem kleinen Verpflegungsschiff südwärts entlang der Küste. Unterwegs stellte er drei Wappenpfeiler für seinen König auf. Ein

Sturm verschlug seine Schiffe südwärts über die Südspitze Afrikas hinaus. Als er dann nach O weitersegelte, aber kein Land mehr fand, wendete er sich wieder nach N und entdeckte dabei die Küste Südostafrikas, die er von der heutigen Mossel Bay bis zum Großen Fischfluss verfolgte. Sein Plan weiterzusegeln und vielleicht Indien zu erreichen scheiterte an der Meuterei seiner Leute, die ihn zur Umkehr zwangen. Erst jetzt entdeckte er auf der Rückfahrt das Vorgebirge, das er angeblich Cabo tormentoso, das »Stürmische Kap« nannte, doch wurde dieser Name später vom König persönlich in Cabo de buena esperanza, »Kap der Guten Hoffnung«, abgeändert, um damit anzudeuten, dass man nun hoffen könne Indien auf dem Seeweg zu erreichen. Nach fast 17 Monaten Fahrt kehrte D. Ende 1488 wieder in die Heimat zurück. Hier wurde er zwar mit hohen Ehren bedacht, aber bei der nächsten Expedition 1497 im Kommando übergangen und Vasco da → Gama untergeordnet. Als dieser ihn von Westafrika aus wieder nach Portugal zurückschickte, schloss sich D. der Fahrt → Cabrals nach Südamerika an, ging aber während eines Sturms mit seinem Schiff unter.

Diaz del Castillo Bernal, um 1490–1575, kam nach guter Schulbildung dank seiner adeligen Verbindungen bald nach Mittelamerika und erhielt eine erste Chance auf dem Isthmus von Darien. Nach Unternehmungen auf Yukatan und Reisen an die mexik. Küste einer der erfahrensten unter den jungen Offizieren auf Kuba, wurde er Feldhauptmann unter → Cortés und der wichtigste Chronist des großen Eroberungszugs nach Tenochtitlan. Obwohl ein standhafter Verehrer seines Befehlshabers, schrieb er objektiv, ausführlich und farbig seinen Bericht nieder, angeblich erst als alter Mann und nach der Rückkehr nach Spanien, denn er meinte am Ende seines Berichts: »Noch leben genug Eroberer, welche die Wahrheit meiner Erzählungen bezeugen können.« Sein Bericht sollte also wohl erst lange nach seinem Tod im Druck erscheinen, was 1632 dann auch der Fall war.

Dibbs John, brit. Seefahrer, Kapitän der *Endeavour*, entdeckte am 23.7.1823 die Insel Mauke in der Cook-Gruppe, ein Eiland von etwa 2 000 ha Größe. Der an Bord befindliche Missionar Rev. John Williams, dessen *London Missionary Society* die Reise finanziert hatte, christianisierte die Bewohner von

Mauke und von Mitiaro, die unter den Kriegern von Atiu sehr zu leiden gehabt hatten. (Mauke liegt 241 km nordöstl. von Rarotonga.) Der Schriftsteller Julian Dashwood lebte jahrelang auf Mauke und schrieb hier *South Seas Paradise* (1964).

Dieffenbach Ernst, 1811–55, Verwandter des Chirurgen Johann Friedrich Dieffenbach, sollte ebenfalls Medizin studieren, hatte aber seiner Gesinnung wegen Schwierigkeiten in Zürich (wo er promovierte), sodass er nach Paris und nach London ging und schließlich 1839 bei einer Expedition nach Neuseeland Beschäftigung fand. Auf der Nordinsel, befreit von allen europäischen Zwängen, entfaltete D. eine kurze, aber intensive Tätigkeit und führte die erste systematische und wissenschaftlich fundierte Aufnahme der Insel durch, was wegen der Vulkandistrikte und Gebirge zwei Jahre in Anspruch nahm. D. gab auch eine Karte der bis dahin nur ungefähr bekannten Seenplatten der Nordinsel heraus und bestieg den Mount Egmont, einen 2 521 m hohen, seit 350 Jahren inaktiven Vulkan an der Westküste. Der regelmäßige Kegel ist heute bis 500 m Seehöhe gerodet und ein wichtiges Milchwirtschaftsgebiet; oberhalb beginnt der 1900 begründete Nationalpark. – D. besuchte auch die Chathaminsel (heute San Cristobal), die östlichste der großen Inseln in der Galapagos-Gruppe, und nahm sie wissenschaftlich auf. Die letzten fünf Jahre seines Lebens war D., neben seinen naturwissenschaftlichen Arbeiten stark künstlerisch interessiert, Professor der Geologie an der Universität Gießen.

Diemen Antonis van, 1593–1645, war seit 1636 Kgl. Gouverneur von Holl.-Indien und betrieb in dieser Eigenschaft mit großer Energie die Erforschung der Inselwelt und der südl. Bereiche des Indischen und des Pazifischen Ozeans. Die bedeutendste der von ihm finanzierten Expeditionen ist die von A. J. → Tasman, der die heute Tasmanien genannte Insel als Van-Diemens-Land bezeichnete (er wusste nicht, dass es eine Insel war). D. selbst gilt als Entdecker der Inseln Nouvelle Amsterdam und Saint Paul (beide im Indischen Ozean), die er im Juni 1633 erreicht haben soll. Die heute franz. Inseln liegen unter 37/38 Grad südl. Breite etwa auf halbem Weg zwischen Südafrika und Australien in tiefster Einsamkeit, 93 km voneinander entfernt. Saint Paul, ein eingebrochener Vulkan, der einen idealen Hafen geschaffen hat, wurde von der österr. Expedition der Fregatte *Novara* (1857–59) wissenschaftlich aufgenommen und beschrieben.

Diener Carl, 1862–1928, österr. Geologe, Schüler von Eduard Suess und von diesem zu einer ersten Syrienreise angeregt (1885), auf der er von Damaskus aus die zwar bekannten, aber nie genau durchforschten Gebiete von Palmyra, den großen Hermonberg und die Gipfel des Libanongebirges bereiste, beschrieb und kartografisch aufnahm. D. reiste danach auch im Mittleren Himalaja, im Ural und im Kaukasus und darüber hinaus in Mexiko, im Pazifik, in Kanada und auf Spitzbergen. Seine letzte Reise führte ihn 1926 auf die Kanarischen Inseln. Neben den Berichten aus Syrien sind seine grundlegenden Publikationen über die Ostalpen und insgesamt zwölf Monografien über den Himalaja von Bedeutung. D. war auch auf paläontologischem und geologischem Gebiet führend; einige seiner Reisen unternahm er im Auftrag der Akademie der Wissenschaften in Wien.

Dillon Peter, 1788–1847, ir. Seefahrer aus der franz. Karibik, stieß im Mai 1826 auf der Insel Tikopia (am Ostrand der Salomonen) auf ein Degenstichblatt mit dem Lilienemblem und erfuhr daraufhin, dass vermutlich die Nachbarinsel Vanikoro der Ort war, wo → La Pérouse mit seiner Mannschaft zugrunde ging; dies bewahrheitete sich, als D. im darauf folgenden Jahr vier Wochen auf Vanikoro zubrachte. Er lieferte dabei nicht nur von dieser im Durchmesser etwa 13 km großen Vulkaninsel eine eingehende Beschreibung, sondern auch von der vorgelagerten kleinen Insel Tevai. D. beschäftigte sich in seinen Aufzeichnungen (*Narrative and Succesfull Result* London 1829, franz. Paris 1830) mit den Inseln Tikopia, Utupua (32 km von Vanikoro), Rotumah u. a. bis dahin nur flüchtig bekannten Inseln im Pazifik.

Dionysios, hellenist. Diplomat und wohl auch Kaufmann, reiste um 250 v. Chr. im Auftrag von König Ptolemaios II. Philadelphos von einem Rotmeerhafen aus nach Indien. Droysen, Hennig und andere Gelehrte vermuten, dass diese Reise ein Gegenbesuch war: Zuvor hatte nämlich der große Inderkönig Ashoka eine Gesandtschaft an den Nil geschickt. Dass sowohl die Diplomaten Ashokas als auch die des Pharao auf dem Landweg reisten, ist eine keineswegs zwingende Annahme, wurde der Indische Ozean doch schon um 300 v. Chr. selbst von chines. Dschunken befahren.

Disko-Bucht, an der Westküste Grönlands, wo Davisstraße und Baffinbal ineinander übergehen, etwa 100 km breit, mit den Städten Godhavn und Egedesminde sowie weiteren kleineren Siedlungen. Die Bucht wird durch den gewaltigen Jakobshavngletscher mit Eisbergen gefüllt und umschließt die D.-Insel, 8 578 qkm groß und bis über 1 800 m ansteigend, die schon den Grönlandwikingern bekannt gewesen sein dürfte. In neuerer Zeit wurde sie vor allem von → Steenstrup und von Hammer erforscht.

Ditmar Carl Woldemar Bernhard Ferdinand von, 1822–92, dt.-balt. Mineraloge, in Dorpat und Freiberg (Sachsen) gebildet, ging nach Reisen in verschiedenen europ. Ländern 1850–57 als Sonderbeauftragter des Militärgouvernements des Zaren nach Kamtschatka und ins Amurgebiet. Seine zahlreichen Exkursionen in diesem Gebiet galten nicht nur der Küstengestalt (Halbinsel Taigonos), sondern vor allem den Vulkanketten im Innern von Kamtschatka. 1880 übernahm D. das Gut Kerro in Livland, was die Auswertung seiner vielen Studienfahrten verzögerte. Erst 1890 erschienen die ersten umfangreichen Berichte, die eine wissenschaftliche Sensation waren.

Dixon George, brit. Seefahrer des 18. Jh.s, Maat auf der letzten Reise von James → Cook und seit 1785 in der Handelsschifffahrt an der amer. Nordwestküste tätig. In Portlocks Vorstoß nach Norden kommandierte D. die *Queen Charlotte*, trennte sich zeitweise von Portlock und nahm an der (nach seinem Schiff so benannten) Queen-Charlotte-Insel vor der Küste Brit.-Kolumbiens Messungen, Lotungen und Benennungen vor ohne den Inselcharakter mit Sicherheit zu erkennen. Deswegen heißt der Nordteil der heutigen Hecate Strait D.-Entrance. Sein Reisebericht besteht aus Briefen seines Supercargo William Beresford, die D. mit Anmerkungen versah. Um 1790 verstrickte sich D. in einen Pamphletkrieg mit dem Seefahrer John Meares, der für Schiffsverluste gegen Spanien 210 000 Dollar erhalten hatte.

Dixon Robert, 1800–58, Geodeter, der in Australiens Blauen Bergen wertvolle Hinweise erarbeitete und auch dem Bogan River auf etwa 100 km unentdeckter Uferstrecke folgte. In Neusüdwales zeichnete er den Verlauf der Hügelketten zwischen dem Lachlan- und dem Macquariefluss auf, die in der Höhe zwar nicht bedeutend sind, aber in ihrer Lage im Rücken des dichtesten Siedlungsgebiets für den weiteren Erschließungsprozess wichtig waren. (Die beiden Flüsse hatte Evans 1813–15 entdeckt.)

Djuzayi Muhammed ben Muhammed ben, Schreiber und Hofdichter der Marinidenherrscher von Fes in der zweiten Hälfte des 14. Jh.s. Er schrieb auf Geheiß des Sultans die Erzählungen des → Ibn Batutah in arab. Sprache nieder.

Dobrizhoffer Martin, 1717–91, Pionier der Völkerkunde, österr. Jesuit und Missionar im Raum des heutigen Paraguay. Der Grazer D. weilte 1747–67 in verschiedenen Missionen der Jesuiten und widmete sich zunächst den Völkern der Abiponen, danach verschiedenen Missionsreisen zwischen den Flüssen Acaray und Munday. Seit 1773 war er Hofprediger in Wien. D. ist nur einer von vielen gelehrten Jesuiten, die von Kanada bis Patagonien unendlich viel Wissen über den neuen Kontinent und vor allem seine Völker sammelten. Seine große, lat. geschriebene *Historia de Abiponibus* ist vor allem in ihrem ersten Teil außerordentlich aufschlussreich hinsichtlich der geografischen und ethnografischen Verhältnisse in diesem Teil Südamerikas (dt. Ausg. Wien 1783/84).

Dobson Sir Arthur, Edward und George, drei Brüder, die um 1865–1900 in Neuseeland bei der Landaufnahme und Erschließung führend tätig waren. An Arthur D. erinnert der von ihm entdeckte Pass auf der Südinsel, am Westende des langen Walmakaririsystems aus Flüssen und Seen. (Rund um den Pass liegt heute ein Nationalpark.)

Dollfus Auguste, 1840–69, franz. Geologe aus Le Havre, der 1864 mit einer wissenschaftlichen Expedition nach Mittelamerika ging und am 23.4.1865 den Popocatepetl bestieg. Gemeinsam mit Emanuel de Montserrat bemühte er sich in den folgenden Jahren um eine Kartografie der jungen Republiken Guatemala und El Salvador (ihre gemeinsam verfasste *Voyage géologique* erschien 1869 in Paris), im Jahr darauf berichteten Petermanns Mitteilungen (s. Lit.) darüber.

Dominguez Francisco Atanasio, 1740–1805, Franziskanerpater und Wegsucher im S der heutigen USA. 1775 machte er sich gemeinsam mit F. S. de → Escalante auf, um einen Landweg von der Stadt Santa Fé ins kalif. Monterey zu erkunden. Die prähistorische Pueblostadt, seit 1610 Residenz der span. Eroberer, sollte eine Verbindung zur Pazifikküste erhalten, da im Golf von Mexiko Briten und Franzosen den Ton angaben. Damit wurden die beiden Patres zu Pionieren des Santa-Fé-Trails. (Das Tagebuch Escalantes wurde 1776 veröffentlicht.)

Doudart de Lagrée Ernest-Marc-Louis de Gonzague, 1823–68, ging nach polytechnischen Studien zur Marine, zeichnete sich im Krimkrieg aus und kommandierte 1862 das franz. Expeditionskorps in Indochina. Er war es auch, der den Schutzvertrag mit den geschlagenen Lokalfürsten vereinbarte. 1866 ging er neuerlich nach Hinterindien, diesmal mit wissenschaftlichen Zielsetzungen, und bereiste vor allem den Mekong, zunächst mit einem Dampfkanonenboot, von den Stromschnellen bei Kratié an in Eingeborenenfahrzeugen. Im Frühjahr 1867 wurde der Vorstoß bis nach Jünnan, also auf heute chines. Gebiet, fortgesetzt, bis D. einem Leberleiden erlag. Sein Freund und Stellvertreter Francis → Garnier führte die Expedition, die wertvolle Aufschlüsse über die Karte Hinterindiens gebracht hatte, zum Jangtsekiang und diesen hinab bis nach Schanghai. Die Expeditionsberichte (Paris 1873 in 2 Bdn.) haben Garnier zum Autor.

Doughty Charles Montague, 1843–1926, führender brit. Arabienforscher und über die geografische Wissenschaft hinaus einflussreich mit seinem Epoche machenden Werk *Travels in Arabia Deserta* (Cambridge 1888,2 Bde., dt. Leipzig 1937). D. studierte in Cambridge Geologie, trieb daneben aber historische, linguistische und philosophische Studien. Nach Reisen in Norwegen, West- und Südosteuropa begann er im Februar 1874 in Palästina seine Erforschung der arab. Halbinsel zunächst in ihrem Nord- und Nordwestteil mit Syrien, Petra und verschiedenen Ruinenstätten an der Weihrauchstraße von Petra nach Medina. 1876 hatte er sich

Charles M. Doughty.

so gute Arabischkenntnisse erworben, dass er mit einer Karawane von Mekkapilgern in die für Christen verbotene Stadt reisen konnte, unternahm aber auch ausgedehnte Streifzüge an die Ränder der Nefudwüste und nach Kheiber, wo er als Christ erkannt wurde und nur mit knapper Not sein Leben rettete. Im August 1878 erreichte er Dschidda. Seine Reisen und Forschungen hatten über das naturwissenschaftliche Ergebnis hinaus (geomorphologische Untersuchungen, Höhenmessungen, Erkundung der Lavafelder) vor allem auch sensationelle Aufschlüsse über die alten Kulturen der Halbinsel und ihre Ruinenstätten erbracht, aber auch über die besondere Kultur und Existenzweise der Beduinen und ihrer Organisation.

Douglas David, 1798–1834, schott. Botaniker, Nordwestamerika- und Hawaiiforscher. Nach Forschungen im Bereich des Columbia River (Oregon), wo er u. a. die nach ihm benannte Riesenfichte beschrieb, bestieg D. den Vulkan Mauna Loa (1834); unmittelbar danach starb er auf den Sandwichinseln nach einem Sturz in eine Fallgrube. D. war in seinem kurzen Leben außerordentlich aktiv gewesen, hatte u. a. auch die Hudson Bay besucht und den Weg zwischen Amerika und Hawaii mehrmals zurückgelegt. Er hat verschiedene Pflanzenarten in brit. botanische Gärten gebracht.

Douglas William, brit. Handelsfahrer zwischen China und Nordwestamerika. Überwinterte 1788/89 auf Hawaii und entdeckte dabei die Felseninsel Nilhau (die → Cook, wenn überhaupt, nur gesichtet, aber nicht besucht hatte). Die westl. von Kauai liegende Insel ist heute Privatbesitz und kann nicht betreten werden.

Drake Sir Francis, geb. 1540 nahe Tavistock (wo heute sein Denkmal steht) in Devonshire, gest. 1596 auf hoher See vor

Porto Bello. Engl. Seefahrer, Vizeadmiral, Korsar und zweiter Weltumsegler nach → Magellan, somit der Erste, der eine Weltumseglung überlebte. Aus ärmlichen Verhältnissen stammend, ging D. früh zur See und fand bald Anschluss an die Gruppe um John → Hawkins, einen bereits bekannten Unternehmer und Kapitän von Korsaren-Aktionen. Nach reinen Kaperfahrten und harten Kämpfen in Span.-Mittelamerika erhielt D. eine Flotte von fünf Schiffen, mit der er am 13.12. 1577 auslief, um durch die Magellanstraße die pazifischen Küsten Amerikas zu erreichen, dem span. Handel Schaden zuzufügen, Fundplätze von wertvollen Mineralien und Märkte für brit. Waren zu suchen.

Als Piloten hatte D. den Portugiesen Nuño da Silva an Bord, als Kaplan Francis → Fletcher, der die Chronik führte. Die Magellanstraße wurde in nur 16 Tagen durchfahren, doch packten dann Stürme die kleine Flotte sieben Wochen (!) lang und warfen sie bis südl. von Kap Hoorn zurück, wobei vermutlich die Diego-Ramirez-Inseln gesichtet wurden. Auf Kap Hoorn ging D. an Land und steht heute als dessen Entdecker fest; dem Inselschwarm an der Südspitze des Kontinents gab er den Namen Elizabeth Islands. Damit war auch klar, dass die Magellanstraße nur eine Abkürzung darstellt und der Kontinent hier im Weltmeer endet. In diesen Unbilden hatte D. vier seiner fünf Schiffe verloren oder zurücksenden müssen, und einen Teil seiner Mannschaften. Das Flaggschiff *Golden Hind* (100 t) setzte die Nordfahrt an der chilen. Küste allein fort und machte, da hier niemand mit Piraten rechnete, reiche Beute, zuletzt durch die Plünderung eines span. Schatzschiffs, das wegen seiner starken Bestückung den Spitznamen *Cacafuego* (Feuerspeier) führte. D. folgte der Küste über die span. Zone hinaus nach Norden und erreichte 43 Grad nördl. Breite, also den heutigen Oregon Littoral, wo eine Gedenktafel angebracht wurde, die nach der Auffindung verschollen und damit umstritten

Francis Drake.

ist. Am 23.7.1579 lief D. nach SW in den Pazifik hinaus, nahm am nächsten Tag auf den Farallones vor der kalif. Küste Proviant und Wasser und sichtete erst wieder am 30.9.1579 Land – vermutlich Palau oder eine südl. Marianeninsel. In der gefährlichen Celebessee konnte die *Golden Hind* erst wieder flottgemacht werden, als ein Großteil des Beutemetalls ins Meer geworfen worden war, dann glückte D. die Heimfahrt quer durch portug. Gebiete und rund um Afrika. Am 26.9.1580 langte D. wieder in England ein, wurde gegen den Protest des span. Gesandten, der die Herausgabe der Beute verlangte, von Königin Elisabeth I. geadelt und trug 1588, bei der Vernichtung der Armada, als Vizeadmiral erheblich zum brit. Sieg bei. Bei einem Flottenunternehmen gegen span. Festungen in Mittelamerika fand D. wie sein Gefährte Hawkins den Tod. Nuño da Silva (von dem D. sich in Peru getrennt hatte) und Rev. Fletcher haben die Weltumseglung als Augenzeugen beschrieben.

Drasche-Wartinberg Richard von, 1850–1923, österr. Naturwissenschaftler und Weltreisender aus reicher Industriellenfamilie (Ziegeleien). 1875/76 reiste D. um die Erde, wobei er sich auf den Inseln Réunion und Mauritius im Indischen Ozean, auf den Philippinen und in Japan länger aufhielt. Seinem Entdeckerehrgeiz frönte er durch eine Arktisreise, wie sie damals in Österreich wegen anderer Expeditionen sehr in Mode war, und nahm von dem Schoner *Polarstjernen* aus die Westküste von Spitzbergen bis zur Magdalenen-Bai geologisch und kartografisch auf. Eine gute Karte zeichnete er auch von der Philippinen-Hauptinsel Luzon.

Drygalski Erich von, 1865–1949, dt. Geograf, Gletscherforscher und Grönlandfahrer. 1891 unternahm D. im Auftrag der Berliner Ges. für Erdkunde eine Expedition zur Erforschung der Bewegungen des Inlandeises und befuhr 1892/93 die westgrönländ. Küste bis unter 73 Grad nördl. Breite, also über Upernavik hinaus. In den Jahren 1901–03 war D. Leiter der dt. Antarktisexpedition: Am 11.8.1901 verließ das Forschungsschiff *Gauß* Kiel, erreichte am 25.12. die Possessioninsel, brachte den ganzen Januar 1902 auf den → Kerguelen zu und wurde am 12.2. unter 66.5 Grad südl. Breite vom Eis eingeschlossen. Die nahe eisbedeckte Küste wurde nach Kaiser Wilhelm II. benannt und am 8.4.1903, nach vergeblichem Bemühen, weiter nach S voranzukommen, die Heimreise angetreten. Dabei lief die Expedition die Inseln Saint Paul und Nouvelle Amsterdam an und erreichte im Juni 1903 Kapstadt. Der Bericht über die reiche wissenschaftliche Ausbeute umfasste 20 Quart- und Atlasbände. Eine kleine Eisinsel in der Davissee, 1902 von der Gauß-Expedition erstmals gesichtet, wurde nach D. benannt und 1957 von einer russ. Expedition genauer untersucht.

Dschobair → Ibn Dschobair.

Du Chaillu Paul Belloni, 1835–1903, wurde in Paris geboren und wuchs als Sohn eines franz. Konsularagenten in Westafrika auf, wo er seine Ausbildung in einer Missionsschule erhielt. Schon als Sechzehnjähriger durchstreifte er das Gebiet am Gabun und Muni. Dann hielt er sich 1854/55 in den USA auf, ging aber wieder nach Westafrika zurück und unternahm zwischen 1855 und 1859 ausgedehnte Reisen und Wanderungen durch das damals kaum bekannte Gabun. Dabei stellte er vor allem dem Gorilla nach und berichtete über seine Abenteuer und Jagderlebnisse in dem ungemein lebendigen Buch *»Exploration and Adventures in Equatorial Africa«* (1861). Dieses Buch stieß gleichermaßen auf Zustimmung wie auch auf scharfe Kritik, vor allem → Barth wies auf unzuverlässige Angaben hin. Größter Verdienst D.s ist es, als erster Europäer größere Vorstöße in das Innere von Gabun unternommen zu haben. Er gab damit auch Anregungen für weitere Forschungsreisen. 1864–65 reiste D. in das Ogowegebiet. Dabei erforschte er zuerst ein Jahr lang die Lagune Fernand Vaz, die er richtig als den südl.sten Arm des Ogowedeltas erkannte, und brach danach in das Landesinnere auf. Nachdem er tiefer in das Land vorgedrungen war als irgendein Europäer vor ihm, zwang ihn die Feindseligkeit der Eingeborenen zu eiliger Flucht, bei der er den Großteil seiner Sammlungen verlor. Trotzdem verdankt die Wissenschaft dieser Reise zahlreiche sorgfältige Ortsbestimmungen und neue Aufschlüsse über die Natur und die Bewohner dieser Länder, u. a. die erste ausführliche Beschreibung des zentralafrik. Pygmäenvolks, der Obongo. Die Brauchbarkeit seines Berichts wurde später von → Lenz bestätigt.

Duclesmeur Ambroise-Marie le Jar, Chevalier de, 1749–?, Kapitän der *Marquis de Castries* in der → Marion-Dufresne-Expedition. Führte nach dem Maoriüberfall vom Juni 1772 sein Schiff mit der *Mascarin* unter → Crozet über Daybreak Island nach Guam und erreichte am 8.12.1772 Port Cavite auf den Philippinen, wo beide Schiffe ausgebessert und für die desertierten oder getöteten Franzosen ind. Seeleute angeheuert wurden. Am 15.2.1773 segelte D. nach Ile de France (Réunion) zurück.

Duclos-Guyot, zwei Brüder aus dem alten Korsarennest Saint-Malo in der Bretagne. Pierre-Nicolas D. war Erster Offizier unter → Bougainville bei seiner Weltumseglung, Alexandre D. fand mit dem Handelsschiff *Léon* im Juni 1756 ein schneebedecktes Land, das nach der Ortsbestimmung Südgeorgien gewesen sein muss (1 200 km östl. der Falklandinseln). Er war damit 19 Jahre vor → Cook auf dieser von Cook für Großbritannien in Besitz genommenen Insel.

Dufresne → Marion Dufresne.

Du Luth Daniel Greysolon, 1639–1710, Waldläufer und Entdecker vorwiegend im nordamer. Seengebiet. D. war zweimal in Franz.-Kanada, ehe er sich 1674 entschloss dort zu bleiben. 1678/79 weitete er seinen Aktionsradius bis nach Minnesota aus, wo die Stadt Duluth seinen Namen bewahrt. Hier brachte er am 2.7.1679 Frieden zwischen den Sioux und den Nachbarstämmen zuwege und nahm das Land für Frankreich in Besitz. Danach wandte er sich nach N, erforschte den Kaministikwia River und erbaute das nach dem Fluss benannte Fort (heute Fort William). D. war eben mit indian. Trägern am oberen Mississippi unterwegs, als er von der Gefangennahme des Paters Hennepin durch die Sioux hörte. Er erlangte die Freilassung des populären Missionars, scheiterte jedoch 1682 bei dem Versuch, in Paris Hilfsgelder für weitere Expeditionen zu erhalten. Zurück in Quebec, sandte D. seinen Bruder, den Sieur de La Tourette, an den Lake Nipigon, um dort ein Fort zu errichten; er selbst erbaute eines am Saint-Clair-Fluss. 1696 war er Kommandant von Fort Frontenac (Ontario) und lebte danach als Pensionär in Montreal, wo er starb. Seine Erinnerungen erschienen erst 1917 (!).

Dumont d'Urville Jules Sébastien César, 1790–1842, franz. Weltumsegler aus der Normandie. D. trat siebzehnjährig in die Marine ein, beteiligte sich 1819/20 an geografischen Arbeiten im Ostmittelmeer und im Schwarzen Meer und machte 1822–25 auf der Korvette *La Coquelle* unter Kapitän → Duperrey seine erste Reise um die Welt. Auf einer zweiten Reise (1826–29) gelang D. nach Hinweisen von Peter → Dillon die Klärung der Umstände, unter denen → La Pérouse gescheitert war. Auf der dritten Reise hatte D. neben seiner *Astrolabe* ein zweites Schiff, die *Zelée*, zur Verfügung. Hauptverdienst D.s auf diesen Reisen waren die genauen Küstenaufzeichnungen in schwierigen, bis dahin wenig bekannten Gewässern von Neuguinea und Neuseeland, aber auch eine eindrucksvolle Ausbeute an völkerkundlichen und ozeanografischen Materialien. Als Entdeckungen im engeren Sinn sind D. zuzuschreiben: → Adélieland und ein nach König Louis Philippe I. benannter Festlandteil, beide in der Antarktis, ferner die für die Schifffahrt und die Entwicklung der Kolonie Neuseeland wichtigen Klärungen am Nordrand der Südinsel, wo Separation Point (franz.) benannt wurde und der Inselcharakter von D'Urville Island nachgewiesen werden konnte. Auch die Admiralty Islands wurden nun (stark abweichend von James → Cook) endgültig fixiert. D. bemühte sich in Gesprächen mit Eingeborenen die Maorinamen für die verschiedenen charakteristischen Punkte der Südinsel zu ermitteln und trug sie statt der Cook-Benennungen ein (was sich nur z. T. durchsetzte). Hinsichtlich der Neuauffindung völlig unbekannter Inseln hatte D. sich keine Illusionen gemacht, wurde der Pazifik inzwischen doch 300 Jahre lang von Weißen befahren. Immerhin entdeckte er in der Fidschi-Gruppe die mit 32 qkm beachtliche Insel Vatulele (heute: drei Dörfer und ein Leuchtturm) und

Dumont d'Urvilles Schiff in der Südsee vor der Kokosinsel.

einige kleinere Inseln in der Loyalty-Gruppe, 100 km östl. von Neukaledonien. In der Padaido-Gruppe (Verräter-Inseln, heute Irian Jaya) wurden 13 Eilande genau vermessen. Darüber hinaus fand und verzeichnete D. einige für die Schifffahrt sehr gefährliche Klippen und Riffe.– D. hat über seine Reisen ausführlich in Text, Atlanten und Einzeluntersuchungen berichtet ohne diese Arbeiten ganz abschließen zu können, da er am 8.5.1842 unweit Versailles einem Eisenbahnunfall zum Opfer fiel.

Dunmore Charles Adolphus Murray, Earl of, 1841–1907, Reisender und Großwildjäger aus dem hochadeligen, mit den Stuarts verwandten schott. Geschlecht. Schon durch seinen Vater und seinen Großvater an fremden Ländern interessiert, fasste er nach einem Leben mit verschiedenen großen Jagdreisen noch als Fünfzigjähriger den Entschluss den Pamir zu überqueren, was ihm 1892 auch gelang. Er benützte dabei, von S nach N reisend, größtenteils unbekannte Routen, beging Hochpässe im östl. Hindukusch und überquerte den Großen Pamir, ehe er nach Kaschgar abstieg. Die persönliche Leistung blieb unbestritten, ihr wissenschaftliches Ergebnis wird von den Fachgeografen eher zurückhaltend beurteilt. Der Bericht erschien 1893 in London (2 Bde.).

Dupaix Guillaume, franz. Offizier, erforschte 1805–07 in insgesamt drei Reisen jene mexikan. Ruinenstadt im Staat Chiapas, die heute nach Santo Domingo de Palenque benannt wird, weil der altindian. Name der Stadt unbekannt ist. Sehr wertvoll war, dass D. sich von dem Zeichner L. de Castañeda begleiten ließ, der vom damaligen Zustand der Ruinenstadt, insbesondere von dem sog. Großen Palast und den Tempeln am Otolum eine erste zutreffende Vorstellung gab. D.s Berichte erschienen 1834–36 in Paris, die Ruinen von Palenque wurden seither von einer Reihe von Forschern vor allem aus den USA besucht, wobei deutliche Unterschiede zu den bekannten Ruinen von Yukatan festgestellt wurden. → Cortés muss auf dem Marsch von Tehuantepec zum Rio Dulce ganz nahe an den Ruinen von Palenque und von Men-Che vorbeigekommen sein, aber die Indianer haben ihm deren Vorhandensein offensichtlich verschwiegen.

Duperrey Louis-Isidore, 1786–1865, franz. Weltumsegler, Kartograf und Völkerkundler. D. machte schon als junger Offizier die → Freycinet-Weltreise mit und empfahl sich durch seine verlässlichen kartografischen Arbeiten und Aufzeichnungen für weitere Aufgaben. Am 11.8.1822 verließ er mit der schon erprobten *Coquille* den franz. Kriegshafen Toulon in Richtung Brasilien, berührte die Falklandinseln, umrundete Kap Hoorn und passierte Callao und Payta. Dieser Hafen wurde am 22.3.1823 verlassen und die *Coquille* stieß mitten hinein in den Tuamotu-Archipel. Schon die erste gesichtete Insel war eine Neuentdeckung und erhielt nach einem berühmten franz. Herzogsgeschlecht den Namen Clermont-Tonnerre. Die Insel führt heute den Namen Reao und ist die östl.ste bewohnte Insel des Archipels, 48 km ostsüdost von Pukarua. Die Bewohner von Reao sind dunkler in der Hautfarbe als ihre Inselnachbarn, ihre Sprache hat zahlreiche dem Polynesischen fremde Worte. Die Steinskulpturen weisen Verwandtschaft mit jenen der Osterinsel auf. – Alle anderen von D. genauer aufgenommenen Inseln waren früher schon einmal entdeckt worden. Die Expedition rastete von 3. bis 22.5.1823 auf Tahiti, berührte dann die Nebeninseln von Neuguinea und blieb im Sommer 1824 drei Monate auf Neuseeland, wo D. wertvolle Aufzeichnungen über Sprache und Gebräuche der Eingeborenen machte. Über Mauritius wurde im März 1825 der Hafen von Marseille erreicht.

Wasserfall in Neuirland. Abbildung aus dem Reisewerk von L. Duperrey.

Du Petit-Thouars Abel, 1793–1864, führte im Auftrag der franz. Admiralität vom 29.12.1836 an eine Weltreise von 30 Monaten durch, deren einzelne Punkte ihm genau vorgeschrieben waren und die der Unterstützung des franz. Walfangs dienen sollte. Entdeckungen im engeren Sinn gab es so gut wie keine, doch untersuchte und kartografierte die Fregatte *Venus* unter vielen anderen die Insel Guadeloupe und die Alljos-Felsen, danach die Magdalena Bay an der Südwestküste Kaliforniens. Im Februar 1838 landete man auf der Osterinsel, deren Kartografierung verbessert wurde; auch auf den Galapagosinseln wurde drei Wochen lang ähnlich fruchtbar gearbeitet. Im August 1838 umfuhr die *Venus* die ganze Marquesas-Gruppe und nahm sie vollständig auf. Am 29.8.1838 wurde Tahiti erreicht, wo D. die populäre Königin Pomaré einschüchterte und sie zu einem Ehrensalut für die *Venus* nötigte, gleichsam als Buße wegen vermeintlicher Diskriminierung franz. Missionare. (Der Zwischenfall führte dazu, dass Tahiti an Königin Victoria schrieb, um sich unter brit. Schutz zu begeben, was London mit Rücksicht auf Frankreich jedoch ablehnte.) Trotz widriger Winde kreuzte die *Venus* noch lange in austral. Gewässern und erreichte über Kapstadt im Juni 1839 den Heimathafen Brest. Neben der Ausbeute an Land- und Seekarten waren die konsequent durchgeführten meteorologischen Messungen und die gegenständlichen naturwissenschaftlichen Sammlungen besonders wertvoll. Die Insel Maria – so benannt nach dem Walfänger unter Kapitän Georg W. Gardner – im äußersten W der Austral-Gruppe war von D. zwar nicht entdeckt worden, wurde aber erstmals genauer bestimmt und betreten. Das Atoll ist heute wie damals unbewohnt und wird nur von Fischern und Kokossammlern aufgesucht.

Dupré Adrien, gest. 1831, franz. Diplomat und Orientreisender, der sich nach Reisen im Raum des Schwarzen Meers 1807 nach Persien wandte. Sein Interesse galt neben den Landschaften und ihren Menschen auch den wirtschaftlichen Verhältnissen, und da er zudem bis dahin kaum bekannte Routen benützte, sind seine Berichte aus Mesopotamien und dem heutigen Iran bis ins armen. Eriwan von großem Wert. Er verschaffte sich auch Angaben über die einzelnen Stämme oder Völkerschaften des pers. Reichs; mit diesen systematischen Mitteilungen geht D. über die üblichen Reiseerzählungen hinaus. Die zusammengefassten Berichte über seine Reisen 1807–09 erschienen 1819 in Paris (2 Bde.). Es »ist eines der aufschlussreichsten aus dem Beginn des 19. Jh.s und zugleich eines der besten Bücher, die je über Persien geschrieben wurden. Der lange Aufenthalt unter der Bevölkerung ermöglichte es dem Reisenden, sich vielerlei

Angaben zu verschaffen. Ein großes Verdienst war die Wiedergabe der von (dem mitreisenden Obersten) Trézel bestimmten geografischen Breiten mehrerer Städte, darunter auch von Schiraz und Jezd« (Gabriel).

Dupuis Jean, 1829–1912, Kaufmann aus Mittelfrankreich, der sich nach 18 Jahren in China nicht nur ein gewisses Vermögen, sondern auch eine solide Kenntnis von Sprache und Sitten der Chinesen erworben hatte. Dies gab ihm die Möglichkeit auf eigene Faust nach einem praktikablen Handelsweg aus Mittelchina nach dem SW zu suchen, wobei er den schon von Jesuitenmissionaren flüchtig beschriebenen Roten Fluss auf zwei Reisen in verschiedenen Richtungen erstmals genau lokalisierte und beschrieb (1873). Seine Kenntnis der Wegstrecke zwischen Hanoi und Jünan war für die eben einsetzenden franz. Vorstöße in Hinterindien von einiger Bedeutung. D.s Aufzeichnungen erschienen denn auch in der Schriftenreihe der *Société Académique Indochinoise* (2 Bde. 1879). Petermanns Mitteilungen (s. Lit.) brachten 1877 eine dt. Zusammenfassung auf Grund der Erstausgabe von 1877.

Dutreuil de Rhins Jules-Léon, 1846–94, franz. Marineoffizier, Entdecker und Kolonialpionier aus Burgund. D. kommandierte 1876/77 eines der Kriegsschiffe, die Frankreich dem König von Annam zum Geschenk gemacht hatte, kehrte dann aber nach Frankreich zurück, um sich auf selbstständige Unternehmungen vorzubereiten. 1882/83 weilte D. während kriegerischer Aktionen und Aufständen in Ägypten und im Kongogebiet und brach 1891 über Taschkent und Ferghana nach Zentralasien auf. Er erreichte Khotan und unternahm von dort aus Exkursionen zur Erkundung der Hochpässe und der Gebirgsregionen in Richtung auf Ladakh und Leh. 1893/94 durchquerte er den W Chinas und fiel im Juni 1894 an der damaligen chin.-tibet. Grenze im Kampf gegen Straßenräuber. Seinem Weggefährten Grenard gelang immerhin die Rettung wertvoller Aufzeichnungen über Forschungen und Entdeckungsfahrten; er publizierte sie 1897 unter dem Titel *Mission scientifique dans la Haute-Asie*. D. hatte schon vorher Arbeiten über das Königreich Annam, dessen Bewohner und über Tibet publiziert, dazu eine wertvolle Karte über das östl. Indochina. Eine Bergkette unter 34.20 Grad nördl. Breite ist nach D. benannt, ebenso ein in dieser

Gegend liegender 5 630 m hoher Pass, doch ist es zweifelhaft, ob sich diese Namen unter heutigen Verhältnissen erhalten haben.

Duveyrier Henri, 1840–92. Mit 14 Jahren besuchte der aus Paris gebürtige D. ein Internat in Bayern, anschließend die Handelsschule in Leipzig, nahm aber schon als junger Mann Privatunterricht in der arab. Sprache. Als Siebzehnjähriger reiste er erstmals von Algier aus nach Laghouat am Rand der Sahara und legte dabei ein Wörterverzeichnis aus den Dialekten der dort lebenden Stämme an. Mit Unterstützung von → Barth, den er in London kennen gelernt hatte, plante er eine große Reise in die Zentralsahara. 1859 zog er auf neuer, von Europäern bisher nicht betretener Route zur Oasenstadt Guerrara im Mzab und gelangte von da als erster Europäer bis El-Goléa, wo er sich wegen der fanatischen Bevölkerung aber nur einen Tag aufhalten konnte, dann kehrte er wieder nach N zurück, nicht ohne unterwegs noch mehrere Abstecher zu unternehmen; so bereiste er das südl. Tunesien mit seinen Schotts (Salzseen). 1860 erhielt er vom Generalgouverneur von Algerien den Auftrag, in das Gebiet der Tuareg zu reisen und dort freundschaftliche Kontakte mit den Stämmen anzuknüpfen. Eine Zeit lang hielt er sich in Tuggurt auf und wandte sich dann in großem Bogen nordostwärts nach Tripolis. Über Ghadames erreichte er Ghad, den südl.sten Punkt aller seiner Saharareisen. Mit seiner mehrfachen Durchquerung der algerischen Wüsten hatte D. wichtige Beiträge für die Kenntnis von Natur und Mensch geleistet und eine Reihe weißer Flecken von der Karte Nordafrikas getilgt. Nach einer längeren Pause begleitete er 1874 eine franz. Expedition nach Südtunesien und 1885 den franz. Gesandten auf einer Reise durch Marokko. Den Versuch das Rifgebiet im nördl. Marokko zu durchqueren musste er wegen der wilden Eingeborenen aufgeben. D. starb mit 52 Jahren durch Freitod.

E

Edge Thomas, brit. Polarforscher im Dienst der Muscovy Company. E. unternahm zwischen 1600 und 1616 mindestens zehn Walfangexpeditionen in die Gegend von Spitzbergen, fand dort, ohne sie zu benennen, einige Inseln, Meeresstraßen und Kaps und beschrieb genauer die nach ihm benannte E.-Insel, ca. 5 000 qkm groß, bis 400 m ansteigend, interessant durch die Funde von Saurierknochen und Erdöl. E. stieß bis 78 Grad nördl. Breite vor, für damalige Zeiten eine außerordentliche Leistung, die eines seiner Schiffe mit der Erreichung von 79 Grad noch steigerte. E., ein nicht nur kühner, sondern auch wohlhabender Kaufmann, starb 1624.

Edrisi Esch Scherif al, 1099–1164 oder nach 1175, arab. Prinz aus Ceuta, entstammte einer entmachteten Herrscherfamilie und machte sich die Vermittlung arab. Weltkenntnis an das Abendland zur Lebensaufgabe. An der berühmten maur.-jüd. Universität von Cordoba gebildet, lebte er lange am Hof König Rogers II. auf Sizilien und fertigte für diesen Herrscher die viel besprochene silberne Erdtafel, eine Karte der Welt nach damaligem Wissensstand; dazu gab er schriftlich die nötigen Erläuterungen und verfasste eine große Erdkunde für Rogers Sohn Wilhelm I. (verloren). Dennoch gilt die Summe von E.s Arbeiten als die wertvollste geografische Leistung des Mittelalters. Selbst gereist ist E. nur in Nord- und Nordwestafrika und im Mittelmeerraum; seine Orientkenntnis ist lückenhaft und schöpft aus fehlerhaften Quellen.

Edwards Edward, brit. Seeoffizier und Kapitän der *Pandora,* 1790/91 auf der Suche nach den Meuterern von der *Bounty*. Die Fregatte hatte 24 Kanonen und 160 Mann Besatzung, doch wurde, anders als bei wissenschaftlichen Reisen, kein regelmäßiges Journal geführt. Nur der Bordarzt George Hamilton lieferte einige Aufzeichnungen. Demnach verließ die *Pandora* am 7.11.1790, also gleich nach → Blighs Rückkehr nach England, den Hafen Jack-in-the-Basket, passierte Kap Hoorn, erreichte die Osterinsel am 4.3.1791 und entdeckte am 16.3. das Atoll Ducie Land, 470 km östl. von Pitcairn, die östl.ste der zu Pitcairn gehörenden Inseln, ein Atoll ohne Einfahrt mit besonders gefährlichen Haifischschwärmen. Hätte E. von hier aus Westkurs gehalten, er hätte Pitcairn erreicht und die Meuterer gefangen nehmen können. Doch segelte er nach NNW und stieß auf Marutea, das er Lord Hoods Island nannte, ein unbewohntes Atoll der Tuamotu-Gruppe (heute franz.). Zwei Tage darauf entdeckte er Tureia, dem er den Namen Carysfort Island gab (heute 850 Einwohner). Am 23.3. erreichte er Tahiti, offenbar ohne weitere Entdeckungen gemacht zu haben, konnte hier aber insgesamt 14 der 16 auf Tahiti verbliebenen Meuterer verhaften und den Schoner, den sie zu einer etwaigen Flucht gebaut hatten, als Tender in Besitz nehmen. Auf der Rückreise wurde im Juni 1791 Nukunono entdeckt, das Edwards Duke-of-Clarence-Island nannte (Tokelau-Gruppe, gehört zu Neuseeland). Auf weiteren Kreuz- und Suchfahrten ging der Tender verloren, der von Eingeborenen angegriffen worden war, aber E. entdeckte noch Rotuma, das er Grenville Island nannte (390 km NNW von Fidschi). Von den in diesem Reiseabschnitt gesichteten Inseln waren zwar einige bereits entdeckt (von → Schouten, → Wallis u. a.), aber Anuda, von E. Cherry Island benannt, war tatsächlich eine Entdeckung (Salomonen). Der absurdeste Zufall dieser an Glücks- und Zwischenfällen so einmalig reichen Strafexpedition war, dass E. über Vanikoro dichte Rauchwolken aufsteigen sah, ohne nach deren Ursachen zu forschen. Hätte er es getan, er hätte die → La-Pérouse-Expedition retten können. Am 28.8.1791 scheiterte die *Pandora* im Großen Barrierriff, und nur ein dem Befehl zuwiderhandelnder Maat öffnete das Gefängnis der *Bounty*-Meuterer noch im letzten Augenblick, sodass zehn der Gefangenen sich vor dem Ertrinken retten konnten. In vier Booten erreichten die Leute Timor, fanden später in Samarang den verloren geglaubten Tender und verkauften ihn, um zu Kleidern zu kommen. Am 18.6.1792 waren alle in Spithead. Drei der verbliebenen zehn Meuterer wurden am 29.10.1792 an den Rahen der *Brunswick* in Portsmouth gehängt.

Egede, drei Generationen von Grönlandforschern, von denen Hans E. (1686–1758) der berühmteste ist. E. brach als Missionar 1721 mit drei Schiffen unter Mitnahme seiner Familie nach Grönland auf, wo er unter schwersten Bedingungen 15 Jahre aushielt und die ersten verlässlichen geografischen und ethnografischen Nachrichten über die große Insel einbrachte. Seine 1740 erstellte Karte gab der Welt Kunde von der schon 982 von → Erik dem Roten entdeckten Insel. Von dem 1728 entstandenen Godthaab aus suchte E. nach den Resten der Wikingersiedlungen (zum Teil in Bootsfahrten). Seine Berichte (dt. 1740/41) wurden eine Sensation für die gebildete Welt. Sein Sohn Paul (1708–89) weilte 1734–40 als Missionar auf Grönland, gab 1749 ein Eskimo-Wörterbuch und 1788 eine neue Grönlandkarte heraus. Er vollendete die von seinem Vater begonnene Übersetzung des Neuen Testaments in die Eskimosprache und veröffentlichte weitere Forschungsarbeiten zu den Eskimosprachen. Christian Thestrup E., ein Enkel Hans E.s, nahm als dän. Marineoffizier an der Löwenörnexpedition teil und setzte diese in Richtung auf die unwirtliche und gefährliche Ostküste der Insel fort, als Löwenörn bereits aufgegeben hatte. Da auch ein zweiter Anlauf am Eis scheiterte, nahm Ch. T. E. die Ostküste Grönlands aus der Ferne mit Instrumenten auf, wobei er 64.15 Grad nördl. Breite erreichte.

Karte aus der »Beschreibung Grönlands« von Hans Egede.

Ehinger Heinrich, erhielt am 12.2.1528 von Kaiser Karl V. zu Burgos einen Vertrag nach dem Muster der Konquistadoren-Lizenzen und durch eine Vertragsergänzung vom 27.3.1528 Zusagen über Hoheitsrechte in den zu entdeckenden und zu erobernden Gebieten. Dieser Umstand und das Nebeneinander der Namen Heinrich, Ulrich und Ambrosius in den span. oder latein. abgefassten verschiedenen Ausfertigungen führte zu der Verwechslung des dt. Konquistadors → Dalfinger mit den Ehingers. → Federmann.

Ehlers Otto Ehrenfried, 1855–1895, Hamburger Jurist in diplomatischen Verwendungen, der seit 1886 zu immer größeren Reisen in Asien und Nordamerika aufbrach und mit dem Buch *An indischen Fürstenhöfen* (Berlin 1893 ff.) großen Erfolg hatte. Dank bester Empfehlungen aus Berlin setzte er es im Sommer 1895 durch, die südöstl. Halbinsel von Dt.-Neuguinea zu durchqueren, und brach trotz aller Warnungen mit einer Polizeischutztruppe von 43 Mann auf. Es gelang, die Wasserscheide zu überschreiten und den Oberlauf des Williamsflusses zu erreichen, ehe die von den Salomonen stammenden Boys Ranga und Opia neben E. noch andere Deutsche erschossen und nach ihrer Verhaftung sogar Curt von Hagen, den Generaldirektor der Neuguinea-Kompanie. Von der 46 Mann starken Expedition wurden nur 22 gerettet. – Alle Bücher E.s erlebten zahlreiche Auflagen und brachten dem deutschen Lesepublikum vor allem Asien und die pazifische Inselwelt nahe.

Ehrenreich Paul, 1855–1914, dt. Brasilienforscher, der in dem erstaunlich lang unbekannt gebliebenen Gebiet des Rio Doce kartografische und naturwissenschaftliche Erkundungen anstellte. Er nahm 1884/85 an der Botokudenexpedition des Prinzen zu → Wied teil, 1887/88 dann an der zweiten Xingu–Expedition (→ Steinen). In eigener Verantwortung bereiste E. danach den Araguayafluss und den Ostteil des Mato-Grosso-Gebiets und berichtete vor allem über die Indianerstämme viel bis dahin Unbekanntes. E. erarbeitete eine neue Karte der bereisten Flussgebiete, schrieb über seine Reisen aber nur Aufsätze in Fachzeitschriften.

Eichwald Johann Karl Eduard (von), 1795–1876. Balt.-dt, Naturwissenschaftler und Forschungsreisender aus Mitau. Nach Studien in Berlin und Wien zunächst Arzt, wurde E. 1821 Priv.-Doz. für Zoologie in Dorpat und trat 1825 seine erste Forschungsreise in den Kaukasus und nach Persien an. 1827–38 war E. Prof. für Zoologie an der Universität Wilna und 1838–51 an der Akademie in Sankt Petersburg, wo er auch Mineralogie und Geologie vortrug und als internationale Autorität für Paläontologie galt. Bahnbrechend waren seine Forschungen zur Naturgeschichte des Kaspischen Meers, aber auch der Kaukasusregionen. Die Drucklegung der Berichte wurde von Alexander von → Humboldt gefördert. E.s Kartenwerke über das Kaspische Meer und den (alten) Lauf des Amu-Darja berichtigten viele fehlerhafte Annahmen in diesem Teil der Erde. Seine wichtigsten Werke, darunter eine schätzenswerte *Alte Geografie des Kaspischen Meeres*, erschienen in Berlin, Stuttgart und Tübingen.

El Bekri → Bekri.

El Biruni → Biruni.

Elcano Juan Sebastian → Cano.

Elias Ney, 1844–97, brit. Zentralasienreisender. Als Sohn eines Fernkaufmanns mit China früh vertraut, wandte sich E. geografischen Studien zu und nahm zunächst den Unterlauf des Hoangho genau auf, nachdem er sich vorher schon mit dem weniger bedeutenden Tsien-tang-kiang unweit Hangtschau beschäftigt hatte. Seine eigentliche Leistung ist die Durchquerung Zentralasiens von O nach W, wobei er genaue Höhenmessungen durchführte und den Verlauf der seit dem Altertum bekannten Handelsstraßen durch ein wertvolles Höhenprofil ergänzte (1872/73). Angesichts seiner ausgezeichneten Landeskenntnisse wurde E. um 1880 brit. Konsul in Ladakh, der Himalajaregion von Kaschmir. Von hier aus unternahm er im Regierungsauftrag neuerliche Expeditionen auf den alten Hochpässen nach Jarkend und Kaschgar, wobei der Pamir überquert und auch die Amu-Darja-Region geografisch näher erkundet wurde. E.s Arbeiten sind auch in England nur ausnahmsweise selbstständig erschienen, doch sind Petermanns Mitteilungen (s. Lit.) ebenso wie → Richthofen in seinem China-Werk auf sie eingegangen.

Eliza Francisco de, span. Marineoffizier, führte im Auftrag des Vizekönigs von Mexiko eine Erkundungsfahrt an der Nordwestküste von Nordamerika durch, die bis zur → Vancouverinsel gelangte. Dort wurden die unübersichtlichen Verhältnisse (Meeresstraßen, Inseln, Halbinseln) zwar noch nicht völlig entschleiert, aber vor allem dem Führer der zweiten Fregatte, J. M. Narvaez, gelangen für spätere Seefahrer hilfreiche Aufnahmen der Festlandküste und die Passage der Rosariostraße, aber auch die Befahrung der Strait of Georgia (heutiger Name) vor der späteren Stadt Vancouver, des Meeresarms also, der eigentlich die Vancouverinsel schafft.

Ellesmere, Insel im NO von Kanada, lange Zeit E.-Land genannt, weil die Meeresstraße, die E. von Grönland trennt, an der engsten Stelle nur 20 km breit ist. Kap Columbia, nördl.ster Punkt von E. und damit von Kanada, ist nur 670 km vom Nordpol entfernt. Die 212 000 qkm große E.-Insel wurde schon 1616 von William → Baffin gesichtet, später besonders genau von Otto Sverdrup erforscht (1898–1902). Vor etwa 130 Jahren von der Eskimobevölkerung verlassen, hat E. heute nur noch Wetterstationen und Polizeiposten, dazu ein paar Eskimofamilien am Grisefjord. An der Northern Polynia, einem auch im Winter offenen großen und fischreichen Wasserloch, fanden sich in vorgeschichtlichen Eskimosiedlungen Hinweise auf kurzzeitige Anwesenheit von Grönlandwikingern: Prof. Schledermann grub Gebrauchsgegenstände, einen Kettenpanzer und Stoffreste aus, deren Radiokarbondatierung mit dem archäologischen Befund und Chronikhinweisen auf das Jahr 1266 übereinstimmt.

Ellis Henry, 1721–1806, engl. Seefahrer, nahm als Hydrograf und Mineraloge an der Moor-Expedition von 1746 zur Auffindung der Nordwestpassage teil, wobei sich herausstellte, dass die Hudson Bay eine im W, S und O geschlossene Bucht ohne Meeresstraße in eine Passage ist. E. war der Chronist dieser Expedition, wurde zuerst Gouverneur in Nova Scotia, ging aber wieder nach England zurück.

Ellis William, 1794–1872, brit. Missionar, der 1816–24 auf den Gesellschaftsinseln und auf den Sandwichinseln tätig war. Seine schriftstellerischen Ambitionen hatten zwar nicht in erster Linie geografische Fakten zum Gegenstand, doch wurde seine Sammlung *Polynesian Researches* (London 1939, 4 Bde.) wegen ihres Umfangs und der Verwertung auch anderer Missionsberichte zu einer Fundgrube für die damals erst beginnende Forschung. Weniger ergiebig sind seine Reiseberichte aus Madagaskar (1853–56).

Ellswerth Lincoln, 1880–1951, Polarforscher aus den USA, Ingenieur (Geologe) mit ausgezeichneter Ausbildung. Nach Tätigkeiten beim Eisenbahn- und beim Bergwerkswesen erhielt er 1924 den Auftrag eine geologische Expedition in die Anden zu führen, die von der John-Hopkins-Universität und privaten Geldgebern finanziert wurde. 1925/26 unternahm E. gemeinsam mit → Amundsen und später auch mit → Nobile Polflüge: in einem halbstarren Luftschiff kam es auf der Alaska-Spitzbergen-Route zu einer Überfliegung des Nordpols. 1931 flog E. mit dem Luftschiff Graf Zeppelin über die sibir. Eismeerküste und über polare Meeresgebiete und entrann 1935 bei einem Polflug mit einem Propellerflugzeug nur knapp dem Tod im Schneesturm. Sein großer Antarktisflug von 1939 führte zu Ansprüchen der USA auf 35 000 Quadratmeilen auf dem südpolaren Festland. 1941 wieder in die Anden zurückgekehrt, forschte E. nach Gräbern und Bergfestungen der Inkaherrscher von Peru. Seine Arbeiten erschienen zwischen 1915 und 1928, doch blieben sie im Schatten der Amundsen-Veröffentlichungen.

Elphinstone Mountstuart, 1779–1859, aus altadeliger schott. Familie, als Feldherr, Geschichtsschreiber und Entdecker gleichermaßen ausgezeichnet. E. nahm als junger Offizier an verschiedenen Schlachten der brit.-ind. Kolonialpolitik teil, wurde 1803 Resident in Nagpur und 1808 Gesandter am Hof des Königs von Kabul (dessen Reich sich damals bis weit hinein nach Westpakistan erstreckte). 1810 wurde E. Resident am Hof des Mahratten-Peischwa (= Oberhaupt) und deckte die Aufstandsvorbereitungen dieses kriegerischen Stamms auf, der schon 1761 in der Schlacht von Panipat 200 000 Tote zu beklagen gehabt hatte. E. führte den Feldzug gegen die Mahratten 1817 erfolgreich und wurde 1819 Gouverneur von Bombay. Schon 1827 aber quittierte er den Dienst, widmete sich fortan seinen historischen und geografischen Arbeiten und ausgedehnten Reisen. Sein Hauptverdienst ist in der Reise nach Kabul zu sehen, die, obgleich mit großem Apparat unternommen, doch weitgehend Gebiete berührte, die seit Alexander dem Großen wenig beachtet worden waren. Außer den Gebirgsregionen zwischen Nordindien und Afghanistan mit ihren uralten Handelsstraßen wurde auch der Induslauf in seinen unbekannten Teilen aufgezeichnet und der heute berühmte Stupa von Maniakala entdeckt. Allein dem Pandschab wurde ein voller Monat gewidmet. – E. ist aber auch der Verfasser der ersten umfassenden und nach den Quellen erarbeiteten Geschichte Indiens für die Hindu- und die mohammedanische Periode, eines außerordentlich erfolgreichen Werks, das in 40 Jahren sieben Auflagen erzielte.

Elson Thomas, brit. Alaskaforscher, Teilnehmer der → Beechey-Expedition in den Pazifik 1825–28, befuhr in selbstständiger Unternehmung im Sommer 1826 die Nordküste von Alaska vom Eiskap bis zum Kap Barrow, dessen 200 km arktische Meeresküste er kartografisch aufnahm. Das tiefe Inlet östl. von Kap Barrow wurde nach E. benannt (→ Dease, → Franklin).

Emment, Kapitän, entdeckte um 1820 zwei Inseln der Phoenix-Gruppe, Manra (Sidney) und Birnie, die zu diesem Zeitpunkt unbewohnt waren. Sie wurden etwa 60 Jahre später wegen des Guanovorkommens von europ. und amer. Gesellschaften häufig angelaufen.

Emory William Hensley, 1811–87, amer. Offizier und Kartograf der Militärexpedition unter General Kearney (oder Kearny), die 1846/47 das Land zwischen Missouri und Pazifik erstmals gründlich und umfassend aufnahm. Die Expedition vermied weitgehend die Felsengebirge, indem sie bis Santa Fé allgemein südwärts zog, dann aber auf etwa 33 Grad nördl. Breite Westkurs einschlug und durch die große Gilawüste nach Kalifornien marschierte. Nach der Durchquerung der Coloradosenke wurden die Laguna Mounts bezwungen und bei San Diego der Pazifik erreicht. E. führte während des ganzen Marschs zahlreiche Orts- und Höhenbestimmungen durch und brachte damit die zuverlässigste Routenkarte des Unternehmens zustande. 1849–55 war E. Mitglied verschiedener Kommissionen für die Grenzziehung zwischen Mexiko und den Vereinigten Staaten. Dabei entstanden nicht weniger als 54 Landkarten im Maßstab 1:60 000.

Enderby, Londoner See- und Pelzhandelshaus, das 1830–38 seine Robbenjagdschiffe auch mit geografischen Aufgaben betraute. Die erfolgreichsten Kapitäne dieser Firma waren: John → Biscoe, der mit den Schiffen *Tula* und

Lively E.-Land entdeckte, ohne es allerdings betreten zu können. Außerdem entdeckte er die Adelaideinsel (68 Grad südl. Breite, 68 Grad westl. Länge) und die Küsten von Grahamland, eine Benennung, die auf ihn zurückgeht. Sein Name hat sich in den Biscoe-Inseln erhalten. Kapitän Kemp auf der *Magnet* entdeckte hart südl. des Polarkreises das nach ihm benannte Land. John Balleny schließlich fand mit den Schiffen *Eliza-Scott* und *Sabrina* den nach ihm benannten Archipel, wo er an der Younginsel ankerte. Die *Sabrina* ging an diesen Küsten verloren. (Zuvor hatte die Firma schon die *Rose* im Packeis verloren.)

Endridius Oddison, Teilnehmer einer Polarexpedition → Erlingr Sigvatson.

Engelhardt Otto Moritz Ludwig von, 1779–1842, balt.-dt. Mineraloge und Forschungsreisender aus Wieso (Estland), Schüler von Abraham Gottlieb Werner an der Bergakademie in Freiberg (Sachsen). Reiste zunächst mit K. von Raumer wegen mineralogischer Studien nach Deutschland und Frankreich, 1811/12 dann mit F. Parrot auf der Krim und im Kaukasus. 1815–17 begann er mit mineralogischen Untersuchungen in seiner Heimat und in Finnland, ehe er im Auftrag des Zaren zu ausgedehnten Reisen nach Archangelsk, Saratow und Perm aufbrach. Für seine Forschungen am Kasbeck, am Terekfluss und bei Taman am Schwarzen Meer hatte E. schon hohe Auszeichnungen erhalten, obwohl vor allem die Höhenmessungen sich später als fehlerhaft herausstellten. Seine Reiseberichte erschienen 1815 auf Deutsch in Berlin. Gemeinsam mit G. Ewers veröffentlichte er *Beyträge zur Kenntniß Rußlands und seiner Geschichte* (1816–18).

Ennin, genannt der Mönch Ennin, 793–864, einer der erstaunlichsten Reisenden des Mittelalters. E. begab sich 838 mit anderen Buddhisten seiner japan. Heimat auf eine Chinareise, weilte 838/39 im Hafen Hangtschou und bis 840 in einem korean. Kloster. Seine große Westreise begann in der Provinz Schansi, führte nach Hsingan und gab ihm Gelegenheit zu jahrelangen Studien in dortigen Klöstern, bis ihn 845 der buddhistenfeindliche Kaiser Wu-Tsung des Landes verwies. Da er sich tief im Landesinneren befand, wurde auch die Befolgung des Ausweisungsbefehls zu einer weiteren Studienreise, ehe E. im Jahr 848 von der Küste der Provinz Shantung aus die Heimreise nach Japan antrat. E.s chines. abgefasster Originalbericht ist verschollen, doch haben sich Textstellen, Zitate und längere Auszüge bei verschiedenen anderen Autoren erhalten, sodass die Redaktion von E. O. Reischauer (in engl. Sprache, New York 1955) zwar diesen Text nicht wiedergibt, aber eine Vorstellung von seinem Reichtum an Beobachtungen vermittelt. Der Große Kanal zwischen Peking und Hangtschou, das Leben in China, die Verhältnisse auf Straßen, in Hafenorten und in den Klöstern sind bei E. in vielen aussagekräftigen Einzelheiten greifbar, sodass trotz der religiösen Zielsetzung E.s ein sehr wichtiges Quellenwerk über China im 9. Jh. entstanden ist.

Enriquez Don Hernando → Henriquez.

Entrecasteaux → D'Entrecasteaux.

Ercilla y Zuniga Alonso de, 1533–95, einer der nicht sehr häufigen dichtenden Konquistadoren und aus altem Adel, mit besten Verbindungen zum Hof (sein Vater war Mitglied des Kaiserlichen Rats). 1547–51 war E. mit dem Infanten Philipp auf Reisen durch Europa, 1554 auch in England. Bald danach ging E. nach Chile, zeichnete sich in sieben blutigen Schlachten gegen die aufständischen Araukaner aus und begann 1558 ein Heldenepos über diesen Krieg. Zugleich begleitete er Don Garcia → Hurtado de Mendoza auf jener Expedition, die einen Landweg zur Südspitze Südamerikas suchte, aber schließlich wegen breiter Meeresarme aufgeben musste. E. setzte jedoch mit einer kleinen Truppe den Weg fort, über die Insel Chiloe hinaus, und gelangte weiter nach Süden als jemals ein Spanier vor ihm. Am Archipel de Ancud, im Innern Patagoniens, schnitt er mit seinem Dolch eine Inschrift in einen Baum, die in seinem Epos über die Araukaner wiedergegeben ist. E. hatte politische Schwierigkeiten in Chile und kehrte nach weiten Reisen zunächst an den Hof Kaiser Rudolfs II. und 1580 nach Madrid zurück, wo er in Armut starb. *La Araucana*, Epos in 37 Gesängen, wurde seit 1569 wiederholt aufgelegt (dt. Ausgabe 1831).

Eredia Manuel Godinho de, 1563 bis nach 1616, portug. Reisender vor allem im südostasiat. Raum. Nach kurzer Ausbildung bei den Jesuiten Kartograf in Diensten des Vizekönigs von Indien. Um 1600 mit einer Forschungsreise in Richtung der Sundainseln beauftragt, musste er wegen holl. Widerstände umkehren, wartete aber in Malakka neue günstige Reisegelegenheiten ab und sammelte bei Eingeborenen Nachrichten über Java. Aus gesundheitlichen Gründen zwischendurch in Goa, leitete E. einen aufgeweckten Diener an, der unauffällig reisen konnte und tatsächlich bis zu einheimischen Fürsten auf Java vordrang und mit Fischern dieser großen Insel weit nach O segelte. Henze (s. Lit.) glaubt aus der Legende einer 1860 (wieder) aufgefundenen Karte des sog. Südindien erkennen zu können, dass dieser Diener schon um 1601 Kunde von der austral. Küste an die Goa-Portugiesen übermittelte, bzw. dass die austral. Westküste damals schon verschiedenen Seefahrern bekannt gewesen war, ohne dass sie davon Aufhebens machten.

Erik der Rote, auch Erik oder Eirik Raudi, geb. um 945 im mittleren Norwegen, gest. um 1007 auf Grönland. Kolonist und Entdecker der südl. und westl. Küsten von Grönland. E. kam als Knabe mit seinem Vater nach Island, wo die guten Grundstücke schon verteilt waren, sodass E.s Vater Thorwald auf einer schmalen Landzunge bauen musste. Wegen alter Blutracheverpflichtungen, möglicherweise aus Norwegen weiterwirkend, erschlug E. nach seines Vaters Tod zwei Männer. Nach weiterem Unfrieden geächtet, entschloss er sich, nicht ins Landesinnere auszuweichen wie andere Vogelfreie, sondern entsann sich der → Gunnbjörn-Schären, der Landsichtung eines früheren Islandfahrers im W. E. hatte das Glück der tödlichen Ostküste von Grönland zu entgehen, umrundete die Südspitze und fand Fjorde, ähnlich denen in Norwegen mit kleinem Weideland (damals herrschte dort noch milderes Klima). Nach Ablauf der Ächtung kehrte er nach Island zurück, warb mit dem Begriff »grünes Land« für seine Entdeckung und führte aus dem inzwischen eng gewordenen Island Freunde, Knechte und Unzufriedene im Jahr 986 auf 25 Schiffen, von denen nur 14 (!) ihr Ziel erreichten, nach Grönland. Die beiden Siedlungen der Grönlandwikinger hießen Österbygd (eigtl. lag sie südl.) und Westerbygd (richtig: NW). E.s eigener Hof, hoch über einem Fjord gelegen, war gleichsam die Residenz (Brattahlid). Nach dem Jahr 1000 entstanden hier insgesamt sieben Kirchen und der Bischofssitz Gardar. Die Kolonie ging zugrunde, als das von der Pest geschwächte Norwegen den Grönlandhandel nicht mehr aufrechterhalten konnte, als brit. Seeräuber von See her und Eskimos aus dem N Grönlands die von Mangelkrankheiten geschwächten Wikinger wiederholt überfielen. Angeregt durch → Bjarni Herjulfsson und seine Landsichtung (Labrador) erwarb → Leif Eriksson Bjarnis Schiff und entdeckte Neufundland. Es folgten Labradorfahrten, vor allem um Bau- und Schiffsholz zu holen, aber die Wikinger drangen auch an der Grönlandküste bis 74.5 Grad nördl. Breite vor (Runenstein von 1333). 1474 oder 1476 besuchten Didrik → Pining, Statthalter auf Island, der Däne Pothorst und der poln. Pilot Jan → Skolp Grönland. 1542 fand der Handelsfahrer Gert Mestemaker in der Kolonie niemanden mehr am Leben.

Erlandson Erland, nach 1790–1875, dän. Schiffszimmermann, geriet im dän.-engl.-schwed. Krieg in Gefangenschaft und kam nach dem Kieler Frieden von 1814 frei. Die Hudson Bay Company machte ihm den Vorschlag für sie Postenhäuser zu bauen, weswegen er die Labradorhalbinsel jahrelang bereiste und schließlich 1830 Fort Chimo erbaute, nahe der Mündung des Koksoak in die Ungava Bay (die durch die große Ungavahalbinsel von der Hudson Bay getrennt ist). Dies waren noch weitgehend unbekannte Gebiete des nordöstl.sten Labrador, in denen E. als Erster Erschließungs- und Aufnahmearbeiten durchführte, so 1832 am Kaniapiskaufluss und seiner Seenplatte, wo er eine weitere Niederlassung gründete und überwinterte. 1834 brach er von Fort Chimo abermals auf und durchquerte als erster Europäer die Labradorhalbinsel bis zur Atlantikküste, die er am Melville Lake (eigentlich einem Inlet) erreichte. 1839 war E. ein geschätzter Teilnehmer der MacLean-Expedition zum Churchill River.

Erlingr Sigvatson, 13. Jh., Grönlandwikinger und Führer einer Polarexpedition zur Erkundung der Wohngebiete der Eskimos. Die durch einen im Sommer 1824 aufgefundenen Runenstein und schriftliche Quellen dokumentierte Aktion erreichte selbst nach Meinung des stets besonders skeptischen → Nansen eine nördl. Breite von mehr als 74 Grad, d. h. dass die Nordmänner die Disco Bay passiert haben müssen, die damals offenbar noch unbewohnt oder vorübergehend von Eskimos verlassen war. Ein anderer eminenter Kenner, nämlich Friederici, datiert den Vorstoß auf 1265 und lässt ihn bis zur Barrowstraße gehen, was bezweifelt wird, weil der Stein im April errichtet wurde, zu einer Jahreszeit, zu der es hier kein offenes Meer gibt.

Erman, hugenott. Gelehrtenfamilie in Berlin, mit dem Magnetismusforscher und Geophysiker Paul E. (1764–1851) und dessen Enkel, dem Ägyptologen Adolf E. Für uns am wichtigsten: Georg Adolf E., 1806–77, Naturwissenschaftler und Weltreisender zeitweise in Zusammenarbeit mit Alexander von → Humboldt, → Hansteen und Gauß. 1828–30 umzog er die ganze Erde mit einem Netz möglichst genauer magnetischer Bestimmungen und beschrieb diese Unternehmung 1833–48 in insgesamt fünf Bänden, von denen zwei im engeren Sinn wissenschaftlich gehalten waren. 1841–65 gab E. ein Archiv für wissenschaftliche Kunde von Russland heraus. Besonderer Wert wird heute seinen Forschungen auf Kamtschatka und seinen Aufzeichnungen über Nordasien beigemessen, aber auch seinen ethnografischen Beobachtungen an der Beringsee.

Escalante Fray Francisco Silvestre de, um 1745–80. Span. Nordamerikareisender und Pionier des Santa Fé Trail, dessen Route von Neumexiko bis zur Stadt Monterey in Kalifornien er gem. m. F. A. → Dominguez u. a. zu ermitteln suchte, wobei er unablässig missionierte, den Utah Lake passierte, dann aber im Raum der heutigen Grenze zwischen den Staaten Utah und Arizona wegen großer Kälte und Mangel an Lebensmitteln aufgeben musste. Immerhin waren insgesamt, da der Rückweg über den Coloradofluss erfolgte, 2 500 km durch weitgehend unbekanntes Gebiet zurückgelegt worden, wobei die Fratres ein genaues Reisetagebuch führten. Das Diario blieb lange vergessen, da sich das Interesse bald den angelsächs. Reisenden zuwandte, deren Aufzeichnungen nicht übersetzt zu werden brauchten (engl. Neuausgabe 1976/77).

Eschholtz Johann Friedrich, 1793–1831, balt.-dt. Naturforscher und Arzt. Nahm 1815–18 und 1823–26 als Arzt bzw. Oberarzt und Naturforscher an den Weltreisen des O. von → Kotzebue teil. Er entdeckte eine Bai und eine Insel, die seinen Namen erhielten, dazu eine Affengattung und verschiedene Schmetterlingsarten. E. starb in seiner Heimatstadt Dorpat an Typhus. War befreundet mit → Chamisso.

Eschwege Wilhelm Ludwig, 1777–1855, nach juristischen Studien schließlich Montanist und Geologe und bis 1807 in Portugal im Eisenhüttenwesen tätig. 1811 nach Minas Gerais (Brasilien) versetzt und 1817 Generaldirektor des brasil. Edelmetallbergbaus. Die Möglichkeiten seines Amts nutzte E. zu energischen und intelligenten Exkursionen in drei südostbrasilian. Provinzen, womit eine neue Ära der Landeskunde unter eher europäischen und praktischen Gesichtspunkten begann. Seine Beobachtungen und Forschungen gingen weit über das Geologische hinaus ins geografische, karthografische und ethnografische Interessengebiet. Insbesondere erwiesen sich seine Gebirgsschnitte und Profile als nützlich für die moderne Kartografie Brasiliens. In Zusammenarbeit mit Hermann Baron E. werden seine erst 1963 aufgetauchten Memoiren und Materialien von einem eigenen Arbeitskreis an der Universität Bonn für Publikationen vorbereitet.

Espinha José d', 1722–88, portug. Geistlicher und Kartograf, bei den Jesuiten hervorragend ausgebildet und 1756 gemeinsam mit portug. und chines. Astronomen und Feldmessern im W des Kaiserreichs unterwegs. Kaiser Chien-Lung (geb. 1710, regierte 1735–99) hatte zwar die Werbung für die christliche Religion verboten und stand auch den Missionsstationen mit größter Reserve gegenüber, hatte aber in unablässigen Kriegen sein Reich weit nach W und SW ausgedehnt, die Tataren vertrieben, die Dsungarei und Tibet erobert, sodass er eine Gelehrtenkommission beauftragen musste, um überhaupt einen Überblick über all diese Eroberungen und ihre geografische Lage zu erhalten. Im Vergleich zu der Reise zweier chines. Diplomaten, die er 1763 nach Europa schickte, und holl. und span. Gesandtschaften war die Portugiesenmission von 1756 (vielleicht auch schon 1750, nach Giles) mit Abstand die wichtigste Unternehmung. Die Gelehrtengruppe besuchte zunächst die Hauptorte an der nördl. Seidenstraße (Hami, Turfan, Kuldscha), folgte dann dem Tienschan und arbeitete 1759 in Ostturkestan weiter. Nicht weniger als 43 Orte wurden zumindest hinsichtlich ihrer nördl. Breite genau bestimmt, was zur Grundlage eines riesigen Kartenwerks wurde, das ganz China auf 104 Blättern festhielt. Als Erster hat H. J. von → Klaproth auf dieses Epoche machende Werk hingewiesen.

Espiritu Santo, auch nur Santo genannt, große Insel der Torres-Gruppe (nordöstl. von Australien), 145 km lang, 65 km breit, höchste Erhebung 1877 m. Die Insel wurde 1606 von dem für Spanien segelnden Portugiesen → Quiros entdeckt, der auch eine kurzlebige Siedlung begründete. Sie gehört heute zu dem selbstständigen Staatswesen Vanuatu (ca. 140 000 Melanesier, 4 000 Franzosen, 1 000 Briten).

Estebanico, gest. 1539 oder 1540, kurioser Abenteurer und Teilnehmer an zwei der bedeutendsten Nordamerika-Entdeckungsreisen. E., ein Schwarzer, von dem niemand weiß, wie er vor den Konquistadoren ins Mississippidelta gelangte, schloss sich → Cabeza de Vaca auf seinen Irrfahrten quer durch S Nordamerikas an und genoss die Verehrung der Indianer, die in ihm einen Magier sahen. Als → Vazquez de Coronado seine große Expedition zur Suche nach den Sieben Städten vorbereitete, bildete E. die Vorhut, weil man annahm, ihm würden auch sonst kriegerische Indianerstämme nichts tun. Er wurde aber, ohne dass die Gründe bekannt geworden sind, auf einem seiner Erkundungsvorstöße von Indianern getötet. E. ist ein Miturheber der Legende von Cibolla bzw. den Sieben Weißen Städten, möglicherweise im guten Glauben, weil manche Riesenpueblos in der Sonne silbrig glänzten.

Etienne Jean-Louis, geb. 1946, franz. Arzt und Antarktisforscher, Mitinitiator der *Transantarctica* von 1989/90. → Steger.

Etolin, finn. Seefahrer und Alëutenforscher. Er arbeitete 1821/22 gemeinsam mit dem russ. Steuermann → Chramtschenko an der Kartografierung der Gewässer zwischen Alaska und Sibirien, vor allem der Westküste von Alaska, wo bis heute die breite Meeresstraße zwischen der Nunivakinsel und dem amer. Festland seinen Namen trägt.

Eudoxos von Kyzikos, verschollen um 105 v. Chr., der hartnäckigste und kühnste Entdecker des Altertums, von dem wir Kunde haben. Nach von der Wissenschaft als verlässlich eingestuften, von Strabo u. a. ausgewerteten Quellen stieß E. an der afrik. Küste des Roten Meers auf ein an seiner Bugfigur eindeutig zu identifizierendes Schiff aus Gades (der Phoinikerkolonie im heutigen Cádiz). Dieser Fund bestätigte die auch schon bei Herodot erwähnte phoinikische Umsegelung Afrikas und motivierte E. zu ähnlichen Versuchen, die er jedoch allem Anschein nach in der Gegenrichtung unternahm, also durch die Straße von Gibraltar nach W. Er hatte neben einem großen zwei kleine Versorgungsschiffe zur Verfügung und außer den Seeleuten auch Künstler (!) und Gelehrte an Bord. Trotz Schiffbruchs und anderer Misshelligkeiten hielt er an seinem Ziel einer Umfahrung Afrikas vom Atlantik in den Indischen Ozean so hartnäckig fest, dass ihm seine Gefährten mit der Aussetzung auf einer einsamen Insel drohen mussten, um ihn zur Umkehr zu bewegen. Pomponius Mela und Cornelius Nepos meinen, dass ihm die Umschiffung gelungen sei, woraus zu folgern wäre, dass E. etwa in Sokotra ausgesetzt wurde. Seine offensichtlich bedeutenden Geldmittel stammten zum guten Teil vom Ptolemäerhof.

Evans Edgar, Maat der brit. Marine und Mitglied der letzten Scott-Expedition zum Südpol. Robert Falcon → Scott.

Everest Sir George, 1790–1866, brit. Offizier, Geodät und Reisender aus Wales. 1814–16 im Auftrag des legendären Sir → Raffles auf Java tätig, beteiligte er sich seit 1818 an der schon seit Jahren laufenden Gesamtvermessung des damals brit. Indien. Diese gewaltige Arbeit wurde durch einen Aufenthalt in Südafrika unterbrochen, der E.s Gesundheit wiederherstellen sollte und den er zu weiteren Studien nutzte. 1830 wurde er nach einem längeren Englandaufenthalt Surveyor General für Indien, reorganisierte den gesamten Vermessungsdienst und stattete ihn mit modernsten Gerätschaften aus. Mit ihrer Hilfe konnte die interessierte Öffentlichkeit erstmals eine Vorstellung von dem ungeheuren Gebirgsbogen erhalten, der sich im N Indiens von W nach O spannt, E.s *great arc.* – 1843 zog sich E. nach England zurück und wurde 1861 geadelt. Den größten Ruhm aber brachte ihm die Benennung des Tschomolungma, des höchsten Bergs der Erde, als Mount E. Zuvor war der Gaurisankar nach

E. benannt worden, bis sich 1903 herausstellte, dass er nicht der höchste Berg der Erde ist, worauf eine Umbenennung erfolgte. Den Namen Mount E. trugen also nacheinander zwei verschiedene Himalajagipfel.

Everill Henry Charles, austral. Kapitän und Forscher, der 1885 die sehr mühsame Expedition auf dem Strickland River von Neuguinea durchführte. Mit einem Dampfboot, das wegen wechselnder Wasserstände größte Schwierigkeiten hatte, und später im offenen Ruderboot wurde der wenig beachtete Fly-Nebenfluss bis 5.30 Grad südl. Breite erforscht, dazu einige Nebenflüsse und Einmündungen, die benannt wurden. Circa 80 km vor der Müller-(Gebirgs-)Kette musste umgekehrt werden. In der Forschung ist die Expedition nach E.s Dampfboot *Bonito* benannt.

Eyre Edward John, 1815–1901, bedeutender Erforscher Australiens und umstrittene Figur der brit. Kolonialgeschichte. E. kam 1832 nach Australien und wurde einer der sog. Overlanders, die Schafe und Hornvieh in unbekanntes Weideland trieben, aus welcher Tätigkeit er nach und nach in die Forschung hineinwuchs. Nach Expeditionen in Neusüdwales, Victoria, Südaustralien und dem austral. W setzte E. 1840 zu dem Marsch an, der ihn berühmt machte, zur ersten Durchquerung des gesamten Kontinents von der Fowler Bay bei Adelaide längs der wüstenartigen und kaum besiedelten Küste der Südaustralienbucht bis zum King George Sound, den er am 7.7.1841 erreichte. Er brauchte dazu zwei Ansätze, einen ersten, bei dem er fünf weiße Begleiter und zwei Eingeborene mit sich hatte, und einen zweiten (ohne nach Adelaide zurückzukehren) im Februar 1841, auf dem er sich nur von einem Weißen namens James Baxter begleiten ließ, um mit geringeren Vorräten auszukommen. Drei Eingeborene waren als Träger voraus- bzw. entgegengeschickt worden. – E. wurde als *Protector of the Aborigines* mit einem der wichtigsten Ämter im austral. Kolonialwesen betraut, ging aber 1846, nachdem er das Verhältnis zwischen den Eingeborenen und den weißen Siedlern erheblich verbessert hatte, als stellvertretender Gouverneur nach Neuseeland, wo er mit dem Gouverneur Sir George → Grey Streit bekam und als Gouverneur (1862–66) nach Jamaika ging. Ein von E. energisch niedergeschlagener Aufstand auf dieser

Insel mobilisierte die brit. Öffentlichkeit gegen E., John Stuart Mill verlangte sogar Strafverfolgung E.s wegen Grausamkeiten, was nach dem strafrechtlichen Freispruch noch erhebliche zivilrechtliche Schwierigkeiten für E. zur Folge hatte. Er starb im November 1901 auf seinem Landsitz in Devonshire. Seine Reiseberichte (London 1845, 2 Bde.) sind auch wegen der eingehenden Kenntnisse der Eingeborenenfrage ein wichtiger Teil der Australienliteratur.

F

Faaite, 26 qkm große Insel in der Tuamotu-Gruppe mit (1970) 141 ständigen Bewohnern; ihr Entdecker ist strittig. → Buyers war vielleicht 1802 in ihrem Atoll, das für kleine Schiffe zugänglich ist, und → Bellingshausen gab ihr 1820 den Namen Admiral-Tschigagov-Insel.

Fabri Felix (gest. 1502 in Ulm), Dominikaner, trat als Kaplan des Georg von Stein (später Landeshauptmann der Lausitz) am 9.4.1480 seine erste Reise ins Heilige Land an, blieb aber nur neun Tage in Jerusalem. Wie problemlos damals diese Reise war, geht daraus hervor, dass F. in Jerusalem auch die Bischöfe von Le Mans und Genf antraf. Die Rückfahrt vollzog er über Rhodos und Venedig, wo er erkrankte, ehe er über Tirol nach Ulm zurückkehrte. 1483 unternahm F. eine zweite Pilgerfahrt, diesmal als Kaplan des Johannes Truchsess von Waldburg, aber in Gesellschaft noch weiterer Herren (Zimmern, Stoffeln, Hohenrechberg u. a.), insgesamt eine dt. Gesellschaft von 150 Köpfen, die sich nicht mit Jerusalem begnügte, sondern auch Gaza und den Sinai besuchte, einige auch Kairo. Die Rückfahrt erfolgte von Alexandrien aus auf der venezian. Galeere des Patriziers Marco de Loredano und endete am 8.1.1484 in Venedig. – Bemerkenswert an diesen Reisen ist natürlich nur, dass F. ausführlich und mit Begabung über sie berichtete, wobei die Chronik der Herren von Zimmern manche Fakten bestätigte bzw. ergänzte. F.s Reisebuch wurde eines der beliebtesten seiner Art, trotz des Umfangs (3 Bde.!) der lat. Erstausgabe. Auszüge und Übersetzungen erschienen in allen Kulturländern, auch die ersten abendländischen Sinaikarten nutzten das Werk, das auch genealogische Bedeutung hat.

Fabry de la Bruyère André, franz. Pelzhändler → Mallet.

Fadhlan → Ibn Fadhlan.

Fages Pedro, span. Offizier und Forscher an der kalif. Westküste, einer der Gründer von San Francisco. Die Bucht hatte er schon 1769 mit der Portolaexpedition kennen gelernt, suchte sie aber noch zweimal von Monterey aus auf. 1771 erhielt er den Befehl an der Bucht eine Missionsstation zu gründen, was er gemeinsam mit Pater Crespi im März 1772 auch tat.

Fagundes João Alvares, portug. Seefahrer, der 1520 ein Patent zur Entdeckung und Inbesitznahme des Stockfischlands erhielt, womit Neufundland gemeint war. Er erreichte 1521/22 auch die Neufundland vorgelagerten Inseln, wo Basken und Bretonen längst heimisch waren, weswegen die »Entdeckung« folgenlos blieb, so weit sie Portugal betraf.

Fa-Hsien (nicht Fa-Hien), um 365–nach 421, chines. Mönch und Pilger. F. stammte aus Wuyang in Shansi, wurde schon im Alter von drei (!) Jahren in buddhistische Erziehung genommen und zum Priester ausgebildet. Als er feststellte, dass im Kloster von Chang-an nur lückenhafte buddhistische Materialien vorhanden waren, brach er mit einigen Gefährten im Jahr 399 zu einer seither berühmten Reise nach Indien auf. Sie führte ihn auf den → Seidenstraßen über das Lop Nor und die Oase Turfan zum Karakorumgebirge, das auf dem Hochpass Yengi Dawan überquert wurde. In Indien besuchte F. verschiedene damals berühmte buddhistische Gedenk- und Studienorte, nahm Abschriften von heiligen Texten und Zeugnissen und kehrte auf dem Seeweg über Sumatra an die ostchines. Küste zurück, wobei allerdings wegen Schlechtwetters ein zu weit nördl. liegender Hafen angelaufen wurde, was F. zu einer neuerlichen Überlandreise nötigte. Der ausführliche Reisebericht, den F. seinem Klostervorsteher schriftlich erstattete und der sich in den Papieren des franz. Asienforschers Rémusat erhalten hat, ist seit seiner Publikation vor mehr als 100 Jahren ein Studienobjekt ersten Rangs und ein kulturgeschichtliches Dokument von größtem Wert. Von seinem Verfasser weiß man nach dem Jahr 421, in dem dieses unschätzbare Werk abgeschlossen vorlag, nichts mehr (franz. Ausgabe 1836 von Abel Rémusat, dt. Ausgabe 1886 von Legge, Auszüge bei Hennig).

Fair Isle, die schöne Insel, kleines, von Klippen umgebenes und schwer anzusteuerndes Eiland zwischen Orkneys und Shetlands einsam gelegen. Die Flotte des → Agricola hielt F. für Thule (also Grönland), zahlreiche Schiffe scheiterten auf F., so *El Gran Grifon* 1588, eine span. Fregatte mit 300 Mann, die von den Bewohnern von F. ebenso gerettet und versorgt wurden wie die 460 überlebenden dt. Auswanderer der *Leasing* 1868. Von der Bronzezeit bis in Wikingerzeiten war die Insel dicht besiedelt.

Falconer Hugh, 1809–65, schott. Arzt, Paläontologe und Indienreisender. Als Direktor des Botanischen Gartens von Suharunpur war er dem Himalaja so nahe, dass er zu eigenen Forschungsexkursionen in die Siwalikkette aufbrechen konnte. Gemeinsam mit Sir Proby T. Cautley leistete er Pionierarbeit beim Sammeln miozäner Säugetierreste in diesen Landschaften. 1837 nahm er an der → Burnes-Expedition nach Kabul teil und untersuchte auch die Pflanzenbestände in den höchsten Regionen der Mustaghkette. 1842 aus gesundheitlichen Gründen nach England zurückgekehrt, begann er seine Aufzeichnungen auszuwerten, übernahm aber 1848 die Direktion des Botanischen Gartens in Kalkutta, von wo aus er 1850 die ganze Provinz Tenasserim durchforschte. – Sind F.s teilweise in lat. Sprache veröffentlichte Arbeiten auch überwiegend der engsten botanischen Fachliteratur zuzuordnen, so hat er sich als wacher Beobachter doch um die Landesnatur selbst schwer zugänglicher Regionen angenommen.

Falk Johan Peter, 1725–74, schwed. Botaniker und Russlandreisender, Schüler von Linné und 1768 Leiter einer Sibirienexpedition, der er jedoch gesundheitlich nicht gewachsen war. Unter größten persönlichen Schwierigkeiten bewältigte er die zu jenen Zeiten ungemein strapaziöse Strecke über Saratow, Astrachan, Uralsk, Orenburg, Ornsk bis nach Tomsk, wo er 1771/72 überwinterte. Als er im Frühjahr weiterreisen konnte, besuchte er Perm und Kasan und wandte sich dann, immerzu botanisierend und notierend, dem Kaukasus zu. Im März 1774 dürften ihn die Strapazen und die Verantwortung für eine ganze Forschergruppe vollends überfordert haben und er erschoss sich. Obwohl ihm namhafte Gelehrte in den durchreisten Gebieten zuvorgekommen waren, trugen F.s *Beyträge zur Topographischen Kenntniß des Russischen Reiches* (St. Petersburg 1786, 3 Bde.) noch so viel an Beobachtungen naturwissenschaftlicher und landeskundlicher Art zusammen, dass sie eine ausgezeichnete Ergänzung der im 18. Jh. schnell vermehrten Russlandliteratur bilden.

Falklandinseln, brit. Inselgruppe im Südwestatlantik, zwei Hauptinseln und etwa 100 kleinere Inseln, die insgesamt rund 12 000 qkm bedecken und 2 000 britische Einwohner haben. In einem der hartnäckigsten Schlechtwettergebiete der Erde gelegen, wurden die F. von Kap-Hoorn-Fahrern verschiedentlich gesichtet, mit Südgeorgien u. a. Inseln (Staten Island) verwechselt und unter verschiedenen Positionen eingetragen, sodass die Frage der Erstentdeckung nicht mit Sicherheit zu beantworten ist (→ Pepys Island). Vermutliche Erstsichtung durch die *San Antonio*, ein Schiff der → Magellan-Flotte, 1600 wieder aufgefunden durch den Holländer Sebaldus de Wert. Schiffe aller seefahrenden Nationen liefen die Inseln an, wobei die Briten sie nach dem Viscount Falkland der Admiralität benannten, die Franzosen nach Saint-Malo (Iles Malouines, span. davon abgeleitet: Malvinas). Am 1.1.1833 Inbesitznahme durch ein brit. Kriegsschiff, Ausweisung der argent. Siedler. Im April 1982 besetzten amphibische Einheiten Argentiniens die Inseln, wurden aber in einem kurzen blutigen Krieg bis Mitte Juni 1982 vernichtet. Auf den Inseln wird seither wieder Schafzucht betrieben, sie haben einen Flughafen und werden alljährlich von mehr als 100 Walfang- und Fischereifahrzeugen angelaufen.

Falkner Thomas, 1707–84, brit. Arzt und Reisender, der in Südamerika Jesuit wurde und als solcher Hervorragendes für Erforschung und Beschreibung der Landesteile südl. von Buenos Aires leistete. 1732–68 bereiste er alle Gebiete des S einschließlich Patagonien, sammelte aber auch fremde Aufzeichnungen, Nachrichten und Informationen und gab einen Beweis für den Wert seiner Arbeit auch nach dem Verbot des Jesuitenordens in dem großen Bericht *A Description of Patagonie …* (1774, dt. 1775, franz. 1776), ein

Werk, das ein halbes Jahrhundert lang nicht übertroffen wurde und heute noch zitiert wird. F. regte u. a. die Regierungsaktivitäten im argent. S an, die Erforschung der Wasserläufe und die Gründung von Siedlungen. In der Vereinigung aller Fakten aus Geografie, Völkerkunde und Naturwissenschaft wurde die große Arbeit vorbildlich für spätere Forscher und für die Gesamtdarstellung eines Landescharakters.

Fallmerayer Jakob Philipp, 1791–1861, bedeutender Orientalist aus Südtirol, studierte in Salzburg Theologie und semitische Sprachen, in Landshut klassische Philologie. In den Napoleonischen Kriegen bayer. Offizier, danach Gymnasiallehrer in Augsburg; 1831 begann er zu reisen und begleitete den russ. General Ostermann-Tolstoi nach Ägypten, in den Vorderen Orient und auf die griech. Inseln. 1836 reiste er durch Italien und lebte vier Jahre gleichsam als Haushofmeister beim Grafen Ostermann-Tolstoi, ehe er seine so ertragreiche Reise nach Trapezunt antreten konnte (1840/41, mit Makedonien und Thessalien). Auf einer dritten Reise, die vorwiegend Syrien und Kleinasien galt, erreichte ihn die Berufung auf den Görres-Lehrstuhl der Universität München. Schon 1849 musste er aber, der Teilnahme an revolutionären Umtrieben verdächtigt, in die Schweiz fliehen, lebte nach der Amnestie vorzeitig pensioniert ab April 1850 in München und ab 1851 in Südtirol. – F.s Arbeiten begründeten eine völlig neue und fruchtbare topografische Darstellungsweise, die über Alexander → von Humboldt hinausgelangte und Länder wie Völker aus ihren Schicksalen, aus ihren natürlichen geografischen Bedingtheiten und ihren Begegnungen mit anderen Völkern zu begreifen versuchte. Beispielgebend dafür wurde seine brillante Studie über die Halbinsel Morea (1830–36) aber auch seine *Geschichte des Kaiserthums Trapezunt* und seine *Fragmente aus dem Orient* (2 Bde.). F.s Tagebücher spiegeln auf erschütternde Weise wider, wie er sich jahrelang um eine neue Berufung bemühte, wie er vor allem von klerikalen Kreisen angefeindet wurde und sich schließlich deprimiert von einem Heilbad ins andere schleppte. Der Stilist und Briefschreiber F. ist heute wieder berühmt, und seine wissenschaftlichen Arbeiten enthalten manches prophetische Wort; sie harren aber noch der Wiederentdeckung.

Fangataufa, kleine Insel im franz. Tuamotu-Archipel, 1826 von Frederick W. → Beechey auf der *Blossom* entdeckt und Cockburn Island benannt, welcher Name sich nicht erhalten hat. Die Insel dient heute als Beobachtungsstützpunkt für die franz. Atomtests auf → Mururoa.

Fanning Edmund, 1769–1841, amer. Weltumsegler und Pazifikforscher, ging 1797 mit der winzigen Brigg *Betsy* auf Inselsuche und entdeckte tatsächlich etwa ein Halbdutzend kleiner Eilande und Riffe, von denen die erste Gruppe seinen Namen erhielt und noch trägt. In den sehr locker von NW nach SO über den Äquator ziehenden Line Islands entdeckte er am 11.6.1798 ein Atoll mit 50 km Umfang, in dem sich drei Inseln von insgesamt 34,54 qkm aus dem Wasser hoben. Die Eingeborenen nennen es zwar Teraina, doch hat sich die »Fanning Islands Plantation Ltd.« den Großteil des Grundbesitzes gesichert und damit die Erhaltung des Namens garantiert. Tags darauf wurde Tabuaeran entdeckt und Washington Island benannt, 4 km lang und 2 km breit. Schließlich sichtete F. noch Palmyra (als dessen Entdecker Captain Sawle vom Schiff *Palmyra* gilt, obwohl er 1802, also vier Jahre später, am Ort war), 50 winzige Inseln mit insgesamt 1 150 ha und 25 Einwohnern. Es war den USA die Entsendung des Kreuzers *West Virginia* wert, Palmyra 1912 formell in Besitz zu nehmen.

Fawcett, Percy Harrisson (1867–1925?), bekannt als Colonel F., Südamerikaforscher, dessen ungeklärtes Verschwinden die Weltöffentlichkeit ähnlich lange beschäftigte wie die Suche nach der Expedition von Sir John → Franklin. Auf eine Ausschreibung der bolivianischen Regierung hin kam F. 1906 in das umstrittene Grenzgebiet zwischen Bolivien und Brasilien, wo er Vermessungsarbeiten vornahm und auf vier Expeditionen bis 1913 Beobachtungen und Eindrücke als Basis künftiger Forschungen niederschrieb. Durch seine Tagebücher aus dem Osten Brasiliens, einer ungesunden, weitgehend unbekannten Gegend, als Südamerikaforscher ausgewiesen, publizierte er auch über die Tolteken, über Tiahuanaco (wobei ihn die neuere Forschung bald berichtigte). Seit 1920 war er bemüht, Geldmittel für eine eigene Expedition zur Suche nach verlassenen Steinstädten zu sammeln, von denen portugiesische Unterlagen aus dem

18. Jahrhundert vage berichtet hatten, scheiterte aber in einem ersten Ansatz wegen Überschwemmungen und brach am 20. April 1925 abermals in den Matto Grosso auf – unter größter Geheimhaltung, mit nur zwei Begleitern und zwei Trägern. Seit einer letzten Nachricht vom 29.4.1925 ist er im Gebiet zwischen den brasilianischen Staaten Matto Grosso und Goiás verschollen. Eine Suchexpedition unter George Dryott fand am Rio Culiseu Gegenstände aus Fs. Besitz in einem Indianerdorf.

Fearn John, Kapitän des brit. Schiffs *Hunter*, nach dem er auch eine Insel in der Loyalty-Gruppe benannte, die er am 24.10.1798, unterwegs von Neuseeland nach China, entdeckt hatte. Um welche der Inseln es sich handelte, ist nicht mehr mit Sicherheit zu ermitteln. Hingegen gelang ihm mit Nauru (von ihm Pleasant Island, die hübsche, die erfreuliche Insel genannt) eine erstaunliche, weil späte Entdeckung einer verhältnismäßig großen Insel (22 qkm, etwa gleich weit von Sydney und von Honolulu entfernt, damals 1 400, heute 8 000 Einwohner). F. gelang auch die Wiederauffindung von Matthew Island (oder Rock), und zwar durch Zufall: Matthew misst nur 500 m im Durchmesser bei 166 m Höhe und ist unbewohnt.

Federici Cesare, um 1530–1601 (1602?), Juwelier aus dem norditalien. Val Camonica, der sich 1563 zu einer Einkaufsreise aufmachte und erst 1581 zurückkehrte. Auf die Gerüchte hin, dass vor allem Halbedelsteine, aber auch Smaragde und Rubine in Asien sehr günstig zu haben seien, reiste F. von Venedig aus an den Euphrat und im Zweistromland bis Basra. Dort fand er Schiffsgelegenheit nach dem inzwischen portug. gewordenen Goa, machte in Vorderindien eine Pause von sieben Monaten und schiffte sich nach Malakka ein, das er aber nicht erreichte: Sein Schiff wurde vom Sturm verschlagen, geriet in das Gangesdelta und wurde schließlich an der Malabarküste Vorderindiens fast zwei Jahre festgehalten. F. nutzte dann eine Gelegenheit zur Abreise, auch wenn sie ihn von der Heimat noch weiter entfernte, und gelangte als einer der ersten namentlich bekannten Europäer ins heutige Birma, im Raum des Irrawadideltas. 1570 war er wieder in Goa, doch zog es ihn bald zu den Einkaufsmöglichkeiten der damals blühenden Stadt Pegu am gleichnamigen Fluss, wo er Smaragde, Rubine, Saphire, Amethyste und den Mogung-Nephrit günstig erstehen konnte. F. dürfte insgesamt dreimal in Pegu gewesen sein; die Schiffsgelegenheiten zwischen Vorder- und Hinterindien machten offenbar problemlose Reisen möglich. 1581 oder 82 begann F., gemeinsam mit einem Geistlichen aus Fano, seine Beobachtungen niederzuschreiben. Die Schrift *Viaggio di Messer Cesare dei Fedrici*, in der vor allem die Mitteilungen über Hinterindien wertvoll sind, erschien 1587 in Venedig, 1588 in engl. Sprache in London und 1962 in Rom in einer wissenschaftlichen Ausgabe.

Federmann Nikolaus, 1505–42 (?), Feldhauptmann der Welser und dt. Konquistador in Südamerika. F. brachte 1530 dt. Bergleute und span. Arbeiter in die Welsersiedlung Coro (heute Venezuela), machte sich dann aber auf eigene Faust zu einem Entdeckungszug in Richtung Südmeer (Pazifik) auf. F. marschierte mit insgesamt etwa 250 Mann über die nördl.sten Ausläufer der Anden in ihrem Ostteil, stieg ins Orinokogebiet hinab und überquerte einen weiteren Gebirgszug im Barquisimetotal, musste dann aber wegen ausgedehnter Überschwemmungen umkehren. Bei einer zweiten Expedition, vor der er sich in Augsburg vertraglich abgesichert hatte, erreichte er 1537 das Hochland von Bogotá, wo er mit den Konquistadoren de → Quesada und später auch → Benalcazar zusammentraf, die auf anderen Wegen dorthin gelangt waren. Es gab lange Verhandlungen, Verträge und 1539 die Gründung von Bogotá. F. starb, erfolglos um seine Ansprüche prozessierend, nach 1542 in Gent. F. berichtet über seine Züge in einem völkerkundlich wertvollen Werk, *Indianische Historia* (mehrfach aufgelegt).

Fedtschenko Alexei P., 1844–73, russ. Zentralasienreisender und Alpinist mit naturwissenschaftlichen, aber auch geschichtlichen Interessen. Im April 1869 begann er in Samarkand seine Forschungstätigkeit und schloss sich im Jahr darauf einer russ. Militärexpedition an, die das aus den zentralasiat. Hochgebirgen in die Ebenen von Turkmenien hinabführende Serafschantal aufnahm. Fortan stand F.s kartografische und erkundende Tätigkeit in deutlichem Zusammenhang mit den politisch-militärischen Interessen des Zarenreichs in dieser Weltgegend: Die Grenzen der großen

Kisil-Kum-Wüste wurden ermittelt, das nordwestl. Vorgelände der Festung Tschardary erkundet und schließlich im Juni 1871 die große Reise in die Hochgebirge angetreten. F. erreichte über Chodschent die Stadt Kokand in der Ferghanasenke, die damals noch von einem Mongolenkhan beherrscht wurde. Mit einer Schutztruppe aus dem Khanat überquerte F. die Alaikette zweimal und setzte seine Reise nach Norden in Richtung auf Utsch-Kurgan fort, ehe er sich abermals südwärts wandte und nun die Kette des Zaalayskij Khrebet (heutiger Name) mit Gipfeln um 7 000 m vor sich hatte. Er war überzeugt die höchsten Berge der Erde entdeckt zu haben, doch weigerte sich die Begleitmannschaft in diese Gebirgswelt selbst vorzudringen, sodass F. sie, ohne Eingeborenen-Namen erfahren zu können, insgesamt Trans-Alai nannte. Immerhin gelang es noch, den ungefähren Raum der Wasserscheide zwischen Amu-Darja und Syr-Darja zu ermitteln, womit erstmals eine zutreffende Vorstellung von den Verhältnissen am Westabfall der zentralasiat. Gebirge gegeben war. F.s Bericht erschien posthum, weil er am Montblanc verunglückte und seine Aufzeichnungen nicht mehr zur Gänze selbst ausarbeiten konnte (St. Petersburg 1874–1902, 3 Bde.).

Fernandes João, portug. Fernhändler und Entdecker, war in den letzten Jahren des 15. Jh.s zwischen Nordeuropa und Lissabon unterwegs, hatte aber auch auf den Azoren Interessen. F. war Inhaber von Entdeckerbriefen aus Portugal und England, was ihn vermutlich veranlasste nach Labrador und nach Grönland zu segeln, wobei Kaufleute aus Bristol und Lissabon Geldgeber oder Mit-Reeder gewesen sein dürften. Die Vermutungen über seine Reisen gründen sich auf eine Anzahl zeitgenössischer Karten, auf denen für Grönland und Nordwestamerika Namen auftauchen, die auf F. zurück gehen müssen. Vor allem der sonst so skeptische → Nansen stützt die Entdeckerrolle F.s, der damit der Wiederauffinder der (nicht mehr bewohnten) Wikingerkolonie wäre. *The Oxford Companion to Canadian History and Literature* (1967) hält es für sehr wahrscheinlich, dass F. aufgrund seiner Erfahrungen aus früheren Reisen der Pilot einer Nordamerika-Grönland-Expedition von 1502 war, die sein Bruder Francis gemeinsam mit dem Bristoler Kaufmann und Schiffer Thomas Ashehurst unternahm und von der gefangene Eskimos und Indianer als Beweise für gefundenes Land mitgebracht wurden, sodass es 1503 zu einer weiteren Expedition kam.

Fernandez Juan, 1530–99, span. Seefahrer, vornehmlich an der südamer. Westküste, der, um die Nordströmungen zu vermeiden, in großem Abstand vom Festland südwärts segelte und dabei 1574 oder etwas vorher die heute seinen Namen tragenden Inseln entdeckte. Sie waren trotz ihrer Größe unbewohnt und wurden erst ab 1591 besiedelt. 1681 kam ein Mosquitoindianer aus Panama auf die Insel, 1704–09 lebte hier der schott. Seemann Alexander → Selkirk; die beiden gelten als Urbilder der Figuren Freitag und Robinson in Defoes berühmtem Roman *Robinson Crusoe.* Vermutlich hat F. auf diesem Kurs vorher schon die Desventuradasinseln San Feliu, Gonzalez und San Ambrosio entdeckt (zusammen 3,32 qkm, heute chilen.). F. ist als geschickter Seefahrer Sammelpunkt schwer nachprüfbarer Legenden, die ihn zum Entdecker von Tahiti oder sogar Neuseeland machen wollen, von denen höchstens stimmen kann, dass er vom Sturm an die Küste eines Südlands verschlagen wurde – das wäre die Antarktis.

Fernando Noronha, kleine Gruppe brasil. Inseln, 360 km nordöstl. von Kap São Roque im Atlantik, 26 qkm, 2000 Einwohner. Um 1501 von A. Gonçalvez entdeckt, von → Foster und → Fitzroy genauer aufgenommen.

Ferrelo oder Ferello, levant. Seefahrer und Teilnehmer der → Cabrillo-Expedition an der nordamer. Westküste 1542/43. Erreichte trotz heftiger Stürme im Februar 43 Grad nördl. Breite, d. h. die Höhe der heutigen Universitätsstadt Eugene (Oregon), ein Wert, der erst von Francis → Drake überboten wurde. F. brachte beide Schiffe der Expedition heil nach Navidad (Neuspanien) zurück. Henry R. Wagner (1966) nimmt an, dass der Pilot der Cabrillo-Expedition ein Italiener war und Bartolomeo Ferrera hieß.

Ferrera Bartolomeo, ital. Pilot → Ferrelo.

Fesche Charles-Félix-Pierre, 1745–1810, franz. Weltumsegler, dessen Familie aus Korsika oder Sardinien stammte. Er machte als Kadett die Weltreise von → Bougainville mit, ließ sich aber 1768 auf Mauritius (damals Ile de France) an Land setzen. Sein Tagebuch, teilweise an Bord der Fregatte *Boudeuse* geführt, auf Mauritius vervollständigt, ist der farbigste und ausführlichste Bericht, den es zu Bougainvilles Unternehmungen gibt. (Mehrfach auszugsweise Veröffentlichungen, zuletzt Paris 1977.)

Feuillée Louis, 1660–1732, franz. Geograf und Astronom, geschickter und fleißiger Landvermesser im Ostmittelmeer, auf Teneriffa, vor allem aber in Mittel- und Südamerika. Während F. bei der ersten wissenschaftlichen Besteigung den Pik von Teneriffa um 600 m zu hoch einschätzte (richtig: 3 700 m), waren seine Arbeiten an der Westküste von Süd- und Mittelamerika von größtem Wert. F. lebte 1703–05 in der Karibik, 1708–10 im Großraum der La-Plata-Staaten und zuletzt in Chile. Die bis dahin nur aufgrund von Seefahrerauskünften bekannte Westküste des Kontinents konnte nun viel genauer auf Karten eingetragen werden, wozu noch naturwissenschaftliche und völkerkundliche Bemerkungen des franz. Franziskanerpaters kamen. (Diese Nebenaktivitäten erwiesen sich als besonders fruchtbar, als er 1724 die Kanarischen Inseln besuchte und u. a. über die Guanchen berichtete.)

Fidalgo Pero, portug. Pilot an Bord einer Dschunke, die von Borneo aus in den westpazifischen Gewässern Handelsfahrten absolvierte. 1545 wurde das Schiff durch einen Taifun nach N abgetrieben, wobei F. eine Insel entdeckte, die er Lucoes nannte (heute die Westküste von Luzon). Die Nachricht darüber gelangte auf ungeklärtem Weg zu dem Kartografen Vaz Durado, der sie auf seiner Karte von dieser Weltgegend berücksichtigte (als eine zutreffende Eintragung neben verschiedenen sehr phantasievollen).

Fidalgo Salvador, span. Entdecker an der amer. Nordwestküste, um 1790 in Richtung Alaska unterwegs. Er gelangte weit über die von → Cook in dieser Weltgegend erreichten nördl. Breitengrade hinaus, passierte die der Vancouverinsel westl. vorgelagerte Nootkainsel und benannte auf 61.48 Grad nördl. Breite, also im heutigen Alaska, den F.-Vulkan. Das eigentliche Ziel der Expedition, nämlich der Kontakt mit den russ. Alaskaniederlassungen, wurde nicht erreicht, da im Herbst 1790 schwere Stürme die Seefahrt in diesen Breiten unterbanden.

Fidler Peter, 1769–1822, Landmesser der Hudson Bay Company aus dem engl. Derbyshire. Begann seine Dienste 1788 unter der Anleitung von Philip Turnor und wirkte 1796–1821 als Chef der Landmessergruppe unter ständigen weiten und gefahrvollen Reisen in Nordamerika. Besonders erfolgreich waren die Jahre 1813/14, als das Red-River-Settlement begründet und der Assiniboine-Distrikt vermessen wurde. F. hielt sich im Lauf seiner Tätigkeit auf beinahe allen Handelsposten der Company auf und starb schließlich am Swan River. Sein Tagebuch mit einer Unzahl wertvoller Impressionen und Tatsachenmitteilungen über damals noch kaum bekannte Gebiete wurde 1934 gemeinsam mit jenen von → Hearne und Turnor von Tyrrell herausgegeben; da F. jedoch im Titel des Bands nicht aufscheint, gilt er als »Kanadas vergessener Landmesser« (so J. G. MacGregor in seinem Buch von 1966).

Filchner Wilhelm, 1877–1957, dt. Asien- und Antarktisforscher. Der Münchner hatte eine preuß. Offiziersakademie besucht und 1900 seine Energie bei einer Pamirüberquerung bewiesen. 1903–05 zeichnete sich F. bei einer Tibetexpedition aus und leitete 1910 eine Spitzbergenfahrt mit dem Forschungsschiff *Deutschland*, um Mannschaften und Ausrüstung für die große Antarktisexpedition von 1911/12 zu testen. Dort wurden Entdeckungen im Südwestbereich von Coatsland aufgezeichnet und die Wasserbewegungen im Wedell-Meer erforscht, die schon mancher Expedition zum Verhängnis geworden waren. Pläne zu weiteren Expeditionen fielen dem Ersten Weltkrieg zum Opfer, doch führte F. 1926–28 eine weitere Tibetexpedition, die

Wilhelm Filchner.

sich neben geografischen auch magnetische Forschungen zum Ziel gesetzt hatte und diese 1939/40 in Nepal fortsetzte. Während des Zweiten Weltkriegs wurde F. in Indien festgehalten. Die wissenschaftlichen Ergebnisse seiner China- und Tibetreisen sind in dem elfbändigen Bericht von 1906–13 niedergelegt und durch ein reiches Kartenwerk ergänzt; sehr bekannt wurde Filchner aber durch seine Erlebnisbücher wie *Zum sechsten Erdteil*, *Sturm über Asien* oder *Om mani padme hum*, die allerdings nach 1945 aus den Schaufenstern verschwanden. F.s Autobiografie *Ein Forscherleben* (1950) wurde kaum noch beachtet. Die zweitgrößte Schelfeisfläche der Antarktis am Rand des Wedellmeers ist nach F. benannt.

Filson John, 1747–88, wurde in seinen letzten sechs Lebensjahren zum erfolgreichsten der frühen Kartografen von Kentucky und brachte auch wichtige Fakten für die Erschließungsgeschichte dieses US-Staats bei. 1784 ließ er die allererste Landkarte von Kentucky drucken, die ein gewisses Aufsehen erregte. Fortan widmete sich F. der genaueren Erforschung von Gewässern, Gebirgszügen und Talebenen dieser Gegend. Er starb auf einer seiner Expeditionen.

Finsch Friedrich Hermann Otto, 1839–1917, bemerkenswerter dt. Weltreisender und Naturwissenschaftler aus dem schles. Gerhart-Hauptmann-Städtchen Warmbrunn. F. begann mit vogelkundlichen Studien auf dem Balkan, veröffentlichte (noch ohne die Insel zu kennen) 1865 eine Arbeit über Neuguinea und begann 1872 mit ausgedehnten Reisen, die seine bereits weitgehende Kenntnis europ. Besitzungen in fremden Kontinenten ergänzte. Nach einer Reise in die USA begab sich F. 1876, mit → Brehm und dem Grafen Waldburg-Zeil, nach Westsibirien und ins Altaigebiet, 1879–82 auf verschiedene Südseeinseln und nach Neuseeland und 1884/85 schließlich im Auftrag der dt. Neuguinea-Kompanie an die Nordostküste dieser Insel, was zur Erwerbung dieses Inselteils als Schutzgebiet des Deutschen Reichs führte. 1897 nahm F. eine Berufung an das Rijksmuseum für Naturgeschichte in Leiden an, 1904 ging er an das ethnografische Museum in Braunschweig. Erstaunlich und für seine Zeit beinahe sensationell wirkte F.s Tendenz, vor allem im Pazifik und in dessen Inselwelt »zu retten, was noch zu retten möglich war«. Es war F., der auf die Schäden hinwies, die Polynesien und Mikronesien durch die Missionare, die Veränderung der naturgegebenen Gewohnheiten und Lebensweisen usw. erlitten hatten. Dies belegte F. durch die radikal abgesunkenen Bevölkerungszahlen. Auch auf Neuseeland bemühte sich F. um die Eingeborenenbevölkerung und nahm Maori-Gipsmasken ab, offensichtlich in der Befürchtung, dass dieses Volk ebenso aussterben würde wie die Tasmanier. Rein geografisch waren allerdings die Forschungen F.s auf Neuguinea am wichtigsten, wo er den Sepik Kaiserin-Augusta-Fluss benannte, andere Flüsse und kleinere Inseln aufnahm und in der Sainson-Inselgruppe die kleine Insel Sanssouci entdeckte und benannte. Freilich haben sich von diesen Namen nach dt. Schlössern und Adelsfamilien nur die wenigsten im heutigen Papua-Neuguinea erhalten. (Die Berichte darüber und über einige Entdeckungen kleiner und kleinster Inseln sammelte F. unter dem irreführenden Titel *Samoa-Fahrten* – *Samoa* hieß nur das Forschungsschiff.) Die zahlreichen Publikationen F.s stoßen heute vor allem auf ethnografisches Interesse, haben aber natürlich ihren Platz in der dt. Kolonialgeschichte. Über die Bevölkerung Neuguineas gab er einen ethnologischen Atlas unter dem Titel *Typen aus der Steinzeit* heraus (Leipzig 1888).

Fisher Nathan E., amer. Walfänger, dem auf einer Reise des Jahres 1868 – also relativ spät – noch eine wichtige Entdeckung an der Ausfahrt der Hudson Bay gelang. Er stellte fest, dass die große Insel Southampton von der kleineren, mitten in der Passage liegenden Coatsinsel durch eine Meeresstraße getrennt ist. Sie trägt seither F.s Namen. Auf der gleichen Fahrt entdeckte F. auch die kleine Walrusinsel zwischen Evans Strait und Fisher Strait.

Fisser E., nicht näher bekannter dt. Dampferkapitän, der mit der *Ysabel* auf den Neuguinea vorgelagerten Inseln eingeborene Arbeiter für die nunmehr dt. Kolonie Kaiser-Wilhelms-Land anwarb. Er entdeckte und verzeichnete bei diesen Fahrten auch die kleinen Inseln zwischen Neuhannover und der Mussau-Emirau-Gruppe, aber auch eine Gruppe kleiner Inseln vor der Ostküste von Neuhannover. Selbst die vergleichsweise große Insel Neuhannover wurde durch Fissers Umfahrung viel genauer bekannt, als sie es vor 1890 gewesen war. Den Namen des Dampfers hält eine Meeresstraße fest, die Ysabel Straight. (Bei den kleinen Insein östl. von Neuhannover muss es sich um die Umbukul-Gruppe handeln.)

Fitzmaurice I. R., brit.-ir. Offizier, der 1837–43 an verschiedenen Vermessungsunternehmungen in Australien beteiligt war und dabei selbstständige Expeditionen unternahm. Als seine Entdeckung können gelten: der nach ihm benannte Fluss, den er im Boot ca. 50 km weit befuhr und dessen Mündung die Bezeichnung Key's Inlet erhielt, weiterhin der Albert River am südl.sten Rand des nordaustral. Carpentariagolfs. Auch das Pascoe Inlet bei der heutigen Stadt Burketown wird als Entdeckung F. zugeschrieben. Über F.s Arbeiten berichtete u. a. J. L. Stokes im Rahmen seines eigenen Berichts 1846.

Fitzroy Robert, 1805–65, Meteorologe und Seemann, Kapitän des Schiffs *Beagle* 1828–36 und als solcher durch Jahre Gefährte von Charles → Darwin. F., ein Enkel des Herzogs von Grafton, zeichnete sich bei Vermessungsarbeiten und Beobachtungen im südl. Patagonien und auf Feuerland aus, entdeckte den Beaglekanal, aber auch die Otway- bzw. Skyringbucht und deren Verbindung, den F.-Kanal. Zu genaueren Küstenaufnahmen in Richtung Chiloe vertauschte F. sein Schiff mit einem Walboot, führte Erstbegehungen und wichtige Klärungen nicht nur auf dem Festland, sondern auch auf den Falklandinseln durch, Expeditionen, bei denen es auch um sichere Häfen ging, wie man sie für Kohlestationen im beginnenden Dampferzeitalter brauchen würde. Zwei Jahre nach Abschluss seines großen Berichts (1839) wurde F. Unterhausmitglied und 1843–46 Gouverneur von Neuseeland. Auf ihn geht die Einführung der Sturmwarnung zurück.

Fjodorow Wassili, um 1790–1850, russ. Begleiter des dt. Professors Parrot auf dessen Araratexpedition 1824, bei der dieser sagenumwobene Berg bestiegen und die Niveaus von Schwarzem und Kaspischem Meer ermittelt wurden. Der an der balt. Universität Dorpat ausgebildete F. reiste 1832–37 in Westsibirien, um astronomische Lagebestimmungen durchzuführen, wobei sein Hauptarbeitsgebiet zwischen Ural, Irkutsk und Balchaschsee lag. In ähnlicher Weise bestimmte er die Lage aller Städte des damaligen Gouvernements Jenisseisk und kartografierte den Lauf des Lepsaflusses. Während Parrot über den Ararat berichtete, erschien F.s Vermessungsbericht in dt. Sprache 1838 in Sankt Petersburg.

Fjodorow, russ. Seefahrer des frühen 18. Jh.s, der gemeinsam mit dem Geometer M. Gwosdjow im Sommer 1732 Alaska entdeckte. Das Schiff der beiden durchfuhr, von der ständigen Nordströmung begünstigt, die im Sommer stets eisfreie Beringstraße zwischen dem (später so benannten) Kap Prince of Wales und dem sibir. Kap Deschnew (sie ist dort 85 km breit). Die Skizze, die offensichtlich Gwosdjow anfertigte, gibt die Verhältnisse im Wesentlichen richtig wieder und fand schon 1743 Eingang in die Weltkarten. Vitus → Bering war zwar 1728 auf der *Gabriel* auf 67.18 Grad nördl. Breite gelangt, musste sich also in der Beringstraße befunden haben, konnte aber wegen Nebels das amer. Ufer nicht erkennen.

Flegel Eduard Robert, 1854–86, stammte aus Wilna und wurde wie mancher andere durch die großen Reiseberichte, vor allem durch das Werk → Barths, angeregt nach Afrika zu gehen. 1875 trat er als Kaufmann in die Dienste einer engl. Firma in Lagos und bereitete sich dort während eines dreijährigen Aufenthalts körperlich und geistig auf die erstrebte neue Aufgabe als Entdecker vor. 1879 bestieg er den Großen Kamerunberg und schloss sich dann einer engl. Expedition an, mit deren Mitgliedern er eine Fahrt auf dem Benuë flussaufwärts unternahm. Es gelang ihm dabei, die ersten kartografischen Aufnahmen einer von Europäern bisher nicht befahrenen Strecke herzustellen. Nach der Rückkehr erhielt er von der Deutschen Afrikanischen Gesellschaft 1880 den Auftrag zu einem erneuten Vorstoß in dieses Gebiet, um die Wasserscheide zwischen Niger, Schari und Kongo zu erforschen. Vom König von Nupe erhielt er die Erlaubnis den Unterlauf des Niger flussaufwärts zu befahren, bis 1882 verfolgte er dann den Benuë bis zu seiner Quelle und betrat schließlich als erster Europäer das Grashochland von Adamaua, das später den Nordteil der dt. Kolonie Kamerun bildete. Geldmangel zwang ihn schließlich 1883 zur Rückkehr nach Lagos. 1883–84 bereiste F. erneut Adamaua und Banjo und legte dabei die Quellgebiete einiger Benuë-Nebenflüsse fest. Sein Versuch, von Banjo aus südwärts zur Küste vorzudringen, scheiterte allerdings am Widerstand der Eingeborenen. 1884 kehrte er in die Heimat zurück, um hier in unermüdlichem Einsatz die Benuë-Gesellschaft zu gründen, mit deren Hilfe er die neu entdeckten Gebiete als Kolonialbesitz für Deutschland erwerben wollte. Im April 1885 reiste er mit einer gut ausgerüsteten Expedition und in Begleitung mehrerer dt. Mitarbeiter an den Benuë und weiter nach Adamaua. Hier aber stellte sich heraus, dass seine Mittel doch zu gering waren und er nicht gegen die brit. Niger-Companie aufkommen konnte. Enttäuscht über das Scheitern seiner kolonialen Hoffnungen kehrte er an die Küste zurück, wo er starb.

Fleming Paul, 1609–40, dt. Dichter aus dem Erzgebirge, der durch Zufall eine der großen Reisen des 17. Jh.s absolvierte: Nach der Fürstenschule in Meißen begann er an der Universität Leipzig Medizin zu studieren, wandte sich aber 1633, vom Dreißigjährigen Krieg vertrieben, nach Norddeutschland. In Holstein fand er das Interesse des Herzogs Friedrich von Holstein-Gottorp, der eben dabei war, eine aufwändige Gesandtschaftsreise nach Persien zusammenzustellen. Gemeinsam mit → Olearius und anderen Diplomaten, Gelehrten und Hofschranzen reiste F. über Reval und Moskau nach Astrachan und Persien und kehrte 1639 zurück. Die Eindrücke aus der Fremde beeinflussten nachhaltig seine Poesie, doch schrieb F. keinen Reisebericht im engeren Sinn. Seine Biografie, in der schon wegen der Kürze seines Lebens die Reise eine zentrale Rolle spielt, schrieben Varnhagen von Ense u. a.

Fletcher Francis, Bordgeistlicher der *Golden Hind* und Verfasser des wichtigsten Berichts über die Weltumseglung des Francis → Drake. Trotz Drakes bekannter Frömmigkeit war F. wiederholt Gegenstand des Spotts und von Zornausbrüchen des Kapitäns. Sein Bericht erschien 1628 in London.

Flinders Matthew, 1774–1814, brit. Seemann aus Lincolnshire, bedeutender Entdecker in austral. Gewässern und auf dem Kontinent. Ging schon früh zur See, war 1795–99 an Erkundungsfahrten an den Küsten Australiens beteiligt und insbesondere an der Gesamtumfahrung der Insel Tasmanien, wo in der Furneaux-Gruppe nordöstl. von Tasmanien eine

Die Katastrophe der Expedition Flinders.

große Insel an F. erinnert. 1801/02 traf F.s Expedition in der Encounter (= Begegnungs-)Bay auf die franz. Forschergemeinschaft an Bord von *Le Géographe,* was später zu Auseinandersetzungen darüber führte, wer was entdeckt habe. Im Juli 1802 begann F. die große Gesamtumfahrung Australiens mit der *Investigator,* beginnend mit dem Großen Barrierriff und dem Carpentariagolf. Der schlechte Zustand des Schiffs und Skorbut erschwerten die Reise erheblich. Im August 1803 reiste F. mit zwei Schiffen nach England ab, doch liefen beide (!) nach 1 250 km Seefahrt auf Korallenriffe. In einem kleinen Kutter holte F. Hilfe, gelangte am 15.12.1803 nach Mauritius, wurde im engl.-franz. Krieg interniert und kam erst 1810 wieder nach England. Am Erscheinungstag seines Buchs *A Voyage to Terra Australis* (19.7.1814) starb F.

Fontana Jorge Luis, 1846–1920, argentin. Gran-Chaco-Forscher. F. reiste 1875–80 im Chaco-Gebiet, wo die argentin. Regierung eine Kette kleiner Forts zum Schutz der Siedler gegen Indianer nach NW vorschob; F. berichtigte dabei viele Einzelheiten auf älteren Karten und befuhr im August 1882 den Rio Pilcomayo auf der Suche nach der verschollenen → Crevaux-Expedition. In einer selbstständigen Arbeit lieferte F. eine Beschreibung des Gran Chaco. Als Gouverneur von Ostpatagonien nahm F. seine Forschungen in einem weitgehend unbekannten Territorium wieder auf und entdeckte die Quellen des Chubutflusses im Lago Fontana.

Formosa, Insel an der Ostküste Chinas mit 34 753 qkm (mit den kleinen Nebeninseln, ausschließlich der Pescadores). Heute Staatsgebiet von Nationalchina (Taiwan). Die Insel war chines. Seefahrern seit dem 7. Jh. bekannt, wurde aber erst nach 1600 besiedelt, da sie ein Stützpunkt der Dschunkenpiraten war. Die Portugiesen entdeckten F. im

Jahr 1590. Erste Europäersiedlung 1624 durch die Holländer.

Forrest John, First Baron of Bunbury, 1847–1918, mit seinem Bruder Alexander (1849–1901) auf Transaustralien-Expeditionen von W nach O unterwegs, Vorkämpfer eines eigenen westaustral. Governments und dessen erster Gouverneur durch mehr als zehn Jahre, in denen er u. a. eine 350 km lange Pipeline für Wasser in die Wüsten Westaustraliens legte, um die Goldfelder von Calgoorlie und Coolgardie zu versorgen. F. setzte sich wirksam für die erste transkontinentale Eisenbahn ein und hatte das Glück sie noch zu erleben, auf Strecken, die er zweimal auf dem Rücken von Pferden durchmessen hatte. F. ist auch der erste in Australien geborene Brite, der geadelt wurde. 1869 ging F. Eingeborenengerüchten über die Ermordung → Leichhardts auf einer Expedition nach, die zwar geografische Aufschlüsse, aber nichts über Leichhardt erbrachte. Im Jahr darauf unternahm er mit seinem Bruder Alexander eine Suchexpedition nach einem praktikablen Landweg von Perth nach Adelaide, ein sehr erfolgreiches Unternehmen und in fünf Monaten durchgeführt, wofür → Eyre 30 Jahre zuvor zwölf Monate gebraucht hatte. 1874 wiederholte F. diese Unternehmung auf einer mehr im Landesinneren verlaufenden Route und abermals mit Alexander als Zweitem im Kommando. Diesmal ging es vor allem um die Flussläufe; man plante die Urbarmachung ihrer Ufer. Die von den beiden Brüdern ausgearbeitete Karte enthält zahlreiche Berichtigungen, Benennungen und Präzisierungen (1:850 000). Abgesehen von den Reiseberichten gab F. ein Buch über den Kimberley-Distrikt heraus.

Forster Johann Georg Adam, 1754–94, dt. Weltreisender, Naturwissenschaftler und Reiseschriftsteller. Bis zum 25. Lebensjahr eng mit seinem Vater Johann Reinhold → Forster arbeitend, nahm der in Russland und in England ausgebildete F. 1772–75 als Gehilfe seines Vaters an der zweiten Weltreise → Cooks teil. Dies brachte ihm unerwartet frühen Ruhm, als sein Vater in einen Streit mit der brit. Admiralität geriet und Schreibverbot erhielt, sodass der Sohn die publizistische Auswertung der sensationellen Reise übernehmen musste. Obwohl er selbst nur summarische Aufzeichnungen gemacht hatte, geriet die talentierte Aufbereitung väterlicher Materialien literarisch so eindrucksvoll, dass die intellektuelle Modeströmung – Interesse für Naturvölker, ferne Inseln und Exotik – durch dieses Werk starken Auftrieb erhielt. Als F. auf der Suche nach einem Lehrstuhl für seinen wegen Schulden in England festgehaltenen Vater eine Rundreise zu europ. Bildungsstätten unternahm, wurde er stürmisch gefeiert und erhielt selbst zunächst einen Lehrstuhl in Litauen, dann eine Bibliothekarspfründe in Mainz. Dort entstanden seine *Ansichten vom Niederrhein*, inzwischen längst ein Klassiker der dt. Reiseliteratur und z. B. für Alexander von → Humboldt ebenso anregend wie die berühmten Tahiti-Passagen aus *A Voyage round the World* (London 1777). F. stand den Ideen der Französischen Revolution so nahe, dass er oft als dt. Jakobiner bezeichnet wurde, war andererseits aber hoch geachtetes Mitglied verschiedener gelehrter Gesellschaften und der Berliner Akademie, starb jedoch in dürftigen Verhältnissen in Paris. Sein Schriftennachlass wurde von seiner Tochter Therese ediert, die mit Rudolf Erich Raspe erarbeitete dt. Version seines großen Weltreiseberichts wurde und wird immer wieder aufgelegt (Akademiegesamtausg. seiner Werke, Briefe und Tagebücher seit 1958 im Erscheinen).

Forster Johann Reinhold, 1729–98, Sohn eines Bürgermeisters aus Westpreußen, Abkömmling schott. Emigranten, Pfarrer in Nassenhuben, aber stark naturkundlich interessiert und schon 1765 auf einer Forschungsreise an der Wolga. 1766 ging F. mit seinem ältesten Sohn, Johann Georg Adam → Forster, nach England, wurde Nachfolger von Joseph Priestley an der Dissenter Academy in Warrington, hatte aber auch hier bald Auseinandersetzungen und ging deshalb gerne auf den Vorschlag der brit. Admiralität ein, anstelle von → Banks an der zweiten Weltreise → Cooks teilzunehmen, nicht nur als Naturforscher, sondern mit der Verpflichtung zu umfassenden Aufzeichnungen. Dies wiederum gab ihm die Möglichkeit Begleitung und Hilfe durch seinen Sohn zu erreichen. Nach der Heimkehr kam es jedoch zum Streit mit der Admiralität, sodass F. die Publikation eigener Berichte untersagt wurde. Die Tagebücher F.s fanden dank der großartigen von seinem Sohn gelieferten Version erst in unseren Tagen wieder Beachtung, derzeit wird an einer wissenschaftlichen Ausgabe gearbeitet. Im Unterschied zu seinem Sohn war F. auch an religiösen und geistesgeschichtlichen Fakten der großen Reise interessiert und überhaupt ein durchaus universaler Geist, sodass zu bedauern ist, dass seine eigenen *Observations made during a Voyage round the World* vergleichsweise wenig Beachtung finden. Der hoch verschuldete F. wirkte zuletzt als Professor der Naturgeschichte und Mineralogie an der damals berühmten Universität Halle, wo er auch starb. Nüchtern und trocken, oft polemisch und rechthaberisch, schuf F. Schriften, die inhaltsreich waren, aber nie vermochten ins Publikum zu dringen.

Forsyth Sir Thomas Douglas, 1827–86, ging 1848 nach Indien und erreichte eine höhere Position in der brit. Verwaltung des Pandschab. In dieser Eigenschaft zu Verhandlungen mit Jakub Beg, dem Herrscher von Ostturkestan, entsandt, überschritt F. mit einer großen Karawane, der auch der erfahrene Robert Barclay → Shaw angehörte, 1870 die bis zu 6 000 m hohen Pässe des Karakorum und des Kuen-Lung-Gebirges und gelangte bis Jarkand, einer Stadt der alten Seidenstraße, musste dort aber aufgeben. Er konnte den Versuch erst 1873 wieder aufnehmen, als der wachsende Druck des zaristischen Russlands auf dieses Gebiet brit. Initiativen dringend erforderlich machte. Um den politischen Zweck zu kaschieren, wurden F. Gelehrte verschiedener Richtungen beigegeben, die z. T. den Strapazen gar nicht gewachsen waren, wie der österr. Paläontologe Stoliczka, der an einem der Hochpässe den Tod fand. Diesmal jedoch hatte F. Erfolg, wurde mit seinen Begleitern gut aufgenommen und konnte am 2.2.1874 mit dem Emir Jakub Khan einen für England vorteilhaften Vertrag abschließen. Während der Verhandlungen waren verschiedene wissenschaftliche Exkursionen erfolgt. Nach dem Aufbruch teilte sich die Karawane: F. kehrte über Afghanistan nach Indien zurück, die meisten anderen Reisenden über den Kleinen Pamir. 1875 schon reiste F. abermals in heikler Mission zu einem eingeborenen Fürsten, nämlich zum König von Birma. Außer F. selbst haben der Arzt Bellew und F.s Mitarbeiter Henderson über diese seinerzeit als sensationell gewerteten Expeditionen berichtet.

Fortune Robert, 1813–80, schott. Ostasienreisender, der nach seiner Ausbildung als Gärtner zunächst chines. Teepflanzungen besuchte und auch die Baumwolldistrikte von Tschekiang und Fukien aufmerksam bereiste, ehe er 1847 darüber zu veröffentlichen begann. Nun wurde die Ostindische Kompanie auf ihn aufmerksam und gab ihm die Mittel zu einer neuerlichen Reise als verkleideter Wirtschaftsspion. Am Tsientangfluss und in Hoku, damals das Haupthandelszentrum für schwarzen Tee, erwarb er die für den Himalajaanbau geeigneten Sorten und kann deshalb in gewissem Sinn als der Vater des Darjeeling genannt werden. Zum Direktor des Botanischen Gartens von Chelsea ernannt, hielt es ihn in der Heimat doch nicht lange: 1853–56 bereiste er abermals von Ningpo aus verschiedene Provinzen Chinas und 1857 dieselben Gegenden im Auftrag der Vereinigten Staaten. Von einer Japanreise, die er 1860 antrat, kam er erst 1863 zurück und führte zahlreiche ostasiat. Pflanzen mit sich, die er in Akklimatisationsgärten in England aufzog. Er lebte zuletzt auf seinem schott. Landsitz, starb aber im April 1880 in London. Seine Reiseberichte aus den chines. Nordprovinzen wurden 1853 und 1854 ins Deutsche übersetzt.

Foster Henry, 1796–1831, brit. Geophysiker und Reisender, Teilnehmer an verschiedenen Expeditionen in beiden Amerika und in Grönland. F. ging früh zur See, war auf der *Blossom* zu der Vermessung des Columbia River beteiligt und arbeitete 1819 an der Küstenaufnahme des Rio de la Plata. Im Jahr darauf machte er die → Hall-Reise nach Südamerika mit und 1823 die Expedition, die Sir E. → Sabine nach Grönland führte (eine Bucht an der unwirtlichen Ostküste Grönlands trägt F.s Namen). 1827 weilte F. als Astronom in Begleitung → Parrys wieder in der Polarregion und trat 1828 eine große Reise zur Durchführung von Pendelversuchen an, wie er sie bei Sabine gesehen hatte. Sie führte über eine Reihe atlant. Inselgruppen zu den Süd-Shetlands, im Januar 1829 nach Deception Island, bis dahin eine Art Geheimtipp einiger Walfänger und erst seit der → Shackleton-Expedition im 20. Jh. einigermaßen bekannt. Die Vulkaninsel ist heute mit den Falklands verwaltungsmäßig verbunden und in brit. Besitz. F. segelte weiter quer durch den Pazifik abermals in den Atlantik (Sankt Helena, Fernando Noronha, wo er erstmals genaue Messungen vornahm) und nach Panama, wo er bei Ufervermessungsarbeiten in einem Fluss ertrank.

Foucauld Charles-Eugène de, 1858–1916, wurde als Sohn einer strenggläubigen altadeligen franz. Familie in Straßburg geboren, verlor schon sehr früh beide Eltern und wuchs bei seinem Großvater auf. Nach dem Besuch der berühmten Militärschule von Saint-Cyr, wo er durch seine Trägheit auffiel, schaffte er es gerade noch, als Leutnant in ein Husarenregiment aufgenommen zu werden. Er führte ein ausschweifendes, lustiges Leben und schied 1881 aus dem Dienst. Als sein Regiment einige Monate später zum Kampf gegen Aufständische in die Sahara zog, meldete er sich sofort wieder und erwies sich plötzlich als ein durchaus brauchbarer Soldat. Während dieses Feldzugs beeindruckte ihn die Wüste so tief, dass er beschloss bisher unbekannte Gebiete vor allem in Marokko zu durchforschen. Monatelang bereitete er gründlich seine Reise vor und ging 1883 als marokkanischer Jude verkleidet mit einem wirklichen Rabbiner nach Marokko, das er elf Monate lang nach allen Richtungen durchstreifte und dabei im Geheimen topografische Vermessungsarbeiten und astronomische Beobachtungen durchführte. Er sammelte dabei so viel wichtiges Material und erhellte so viel unbekanntes Terrain in Marokko wie kein anderer Europäer. 1885 und 1886 unternahm er erneut eine Saharareise. Die Berührung mit Juden und Mohammedanern führte auch zu einer inneren Wandlung F.s, und er widmete sich nun intensiv und kompromisslos religiösen Fragen. Nach einer Wallfahrt in das Heilige Land zog er sich 1890 in ein Zisterzienserkloster zurück, verließ es aber wieder, da ihm die Ordensregel zu wenig streng war. Dann arbeitete er jahrelang unter demütigenden Verhältnissen als Diener in einem Clarissinnenkloster bei Nazareth, wurde 1901 zum Priester geweiht und beschloss nun sich mit Billigung sowohl seiner kirchlichen Vorgesetzten als auch der franz. Militärbehörden als Einsiedler im Hoggar in der Zentralsahara niederzulassen. Dabei errang er dank seiner hervorragenden Kenntnis von Land und Leuten das Vertrauen der dort leben-

Charles-Eugène de Foucauld.

den Tuareg. Für die franz. Behörden gewann der Vorposten des Paters tief in der Wüste zu Beginn des Ersten Weltkriegs erhöhte Bedeutung, weil er versuchen konnte mithilfe seiner Tuareg den Einfluss der von Tripolitanien aus agierenden Senussi einzudämmen. 1916 ließ er in Tamanrasset ein kleines Fort errichten, um die Eingeborenen gegen mögliche Angriffe zu schützen. Kurz danach wurde er verraten, aus der Festung herausgelockt und ermordet. Ein Kenner der Verhältnisse schrieb über ihn: »Das Werk Pater de Foucaulds ist doppelter Natur: politisch und wissenschaftlich in Marokko, wo sein Name an erster Stelle unter den Forschungsreisenden steht; wissenschaftlich und sozial in der Sahara, wo seine Tätigkeit an diejenige der französischen Offiziere gebunden bleibt.«

Fowler Henry, brit. Kolonialbeamter, der vor allem im brit. Hoheitsgebiet von Honduras Erstbegehungen vornahm, Flussläufe erkundete und nach Bodenschätzen forschte. Seine wichtigste Leistung ist die Durchquerung des Cockscombmassive von El Cayo bis zur Mündung des Deep River, was auf eine Durchquerung der ganzen Kolonie hinauslief. Obwohl die Berge nur mittlere Höhen erreichen (Victoria Peak 1 023 m), ist das Gelände schwer begehbar, zerklüftet und von reißenden Flüssen durchzogen.

Fox Luke, 1586–1635, brit. Kapitän und einer der frühen Entdecker im Bereich der Nordwestpassage. Im Auftrag des Stuartkönigs Karl I. war F. von Mai bis Oktober 1631 mit einem 80-t-Schiff vor allem in der Hudson Bay unterwegs, deren Südwestküste noch völlig unbekannt war. Bei der Ausfahrt aus der großen Bucht entdeckte er die heute nach ihm benannte Meeresstraße und durchfuhr sie als Erster (östl. von ihr trägt auch eine große Halbinsel den Namen F.). Von seinen z. T. phantasievollen Benennungen haben sich nur wenige erhalten. Sein nördl.ster Punkt lag auf 66.47 Grad n. Br.

Fraenkel Knut, 1870–97, Ingenieur aus dem schwed. Karlsstadt, Teilnehmer an der Nordpolexpedition von → Andrée, auf der er den Tod fand. Seine Tagebücher wurden mit jenen anderer Expeditionsteilnehmer 1930 gefunden und seitdem mehrfach ediert.

Franklin Sir John, 1786–1847. Brit. Seefahrer und Entdecker, als Marineoffizier wiederholt in Schlachten verwickelt (1801 Kopenhagen, 1805 Trafalgar, 1815 vor New Orleans im Gefecht mit einem amer. Blockadebrecher verwundet). F.s Interesse für Entdeckungsreisen hatte sich schon 1801–03 gezeigt, als er unter härtesten Bedingungen mit → Flinders unterwegs war. 1818 befehligte er bei der Nordpolexpedition des Kapitäns Buchan die Brigg *Trent*. 1819 unternahm er mit Richardson und Back eine Landexpedition zum Coppermine River, die bei Fort York begann und an der Mündung endete, und schloss eine Küstenaufnahme bis Kap Turnagain an. Als er 1821 zurückkehrte, wäre er in den Barren Grounds beinahe verhungert (am Südwestrand der Barren Grounds seither das F.-Gebirge). Nach diesen Leistungen geadelt und mit dem Doktor h. c. von Oxford geehrt, kommandierte F. 1830–33 das Linienschiff *Rainbow* und war 1836–43 Gouverneur von Tasmanien, also in einer Zeit schwerer Kämpfe der weißen Siedler gegen die seither ausgerotteten Ureinwohner. Vielleicht waren diese Vorgänge eine der Ursachen, die F. noch im Alter von beinahe 60 Jahren die Leitung einer neuerlichen Nordwestpassage-Expedition übernehmen ließen. Am 19.5.1845 verließen *Erebus* (Capt. → Crozier) und *Terror* (Capt. Fitzjames) die Themsemündung und hatten am 26.7. letzten Kontakt (der Walfänger *Danner* übernahm in der Melville Bay Post für England). Als drei Jahre lang (!) keine Nachrichten von F. kamen, begannen die Suchaktionen, in ihrer Gesamtheit die größten in der ganzen Entdeckungsgeschichte und über den eigentlichen Zweck hinaus z. T. geografisch sehr erfolgreich. Erst 1848 setzten die Suchexpeditionen, finanziert von öffentlichen Stellen, Mäzenen und zuletzt von Lady Franklin, die dafür ihr Vermögen opferte, voll ein. An dreien dieser Expeditionen nahm John → Rae teil

Die »Erebus« im Eis. Gemälde von Francois Musin.

und brachte schließlich die Gewissheit vom Untergang der Franklin-Leute, weil nicht nur Eskimos vom Verhungern vieler weißer Männer berichtet hatten, sondern weil Rae auch Gegenstände eintauschen konnte, die zweifelsfrei von der Expedition stammten. Inzwischen steht fest, dass F. noch im Besitz beider Schiffe den Lancaster Sound durchfahren, also Davisstraße und Baffin Bay gut hinter sich gebracht und Westkurs eingeschlagen hatte (die Halbinsel, die den Lancaster Sound südl. begrenzt, heißt heute nach F.). Offensichtlich war dann der weitere Westweg durch Eis verlegt und F. suchte nach Süden auszuweichen, lief von etwa 75 Grad nördl. Breite bis auf etwa 70 Grad und wurde bei der King-Williams-Insel vom Eis eingeschlossen – was zur Folge hatte, dass die Rettungsexpeditionen zunächst zu weit nördl. gesucht hatten. Am 22.4.1848 verließen die seit zwei Jahren vom Eis eingeschlossenen Männer die Schiffe und versuchten sich auf dem Landweg zu retten. Zu diesem Zeitpunkt war F. bereits tot (11.6.1847) und Crozier der Kommandant. Alle 104 erlagen schließlich den Strapazen oder kamen auf ungeklärte Weise zu Tode, da später geladene Gewehre, Munition und Lebensmittelvorräte neben den Skeletten gefunden wurden und Crozier selbst (nach hartnäckigen Gerüchten) erst 1864 auf einer Insel in der Hudson Bay gestorben sein soll. Im Lauf der etwa 40 Unternehmungen zur Rettung F.s bzw. zur Erforschung seines Schicksals gelangten Teilnehmer einer von O nach W und einer von W nach O vordringenden Expedition zu einem Treffen, womit in gewissem Sinn die Nordwestpassage bewerkstelligt war (McClure und Leutnant Pim am 6.4.1853). Das erste Schiff, das die Nordwestpassage bewältigte, war die *Gjöa* unter → Amundsen, 1903–06.

Franz Xaver (Francisco de Jassu y Javier), 1506–52, Indien- und Japanmissionar des Jesuitenordens aus adeliger, aber verarmter Familie des nördl. Spanien. F. ging 1525 nach Paris, um Theologie zu studieren, schloss sich Ignatius von Loyola an und reiste 1541 als päpstlicher Legat nach Goa. Dort taufte F. etwa 30 000 Inder und begab sich dann an die Südostspitze Indiens, wo er in Perlentauchergemeinden wirkte. 1545 reiste er weiter auf die Malai. Halbinsel und auf die Molukken, wo erste Christengemeinden ohne Betreuung waren. 1547 wieder in Malakka, erfuhr er von der Existenz des großen japan. Inselreichs, wurde jedoch durch organisatorische Aufgaben bei den ind. Gemeinden zurückgehalten und konnte erst am 15.8.1549 im S der japan. Insel Klushu landen. Mit ihm waren zwei weitere Geistliche und drei Japaner gekommen, die in Goa gelebt hatten und dolmetschen konnten. Im ersten Japanjahr bemühte sich F., die Sprache zu erlernen und vermochte auch etwa 100 Japaner zu taufen. Dann erst machte er sich auf, um eine Audienz beim Tenno zu erlangen, wurde in der Kaiserstadt Kyoto aber nicht vorgelassen. Immerhin hatte die äußerst beschwerliche Reise seine Japankenntnis erheblich erweitert. Nach langen Verhandlungen mit örtlichen Autoritäten gelang es, in Yamaguchi an der Südwestspitze der Insel Hondo einen christlichen Stützpunkt auszubauen. Im November 1549 reiste F. nach Indien zurück und fand dort die Ernennung zum Provinzial der Indischen Ordensprovinz vor. Da F. erkannt hatte, dass zahlreiche Einflüsse von China nach Japan hinüberwirkten, setzte er sich die Christianisierung Chinas zum Ziel: Obwohl größer, erschien ihm dieses Land zugänglicher als die in starren Bräuchen befangenen japan. Inseln. Im April 1552 schiffte er sich in Goa nach China ein, gelangte aber nur auf die Kanton vorgelagerte Insel Santschau, etwa 15 km vom Festland und von der Chinesenstadt entfernt, auf der sich Händler und Seeleute aller Nationen aufhalten durften, während das Betreten der Chinesenstadt strengstens verboten war, und Europäer, die dies missachteten, in grausamer Kerkerhaft in Kanton gehalten wurden. Angesichts dieser bekannten Verhältnisse und früherer Ausländermassaker, die in Kanton und anderen chines. Hafenstädten stattgefunden hatten, verloren die Begleiter F.s den Mut; er fand keinen Fährmann nach Kanton und starb enttäuscht und entmutigt am 3.12.1552. Der 1622 heilig gesprochene Missionar begründete in seinen unermüdlichen und kühnen Reisen erstaunlich früh die Missionsarbeit seines Ordens, die bald darauf in allen Weltteilen Früchte tragen sollte. Vor allem in China und in Japan gelangte der Orden über die rein religiöse Funktion hinaus bald in einflussreiche Positionen und nahm die Möglichkeiten wahr neben den Kaisern die Entwicklung dieser so lange von der westl. Welt abgeschlossenen Staaten zu steuern. Eine dt. Auswahl seiner Briefe gab de Vos 1877 in Regensburg heraus (2 Bde.). Die grundlegende Biografie schrieb G. Schurhammer (Freiburg/B. 1925). Vollständige Ausgabe seiner Briefe in den *Monumenta* der Ges. Jesu.

Fraser Simon, 1776–1862, abenteuerlustiger schott. Kaufmann, der als Pelzhändler im amer. NW unterwegs war und beachtliche Entdeckerleistungen vollbrachte. Er schloss mit Expeditionen der Jahre 1805–08 an die Unternehmungen → Mackenzies an und erforschte im Innern des südl. British Columbia die Flussgebiete von Fraser (später nach ihm benannt) und Quesnel (von ihm nach einem Gefährten so bezeichnet). 1807 wurde der Stützpunkt Fort George angelegt. Die Befahrung des 1300 km langen Fraser erfolgte in Kanus, war sehr gefahrvoll, endete aber am 2.7.1808 glücklich an der Mündung. (Obwohl dieser Fluss trotz des Columbia als Hauptfluss von British Columbia gilt und 1858 Schauplatz des sensationellen Cariboo Gold Rush war, wurden seine Quellen am Yellowhead-Pass erst 1875 von Jarvis entdeckt).

Freeman Thomas, etwa 1765–1821, ir. Geometer und Nordamerikareisender, der im Auftrag von Präsident Jefferson den Red River of the South erforschte. Es war eine kleine militärische Expedition, die F. offensichtlich nur wissenschaftlich leitete. Der Red River wurde trotz seiner vielen engen Windungen von der Mündung in den Mississippi bis in die Gegend der heutigen Stadt Amarillo befahren, und zwar 1806, rund 80 Jahre vor der Gründung dieser Stadt im Zusammenhang mit dem Eisenbahnbau, für den die von F. gezeichnete erste genaue Karte von großer Bedeutung war.

Frémont John Charles, 1813–90, Nordamerikareisender aus dem franz. Süden der USA, der als Vermessungsingenieur beim Eisenbahnbau begann, 1838–40 aber mit Nicollet im oberen Mississippibecken arbeitete und im Sommer 1841 in Iowa Pionierarbeit leistete. Durch familiäre Verbindungen zu einem einflussreichen Senator erhielt F., dessen Fähigkeiten inzwischen bekannt waren, die Leitung einer Expedition, die von Saint Louis ausgehend die Auswandererrouten (Kansas River und Great Plate River) kartografisch aufnahm. Dabei wurde der erst flüchtig bekannte South-Pass kartografiert, eine Anzahl Gipfel der Rocky Mountains vermessen und die Westseite des Wind River Range skizziert. F. bestieg den nach ihm benannten 4 202 m hohen Gipfel. Schon 1843/44 führte F. eine weitere Expedition nach W, nun durch Oregon nach Kalifornien, also das Gebiet des Oregon Trail, der 2 000 Meilen langen berühmten Western Route, die allein im Jahr 1840 von 12 000 Auswanderern begangen wurde. Da diese inzwischen berufsmäßige Führer hatten, die den Trail genau kannten, lässt sich für diesen Abschnitt von F.s Tätigkeit eine spezifische Entdeckerleistung nicht behaupten, doch wurden die Arbeiten seiner Expedition für die Ausdehnung der Ordnungsmacht und für die Erschließung der Westgebiete der USA zur entscheidenden Voraussetzung. Dabei kam es zur Auflösung mancher Legende, die in der Frühgeschichte des amer. W eine Rolle gespielt hatte wie jene um den Großen Salzsee (der damals noch verschiedene Namen trug) und seine Inseln, um die Cascade Range, das Great Basin usw. Von den Neubenennungen, die F. vornahm, ist für uns interessant, dass er den Ogden River als Humboldt River eintrug und einen Gebirgszug Humboldt River Mountains nannte. Neben allen praktischen Fähigkeiten eines Expeditionsführers und Geografen verfügte F. über die glückliche Gabe Gesehenes packend zu schildern. Seine Eindrücke von ersten Fahrten auf dem Großen Salzsee wirkten noch lange weiter in der jungen Literatur der USA. Als es um die Erwerbung Kaliforniens für die USA ging, kam es zwischen F. in seiner Rolle als Zivilgouverneur und St. W. Kearney, der die amer. Truppen führte, zu einem schweren Zwist, und F. wurde vor ein Kriegsgericht gestellt. Die Intervention von Präsident Polk rettete ihn, kostete ihn aber die Stellung, doch erwarb sich F. großen Reichtum, als der kalif. Goldrausch ausbrach. Während des Bürgerkriegs hatte er wichtige Kommandoposten inne, 1870 verlor er sein ganzes Vermögen beim Bau einer eigenen Eisenbahnlinie (*Memories of my Life*, 1887). Jessie Benton F., seine Frau, unterstützte diesen bemerkenswerten Lebenskampf, der über die Entdeckungsgeschichte hinaus charakteristisch für die ganze junge Nation ist, mit einer Reihe von Büchern (*A Year of American Travel*, 1878, *Far West Sketches*, 1898).

Freycinet Louis-Claude Desaulses de, 1779–1842, adeliger franz. Seeoffizier und Weltumsegler. Er nahm an der Baudin-Expedition von 1800–04 teil, befehligte zuletzt die *Casuarina* und war der Hauptverfasser des Berichts, der zehn Jahre später in Paris erschien. 1817–20 war er leitend tätig bei der wissenschaftlichen Weltumseglung der *Uranie*, die nach der von Napoleon in Ägypten begründeten Übung ein ganzer

Schwarm von Gelehrten und Künstlern mitmachte, darunter der interessante Literat, Maler und Abenteurer Jacques → Arago. Neben der Berührung und genaueren Ortsbestimmung einer Reihe kleinerer Inseln widmete sich die Expedition vor allem der genauen Erforschung der Marianen-Gruppe (auch Ladrones, 13 vulkanische und drei andere kleine Inseln, die durch die Spanier von etwa 100 000 auf 7 500 Einwohner entvölkert wurden). F. drang mit seinen Begleitern auch erstmals in das Innere der Inseln Guam, Tinian und Rota vor, und was F. dort ermittelte und festhielt, wurde später zur Grundlage für die Geschichte der Inselgruppe und Beweis ihres skandalösen Niedergangs unter span. Verwaltung. Auf der Weiterreise wurden einige andere Inseln genauer in ihrer Lage bestimmt (z. B. Lord Howe) oder überhaupt erst auf den Karten eingetragen, wie die kleine Doppelinsel Rose Island am Ostrand der Salomonen. Sie war möglicherweise von → Roggeveen bereits bemerkt worden, wurde von F. nun aber auf galante Weise bekannt gemacht, denn er gab dem winzigen und unbewohnten, aber reizvoll im blauen Meer dahindämmernden Atoll den Namen seiner Frau Rose, die sich vor der Abreise heimlich an Bord der *Uranie* begeben hatte und somit mitgenommen werden musste. Im Februar 1820 lief die *Uranie*, als beinahe alles überstanden zu sein schien, um einem Hurrikan zu entgehen, auf die Falklands zu und in der Bucht Française dann auf ein Riff und musste aufgegeben werden. Es gelang F. jedoch, einen amer. Schoner zu erwerben, auf dem er Personal und Materialien seiner Expedition im Herbst 1820 heil nach Frankreich schaffen konnte. (Eine Ergänzung der offiziellen Reiseberichte bildeten die geistvollen Briefe, die Jacques Arago während der drei Reisejahre an einen Freund gerichtet hatte; sie wurden auch ins Englische bersetzt.)

Frézier Amedé-François, 1682–1773, Hydrograf und Späher im Dienst Ludwigs XIV., der zwar dem kalten Kanada wenig Interesse entgegenbrachte, sich aber hinsichtlich Louisianas gewisse Hoffnungen machte. F. wurde 1711 an die Westküste von Süd- und Mittelamerika entsandt, um die dortigen Verhältnisse, vor allem die span. Hafenorte und deren Befestigungen, kennen zu lernen und darüber zu berichten. F., der die Ergebnisse → Feuillées nur zum Teil kennen konnte, arbeitete nach der gleichen astronomischen Methode und gelangte zu erstaunlich genauen Karten dieser Weltgegend. Später ergänzte er sie aus den Angaben, die ihm andere franz. Marineoffiziere und Korsaren machten (insbesondere über die Falklandinseln, wo sich häufig Fischer aus Saint-Malo aufhielten). Militärisch wichtiger waren freilich die genauen Hafen- und Einfahrtspläne von den Städten zwischen Callao und Concepcion, die F. lieferte. Als F. nach Frankreich heimkehrte, hatte Ludwig XIV. nur noch kurze Zeit zu leben, sodass sich aus diesen wertvollen Erkundungen keine Folgen ergaben. Wie wichtig sie waren, geht daraus hervor, dass es schon 1717 zu einer engl. Ausgabe der Reiseberichte kam.

Friedrichsthal Emanuel Ritter von, 1809–42, Mittelamerikareisender aus dem damals österr. Brünn. Nach kundigen Reisen auf dem Balkan und in der Türkei, worüber er in stark beachteten Büchern berichtete, begann F. 1837 eine große Forschungsreise in Nicaragua, Guatemala und Costa Rica und widmete sich insbesondere der Halbinsel Yukatan. Nach vier Jahren zwang ihn eine schwere Erkrankung zur vorzeitigen Rückkehr nach Wien, wo er die botanische Ausbeute seiner langen Reise zwar noch ordnen, aber keinen Reisebericht mehr verfassen konnte. (Hassinger schreibt F. Friedrichthal ohne s. Der heute vergessene Forscher figuriert in der zusammenfassenden Arbeit von O. Quelle *Ostmark und Sudetendeutschland in ihrer Bedeutung für Iberoamerika*, 1938.)

Fritsch Gustav Theodor, 1838–1927, stammte aus Cottbus und hatte in Berlin, Breslau und Heidelberg Medizin und Naturwissenschaften studiert. 1863 reiste er nach dem südl. Afrika, um hier völkerkundliche und zoologische Studien zu betreiben. Von Kapstadt aus unternahm er bis 1866 mehrere Reisen, die ihn durch die damalige Kapkolonie und die Burenrepubliken führten. Wenn dabei auch keine neuen geografischen Erkenntnisse gewonnen werden konnten, so gelang ihm doch die Erforschung der Eingeborenen Südafrikas, über die er 1872 ein wichtiges wissenschaftliches Werk veröffentlichte. In die Heimat zurückgekehrt, erhielt er die Stelle eines Assistenten am Anatomischen Institut Berlin, wurde aber 1868 von der preuß. Regierung mit einer Expedition nach Aden in Südarabien geschickt, um dort eine totale Sonnenfinsternis zu beobachten. 1874 reiste er noch einmal zu weiteren astronomischen Beobachtungen mit einer dt. Expedition nach Isfahan in Persien. Danach arbeitete er als Professor für Anatomie in Berlin.

Fritz Pater Samuel, 1654–1725, einer der zahlreichen österr. Missionare, die im Rahmen der Jesuiten-Organisation von Paraguay, aber auch außerhalb des geschlossenen Jesuitenstaats wichtige geografische und kartografische Leistungen vollbrachten. F., aus dem böhmischen Trautenau stammend, ging nach gediegener Ausbildung und eigener Lehrtätigkeit in Brünn 1683 nach Südamerika und war in den folgenden zehn Jahren in nur zum Teil rekonstruierbaren Reisen vor allem in den großen Stromgebieten Brasiliens und Paraguays unterwegs. Schließlich kannte er sie so gut und hatte in seinem Missionssitz San Joaquin so viele indian. Helfer und Informanten, dass er geradezu zur Legende wurde: Vermutlich hat niemals vorher oder nachher ein Europäer den Amazonas mit Quell- und Nebenflüssen besser gekannt als F. Stärker geografisch und seelsorgerisch als naturwissenschaftlich interessiert, überließ F. gleichzeitigen Forschern wie → La Condamine und Nachfolgern wie Alexander von → Humboldt noch so manche Ergänzungsarbeit, doch blieb seine große Amazonaskarte, fern aller Zivilisation im Urwald geschaffen, ein Wunder an Informiertheit und Präzision. Dass er keine geschlossene Landeskunde und nur Notizen als Kommentare all seiner Entdeckungen liefern konnte, hat zwei Ursachen. Erstens stand er, wie alle seine Glaubensbrüder, in einem harten und schließlich aussichtslosen Kampf gegen die Großgrundbesitzer, die immer wieder in die Jesuitenreduktionen einbrachen und von dort Indianer als Sklaven wegführten, zum andern ging eine vermutlich komplette Abschrift des Reisetagebuchs von F. nach dem Tod von La Condamine, der den Transport nach Europa übernommen hatte, verloren. Während F., 1712 seines Amts enthoben, bis heute auch in kirchlichen Nachschlagewerken unter der Diskriminierung zu leiden hat, die seinen schließlich verbotenen Orden und die Jesuitenarbeit in Südamerika betrifft, haben vereinzelte Autoritäten wie Humboldt, Hassinger und vor allem Josef Gicklhorn auf ihn hingewiesen und sich um Neuausgaben seiner Schriften bemüht.

Frobenius Leo, 1873–1938. Der Berliner F. war Völkerkundler und Forschungsreisender. Seine Laufbahn begann er nach dem Studium 1898 an den Völkerkundemuseen in Bremen, Basel und Leipzig. 1904 gründete er die »Deutsche Inner-Afrikanische Forschungs-Expedition« und führte bis 1935 zwölf große Reisen in verschiedene Teile Afrikas von der Sahara bis Südafrika aus. Die erste (1904–06) führte ihn in das Kongobecken, die zweite (1907–09) zum oberen Niger und nach Timbuktu, weitere Reisen gingen in die nördl. Sahara, die Haussaländer, in den Sudan, das nördl. Abessinien und in das Sambesigebiet. F. beschäftigte sich dabei in erster Linie mit den Eingeborenenkulturen und vor allem mit den afrik. Felszeichnungen in den verschiedenen Teilen des Kontinents. Das gesammelte Material übertrug er dem von ihm gegründeten Forschungsinstitut für Kulturmorphologie in Frankfurt am Main, das seit 1946 in Frobenius-Institut umbenannt ist. Er vertrat die Theorie, dass das verschollene Atlantis in Westafrika zu suchen sei. Sein reiches schriftstellerisches Werk, zu dem Bücher wie *Auf dem Wege nach Atlantis* (1910), *Und Afrika sprach* (1913), *Erlebte Erdteile* (1925–29), *Kulturgeschichte Afrikas* (1933) und *Erythräa* (1931) gehören, fand einen breiten Leserkreis.

Frobisher Sir Martin, 1535(39?)–94. Brit. Seefahrer und Erforscher einer Nordwestpassage. Neben Englands großen Korsaren und Weltumseglern ist F. die faszinierendste Gestalt der elisabethanischen Seefahrt, als Person, aber auch weil mit ihm und durch seinen Mut, seine Zähigkeit und seinen Tatsachensinn die frühneuzeitliche Geografie aus ihrem mythischen Halbdunkel befreit wird. 15 Jahre lang versucht F. die Mittel für einen Vorstoß in jene Nordwestpassage aufzutreiben, von der er nur durch die Märchenlandkarte eines Zeno und durch die vagen Andeutungen des jüngeren Cabot eine Vorstellung hat oder eigentlich zu haben meint. Es ist nicht die sparsame Königin, sondern die erstaunlich aktive Muscovy Company, die schließlich das Geld für die Ausstattung von drei Nussschalen bewilligt, und als nach fünf Wochen Fahrt am 11.7.1576 Südgrönland in Sicht kommt, lässt sich F. von der Zeno-Karte belehren, dass dies Friesland (!) sei. Sturm kommt auf, das kleinste der drei Schiffe sinkt, ein weiteres kehrt nach England zurück, F. segelt mit havariertem Schiff allein weiter und entdeckt Resolution Island, an der sich die Wege teilen. Hier schlägt F. den einzigen Weg ein, der in eine Sackgasse führt: in die F. Bay des südlichen Baffinlandes. F. nimmt an, er habe Amerika an Backbord, was stimmt, und Asien an Steuerbord, was ein Irrtum von kolumbianischem Ausmaß ist. Er bleibt auch bald stecken, kann aber auf Loks Island (nördl. vor der Einfahrt in die Bucht) mit Eskimos Kontakt aufnehmen, einen Mann kidnappen und Gesteinsproben mitnehmen, die verheißungsvoll glitzern. Ohne zu überwintern, kehrt die *Gabriel* (nach der heute auch eine kurze Passage bei Resolution Island heißt) nach England zurück. Nun rückt die Königin ein großes Schiff heraus, Mineralien und edle Erze sind die große Hoffnung der Zeit, die *Ayde* ist achtmal so groß wie die *Gabriel*, aber F. läuft wieder in die Sackgassen-Bai ein und kehrt mit vielen Tonnen wertloser Gesteinsproben heil nach England zurück. Als er im Mai 1578 neuerlich ausfährt, stehen ihm 15 Schiffe zur Verfügung, auf denen neben Seeleuten auch Bergleute darauf warten, das neue, für England in Besitz genommene Land zu durchforschen. Südgrönland wird New England getauft, im Sturm die Einfahrt in die F.-Bucht verfehlt, womit sich der breite und weiterführende Wasserweg der Hudsonstraße öffnet. F. denkt sogleich wieder an die Nordwestpassage, lässt seine Leute im Glauben, man sei auf dem rechten Weg, nimmt die aus der weiten Hudson Bay heranrollenden Wogen als eine Botschaft aus dem Pazifik, muss dann aber doch aufgeben und kehrt im Spätherbst 1578 heim. F. leitet ein neues Verhältnis der Seefahrt zum Polarmeer ein und begründet die professionelle Einstellung zur Nordwestpassage; sie wird zahllose Expeditionen zur Folge haben, viele Opfer fordern und erst 400 Jahre nach F. Erfolg haben. Er selbst kämpft danach an anderen Fronten für England: 1586 als Vizeadmiral an der Seite → Drakes in Westindien, 1588 gegen die Armada, wo er die Fregatte *Triumph* so mutig führt, dass die Königin ihm noch während der Schlacht den Adelsbrief schickt. F. führt endlich noch eine Hilfsflotte für Heinrich IV. von Frankreich, ehe er bei einem Angriff auf das breton. Fort Crozon verwundet wird und stirbt. Der Navigator Best, der seine drei Nordfahrten mitmachte, wurde F.s erster Chronist, dem viele andere folgten.

Fuca Juan de, rätselhafter Seefahrer des späten 16. Jh.s, der durch eine stark befahrene Wasserstraße, die seinen Namen trägt, im Gedächtnis haftet (Zufahrt nach Seattle und Vancouver). Apostolos Valerianos, giech. Seefahrer in span.

Diensten, soll sie 1592 entdeckt und nach F. benannt haben (mit dem er vielleicht identisch ist). Aus einem zeitgenössischen Bericht über die Weltreise von → Drake scheint hervorzugehen, dass F. 1594 an Bord der *San Josef* war, die unter Sebastian Perez de Castillo die Nordwestküste Amerikas erforschen sollte, eine Reise, die abgebrochen wurde, weil sich Castillo angeblich einem Mitglied seiner Mannschaft unsittlich genähert haben soll. Er starb während des Strafprozesses.

Fuchs Arved, geb. 1952, Polarforscher. Durch → Nansens *Durch Nacht und Eis* für die Polarforschung begeistert, unternahm F. 1979 seine erste Reise nach Grönland (Westküste) und wollte schon 1980 zum geografischen Nordpol. Die Expedition scheiterte zwar, doch lernte F. von den Eskimos vom Iglubau bis zum Hundeschlittenfahren viel Nützliches, was er 1983 bei seiner Grönlanddurchquerung mit Hundeschlitten anwenden konnte. 1989 startete er vom chilen. Punta Arenas aus mit → Messner zur Antarktisdurchquerung. (Messner: »Wir waren keine Freunde. Wir waren zwei selbstbewusste Einzelgänger.«)

Furneaux Tobias, 1735–81, brit. Weltumsegler franz. Abstammung, nahm als Leutnant unter → Wallis an der Entdeckung von Tahiti teil und übernahm nach dem Ausfall von Wallis und → Clerke die Leitung der Expedition bis zur Heimkehr im Mai 1768. Auf der zweiten Reise von → Cook befehligte er die *Adventure*, wurde wiederholt von Cook getrennt und kehrte schließlich allein heim. Auf dieser Reise zeichnete er die erste brit. Karte der Ost- und Südküste Tasmaniens (das er für eine Halbinsel hielt) und brachte den Insulaner Omai von Ulaietea nach England mit (der auf Cooks dritter Reise heimkehren konnte). Die F.-Inseln wurden von Cook nach dem Entdecker benannt. Sie liegen vor dem Nordostkap von Tasmanien am Ostausgang der Bass-Straße. Beim Angriff der engl. Flotte auf das aufrührerische Charleston im Juni 1776 kommandierte F. die *Syren* (damals unterlag die brit. Flotte unter Admiral Parker den amer. Küstenbatterien).

Futterer Karl Joseph (1866–1906), Asienreisender aus Stockach (Baden) und Geologe, der 1897/98 mit einem Freund Zentralasien bereiste. Über Turkestan wurde der

Pamir erreicht und überschritten. Von dem alten Karawanenknotenpunkt Kashgar aus wandte F. sich der nördlichen Seidenstraße zu und gelangte an den Oberlauf des Hoangho-Flusses. Durch das östliche Tibet und quer über die Tsinling-Shan-Kette erreichten die Reisenden schließlich Schanghai, wo sie sich mit reichen geologischen und morphologischen Gesteinsproben und Aufzeichnungen einschifften. F.s. Berichte über diese Reise trugen beträchtlich zur wissenschaftlichen Kenntnis Innerasiens, vor allem der Wüste Gobi und Tibets bei; sein früher Tod bedeutete einen großen Verlust für die deutsche Gelehrtenwelt. Er schrieb u. a.: *Durch Asien* (3 Teile, Berlin 1911) sowie Bücher über Tibet und die Wüste Gobi.

G

Gabb William M., 1839–78, amer. Geologe, der sich zunächst im Rahmen von Expeditionen, die von anderen geführt wurden, mit der genauen Aufnahme der Halbinsel Kalifornien beschäftigte, ehe er selbstständig in Mittelamerika zu arbeiten begann. Seine speziellen Forschungsgebiete waren Costa Rica und die Insel São Domingo in der Karibik. In Costa Rica entdeckte er zwei Vulkane und brachte reiche naturwissenschaftliche Sammlungen heim.

Gaëtano Juan, span. Kartograf an Bord der Expedition, die Ruy Lopez de Villalobos 1542 von Navidad bei Acapulco nach Mindanao führte. G., ein geschickter Pilot, entdeckte bei dieser Gelegenheit eine Inselgruppe, die nach seinen Mitteilungen über die Lage die Hawaii-Gruppe gewesen sein könnte. 1916 wurde dies durch Dahlgren bestritten, womit die Entdeckerehre wieder an → Cook zurückfiel, doch haben neueste Forschungen des Bishop-Museums (Honolulu) die frühe Anwesenheit span. Seefahrer auf diesen Inseln nachgewiesen. Dabei handelte es sich höchstwahrscheinlich um Schiffbrüchige von einem oder von mehreren span. Schiffen der Route Mexiko–Philippinen und umgekehrt. Es gibt Beweise dafür, dass größere Gruppen von Weißen gut aufgenommen wurden, eingeborene Frauen erhielten und auf Hawaii blieben; auf einer Insel gab es zeitweise sogar weiße Herrscher (Kealakekua Bay).

Gahiz Abul Utman al, 776–869, arab. Schriftsteller, von afrik. Eltern in Basra geboren, sehr dunkelhäutig und zeitlebens durch seine besondere Hässlichkeit behindert. Der ihm wohlgesinnte Kalif Al Muttawakkil konnte ihn deshalb nicht als Prinzenerzieher engagieren, doch erhielt G. im

Lauf seines Lebens dreimal für seine Bücher Ehrengaben, sodass er bescheiden leben und sogar Bücher kaufen konnte. Als ein hoher Bücherstapel in seiner Wohnung ihm auf den Kopf fiel, starb er im Alter von 93 Jahren. G. hielt sich in Basra stets an den Rastplätzen der Karawanen auf und in Bagdad in der großen Moschee, wohin alle Durchreisenden kamen, um ihre Gebete zu verrichten. Aber er reiste auch selbst in der zweiten Hälfte seines Lebens, mit Sicherheit nach Syrien und (vermutlich auf dem Seeweg) nach Abessinien. Für einen Freund beschrieb er *Die Hauptstädte und die bewundernswerten Dinge der Länder*, gab aber auch wichtige Hinweise zu Theorie und Praxis des Reisens in Kapiteln über die Maultiere, die Überlegenheit des Kamels, Reittiere in Abessinien, die Kultur der Inder. Er zählt auch alle Gefahren auf, die die Reisenden erwarten, und wie man ihnen begegnet, von den Skorpionen bis zu den singenden Sklavinnen. (Unvollendete dt. Ausgabe von O. Rescher, Stuttgart 1931).

Galapagos, ecuadorian. Inselgruppe im Ostpazifik. 16 größere Inseln mit insgesamt 7 844 qkm. Unbewohnt, als → Barlango sie 1535 entdeckte, aber vorher wiederholt von indian. Fischern aus Ecuador und Peru zur Jagd aufgesucht, wie Tonscherbenfunde von 1953 bewiesen haben. Heute 3 300 Einwohner.

Gali Francisco, span. Seefahrer des 16. Jh.s, der auf der Fahrt von den Philippinnen nach Mexiko nach N verschlagen wurde und aus dem Aufkommen starker Dünung aus N auf das Vorhandensein einer Meeresstraße (der Beringstraße) schloss.

Gallego Hernan, span. Seefahrer des 16. Jh.s, gest. 1570, Chefpilot der wichtigen transpazifischen Fahrten des Alvaro de →Mendaña 1567–69. Während die bisherigen span. Fahrten stets durch den nördl. Pazifik geführt und dabei höchstens die Hawaii-Inseln berührt hatten, legte G. den Kurs südlicher, ohne allerdings nennenswerte Entdeckungen außer dem Fahrtziel, den Salomonen, zu machen. G.s Bericht, immerhin einer der wichtigsten in der gesamten Geschichte der Pazifikschifffahrt, wurde erst im 19. Jh. wissenschaftlich beachtet.

Gallego Pedro, Pilot verschiedener Entdeckungsfahrten. Seine erste Erwähnung findet sich um 1557, als er gemeinsam mit seinem Bruder Hernando die Expedition → Ladrilleros zur Magellanstraße begleitet.

Gama João da, portug. Handelsfahrer zwischen Macao und Acapulco, wobei er ähnlich wie Francisco → Gali nach N verschlagen wurde und vermutlich die südl.ste Kurileninsel entdeckte, die dann als Gamaland lange Zeit auf den Ostasienkarten verzeichnet erscheint. 1753 wird Gamaland erstmals richtig als Inselgruppe eingezeichnet, aber noch nicht mit der De-Vries-Entdeckung von 1643 identifiziert.

Gama Vasco da, 1468–1524, portug. Seefahrer aus kleinadeliger Familie, Sohn des Bürgermeisters von Sines. 1497 erhielt G. den königlichen Auftrag eine Flotte von vier Schiffen nach Indien zu führen. Er war offensichtlich gut vorbereitet und kannte die Ergebnisse sowohl der Seereisen zum Kap der Guten Hoffnung als auch die Berichte vom Landweg nach Indien, der ja seit Alexander dem Großen bekannt war. Die ganze Reise in großer Distanz zur afrik. Küste, die zielsichere Ansteuerung der St.-Helena-Bucht (die Bartolomeo Diaz nicht gekannt hatte) und die Pause in der Mossel-Bai (heutiger Name) lassen auf Informationen aus heute verschütteten Quellen schließen. Tatsächlich ins Unbekannte segelte G. von Dezember 1497 an, als er die durch Gegenströmungen schwierige Straße von Moçambique hartnäckig zu forcieren versuchte, statt Madagaskar östl. zu umfahren. Auch die Lotsensuche an der ostafrik. Küste deutet darauf hin, dass spezifische Informationen nun nicht mehr vorlagen, weswegen man auch einem verräterischen Lotsen, der im Auftrag arab. Händler die Flotte ins Unglück führen sollte, zunächst auf den Leim ging. Ein zwei-

Vasco da Gama. Miniatur a. d. 17. Jh.

ter, ehrlicher Lotse brachte die Schiffe dann auf der offensichtlich seit Jahrhunderten befahrenen Handelsroute quer über den Indischen Ozean nach Calicut, dem damaligen Haupthandelshafen an der Südwestküste Vorderindiens. (Es handelt sich also nicht um Kalkutta.) In diesem Hauptumschlagshafen für Gewürze war der Portugiese Covilham schon 1486, von Abessinien kommend, eingetroffen, den Seeweg dorthin aber und damit die Möglichkeit, Truppen und Waren im großen Stil zu transportieren, hatte erst G. entdeckt. Im August 1499 erreichte G. wieder Lissabon und segelte im Februar 1502 mit einer größeren Flotte abermals nach Indien (Cannanore und Cochin), von wo er im Oktober 1503 nach Lissabon zurückkehrte.

Gamard, breton. Pilot → Denys.

Garay Francisco de, etwa 1476–nach 1523, span. Konquistador. G. kam mit → Kolumbus auf die Insel Haiti, wurde deren Gouverneur und erwarb sich durch rücksichtslose Ausbeutung ein beträchtliches Vermögen. Die von ihm 1519 entsandte Mittelamerika-Expedition unter → Pineda brachte zwar geografisch erheblichen Gewinn, aber nicht die erhofften Reichtümer, sodass G. sich 1523 selbst an die Spitze einer Unternehmung mit elf Schiffen setzte und im Rücken von → Cortés an der mexikan. Golfküste landete. Da seine Truppen z. T. zu Cortés übergingen, blieb G. nur der Ruhm, im Raum Tampico ein längeres Küstenstück entdeckt und zwei Flüsse, die dort münden, erstmals befahren zu haben (Rio Soto la Marina und Rio Panuco).

Garcia Alejo, ermordet um 1523/24, portug. Konquistador und Goldsucher. G. machte sich aus dem portug. Südbrasilien mit 2 000 Guarani-Indianern zu einem Goldsuchertrip nach W auf und muss dort, in den Anden, auf Grenztruppen des Inkareichs gestoßen sein. Angesichts deren militärischer Überlegenheit wich er ins heutige Paraguay zurück und konnte noch einen Bericht nach São Vicente entsenden, ehe er, vielleicht von eigenen Meuterern, ermordet wurde. Unternehmungen dieser Art wurden später zwar wiederholt, beschränkten sich aber auf die Ebenen, in denen Indianersklaven erbeutet werden konnten, und erreichten nicht die Bergketten.

Garcia José, span. Jesuit und Missionar auf der Chiloé-Insel, von wo aus er 1760–68 Erkundungsfahrten in Booten in Richtung S unternahm und das Wissen über Patagonien entscheidend förderte. Er umfuhr die unwirtliche und unbewohnte Magdaleneninsel und die sie umgebenden Kanäle und stellte den Aysen-Fjord als einen tief ins Land einschneidenden Arm des Ozeans richtig dar. G. war offenbar kein ausgebildeter Kartograf, doch sind die Größenverhältnisse zutreffend, nur eben nicht maßstabgetreu wiedergegeben. Der Bericht über seine Unternehmungen erschien erst 1811 im Druck, und zwar dank der damals sehr aktiven Universität Halle, die den Text herausgab und die Originalkarte beifügte.

Gardar Svavarsson, schwed. Schiffer des 9. Jh.s, der (woher ist freilich fraglich) von Island wusste, das in seiner Heimat Schonen damals auch Schneeland genannt wurde. G. erreichte die Insel und umrundete sie auch, um sich darüber klar zu werden, dass er tatsächlich eine Insel vor sich habe. Da Island zu dieser Zeit nachweislich bereits von ir. Mönchen besiedelt war (wenn auch nur im äußersten SW), ist G. ebenso wenig – oder ebenso viel – als Entdecker zu bezeichnen wie Naddod: Keiner von ihnen hatte eine Karte, jeder fuhr auf gut Glück. G.s und Naddods Fahrten um 855–60 folgte seit 874 die Besiedlung Islands von Norwegen und von den Shetlands und Orkneys aus.

Gardner George, 1812–49, schott. Botaniker, der angeregt durch die Bücher Alexander von → Humboldts 1836 nach Rio und von dort aus in die noch weniger bekannten Provinzen des N reiste, insbesondere Ceara, Piauhi und Goiás. Als Letztes besuchte er Minas Gerais und kehrte 1840 nach Rio de Janeiro zurück. Obwohl er für die Kartografie dieser Gebiete keine neuen Fakten erbrachte, wurde seine Reise wichtig, da er neben reichen botanischen Aufzeichnungen auch über den Sertão-Distrikt berichtete, eine besonders arme, oft von Dürre heimgesuchte Gegend Brasiliens, in der sich immer wieder Armensekten und ähnliche Volksbewegungen bemerkbar machten.

Gardner George W., Kapitän eines amer. Walfangschiffs, der am 19.12.1824 200 km nordwestl. von Rimatara (Tubuai-

Gruppe) eine kleine Insel entdeckte und nach seinem Schiff *Maria* benannte (andere Namen: Hull, Sands, Nororutu). Die Insel ist unbewohnt und wird nur gelegentlich von Fischern aus Rimatara besucht (seit 1901 in franz. Besitz).

Garella Napoléon, 1809–58, franz. Tiefbauingenieur und Hydrograf, der bedeutende Vorarbeiten für den Bau des Panamakanals leistete. Er bereiste den Isthmus mit dem Auftrag, eine mögliche Trasse für einen interozeanischen Kanal zu ermitteln, und brachte die enttäuschende Gewissheit mit, dass die Höhenunterschiede, die ein solcher Kanal bewältigen müsste, große Schleusenbauten erforderlich machen würden.

Garnier Marie Joseph Francis, 1839–73, franz. Offizier aus Saint-Etienne, Ostasienreisender und Kolonialpionier. Als Marineleutnant an der Eroberung von Saigon beteiligt, trat er in die Verwaltung der jungen Kolonie über und leitete nach dem Tod von → Doudart de Lagrée die große franz. Mekongexpedition von 1866, auf der an die 6 000 km auf dem Wasser und 4 000 km unter schwierigsten Verhältnissen auf Landwegen zurückgelegt wurden. G. riskierte sogar einen Besuch in Talifu (Jünan), damals Residenz eines Rebellenbundes, und kehrte auf dem Jangtsekiang ans Meer zurück. Nach dem Krieg von 1870/71 nach Ostasien zurückgekehrt, eroberte G. mit nur 150 Mann die Stadt Hanoi (20.11.1873), fiel aber schon wenige Wochen später im Kampf gegen annamitische Seeräuber. Über seine Forschungsreise veröffentlichte er 1873 einen zweibändigen Bericht mit Landkarten. Nach seinem Tod erschien *De Paris au Thibet.*

Gaultier de Varennes (später auch: de La Vérendrye). Familie aus dem Anjou, deren Mitglieder als Gouverneure, Priestermissionare, Entdecker und Händler an der Entdeckung und Erschließung von Franz.-Kanada entscheidend beteiligt waren. Hier sei René G., 1635–89, genannt, Gouverneur von Trois-Rivières. Er nahm 1671 mit Auszeichnung an der Courcelle-Expedition zum Ontariosee teil und trieb heimlich Handel mit den Indianern, weil sein Amt sehr schlecht dotiert war. Der König entschädigte ihn durch die Seigneurien Varennes und La Vérendrye, seine Frau, eine geborene Boucher, schenkte ihm neun Kinder, von denen einige eine führende Rolle in Kanada spielten. Der berühmteste unter ihnen wurde Pierre G., Sieur de La Vérendrye, 1685–1749. Er diente zunächst in der Kolonialtruppe, nahm an den Vorstößen nach Massachusetts und nach Neufundland teil und ging nach Frankreich, wo er bei Malplaquet 1709 verwundet in Gefangenschaft geriet. 1711 wieder in Kanada, baute er in Fort Sainte-Anne und am Nipigonsee eine Pelzhandelsgesellschaft auf, später am Kaministikwiafluss und am Winnipegsee. G. schob seine Pelzhandelsposten immer weiter nach W vor, wobei ihn Söhne und Neffen (wie Christophe Dufrost de la Jemeraye) unterstützten: Es entstand Fort la Reine am Assiniboinefluss (heute Portage la Prairie) und Fort Rouge am Zusammenfluss von Red River und Assiniboine. Weiter nach W vorstoßend, entdeckte G. den später viel beachteten Indianerstamm der Mandans, der mit vielen hellhäutigen Individuen in Häusern europ. Bauart wohnte (in der Gegend von Sanish, Norddakota). Unermüdlich weiter vordringend, errichtete er noch Fort Dauphin am heutigen Waterhen River, entdeckte die Mündung des Saskatchewan und baute Fort Bourbon am Cedar Lake. Seine Söhne Louis-Joseph G. und François G. vollendeten 1742/43 die Kartierung des Mandangebiets und stießen vermutlich bis zum Felsengebirge vor; als ihr Vater – mittlerweile 60 Jahre alt – eine Kommandostelle in Montreal übernahm, zogen die beiden abermals nach W, um die verschiedenen Forts und Handelsposten zu versorgen und wo nötig neu zu errichten. Nach dem Tod des Vaters gründete Louis-Joseph ein Fort am (heutigen) Red Deer Lake, drang bis zum Zusammenfluss der beiden Saskatchewanflüsse vor und errichtete auch dort einen kleinen Pelzhandelsposten. Es war somit eine Art Gemeinschaftsleistung von Vater und Söhnen, dass die Grenzen von Franz.-Kanada über das heutige Manitoba hinaus nach W vorgeschoben wurden; dabei wurden zahllose Verbindungen zu verschiedenen Indianerstämmen angeknüpft, die sich später als wichtig erwiesen. Andererseits konnte die Feindschaft der Sioux und der militärisch straff organisierten Irokesen nicht überwunden werden, die letztlich zum Verlust von Franz.-Kanada führte.

Gay Claude, 1800–73, franz. Chileforscher von hohen Graden, aus begüterter Familie, der aus Liebhaberei verschiedene Naturwissenschaften studiert hatte und 1828 erstmals nach Chile ging. Er hielt sich vornehmlich in Städten auf, verschaffte sich einen Überblick über das Land und kehrte 1832 in seine Heimat zurück, um sich entsprechend auszurüsten. Danach bereiste er bis 1842 ganz Chile von der Nordgrenze bis zur Chiloé-Insel und auch die Doppelinsel → Juan Fernandez. Er bereicherte die Chilekarte und die Kenntnis von Chile in kaum vorstellbarer Weise durch 23 Bände einschlägiger Studien, die an Genauigkeit und Ausführlichkeit bis heute unübertroffen sind und immer noch zitiert werden. Lediglich seine fünfbändige Geschichte von Chile ist inzwischen durch neue Bodenfunde überholt.

Gayangos Don Tomaso, Seniorleutnant unter → Boënechea auf dessen Fahrten zwischen Callao und Tahiti 1772 und 1774. Auf der zweiten Fahrt führten die Spanier auf der *Aguila* und dem Tender *Jupiter* Siedler, Baumaterial und geistliche Lehrer mit, sogar Haustiere waren an Bord. Tahiti wurde Amat genannt (nach dem span. Vizekönig von Chile und Peru) und Verbindung mit König Vehiatua aufgenommen, doch starb Boënechea am 26.1.1775, und G. übernahm das Kommando. Wegen besonderer Windverhältnisse musste er mit Südostkurs von Tahiti weglaufen und stieß auf die Insel Raivavae, eine der schönsten des Pazifischen Ozeans, der er den (nicht mehr üblichen) Namen Santa Rosa gab. Am 8.4.1775 war G. wieder in Callao und verfasste einen Bericht über die Reise. (Raivavae war schon lange vor der Entdeckung durch G. bewohnt und kultiviert, was zahlreiche große und kleinere steinerne Standbilder beweisen. Zwei der größten stehen heute vor dem Gauguin-Museum auf Tahiti.)

Gemelli-Carreri Giovanni Francesco, 1651–1725, einer der ersten privaten Weltreisenden. Wie → Ibn Batutah Jurist, verließ der aus Kalabrien stammende, offenbar wohlhabende G. seine Heimat wegen Familienstreitigkeiten und begann 1693 eine Weltreise, die ihn über Armenien und Indien nach Macao führte und von dort auf die Philippinen. Im Mai 1696 schiffte er sich auf einer der legendären, uns nur zum Teil bekannten Manila-Galeonen ein und erreichte Acapulco, den damaligen Haupthafen für die span. Pazifikfahrten. Nach elf Monaten in Mexiko begab er sich über Vera Cruz nach Kuba und von dort im Dezember 1697 nach Europa. Im Dezember 1698 kehrte er nach Italien zurück und ließ sich in

Neapel nieder. Sein *Giro del Mondo*, von manchen Autoren in die Nähe von Mandevilles erdichteten Reisen gerückt, gilt heute als wahrheitsgetreu und in vielen Partien als wertvolle Bereicherung unserer Kenntnisse der Lebens- und Verkehrsverhältnisse im späten 17. Jh. Allerdings werden die einzelnen Partien des Berichts unterschiedlich beurteilt, die Pazifikreise und der Aufenthalt in Mexiko als besonders wertvoll angesehen.

Gerbillon Jean-François, 1654–1707, einer der erfolgreichsten und mutigsten Chinamissionare der Jesuiten, der zudem das Glück hatte, in Kang-Hsi (1655–1723) auf einen aufgeklärten, intelligenten und fremdenfreundlichen Kaiser zu treffen. G. reiste mit dem Ordensoberen J. de Fontenay im März 1685 in Brest ab und erreichte über Siam (!) 1688 Peking. Der Zeitpunkt war günstig: Kang-Hsi hatte 1675 alle Aufstände gegen seine Herrschaft niedergeschlagen und seit 1681 weite Gebiete im W Chinas bis Kokand und Tibet erobert, überdies die Insel Formosa. G. war ihm so sympathisch, dass er den gebildeten Jesuiten auf Reisen mitnahm oder im kaiserlichen Auftrag reisen ließ, um die neuen Gebiete kennen zu lernen und geografisch aufzunehmen. Auf diese Weise durchquerte G. mehrmals die Wüste Gobi und sammelte Nachrichten über Tibet und die Straßen dorthin. Da 1677 die brit. Ostindienkompanie eine Niederlassung in Amoy begründet und Russland 1679 einen Vertrag mit dem Kaiser geschlossen hatte, wuchs der ausländische Einfluss in China so sehr an, dass Kang-Hsi die Arbeit der Jesuiten von 1681–85 einschränken musste; es war daher günstig, dass G. erst nach dieser restriktiven Phase ins Land kam und 1688–98 für den Kaiser und neben ihm tätig sein konnte. Die Sympathie zwischen dem Kaiser und dem Pater aus Frankreich hielt sich unvermindert; G. nahm auch an rein chines. Angelegenheiten teil wie der Entstehung des großen *Kaiserlichen Wörterbuchs* mit seinen 40 000 Schriftzeichen. G. starb in Peking. Seine *Descriptions géographiques, historiques, chronologiques … de l'Empire de la Chine* erschienen 1725 in Paris.

Gerlache Adrien de, 1866–1934, belg. Antarktisforscher. Die von ihm organisierte belg. Expedition brach im August 1897 auf der *Belgica* von Antwerpen auf; das kleine Schiff war besegelt und hatte eine zusätzliche Dampfmaschine. Am 14.1.1898 begann auf der Staten-Insel die eigentliche Forschungstätigkeit, und zehn Tage darauf wurde auf der neu entdeckten (später so benannten) Gerlach-Straße der Palmer-Archipel durchquert, wobei immer wieder gelotet und gezeichnet wurde und zahlreiche Erstbenennungen vorgenommen wurden. Die Meeresstraße wurde als 200 km lang ermittelt und führt an dem südl. liegenden Danco-Land hin. Von 5.3.1898 bis 14.3.1899 blieb die *Belgica* im Packeis eingeschlossen, wobei sie driftend den südl.sten Punkt der Expedition erreicht hatte (71.36 Grad). Im November 1899 war das Schiff wieder in Antwerpen, mit zahlreichen Messergebnissen und einer ersten geschlossenen Reihe meteorologischer Aufzeichnungen über ein ganzes Jahr.

Gessi Romolo, 1831–81. Der in Konstantinopel geborene Italiener trat als Ingenieur in ägypt. Dienste und wurde 1847 General Charles Gordon zugeteilt, als dieser das Amt eines ägypt. Generalgouverneurs im Sudan übernahm. In den sieben Jahren, die er dort weilte, führte er eine Reihe kleinerer, aber wichtiger Forschungsreisen durch, die zur Erschließung des Sudan beitrugen. So bereiste er die noch unbekannte Nilstrecke zwischen Dufilé und dem Albert-Nyanza, die → Baker bei seiner Expedition nicht berührt hatte. Mit seinem Landsmann Carlo → Piaggia umschiffte er trotz Behinderung durch feindselige Eingeborene und ungünstige Wetterverhältnisse innerhalb von drei Wochen den ganzen Albert-Nyanza und konnte dabei nachweisen, dass der Weiße Nil diesem See entströmt. Für kurze Zeit kehrte er nach Italien zurück, um sich auf eine neue Expedition vorzubereiten, die ihn nach Kaffa in Äthiopien führen sollte. Sie scheiterte aber am Widerstand feindlicher Eingeborener und eine weitere Reise an den Sobat, einem der Nebenflüsse des Weißen Nil, wurde durch einen Aufstand von Sklavenhändlern im Sudan verhindert. G. übernahm das Kommando einer Strafexpedition und es gelang ihm, die Aufständischen zu schlagen. Dafür wurde er vom Vizekönig von Ägypten mit dem Titel eines Pascha ausgezeichnet und zum Gouverneur der Provinz Bahr el Ghazal ernannt.

Gibbons William, brit. Seefahrer des 17. Jh.s, war schon 1612 Teilnehmer der → Button-Expedition in Richtung Hudson Bay und unternahm 1614 im Auftrag der Northwest Company eine neuerliche Entdeckungsreise in diese Gewässer, die ihn beinahe das Leben gekostet hätte: G. kommandierte die *Discovery*, das alte Expeditionsschiff → Hudsons, das nur notdürftig in Stand gesetzt worden war und starkem Eisdruck gewiss nicht widerstanden hätte. Auf der Suche nach der Nordwestpassage geriet G. schon an der Einfahrt der Hudson Bay in große Eisfelder, die ihn in eine Bucht drückten (heute Saglek Bay, ziemlich tief in der großen Hudson Bay). G. hatte das Glück schon nach zehn Wochen wieder freizukommen und nach England zurückkehren zu können.

Giesecke Karl Ludwig (sein angeblich wirklicher Name Metzler tritt nirgendwo in Erscheinung), 1761–1833, bedeutender Grönlandforscher mit abenteuerlichem Lebenslauf. Der aus Augsburg stammende G. studierte Theologie, Mineralogie und Jura, war dann als Schauspieler an österr. Provinzhauptstädten und schließlich in Wien tätig und schrieb, nach der Sitte der Zeit, gelegentlich auch anspruchslose Singspiele. Als Chorist in der Truppe von Emanuel Schikaneder behauptete er, das Textbuch zur *Zauberflöte* stamme eigentlich von ihm, welche Behauptung u. a. von Braunbehrens widerlegt wurde. Immerhin gab er bei der Uraufführung 1791 den Ersten Sklaven. Neun Jahre später etablierte er sich als Mineralienhändler, und 1806 ging er im Auftrag der Kgl. dän. Handelsdirektion als Mineraloge nach Grönland, wo er acht Jahre blieb. Er bereiste dort wiederholt zwar nur die seit 800 Jahren bekannte Strecke zwischen Julianehaab und Upernivik, doch enthält sein Reisetagebuch neben den ausführlichsten mineralogischen Mitteilungen auch wertvolle Bemerkungen über Botanik, Zoologie, Wetterverhältnisse und über die Eskimos. Obwohl das Tagebuch erst lange nach seinem Tod veröffentlicht wurde, galt G. als erste Autorität und erhielt eine Professur in Dublin, wo er im März 1833 starb.

Gilbert Bartholomew, Pilot von → Gosnold auf dessen Neu-Englandfahrt von 1602. Segelte im Jahr darauf noch konsequenter im Golfstrom, den er bei den Bahamas auffand, bis zur Chesepeake Bay und passierte die Position der späteren Stadt New York. Den von B. und Gosnold gefundenen und erprobten transozeanischen Kurs segelten dann die meisten Kolonistenschiffe aus England zu den Häfen der amer. Ostküste Martin: Pring (1603), der Franzose de Monts (1604) und andere.

Gilbert Thomas, brit. Pazifiksegler des späten 18. Jh.s, Teilnehmer an der Flottenfahrt von A. Phillip 1787/88. Die elf Schiffe erreichten im Frühjahr 1788 Australien in der Bucht, wo später Sydney entstand. Im Mai 1788 brach G. wieder auf; seine *Charlotte* wurde von der *Scarborough* unter Kapitän Marshall begleitet. Auf der Fahrt nach Kanton beschrieben sie einen weiten Bogen im Westpazifik, der sie durch jenen dichten Inselschwarm führte, der heute im Staat Kiribati zusammengeschlossen ist. Obwohl einzelne dieser Inseln den Spaniern bereits bekannt gewesen waren, setzte sich die von → Krusenstern vorgeschlagene Teilung in Marshallinseln (nördl.) und G.-Inseln (südl.) bis zur Begründung von Kiribati am 12.7.1979 durch. Auf der Fahrt dorthin entdeckte G. Matthew Island (so benannt nach dem Eigner der *Charlotte*), 450 km östl. von Neukaledonien, nach dem Vulkanausbruch von 1950 auf einen Durchmesser von etwa 500 m vergrößerte unbewohnte Vulkaninsel von 177 m Höhe. Die von G. angefertigten Karten und Inselprofile wurden schon 1788 veröffentlicht und bedeuteten damals einen erheblichen Fortschritt in der Pazifikgeografie.

Giles Ernest, 1835(?)–97, der Letzte der großen Entdecker im Binnenland Australiens. Als Waise aufgewachsen, folgte er als 15-Jähriger seinen nach Australien ausgewanderten Eltern und versuchte sein Glück zunächst, wie damals alle, auf den Goldfeldern von Victoria. Da er nicht erfolgreich war, nahm er einen kleinen Beamtenposten an, musste aber bald feststellen, dass das Stadtleben nichts für ihn war, und begann als Scout für Schafzüchter zu arbeiten. Auf der damals heißen und ver-

Giles auf dem Ritt durch die Spinifex-Wüste.

heißungsvollen Suche nach neuem Weideland erwachte sein Entdeckerdrang; 1872 unternahm er seine erste Expedition und startete 1873 mit Hilfe des Barons Mueller ins Innerste des Kontinents, was ihn an die Grenzen der Wüstenregion Gibsons Desert brachte. 1875 durchquerte er dann mit Ausrüstung und Reittieren, zu denen ihm Thomas Elder verholfen hatte, das ganze Australien von Beltana in Südaustralien bis Perth im äußersten W. Dort rastete er zwei Monate und begann dann den Rückmarsch in Geraldton (Westaustralien). Er legte seine Route gut 600 km weiter nördl. als den Hinmarsch, also quer durch unentdecktes, karges und endlos weites Land, erreichte aber Adelaide sicher und gesund im September 1876. 1880 erhielt er die Goldmedaille der Royal Geographic Society, aber keinerlei finanzielle Zuwendungen, sodass er nach einer letzten Forschungsreise 1882 (Ferdinand River, Everard-Kette) einen schlecht bezahlten Posten als Wärter auf den Goldfeldern von Coolgardie, Westaustralien, annehmen musste, wo er in großer Not starb.

Gill William Wyatt, 1828–96, brit. Missionar mit Hochschulbildung, der 1851 von der London Missionary Society auf die Cook-Inseln im Pazifik entsandt wurde und dort 20 Jahre blieb. Gemeinsam mit Rev. Williams und dem hoch geachteten Eingeborenen Papeiha förderte er vor allem die berühmten Kirchengesänge im europ. Stil und im Maoristil und ging 1872 mit seinem Adlatus Murray auf eine Forschungsreise nach Neuguinea. Dabei befuhr er den Manumanufluss in Richtung auf die hohen Gipfel nördl. des heutigen Port Moresby. Das Land hatte es ihm so angetan, dass er 1884 noch einmal zurückkehrte und schließlich nicht über seine vielen Jahre auf den Cook-Inseln, sondern über Neuguinea zwei Bücher schrieb.

Gillis Cornelis, holl. Seefahrer des frühen 18. Jh.s, umsegelte 1707 den Inselkomplex Spitzbergen, wobei er Hvitö, die sog. weiße Insel, entdeckte, die sich seither auch als Gilesland auf den Landkarten findet. Gemeinsam mit Outger Rep bemühte sich G. in den folgenden Jahren um genauere Messungen in diesem Gebiet und legte 1714 eine vorbildliche Spitzbergenkarte vor, die für 100 Jahre die beste blieb. Gilesland (80.1 Grad n. Br.) wurde erst 1887 wieder erreicht.

Gilmore James B., Offizier der austral. Eingeborenenpolizei und Führer einer der Expeditionen zur Auffindung von → Leichhardt. Insgesamt durchquerte er 1871 Südqueensland zweimal auf bis dahin unbekannten Routen in der Hoffnung, auf Spuren der Leichhardt-Expedition zu stoßen oder von den Eingeborenen etwas zu erfahren. Er hatte, offenbar ohne besondere Ausbildung, seine Wegstrecken festgehalten, wonach sich dann eine Karte über die Gebiete zeichnen ließ, die bis dahin noch nicht begangen worden waren. Außerhalb Australiens wurde nur in Petermanns Mitteilungen (s. Lit.) von diesen Unternehmungen berichtet.

Girbal (Gibral) Narciso, Franziskanermissionar aus Spanien, der gegen Ende des 18. Jh.s so wichtige Flüsse wie den Marañon, den Ucayali und den Huallaga (rechter Nebenfluss des Marañon auf peruan. Boden) bereiste und darüber kartografische und naturwissenschaftliche Aufzeichnungen vornahm. In späteren Jahren unterstützte ihn dabei der Franziskaner Sobreviela, sodass in den schwer zugänglichen tropischen Urwäldern des östl. Andenabhangs wesentliche Klärungen vorgenommen werden konnten, die für die spätere wissenschaftliche Forschung über → Humboldt hinaus wichtig wurden.

Gladman George, 1800–63, Angestellter der Hudson Bay Company und seit 1837 für sie Chief Trader. 1857 wurde er zum Führer einer Expedition in den NW bestimmt, über die er in einem *Report on the Exploration of the Country between Lake Superior and the Red River Settlement* berichtete (1858). Es ging dabei zweifellos um einen gangbaren Weg zwischen diesen beiden Siedlungsgebieten, und G. war von Geologen und Ingenieuren begleitet. → Hind, → Thompson (die diese Forschungen ergänzten bzw. vorwegnahmen).

Glaser Eduard, 1855–1908, österr. Arabienreisender aus dem böhm. Deutsch-Rust, der trotz großer Armut von seinem Jugendtraum nicht abließ, sondern als Autodidakt Arab. lernte, den Koran studierte und 1880 als Hauslehrer in Tunis die arab. Welt aus eigener Anschauung kennen lernte. Von Oktober 1882 bis März 1884 führte ihn seine erste Jemenreise unter Schwierigkeiten und Abenteuern u. a. in die Stadt

Sana, wo er festgehalten wurde, mit seinen späteren Berichten aber einiges Aufsehen erregte. Von April 1885 bis Februar 1886 ging er bis Aden und entdeckte u. a. die Ruinen der alten Stadt Tafar. Besonders wertvoll und im wissenschaftlichen Sinn sensationell war seine Ausbeute an sabäischen und minäischen Inschriften, die der Vor-Islam-Forschung seither unentbehrlich sind. Die dritte Reise (Oktober 1887 bis September 1888) vollzog sich in der Gegenrichtung, also von Aden nach Sana mit einer Exkursion nach Marib, wo er hinsichtlich der Forschungen in dieser alten Sabäer-Hauptstadt weit über seine franz. Vorgänger Arnaud und Halévy hinausgelangte. In Marib allein nahm G. nahezu 400 Inschriften ab oder kopierte sie vom Stein, ein Verfahren, das er auf seiner vierten Reise in den gleichen geografischen Raum (Februar 1892 bis April 1894) vervollkommnete. – Trotz seiner Verdienste und Erfolge konnte G. keine feste wissenschaftliche Position erreichen und litt seelisch unter den wissenschaftlichen Fehden mit seinem einstigen Lehrer, dem aus dem Rabbinerstand hervorgegangenen Vor-Islam-Forscher David Heinrich Müller (1846–1912). – G.s reiche Materialien erwarben teils das Kunsthistorische Museum, teils die Hofbibliothek zu Wien. G.s eigene Reiseberichte erschienen in Petermanns Mitteilungen (s. Lit.) und in den Mitteilungen der k. k. Geografischen Gesellschaft in Wien.

Glasunow Andrei, Alaska-Russe, Sohn einer Frau von den Alëuten. Da er die Sprache der Kodiak Eskimos kannte, wurde G. unter dem Gouverneur Ferdinand von → Wrangell mit einer Expedition zum mittleren Yukon betraut, die im Dezember 1834 das russische Fort Sankt Michael gründete (auf einer Insel am Südrand des Nortonsunds gelegen). Wegen Eskimofeindschaften, die seine Träger gefährdet hätten, musste G. einen Umweg durch das Gebiet der Athabasken beschreiben, die noch keine Fremden kannten und auf diese Weise zum Pelzhandel ermuntert wurden. Auf der Suche nach einem Übergang über das Gebirge zog G. mit Hundeschlitten den Tschaltschuk, einen Nebenfluss des Kuskokwim, aufwärts, fand die Quellen, aber keinen Pass. Der Rückweg im Frühjahr 1835 wurde ein Wettlauf mit dem Hungertod, G. hatte schon starke Skorbutsymptome, als der Fluss Kuskokwim wieder erreicht wurde und aus Eskimosiedlungen Hilfe kam. Im April 1835 war die Expedition wieder in

Fort St. Michael; sie hatte etwa 2 000 Werst (= 2 150 km) im Innern Alaskas zurückgelegt und erforscht.

Glotow Stepan, russ. Pelzhändler aus Jarensk, der 1759–62 die Alëuten und die Südküste von Alaska bereiste und Kartenzeichnern darüber Angaben machte. Im Besonderen befasste er sich jedoch mit der Insel Kodiak, die er lt. Westermanns Lexikon der Geografie 1764 selbst entdeckt haben soll.

Gmelin, Familie von dt. Gelehrten und Reisenden, aus der für uns erwähnenswert sind: Johann Georg G. (1709–55) aus Tübingen, Professor der Chemie und Naturgeschichte in Sankt Petersburg, nahm 1733–43 an der großen Ostsibirien- und Nordpazifikreise → Berings teil. Nach 1749 Professor der Botanik und Chemie in Tübingen. Seine Reise beschrieb er in vier Bänden (Göttingen 1751/52), außerdem veröffentlichte er eine *Flora sibirica* (Sankt Petersburg 1748/49, 4 Bde. mit Tafeln und Stichen). – Samuel Gottlieb G. (1744–74), Neffe des Vorigen, wurde nach medizinischen Studien in Tübingen Professor der Botanik in Sankt Petersburg und nahm 1768–73 an der großen naturwissenschaftlichen Südrusslandreise von → Pallas, Güldenstädt und Lapuchin teil, wobei vor allem die Küsten des Kaspischen Meers aufgenommen wurden. G. hatte das Unglück, von einem Chaitaken-Khan gefangen gesetzt zu werden und unter unmenschlichen Haftbedingungen in einem Kerker der Kaukasusfestung Achmetkent schon in jungen Jahren zugrunde zu gehen. Seine *Reise durch Russland* wurde 1774–84 von Freunden herausgegeben (4 Bde.) und enthält auch eine Biografie von Peter Simon Pallas. Christian Gottlob G. (1792–1860), Neffe des Vorigen, Professor in Tübingen, war einer der bedeutendsten Chemiker seiner Zeit. Dennoch fand er Zeit zu ausgedehnten Reisen in Frankreich, Norddeutschland, Skandinavien und England, worüber er eine Reihe kleinerer Arbeiten publizierte. Es gibt einen *Stammbaum der Gelehrtenfamilie G.* (Karlsruhe 1877).

Godeffroy Johann César, 1813–85, dt. Überseekaufmann aus einer Hamburger Hugenottenfamilie. Sein weltbekanntes Handelshaus hatte an der Erschließung des Pazifischen Ozeans und vor allem der dort bis 1918 existierenden dt.

Kolonialgebiete hervorragenden Anteil, nicht nur durch rund 50 Niederlassungen und Agenturen auf verschiedenen Inseln, sondern vor allem durch die tatkräftige Förderung von Forschungsvorhaben in diesem Bereich und die Begründung (1861) eines Spezialmuseums für diese Forschungsergebnisse und Sammlungen in Hamburg. (Die ethnografischen Bestände dieses Museums wurden 1885 von Leipzig erworben.) → Graeffe.

Isabella Godin des Odonais.

Godin des Odonais Jean, 1713–92, franz. Naturforscher und Reisender aus der Touraine, der, teils in Zusammenarbeit mit anderen franz. Gelehrten, vor allem in Peru, im Amazonasdelta und in den ausgedehnten Waldgebieten des nördl. Südamerika Messungen und Forschungen durchführte. Seine junge, aus Peru stammende Ehefrau Isabella, 1729–74, wurde berühmt durch ihre Odyssee von 1765, auf der sie von Peru nach Cayenne als erste Frau Südamerika durchquerte. → La Condamine hat ihre Aufzeichnungen 1773 veröffentlicht.

Godwin-Austen Henry Haversham, 1834–1923, brit. Offizier aus der bekannten Geologenfamilie, 1852 Teilnehmer an einem Feldzug in Burma und schon damals an kartografischen Arbeiten (Aufnahme des komplizierten Irrawadideltas) interessiert. 1857 nahm G. an den Vermessungsarbeiten in Kaschmir teil, 1860 arbeitete er in gleicher Weise in Baltistan, wobei er mit den höchsten Erhebungen des Karakorum und den gewaltigen Gletschern dieser Region befasst war. G., der Adolf von → Schlagintweit kannte, scheute keine Mühe und drang bis 1861 durch entlegenste Hochtäler bis zum K 2 (8 611 m) vor, dem heutigen Grenzberg zwischen China und Indien. Ergebnis dieser und weiterer Bemühungen war eine *Sketch Map of the Glaciers of the Mustakh Range* (1864), eine für jene Zeit außerordentliche Leistung, weswegen der K 2 bis heute auch Mount Godwin Austen heißt (ind. Name: Tschogori). Nach 1864 arbeitete G. in Bhutan und in den Bergen des östl. Himalaja und schuf Karten, die erst in unserem Jh. übertroffen wurden. G.s Publikationen tragen den bescheidenen Titel *Notes* und berichten von 1861–73 über seine Reisen, Forschungen und Vermessungsarbeiten in Assam.

Goeje Michael Jan de, 1836–1909, holl. Orientalist, studierte in Leyden und in Oxford, wo er in der Bodleian Library sich mit den Texten arab. Geografen, Edrisi und anderen, beschäftigte. Sie wurden zu G.s Lebensarbeit, über die er in seinen *Mémoires de l'Histoire et de la Géographie Orientales* (1867–70) berichtete. 1883–1906 war G. Professor in Leyden. Die geografische Wissenschaft dankt ihm die wichtigsten und umfassendsten Ausgaben arab. Reisender, Historiker und Geografen und die *Encyclopédie de l'Islam*, dazu Auffindung, Rettung und Interpretation einer Reihe weniger bekannter arab. Schriftsteller.

Goeldi (Göldi) Emil August, 1859–1917, Schweizer Zoologe und Brasilienforscher, Entdecker u. a. des Goeldi-Äffchens, das heute bekannter ist als er selbst. Nach leitenden Verwendungen in Rio de Janeiro wurde er 1894 Museumsdirektor in Pará und forschte vor allem in den küstennahen Gegenden zwischen den Mündungen von Oyapok und Amazonas. Er befuhr auch den lange Zeit unbekannten Fluss Capim, wobei es zu einigen Verbesserungen auch der vorhandenen Landkarten kam. G. übernahm 1909 einen Lehrstuhl in Bern, den er bis zu seinem frühen Tod innehatte.

Goldie Alexander, um 1805–1889, schott. Tasmanienforscher, der in jungen Jahren von Launceston aus mit einem Waljagdboot auf Küstenfahrt nach W ging, dann aber zu Fuß Erkundungen bis Cape Grim (Nordwestspitze der Insel) unternahm. Begleitet von J. Fossey entdeckte er dabei den Duck River, die Mündung des Arthur River und den Cameronberg. Im weiteren Verlauf durchmaßen sie das Hinterland von Rocky Cape (Westküste) und überquerten dabei den Detention River.

Goldie Andrew, brit. Neuguineareisender des 19. Jh.s. Der offenbar wohlhabende Sammler bereiste die große Insel von

S her auf der Suche nach guten Stücken für sein Naturalienkabinett, entdeckte einen Nebenfluss des Laloki (im Hinterland von Port Moresby), der seinen Namen bekam, und in den Louisiaden eine Gruppe kleiner Inseln, die er Redlick-Inseln taufte, welcher Name sich nicht erhalten hat. (Die Entdeckung selbst ist schwer zu beurteilen, da allein die Calvados-Chaine der Louisiaden 30 kleine Inseln umfasst, von denen einige unbewohnt sind, sodass sich nicht feststellen lässt, ob sie von → Torres oder → D'Entrecasteaux schon besucht wurden. Hingegen macht niemand G. die Auffindung des Goldieriffs im Papuagolf streitig, es liegt nach der Ortsangabe auf der Höhe von Port Moresby und der Daruinsel ca. 160 km östl. von dieser mitten im Golf.)

Goldsworthy William N., brit. Politiker und Ende des vorigen Jh.s Gouverneur der Kolonie British Honduras. Die kleine brit. Interessenzone hatte nur noch wenig unbekannte Gebiete, zu denen vor allem das Bergland gehörte. G. unternahm mit öffentlichen Mitteln eine Expedition, der die Bestimmung des höchsten Punkts der ganzen Kolonie gelang. Er liegt im Cockscombmassiv und wurde natürlich nach der großen Königin benannt: Victoria Peak, 1 100 m (später auf 1023 berichtigt). → Fowler.

Golowin (Golownin) Wassilij Michailowitsch, 1776–1831. Russ. Marineoffizier, der 1807 um die halbe Welt – aus dem Kriegshafen Kronstadt bis nach Ostasien – segelte, um mit dem Kanonenboot *Diana* die geografischen Verhältnisse vor den Ostgrenzen des Zarenreichs zu erkunden. Er weilte 1809/10 in Kamtschatka, wobei er auch die amer. Westküste anlief, und begann 1811 mit einer minuziösen Bereisung der Kurilenkette zwischen Japan und der Beringstraße. Wegen der geografisch-militärischen Zielsetzung bemühte sich G., nicht nur die Küsten, sondern auch das Innere zumindest der größeren Inseln kennen zu lernen, wobei einige Erstbegehungen stattfanden und eine Meeresstraße erstmals befahren und nach der *Diana* benannt wurde. Als er die Küste der Insel Kunashiri aufnahm, wurde G. von den Japanern verhaftet und erst am 13.10.1813 auf Intervention seines Stellvertreters P. I. Rikord freigelassen. (Der Vorfall, 100 Jahre vor dem russ.-japan. Krieg und somit lange vor dem Beginn der Großmachtrolle des Inselreichs, machte Sensation, und die zweibändige Erzählung G.s über seine Gefangenschaft wurde in verschiedene Sprachen übersetzt.) G., nun berühmt, wurde mit einer weiteren Forschungsreise beauftragt, die er im September 1817 von Kronstadt aus antrat; sie führte ihn abermals in die Gewässer zwischen dem ostasiat. Russland und den USA, wobei er auf der Hinreise Kap Hoorn, auf der Rückreise das Kap der Guten Hoffnung passierte, womit die Weltumseglung vollständig war; am 17.9.1819 kehrte G. heim. Eine fünfbändige Gesamtausgabe seiner Berichte und Erinnerungen mit allen Landkarten und Eindrücken aus der Gefangenschaft erschien 1864 in Sankt Petersburg. (Kunashiri ist nur 20 km von Hokkaido, einer der japan. Hauptinseln, entfernt.)

Gómez Esteban, um 1485–1538, Seefahrer aus dem portug. Porto in span. Diensten. G. nahm an der → Magellanfahrt bis Patagonien teil, wo er mit anderen desertierte. Dies scheint jedoch seine Beziehungen zu → Cano, der die Weltreise vollendete, nicht beeinträchtigt zu haben, denn nach dessen Rückkehr legte G. einen Plan vor, den Pazifik auf dem Nordweg zu erreichen. Der Vertrag, der dieser Forschungsfahrt zugrunde liegt, ist vom März 1523 datiert, doch stellte Kaiser Karl V. ihm nur eine einzige Karavelle zur Verfügung. Die Unternehmung selbst (Sept. 1524 bis Aug. 1525) ist nur aus ihrem Niederschlag auf den Landkarten der Zeit zu rekonstruieren, und auch das birgt Unsicherheiten, da etwa zugleich auch → Verrazzano an der Nordostküste Amerikas unterwegs war. Immerhin lässt sich aus Eintragungen auf einer Karte von Diego Ribero folgern, dass G. den Golf von Maine genauer aufgenommen hat, ohne die nördl. davon in Inseln und Halbinseln zerschlagene Küste mit dem Sankt-Lorenz-Strom berührt zu haben. Ribero, Portugiese, zu dem G. vielleicht ein besonderes Vertrauensverhältnis hatte, bezeichnet die heutigen Neuenglandstaaten auf seiner Karte als »Tierra de Estevão Gomez«, entdeckt 1525 im Auftrag des Kaisers. – G. ging 1535 nach Südamerika, nahm 1537 an einer Chaco-Expedition teil und wurde 1538 am Rio Paraguayo von Indianern ermordet.

Gonneville Binot Paulmier de, franz. Brasilienfahrer des 16. Jh.s, der, ohne es zu wollen, zur Verwirrung der Kartografen eines der Legendenländer produzierte: Er verließ 1503 seinen Heimathafen auf der *Espoir*, wurde nach Brasilien abgetrieben, blieb dort sechs Monate und nahm auf der Heimfahrt Esommeric mit sich, einen Eingeborenenprinzen, dem er Heimkehr binnen 18 Monaten zusicherte. Als er dies nicht einhalten konnte, adoptierte er Esommeric, verheiratete ihn und setzte ihn zum Erben ein. 1664 publizierte der Urenkel Esommerics, ein Abbé de G., ein Werk über diese Zufallsreise nach Gonnevilleland und die Bildung einer Christengemeinschaft *dans le troisième Monde*. Damit war nicht nur ein Legendenland geboren, sondern auch der Begriff »dritte Welt« (jener Abbé starb 1669).

Gonzalez Don Felipe, 1702–92, span. Weltumsegler und einer der drei Entdecker der Osterinsel (→ Roggeveen, → Cook). G. hatte am 10.10.1770 den peruan. Hafen Callao zu einer Entdeckungsfahrt im Nordpazifik verlassen, da sich in diesem Meeresbereich die Briten an die span. Besitzungen in Amerika heranzuschieben begannen, und stieß dabei am 15.11. auf die ein halbes Jh. zuvor von Roggeveen entdeckte, inzwischen aber als unauffindbar vergessene Osterinsel. Er benannte sie span. (Isla de San Carlos), umfuhr sie und nahm ihre Gestalt genau auf (Karte von Hervé). Einige Bewaffnete drangen auch ins Innere der Insel vor, die damals vor den großen Seuchen noch von Polynesiern bevölkert war.

Gosnold Bartholomew, engl. Kapitän, fand 1602 den seither von den meisten brit. Neuenglandfahrern bevorzugten transozeanischen Weg im Golfstrom. Er verließ England am 26.3.1602 und hielt auf die Position der späteren Stadt New York zu, wurde auf 37 Grad nördl. Breite von ungünstigen Winden abgetrieben und schlug dann Nordwestkurs bis auf 43 Grad nördl. Breite ein, wo er Land fand (Golf von Maine südl. Portland). Auf dieser Fahrt beobachtete er das Treiben der Seekräuter und die Wärme des Wassers und kehrte auch im Golfstrom zurück.

Gosse William Christie, 1841–81, engl. Australienforscher, kam schon als Kind nach Adelaide und führte 1873 eine erste Expedition ins Landesinnere, bei der er an die Ergebnisse von → Giles anknüpfte. G. bewegte sich vor allem südl. und nördl. der hohen Macdonnell Range und südlich davon zum Lake Amadeus, also in Gebieten, die heute Reservate für die

Aborigines sind. Im Sommer 1873 entdeckte er Ayers Rock, einen einsamen, aus der Ebene steil aufragenden gewaltigen Felsen, und bestieg den (heute oft fotografierten) Berg. Die Expedition endete im Dezember 1873 an der westaustral. Telegrafenstation Charlotte Waters.

Gough, einsame Insel im Südatlantik, unter 40.30 Grad Süd und 11.10 Grad West, also in den Roaring Forties, einer bekannten Sturmzone gelegen. Zu Beginn des 16. Jh.s, von Diego → Alvarez entdeckt, zunächst auch nach ihm benannt, ist die Insel seit 1860 brit. Interessengebiet mit heute wechselnden südafrik. und brit. Besatzungen in der Wetterstation Gonçalo Alvarez. Die 65 qkm große und bis zu 600 m aufsteigende Insel wurde 1795 von dem brit. Kriegsschiff *Providence* unter Kapitän → Broughton erstmals genau vermessen und in Berichte aufgenommen, was das Interesse Englands an dem unwirtlichen Eiland begründete. G. wird nur alle sechs Monate von einem Schiff angelaufen und gehört verwaltungsmäßig zu St. Helena.

Graeffe Eduard, 1833–1916, Schweizer Zoologe und Südseereisender, der in der vorkolonialen Phase der dt. Pazifikexpansion Bedeutung erlangte. → Godeffroy & Sohn, das große hugenott. Handelshaus in Hamburg, entsandte G. in den Westpazifik, wo er vor allem auf Samoa und den Fidschiinseln die noch sehr unzureichende Kenntnis der größeren Inseln beträchtlich verbesserte und durch seine über sein Fach hinausgehenden farbigen Schilderungen diese Inselwelt in Europa populär machte. 1862 weilte er zum ersten Mal auf den Fidschiinseln (seit 1970 unabhängig im Brit. Commonwealth) und im Besonderen auf der großen Insel Viti Levu (10 400 qkm), von der damals nur die Küste und der Südostteil (das Tal des Rewa River mit den Siedlungen) bekannt waren. Im Juli und im August 1865 durchquerte G. die ganze Insel von S nach N. 1866 widmete er sich der Erforschung einiger Inseln in der Gruppe, die heute unter dem Namen Tuvalu selbstständig ist (38. Mitglied des Commonwealth). Dabei handelte es sich um das ausgedehnte Atoll Funafuti und die Insel Valtupu, die zwar nur 5,5 km lang, aber dicht bevölkert ist und mit ihren zwei Lagunen den Zoologen G. besonders interessierte. 1867 schloss er seine Forschungen mit dem Studium der seltsamen Insel Niuafoo ab, einem Vulkaneiland von ca. 60 qkm in der Tongagruppe, das seither als Tin Can Island weltbekannt wurde (die Post wurde in versiegelten Keksblechdosen an Schnüren ins Wasser gelassen, die Insulaner schwimmend bargen). Seit einem schweren Vulkanausbruch im September 1946 wurde die Bevölkerung umgesiedelt, doch kehrten viele zurück. G. fand hier einen alten Kratersee, in dem Inseln lagen, die wiederum Kraterseen hatten.

Grahamland, die lang gestreckte Halbinsel, die sich aus dem antarkt. Kontinent der Südspitze Südamerikas entgegenreckt. Da sie je nach den Sympathien der seefahrenden Nationen auch Palmer Peninsula und O'Higgins-Land genannt wurde, einigte man sich 1964 auf die neutrale Bezeichnung Antarktische Halbinsel. Sie hat ihre höchste Erhebung mit dem Mount Coman, 3 657 m, an der Ostküste, 1948 von F. Ronne entdeckt. Von der Hope Bay an seiner Nordspitze bis zur Kontinentalbasis misst G. etwa 1 200 km; von dort bis Kap Hoorn sind es abermals 1 200 km. Die breite Meeresstraße, in der sich Pazifik und Atlantik vereinigen, wurde von Francis → Drake erstmals befahren und ist nach ihm benannt. In den Sturmzonen dieser Gegend (bis zu 340 Sturmtage im Jahr) wurden Segelschiffe oft weit von ihrem Kurs verschlagen, was zu unbeabsichtigten Entdeckungen führte (Falklandinseln, South Georgia, Südorkneys, Südshetlands). 1819 sichtete bei solch einer Gelegenheit das engl. Handelsschiff *Williams*, Kapitän William Smith, die Nordspitze von G. Diese Beobachtung wurde 1820 von der *Andromache*, kommandiert von Leutnant Bransfield, überprüft; William Smith war an Bord. Die Sichtung wurde bestätigt, aber im gleichen Jahr auch von N. B. Palmer und von dem balt. Baron → Bellingshausen verzeichnet. Da über die faktische Erstentdeckung keine Klarheit zu gewinnen war, wurde 1898 das vorgelagerte Inselgewirr als Palmer-Archipel bezeichnet, die große Meeresbucht nahe G. aber nach Bellingshausen usw. So »sind heute alle Beteiligten in der Antarktis verewigt« (Reinhold Messner).

Grant James, 1772–1833, schott. Seefahrer im Indischen Ozean und in austral. Gewässern. Mit seinem Schiff *Lady Nelson* durchfuhr er, von Südafrika kommend, die eben erst entdeckte Bass-Straße zwischen Tasmanien und Australien und zeichnete eine Seekarte von dieser Straße, auf der er eine Reihe von Benennungen vornahm. An der Grenze zwischen Südaustralien und Neusüdwales haben sich einige davon erhalten, z. B. Mount Gambier und Cape Banks. Auch Cape Otway geht auf G. zurück, während er in die Port Philip Bay, an deren Nordrand heute Melbourne liegt, nicht einlief. G. sichtete auch als Erster die Curtisinseln.

Grant James Augustus, 1827–92, stammte aus Schottland und diente als Offizier der Ostindischen Kompanie in Indien. Dort lernte er den gleichaltrigen → Speke kennen, den er auf der Reise quer durch Ostafrika zum Viktoriasee begleitete. Dabei stellte er vor allem meteorologische Beobachtungen an und führte botanische Forschungen durch. 1867/68 nahm er im Stab Lord Napiers am abessin. Feldzug der Engländer teil.

Graves Thomas, ermordet 1856 auf der Insel Malta (!). Engl. Marineoffizier und Südamerikareisender, der nach Vermessungsarbeiten im Mittelmeer auf der Adelaide den Magdalen- und den Barbarakanal in Patagonien befuhr und vermaß. Die letzten Jahre seines Lebens widmete er dem Ostmittelmeerraum.

Greely Adolphus Washington, 1844–1935, amer. Offizier brit. Herkunft, einer der bedeutendsten modernen Grönlandforscher. G. führte die *Proteus*-Expedition von 1881 zur Errichtung einer Beobachtungsstation in der Nordpolarzone und erreichte angesichts günstiger Eisverhältnisse schon am 12.8. den für die Überwinterung vorgesehenen Hafen auf Grinnell-Land. Davisstraße, Baffin Bay und Smith Sound waren also passierbar gewesen, Verhältnisse, mit denen man nur ausnahmsweise rechnen kann. Die *Proteus* wurde darum schon nach sieben Tagen zurückgeschickt, die Forscher richteten sich ein und unternahmen neben den laufenden Beobachtungen auch verschiedene Vorstöße in Richtung Grönland und nach N, wobei die bis dahin höchsten Nordgrade erreicht wurden (83.24 Grad am 13.5.1882 durch die Expeditionsmitglieder Lockwood und Brainard). G. selbst erforschte hingegen Grinnell-Land, wobei ein ausgedehnter zugefrorener See entdeckt wurde und die ihn im N begrenzende Bergkette (Garfield Range). Eine besonders hohe

Erhebung wurde als Mount C. A. Arthur auf den Karten eingetragen. Im April und Mai durchquerte Lockwood ganz Grinnell-Land bis zur weiten Beaufort Sea und benannte einen tief ins Land einschneidenden Fjord nach dem Expeditionsführer G. (vom W her durch den Nansen Sound mit dem Meer verbunden). Alle diese Begehungen mit ihren Beobachtungen waren ein großer geografischer Gewinn, denn die Natur von Grinnell-Land war völlig unbekannt gewesen, und das Vorhandensein von Seen, Gebirgen und Tälern bei einer vergleichsweise beträchtlichen Vegetation überraschte die Forschung. Um ein Haar freilich wäre dies alles so verborgen geblieben wie die Ergebnisse der → Franklin-Expedition: Die zum Entsatz aufgebrochene Ablöseexpedition kam nicht durch, die *Proteus* wurde schon vor Kap Sabine vom Eis zerdrückt, G. musste versuchen, sich selbst zu helfen und nach S zu marschieren. Unter großen Strapazen wurde längs der Ostküste von Grinnell-Land Kap Sabine erreicht und dort überwintert, was die Vorräte abermals verknappte. Hunger, Kälte und Erschöpfung forderten viele Opfer, sodass die endlich durchkommende Hilfsexpedition von Kapitän Schley am 22.6.1884 nur noch sieben Überlebende antraf, darunter G.

Gregory Sir Augustus Charles, 1819–1905, Erforscher von Nordaustralien. G. kam als Zehnjähriger mit seinen Eltern nach Westaustralien, trat in Perth in Regierungsdienste und unternahm 1846 gem. m. seinen Brüdern eine erste Expedition aus Perth in Richtung N. Dabei gelang die erste Auffindung von Kohlevorkommen in Westaustralien. Zwei Jahre später erforschte er den Gascoyne River auf der Suche nach neuem Weideland, das in Australiens W rar ist. 1855 kam es dann zu seiner großen Nordaustralienexpedition auf der Suche nach → Leichhardt, wobei dessen Auffindung misslang, aber eine Reihe wichtiger weiterer Ergebnisse anfielen wie z. B. die Erkenntnis, dass der vermutete große Victoria River nichts anderes war als ein Teil von Coopers Creek. Die Expedition, für die von Regierungsseite 5 000 Pfund bewilligt worden waren, startete in Moreton Bay (Brisbane) mit dem Schoner *Tom Tough* und führte nach N. Sie bestand aus 18 Mann, darunter der berühmte Botaniker von Mueller, dazu 50 Pferden und 200 Schafen, die als lebender Vorrat mitgetrieben werden sollten. Im ersten Anlauf von der großen

Wüste südl. des Giles Creek zurückgeschlagen, kehrte G. auf einem Umweg durch besser versorgte Gebiete vom Carpentariagolf nach Brisbane zurück. G., dem noch wichtige Klärungen im Bereich verschiedener Flussläufe (Barcoo, Cooper und Strzelecki Creek) gelungen waren, wurde mit der Goldmedaille der *Royal Geographic Society* ausgezeichnet, ließ sich dann in Queensland nieder und wurde Mitglied der gesetzgebenden Körperschaften dieses Teilstaats.

Gregory Francis Thomas, 1821–88, jüngerer Bruder von A. Ch. → Gregory, reiste teils mit ihm, ergänzte aber auch die Entdeckungen des Bruders vor allem durch seine Expedition von 1861 über den Gascoyne River hinaus nach N, was für die Besiedelung dieses bis dahin unbekannten Landstrichs in Nordwestaustralien wichtig wurde. Er entdeckte den Fluss Oakover und erreichte gegen den wüstenhaften N zu im September 1861 den Mount Macpherson, wohin andere Expeditionen erst 40 Jahre später vordringen sollten. Er war also an die Große Sandwüste gelangt und an den westl. Endpunkt jener öden Küstenstrecke, die heute Eighty Miles Beach heißt.

Grey Sir George, 1812–98, brit. Australienforscher und Politiker, Sohn eines Offiziers, der im sog. Peninsular War (Halbinselkrieg in Spanien und Portugal) gegen Napoleon gefallen war. Bis 1836 diente er als Offizier in Irland, erhielt dann aber Gelegenheit zu einer Expedition in Nordwestaustralien, ein erstaunlicher Auftrag an einen Vierundzwanzigjährigen. Der Gedanke, der dieser Expedition zugrunde lag, ging noch auf → Dampier zurück: Es sollten Flüsse gesucht werden, die das Eindringen nach Nordwestaustralien und dessen Besiedelung ermöglichen könnten. Im November 1837 landete die Expedition auf dem Schoner *Lynher* in der Hanover Bay. Im Januar 1838 begann der Marsch ins Landesinnere, doch kam man wegen der Regenzeit und größter Geländeschwierigkeiten nur langsam voran. Im Februar griffen Eingeborene an, wobei Grey schwer verwundet wurde und zunächst aufgeben musste. In einem zweiten Anlauf startete er im Swan River Settlement und versuchte auf Walfangbooten über die Shark Bay (Westrand Australiens) in eine gute Ausgangsposition zu kommen. Durch Stürme verlor die Expedition zuerst ihre Ausrüstung und danach die Boote, sodass ein entbehrungsreicher Landmarsch zurück nach

Perth angetreten werden musste. Immerhin war mit der Gascoynemündung einer der Hauptflüsse von Westaustralien entdeckt worden, und der Rückmarsch an der Küste brachte trotz aller Beschwernisse damals ungemein wichtige Aufschlüsse, da die Gebirge und andere Besonderheiten der Küstengestalt nur vom Meer her gesichtet worden waren. Ebenso wichtig waren die ethnografischen Aufzeichnungen, insbesondere über die Eingeborenenkunst und alte Höhlenzeichnungen, die G. als Erster publizierte. 1840–45 war G. Gouverneur von Südaustralien und setzte die Erschließungstätigkeiten fort, später arbeitete er als stellvertretender Gouverneur von Neuseeland, Gouverneur von Südafrika und schließlich als Gouverneur von Neuseeland, wobei er entscheidende Akzente setzte und schließlich der erste Premierminister des Landes wurde.

Grijalva Hernando de, span. Seefahrer, wegen des Konquistadors gleichen Namens zu Unrecht oft übersehen. G. kommandierte im Rahmen der Becerra-Expedition die *San Lazaro,* segelte 1533 aus Mexiko in Richtung Kalifornien ab und wurde zu seinem Glück von Becerra getrennt. Während Becerra einer Meuterei zum Opfer fiel und die meisten seiner Leute danach von Indianern getötet wurden, entdeckte G. am 20.12.1533 die heute Socorro genannte Insel und bald darauf in der gleichen (Revilla-Gigedo-)Gruppe noch San Benedicto. 1537 rüstete → Cortés dem G. ein Schiff für eine transpazifische Fahrt auf dem Äquator aus, doch können mangels sicherer Berichte die auf dieser Fahrt gemachten Entdeckungen nicht mit Sicherheit angeführt werden. Die ersten entdeckten Inseln (ihre Namen haben sich nirgends erhalten) lagen vermutlich in der Gilbert-Gruppe, die zweite Serie von Entdeckungen erfolgte im inselreichen Großraum Neuguinea (Geelvink Bay). Mit Sicherheit entdeckte G. die Mapia- oder Bunaiinseln (im Großraum der Schoutengruppe). In den Gewässern um Neuguinea kam es zu einer Meuterei, bei der G. getötet wurde. Drei seiner Leute konnten sich bis auf die Molukken durchschlagen und berichteten dem dortigen Gouverneur Galvão vom Schicksal und den Entdeckungen G.s (was manche Ungenauigkeit erklärt).

Grijalva Juan de, geb. 1485/86, von Indianern 1526 in Nicaragua getötet. Bedeutender Konquistador und Vorläufer des → Cortés. Als Neffe des reichen Vizekönigs Velazquez mit einer verheißungsvollen Expedition betraut, forschte er in Yukatan weiter (→ Cordova), nahm die ganze Westküste des Golfs von Mexiko auf und gründete die später sehr wichtige Stadt San Juan de Ulloa. Das goldene Geschmeide, das er mitbrachte, und die phantastischen Berichte seiner Leute führten zu der großen Expedition des Cortés.

Grimes, Kapitän des Schoners *Woodlark* aus Sydney, mit dem er etwa 1836 die Insel Murua nördl. der Louisiaden entdeckte und nach seinem Schiff benannte. Sie ist die Goldinsel Melanesiens, auf der in ihren besten Zeiten (bei sehr niedrigem Goldpreis) Gold für 1,4 Mio. Dollar jährlich gewonnen wurde.

Grimes Charles, 1772–1858, Geometer, der sich vor allem mit Neuseeland und dessen nahen Inseln beschäftigte. Gemeinsam mit Barrallier erforschte er den Hunter River, wurde dann nach Südaustralien entsandt, wo er die Lage der späteren Stadt Melbourne genau vermaß und für diese wichtige Gründung Voraussetzungen schuf, aber auch den Yarra River, den man bis dahin kaum gekannt hatte, in seinem Lauf erforschte. Schon 1791 betätigte sich G. auf der damals noch so gut wie unbekannten und wilden Norfolkinsel, einem einsamen Eiland 1065 km nordnordwestl. von Auckland im Stillen Ozean, erst 1774 von → Cook entdeckt und damals unbewohnt, sodass für einen Geometer eine Menge zu tun war: Erst drei Jahre zuvor waren die ersten Siedler auf die Insel gekommen. 1856 nahm sie dann die umsiedlungswilligen Nachfahren der *Bounty*-Meuterer von der winzigen Insel → Pitcairn auf.

Grinewskij Leonid, russ. Polarforscher und Arzt auf der Eismeerstation Karmakuly an der Westküste von Nowaja Semlja. Nach einer Reihe von Trainingsmärschen gelang ihm 1883 die vollständige Durchquerung der Südinsel von Nowaja Semlja. Er hatte eine diagonale Route gewählt, die ein Maximum an Aufschlüssen über das Innere der bergigen Insel erbrachte. In späteren Jahren setzte G. seine Forschungen längs der russ. Eismeerküste nach O fort. Über seine Forschungen berichteten Petermanns Mitteilungen (s. Lit.) 1884.

Groseilliers Médard Chouard Sieur des, 1618–96, berühmter kanad. Waldläufer aus Charly-sur-Marne, der sich seinen wohlklingenden Namen vielleicht erfunden hat. G. kam 1641 nach Quebec und war für die Jesuiten bis 1646 in der Huronenmission tätig, was zahlreiche Reisen in den W und zu verschiedenen Indianerstämmen zur Folge hatte. 1654–56 gelang es G., die Pelzhandelsgebiete westl. des Michigansees wieder zu öffnen, wo wegen der Irokesen der Handel jahrelang geruht hatte. Einer seiner Gefährten bei diesen Vorstößen – er hieß vermutlich Jean Peré – dürfte schon damals den Mississippi erreicht haben. 1659/60 unternahm G. eine zweite große Reise in den W, diesmal begleitet von seinem Schwager → Radisson. Ihre Märsche am Oberen See mögen ihnen die Vermutung eingegeben haben, dass es einen Wasserweg zwischen der Seenplatte und der Hudson Bay geben könne. Auf dem Rückweg fanden sie die Leichen von Dollard des Ormeaux und dessen Gefährten, getötet von den Irokesen, und wurden verhaftet, weil sie ohne Genehmigung des Sieur d'Argenson (des Gouverneurs von Nouvelle France) losgezogen waren. Solchermaßen entmutigt, ging G. zunächst nach Frankreich zurück und arbeitete dann mit den Briten in der Hudson Bay Company.

Grünwedel Albert, 1856–1926, dt. Kunsthistoriker, Indologe und Zentralasienreisender aus München, der sich nach Studien von klassischen Sprachen und Archäologie dem Sanskrit zuwandte. 1881 Mitarbeiter am kgl. Museum in Berlin, 1885 Direktor des Museums für Völkerkunde, wobei er sich bereits für die gräkobuddhistische Kunst interessierte. 1902 nahm G. an der ersten dt. Turfanexpedition teil, der noch drei weitere folgen sollten: 1904/05, 1906/07 und 1913/14. Sie hatten stets die alten Kulturen in der Oase Turfan (nördl. Seidenstraße) und rund um dieses Becken zum Ziel, das eine uralte Wegkreuzung zwischen Ost-, Zentral- und Mittelasien mit dem Indischen Raum ist. Berührt wurden die Orte Kuldscha, Osch, Samarkand, Charaschar, Semipalatinsk u. a. Teilnehmer waren A. v. Le Coq, G. Huth und stets der Techniker Th. Bartus. Über die Ergebnisse der Expedition berichtete zusammenfassend Ernst Waldschmidt (Berlin 1925); außerdem ist zu nennen: *Buddhistische Kunst in Indien* (2. Aufl. 1900, auch 1901 in London, von G.), *Mythologie des Buddhismus in Tibet und der Mongolei* (von G., Leipzig 1900),

Altbuddhistische Kultstätten in Chinesisch-Turkestan (von G., Berlin 1912). Le Coq schrieb: *Die buddhistische Spätantike in Mittelasien* (4 Bde., Berlin 1922/24), *Bilderatlas zur Kunst- und Kulturgeschichte Mittelasiens* (Berlin 1925, mit Bibliografie).

Guam, mit Rota und Saipan von → Magellan entdeckte Marianeninsel. Da die Spanier damals (1521) von den Eingeborenen vielfach bestohlen wurden, nannte Magellan die Inselgruppe Ladrones (Diebsinseln). Drei Matrosen desertierten, als die *Trinidad* ein Jahr später wieder die Marianen erreichte; zwei davon wurden von den Eingeborenen getötet, den dritten, Gonzalo de Vigo, retteten abenteuerliche Umstände. Er kehrte 1526 mit der → Loyasa-Expedition nach Europa zurück.

Guevara Santiago de, span. Seefahrer des 16. Jh.s und Teilnehmer der → Loyasa-Expedition 1525 von Spanien zu den Molukken. Nach der Passage der Magellanstraße konnte Loyasa drei seiner Schiffe nicht mehr finden; eines von ihnen, die *Pataca*, ging jedoch nicht zugrunde, sondern erreichte unter G. das span. Mittelamerika, wobei die erste Befahrung der südamer. Westküste in ganzer Länge gelang – freilich in beträchtlichem Abstand vom Land, sodass Einzelheiten nicht entdeckt werden konnten. Im Juli 1526, ein Jahr nach dem Auslaufen aus La Coruna, traf G. im Hafen von Tehuantepec ein, nach entbehrungsreicher Fahrt, weil die Hauptvorräte auf den größeren Schiffen der Loyasaflotte geladen waren. Kohl (s. Lit.) gibt abweichend von Buck (s. Lit.) den Namen des Schiffs mit *Santiago* an.

Güldenstädt Johann Anton, 1745–81, Arzt und Forschungsreisender aus Riga. Nach Medizin- und Naturwissenschaftsstudium in Berlin wurde er 1769 als Adjunkt an die Akademie der Wissenschaften nach St. Petersburg berufen. In einer ausgedehnten Forschungsreise beschäftigte sich G. eingehend mit dem Raum des Kaspischen Meers, aber auch mit dem Kaukasusgebirge und mit Transkaukasien. Insbesondere für die beiden letztgenannten Weltgegenden gilt er als der erste gründliche Forscher. G. war in Tiflis Leibarzt des Fürsten von Georgien und seit 1771 Mitglied verschiedener gelehrter Gesellschaften. Eine Infektion, die er sich in seiner Praxis zuzog, führte zu seinem frühen Tod durch Typhus.

Seine Aufzeichnungen über die Forschungsreisen veröffentlichte er in russ., lat., dt. und franz. Sprache, teils durch → Pallas, teils durch → Klaproth herausgegeben, da er nicht mehr in der Lage war die Schlussredaktion selbst vorzunehmen.

Gumilla (Gunilla) José, 1686–1750, span. Jesuit, der seinen Aufenthalt in Südamerika vor allem zu Studien am Unter- und Mittellauf des Orinoko nutzte. Sein Bericht darüber erschien unter dem Titel *El Orinoco illustrado* (1741) und wurde sogleich ein großer Erfolg auf Grund seiner blumig-übertreibenden Darstellungsweise, wie sie dem Zeitgeschmack entsprach. Es war die erste zusammenhängende Darstellung des Orinokolaufs von der Mündung bis zum Beginn der Kataraktstrecke. G. wusste auch schon, dass Amazonas- und Orinokobecken durch die Sierra Paracaima (von ihm noch nicht so benannt) voneinander getrennt sind.

Gunnbjörn Ulfson, norweg. Kauffahrer, um 870 Entdecker der nach ihm benannten Schären, also vor der Besiedlung Islands. Wichtig dabei sind nicht die sog. Schären (nach → Nansens Meinung die kleinen Inseln vor Kap Farewell, Südgrönland), sondern dass dieser Zufallsfund unter den meerkundigen Wikingern unvergessen blieb, in mindestens drei historischen Quellen Altislands verzeichnet ist und zweifellos für → Erik den Roten Anlass war in jener Richtung nach Land zu suchen, als er verbannt wurde. Es war G. mit seinem Zufallsfund, der die Richtung nach Grönland wies und die dortige Koloniegründung nach sich zog.

Guppy Henry Brougham, 1854–1926, brit. Schiffsarzt und Naturforscher, der sich Verdienste im Westpazifik und auf den Kokosinseln erwarb, die er als Erster näher untersuchte und aufnahm. Nach 1896 beschäftigte er sich dann mit Hawaii und den Fidschiinseln. Stets interessierten ihn neben Korallen u. a. Tieren auch die Eingeborenen und deren Bräuche. Es war G., der die bizarre Geschichte der Kokos- oder Keelinginseln (entdeckt 1609 von William Keeling und danach das Reich des Abenteurers → Hare) vor der Welt enthüllte. Zuletzt arbeitete G. vorwiegend geologisch auf Vanua Levu. Petermanns Mitt. 1888, 1890, 1906.

Gusinde Martin, 1886–1969, dt. Ethnologe, Forschungsreisender und Missionar aus Breslau. G. lehrte an verschiedenen europ. und amer. Hochschulen, wobei seine jahrelange Tätigkeit in Santiago de Chile für seine eigenen Forschungen am fruchtbarsten wurde. Zwischen den Weltkriegen und nach 1945 reiste G. sehr viel, vorwiegend in Zentralafrika und Südamerika. Dort waren es die Indianerstämme des alten Araukanergebiets und die Bewohner von Feuerland, die sein besonderes Interesse fanden. Er lebte lange mit Feuerländern und wurde in ihre Stammesgemeinschaft aufgenommen. Auf Neuguinea entdeckte G. einen Pygmäenstamm. G.s Arbeiten, die aus dem Kreis um die Wiener Zeitschrift *Anthropos* erwuchsen, stehen in Zusammenhang mit den Forschungen von → Koppers, → Schebesta und anderen großen Gelehrten aus der 1. Hälfte des 20. Jh.s. Im Alter fand G. Wirkungs- und Publikationsmöglichkeiten im Missionshaus Sankt Gabriel in Mödling bei Wien. Seine z. T. in großen Auflagen verbreiteten Hauptschriften: *Die Feuerland-Indianer* (3 Bde., 1931–39), *Die Kongo-Pygmäen* (1942), *Urmenschen in Feuerland* (seit 1947 mehrfach aufgelegt), *Urwaldmenschen am Ituri* (1948), *Die Twa-Pygmäen in Ruanda* (1949), *Die Twiden* (1956, ebenfalls ein Pygmäenstamm).

Güßfeldt Paul, 1840–1920, stammte aus Berlin, studierte Naturwissenschaften und Mathematik und habilitierte sich 1868 in Bonn. Die Deutsche Afrikanische Gesellschaft bot ihm die Leitung der ersten von ihr zur Loangoküste ausgesandten Expedition an und G. beteiligte sich selbst mit einer großen Summe an diesem Unternehmen. Aber die Reise stand unter keinem glücklichen Stern, schon auf dem Hinweg erlitt er vor Westafrika Schiffbruch und verlor dabei die ganze Ausrüstung. Zwar konnte er, wie geplant, zusammen mit → Bastian an der Küste eine wissenschaftliche Station einrichten, das Vordringen ins Landesinnere wurde aber durch eine Reihe widriger Umstände wie Krankheitsfälle und Ungehorsam der Träger verhindert. Dennoch waren die wissenschaftlichen Ergebnisse der Reise beachtlich, da eine Reihe exakter astronomischer Ortsbestimmungen vorgenommen und vor allem auch völkerkundliche Sammlungen angelegt werden konnten. Im Frühjahr 1876 begleitete G. seinen Landsmann → Schweinfurth auf einer Reise in die Arab. Wüste. Damit aber war seine Forschertätigkeit in Afrika abgeschlossen und er wandte sich nun Südamerika zu und bereiste 1882/83 die zentralen chilen.-argentin. Anden, die bis dahin noch sehr wenig bekannt geworden waren. Auch dabei erwies er sich als ein ungemein gründlicher Forscher und bestieg auch mehrere Andengipfel. Sein größtes Ziel allerdings, die Besteigung des Aconcagua, die er im Februar 1883 versuchte, scheiterte in einer Höhe von 4 100 m wegen eines gefährlichen Schneesturms. Zwar musste er auch einen zweiten Versuch abbrechen, doch lieferten seine Erfahrungen und Beobachtungen späteren Bergsteigern die Möglichkeit den Gipfel zu bezwingen. G. gehörte auch zu den Pionieren der Fotografie, vor allem seine Andenaufnahmen werden in Fachkreisen heute noch als Meisterleistungen gerühmt.

Gützlaff Karl Friedrich August, 1803–51, Chinamissionar aus Pyritz in Pommern. Aus kleinen Verhältnissen stammend, wurde G,. in Halle und Berlin ausgebildet und zunächst im Rahmen der holl. Missionsgesellschaft auf Java eingesetzt. 1828 ging er nach Singapur und anschließend nach Bangkok, wo er Auszüge aus der Bibel in das Siamesische und in zwei Volksdialekte übersetzte. Nach dem Tod seiner Frau 1831 schiffte sich G. nach China ein, trat in den brit. Konsulardienst und arbeitete von Macao und Hongkong aus missionarisch durch die Abfassung und Verbreitung verschiedener kurzer Abhandlungen und frommer Schriften. Da Missionsreisen im damaligen China noch verboten waren, konnte G. sie nur unter größten Gefahren absolvieren, wozu noch die Unruhen im Zusammenhang mit dem Opiumkrieg kamen. G. half sich schließlich durch die Ausbildung junger Chinesen, die gefahrlos das Christentum verbreiten konnten. Nach einer längeren Reise nach Deutschland und England kehrte er wieder nach Hongkong zurück, wo er starb. Er verfasste, neben seinen zahlreichen religiösen Schriften, eine *Geschichte des Chinesischen Reiches von den ältesten Zeiten bis zum Frieden von Nanking* (1847) und in engl. Sprache ein Reisewerk, *Journal of three voyages along the coast of China in 1831–33* (dt. Ausgabe 1835).

Guzman Nuño de, span. Konquistador, reicher, juristisch gebildeter Verwaltungsbeamter in Mexiko und einer der Hauptförderer der Suche nach den → Sieben Städten. Sein eigener Zug, um 1530, begann in Mexiko (Stadt) und führte westwärts bis zur pazifischen Küste, wobei zwei Flüsse mit heute vergessenen Namen belegt wurden. Haupterfolg dieses Zugs war die Entdeckung des heutigen mexikan. Teilstaats Sinaloa am Golf von Kalifornien zwischen 22 und 27 Grad nördl. Breite. G. errichtete hier das Grenzfort Cùliacán. Von dort aus entsandte G. kleinere Trupps weiter nach N, wobei der Rio Yaqui erreicht wurde.

H

Haapai, Gruppe kleiner Inseln im Tonga-Archipel, 1643 von → Tasman entdeckt. Das Inselchen Lifuko (8 qkm) war die alte Königsinsel des ganzen Archipels, die Insel Nomuko oder Nomuka war berühmt wegen ihres guten Trinkwassers und wurde häufig angelaufen, u. a. von → Cook und → Bligh.

Haast Sir Julius, 1822–87, Neuseelandforscher aus Bonn, der nach geologischen Studien zunächst 1858 zur Erkundung von Auswanderungsbedingungen nach Neuseeland ging, seit 1860 aber an wissenschaftlichen Expeditionen teilnahm bzw. sie führte. Seine bedeutendste Entdeckung sind die sog. Südlichen Alpen und die Spenser Mountains im Herzen der Südinsel. Seine Karten der Flussgebiete und Gebirgszüge von der Nordgrenze Canterburys ins Landesinnere erschlossen völlig unbekanntes Land und ergänzten die Ergebnisse seines Expeditionsgefährten → Hochstetter. In den folgenden Jahren widmete sich H. vor allem Flüssen und deren Einzugsgebieten, da sie im Innern der Südinsel als Frachtwege und Nutzungslinien besondere Möglichkeiten boten, und konzentrierte sich auf den Rangitata, der von der Kordillere der Südlichen Alpen nach SO fließt und sich gelegentlich seenartig erweitert. Auf der Suche nach den Quellgebieten verschiedener Flüsse drang er bis zu den Gletscherzonen vor und erforschte insbesondere den Tasman Glacier im Moorhouse Range. Als Regierungsgeologe der Provinz Canterbury unermüdlich reisend und forschend, entdeckte H. die ausgestorbenen Riesenvögel Dinornis und Palapteryx und gründete das Canterbury Museum, an dem er als Professor wirkte. 1886 wurde er in England in den Adelsstand erhoben. H. starb in Wellington, seine Schriften erschienen in London. (Die *Enc. Brit.* führt ihn als Sir Johann Franz Julius von H., 1824–1887.)

Hacking Henry, um 1760–1831, Steuermann der Kolonisationsflotte, die 1788 Australien erreichte. Dort machte sich H. selbstständig und unternahm Erkundungsvorstöße in verschiedenen Teilen Südostaustraliens. Sein kühnster Versuch war der, die Blauen Berge zu bezwingen (1794). Nach ihm ist eine schmale Bucht in Südaustralien benannt (Port H.).

Haenke Thaddäus, 1761–1816, aus Nordböhmen stammender Botaniker und Südamerikaforscher vor allem auf den Gebieten der heutigen Staaten Peru und Bolivien. Nahm nach manchen Abenteuern an der → Malaspina-Expedition König Carlos' IV. von Spanien teil, wobei er vor allem die Pampas, aber auch die Gebirge um den Uspallatapass erforschte. H. bestieg den Vulkan El Viejo in Mexiko, segelte nach Alaska (1791) und überquerte 1791/92 den Pazifik, was er mit botanischen Forschungen auf Luzon abschloss. Die Jahre darauf widmete er botanischen Exkursionen und ethnologischen Forschungen in den Bergen zwischen der peruan. Küste und dem Titicacasee und bereiste schließlich sogar die Flussgebiete an den Osthängen der Anden bis zum Pilcomayo und die südl. Amazonas-Zuflüsse. Der unermüdliche, Ebenen wie Gebirge durchquerende, Flüsse und Meere nicht scheuende H. gehört zu jenen Forschern, die wenig aus sich machten, in ihren Ansichten ihrer Zeit aber weit voraus waren.

Hagemeister Ludwig Karl August von, 1780–1833, dt.-balt. Offizier der russ. Marine, Forschungsreisender und Gouverneur. Zeitweise auf einem brit. Kriegsschiff ausgebildet, 1805 von Nelson ausgezeichnet, 1806–10 Kommandant der *Neva* auf ihrer Weltreise, wobei Hawaii und Kamtschatka berührt wurden. Nach Jahren in Irkutsk und an der Pazifikküste des Zarenreichs 1816–19 auf der *Kutuzow* im Auftrag der Russisch-Amerikanischen Kompanie auf Weltreise. 1818–28 Hauptverwalter (Gouverneur) von Russisch-Amerika (Alaska), betrieb er energisch die Erforschung des Landes. (Seither ist in der Bristol Bay eine Insel nach ihm benannt, während sich die Benennung von Apataki im von H. erforschten Tuamotu-Archipel nicht durchgesetzt hat.) 1830–33 war H. als Oberst Leiter einer Schule für Handelsschiffskapitäne; er starb während der Vorbereitungen zu einer neuen Forschungsfahrt. Neben höchsten Auszeichnungen hatte er einen großen Besitz in Ingermanland als Dotation erhalten.

Hahn Karl Hugo, 1818–95, stammte aus der Nähe von Riga und schloss sich der Rheinischen Missionsgesellschaft an, in deren Auftrag er 1841 nach Südafrika ging. Hier setzte er sich die Missionierung der Herero zum Ziel und wirkte 30 Jahre im Stammesgebiet des mächtigen Häuptlings Jonker Afrikaner, dann zog er in das Tamaraland, wo er die Station Neu-Barmen gründete. Nachdem er sich ausreichende Informationen über das Owamboland verschafft hatte, brach er 1857 mit dem Missionar Rath und dem Elefantenjäger Green dorthin auf und gelangte bis zum östl. Teil der Etoschapfanne. Der Weitermarsch zum Kunene wurde ihnen von den Eingeborenen verwehrt, und so kehrten sie wieder nach Neu-Barmen zurück. 1866 zog H. auf Einladung des Königs von Ondonga erneut in das Owamboland und konnte jetzt endlich nordwärts bis zum Kunene vorstoßen, den sein früherer Reisegefährte Green schon ein Jahr zuvor erstmals erreicht hatte. Eine letzte große Reise unternahm H. im Herbst 1871 in das Land der Herero und der Bergdama.

Hall Charles Francis, 1821–71, erfolgreicher amer. Arktisforscher, bot sich 1859 als Freiwilliger für die Suche nach → Franklin an, lief im Mai 1860 mit einem Walfangschiff nach N und knüpfte an → Frobishers Forschungen an (von dessen Expedition er Relikte fand). H. fand heraus, dass die nach Franklin benannte Meeresstraße nur eine Bucht ist. 1864 in die Region zurückgekehrt, verbrachte H. fünf Jahre bei den Inuit-Eskimos und konnte Gegenstände erwerben, die unzweifelhaft zur Franklin-Expedition gehört hatten; auch sammelte er Berichte über die Schicksale der Franklin-Crew. 1871 erhielt H., mittlerweile ein führender Fachmann, die Leitung der *Polaris*-Expedition der amer. Regierung und führte eine bemerkenswert schnelle Passage des Smith Sound durch, die ihn bis zur Nordspitze der Baffin Bay brachte. Mit 82.11 Grad erreichte er die bis dahin höchste nördl. Breite, die jemals ein Schiff befahren hatte, drang aber selbst mit Schlittenexkursionen noch 30 Meilen weiter vor und führte wichtige Küstenaufnahmen durch. An Bord der *Polaris* zurückgekehrt, erlitt H. einen Schlaganfall und starb. Die Besatzung wartete bis August 1872 auf günstige Verhältnisse für die Rückfahrt, wurde aber selbst im arktischen Spätsommer vom Eis eingeschlossen und driftete mit diesem nach S, wobei nach einem Sturm 19 Mann auf einer Eisscholle abgetrieben wurden, aber das Glück hatten, sieben (!) Monate später von einem Robbenjägerschiff gerettet zu werden. Die *Polaris* wurde in Grönland auf den Strand gesetzt, wo die Restbesatzung überwinterte, im Juni 1873 mit Rettungsbooten nach S aufbrach und von einem schott. Walfangschiff aufgenommen wurde. – Neben dem Expeditionsteilnehmer Bessels hat sich vor allem August Petermann (s. Lit.) über die verschiedenen Unternehmungen H.s geäußert.

Hall James, gest. 1612. Brit. Steuermann, der an nicht weniger als drei dän. Expeditionen teilnahm, mit denen König Christian IV. von Dänemark die Schicksale der Grönlandwikinger erkunden wollte (→ Erik der Rote). H. unternahm dabei Bootsvorstöße bis auf 68.35 Grad nördl. Breite. 1612 suchte er für die *Merchant Adventurers* (London) auf Grönland nach Erzen, wurde jedoch in Westgrönland von Eskimos ermordet. H. erstellte neben ausführlichen, geografisch wichtigen Berichten auch vier Karten mit Küstenlinien und Wassertiefen. Auf seiner letzten Fahrt begleitete ihn → Baffin.

Hall John, brit. Handelsschiffer des frühen 19. Jh.s, entdeckte 1824 mit seinem Schoner *Lady Blackwood* die Karolineninseln Nomwin und Murilo östl. von Truk, bestimmte ihre Lage und nahm die Küstenlinien auf, weswegen sie → Duperrey später nach H. benannte. Vier Jahre später landete → Lütke auf den kleinen Inseln und erforschte sie wissenschaftlich.

Hamelin Jacques-Félix-Emanuel, 1768–1839, franz. Seefahrer aus dem alten Hafen Honfleur, kommandierte 1801–03 in der → Baudin-Expedition die Korvette *Le Naturaliste* und führte, durch Sturm von Baudin getrennt, wichtige kartografische Aufnahmen selbstständig durch. Es gibt in Westaustralien nicht nur den H.-Pool, sondern auch die viel befahrene Wasserstraße Naturaliste Channel (zur Shark Bay), die nach seinem Schiff benannt ist. H. zeichnete sich im Napoleonischen Krieg gegen England mehrfach aus, als Blockadebrecher und im Kaperkrieg im Indischen Ozean; er wurde Baron de l'Empire und Vizeadmiral.

Hamilton Richard Vesey, brit. Marineoffizier, Teilnehmer der → Austin-Expedition von 1850/51 zur Auffindung

→ Franklins. H. widmete sich mit Leutnant Sherard → Osborn vor allem der Suche auf der Young- und der Lowther-Insel (damals suchte man viel zu weit nördl. nach Franklin). 1852–54 ging H. wieder nach N (mit Belcher), überwinterte auf der kleinen Dealy-Insel und marschierte mit Schlitten von der Melville Insel zur Sabine(halb-)insel. Nach dem Übersetzen auf Cornwallis Island gab er einer kleinen, dort vorgelagerten Insel seinen Namen.

Hann Frank, 1846–1921, und William, 1837–89, Australienreisende aus dem engl. Wiltshire, die auf der Suche nach Weideland im Kimberley-Distrikt, im King Leopold Range, im Kirchner Range und am Mitehell River Erstbegehungen und Aufnahmen durchführten. Frank war ein fleißiger Benenner, auf den Dutzende Namen von Flüssen, Bächen und Erhebungen zurückgehen. William ertrank 1889 in der Nähe von Townsville. Nur ein Teil ihrer Namensgebungen hat sich bis heute erhalten.

Hanna James, brit. Handelsfahrer des späten 18. Jh.s, der seine eigene Pelzhandelsroute entdeckte und dabei wiederholt den Nootka Sound auf der Vancouver Island anlief. Der unternehmungslustige Kapitän wahrte zwar das Geheimnis seiner ertragreichen Tauschhandelsbeziehung, nahm aber doch eine Reihe von geografischen Benennungen vor, die sich z. T. bis heute erhalten haben: Sea Otter Harbour, Fitzhugh Sound u. a. Die Lance-Inseln vor der Vancouver-Küste, von H. entdeckt und benannt, wurden später in Scott Islands umgetauft. Wann H. seine erste Handelsfahrt von China nach Vancouver Island unternahm, ist nicht absolut klar; es könnte kurz vor der Entdeckung der Insel 1778 durch James → Cook gewesen sein. Seine Route durch den Nordpazifik war verhältnismäßig kurz und lag in jenen Meeresströmungen, die schon wiederholt Dschunkenwracks aus China bis an die amer. Nordwestküste transportiert hatten.

Hanno, um 600–550 v. Chr. Seefahrer aus Karthago, der eine Siedlerflotte durch die Straße von Gibraltar nach W führte und an der afrikan. Westküste südwärts fahrend aller Wahrscheinlichkeit nach bis in Sicht des Kamerunbergs gelangte. Der Bericht über diese sensationelle Fahrt, auf der an der marokkan. Küste einige Städte gegründet wurden, war im Kronos-Tempel zu Karthago an die Wand geschrieben (ähnlich dem Expeditionsbericht der → Hatschepsut) und ist uns nur in griech. Transkription erhalten, die jedoch erkennen lässt, dass phoinikische Worte den Urbestand bildeten und umgeformt wurden. Dieser Umstand vor allem hat die Echtheit des Berichts erwiesen, auf den verschiedene geografisch interessierte antike Autoren schon vor 2 000 Jahren hingewiesen haben. Angesichts der alten Handelsstraßen durch Westafrika zum Mittelmeer (Salzkarawanen u. a.) hatten die Phoiniker eine ungefähre Vorstellung vom Fahrtziel; da eine große Anzahl von Siedlern mit ihrer Ausrüstung zu Land nicht transportiert werden konnten, musste der Weg einer großen Flottenfahrt eingeschlagen werden. Die in dem Bericht erwähnte Insel Kerne (Rio de Oro) heißt heute Herne. Für den Wahrheitsgehalt des Berichts haben sich Autoritäten wie Hennig und Henze (s. Lit.) eingesetzt.

Hansal Martin Ludwig, 1823–85, stammte aus Mähren und lehrte an einer Hauptschule in Wien, bevor er mit 30 Jahren nach Khartum reiste, wo er an der katholischen Mission arbeitete. Da er bald gut Arabisch sprach, unternahm er mehrere Expeditionen in das Obernilgebiet und ging 1857 noch an die Missionsstation in Gondokoro. Nach fünf Jahren im Sudan kehrte er in die Heimat zurück, schloss sich aber schon 1861 als Sekretär und Dolmetscher der Expedition → Heuglins in das Obernilgebiet an. Wegen seiner angegriffenen Gesundheit musste er aber die Reise abbrechen und nach Khartum zurückkehren, wo er mit der Leitung des österr. Konsulats betraut wurde. Als die Anhänger des Mahdi 1885 Khartum eroberten, wurde er von ihnen ermordet.

Hansteen Chrisoph, 1784–1873, norweg. Sibirienreisender. Als Geophysiker und Astronom ausgebildet, begleitete H. 1828–30 die wissenschaftliche Reisegesellschaft von Professor G. A. → Erman und gelangte über Tobolsk, Krasnojarsk und Irkutsk an den Jenissei, den er bis Turuschansk hinabfuhr. H. besuchte eine sibir. Bergwerksregion und erreichte schließlich durch die Kirgisiensteppe die Stadt Orenburg. Die Rückreise erfolgte über Astrachan und Moskau nach St. Petersburg. H.s Aufgabe auf dieser Reise waren vor allem genaue Ortsbestimmungen und die Verbesserung der Landkarten. Die Berichte über seine Reise erschienen zunächst in einer populären Ausgabe 1854 in Stuttgart, als Aufzeichnung wissenschaftlicher Beobachtungen 1863 in Christiania (Oslo). H. war auch in seiner Heimat und im nordnorweg.-russ. Grenzgebiet als Leiter von Vermessungskommissionen tätig.

Hare Alexander, brit. Abenteurer, der 1823 eine kurzlebige Diktatur auf den → Kokosinseln, die damals so gut wie unbekannt waren, errichtete. Seinem Treiben mit Harem und malay. Sklaven machte 1827 die Ankunft der Familie → Ross ein Ende. Die Affäre machte die einsam in den Weiten des Indischen Ozeans liegenden kleinen Eilande (18 km Umfang) der Weltöffentlichkeit bekannt.

Harmand François-Jules, 1845–1921, Schiffsarzt aus der Touraine, der sich als Hinterindienreisender Verdienste um die franz. Kolonie erwarb. H. reiste 1875–77 vor allem am unteren und am mittleren Mekong und sammelte an beiden Ufern dieses großen Stroms botanische und zoologische, aber auch mineralogische Materialien. Er forschte auch an den Ufern des Tonlé-Sap-Sees und verfolgte den Pursatfluss bis in dessen Quellgebiet an der Grenze des Königreichs Siam. H. interessierte sich auch für die Völkerschaften in dem Raum um den Tonlé-Sap und wies auf bis dahin so gut wie unbekannte Stämme hin. Einige Monate widmete er dem Studium der kleinen Inselgruppe Poulo Condor, die etwa 100 km südlich der Mekongmündung im Südchinesischen Meer liegt. Nach einer genauen Ermittlung des Se-Keman-Laufs überstieg H. als erster Europäer die Kette des annamit. Küstengebirges in Richtung auf Hué. 1881 wurde H. franz. Konsul in Bangkok, gab seine Reise- und Forschungstätigkeit aber nicht völlig auf. Über seine verschiedenen Reisen berichtete H. in Lieferungen des *Bulletins de la Société de Géographie* in Paris (1875–82).

Haro Gonzalo Lopez de, span. Seefahrer des 18. Jh.s. H. befehligte in der Martinez-Expedition von 1788 eines der nach N ausgesandten Schiffe und segelte 1790 nach dem heutigen Vancouver Island. Die schmale und schwierige Durchfahrt zwischen den San-Juan-Inseln und dem Südostkap von Vancouver Island heißt heute Haro Street.

Harrer Heinrich, geb. 1912. Der aus Hüttenberg in Kärnten stammende H. gehört zu den bekanntesten Forschungsreisenden unserer Tage. Als 26-Jähriger bezwang er 1938 die Eigernordwand, ein Jahr später nahm er an der deutschen Nanga-Parbat-Expedition teil, bei Kriegsausbruch wurde er in Indien interniert, doch gelang ihm die abenteuerliche Flucht nach Tibet. Sieben Jahre hielt er sich dort auf, zuletzt als Berater des Dalai-Lama in der Hauptstadt Lhasa. Beim Einmarsch der Chinesen musste er Tibet aber verlassen. Nach verschiedenen Reisen und bergsteigerischen Unternehmungen startete er 1962 eine große Expedition in das Innere von Neuguinea. Er bezwang als Erster den höchsten Berg der Insel, die 5 100 m hohe Carstensz-Pyramide. Bei der Suche nach Jä-Li-Me, der »Quelle der Steinäxte«, von der die Bergpapuas, die letzten auf der Kultur der Steinzeitmenschen stehenden Bewohner unserer Erde, ihre Steinäxte holen, verunglückte H. lebensgefährlich. Seine eingeborenen Träger schleppten ihn durch den Urwald zu einer Station, von der aus er in ein Hospital geflogen wurde. Doch gleich nach seiner Genesung setzte H. die Forschungen fort. Seine Bücher *Sieben Jahre in Tibet* (1976) und *Ich komme aus der Steinzeit* (1963) fanden einen weiten Leserkreis.

Hartog Dierk, holl. Seefahrer aus Texel, der, auf der Java-Route segelnd, am 25.10.1616 die austral. Westküste im Raum der Shark Bay entdeckte. Zwar hat sich H.s eigener Fahrtbericht nicht erhalten, aber eine von ihm an der Spitze der (heutigen) Hartog-Insel angebrachte Inschrift mit allen Daten und dem Namen des Schiffs *Eendracht* wurde schon 1697 von W. de Vlamingh aufgefunden, sodass eine Fälschung eo ipso ausgeschlossen erscheint. Die Nordspitze der lang gestreckten H.-Insel heißt darum heute Cape Inscription (= Inschrift). Dieser Ablauf erklärt, dass Westaustralien bereits 1622 auf Landkarten auftaucht, zu denen es erklärende Berichte nicht gab – die Fama unter Seeleuten hatte die Entdeckung kolportiert, noch ehe sie eine Expedition bestätigt hatte.

Harun ben Jahja, reiste um 880, christl. Syrer aus Askalon, der als Kriegsgefangener nach Konstantinopel gebracht wurde und zum Islam übertrat. Sein erhalten gebliebenes Interesse am Christentum bescherte uns einen kuriosen Reiseberlicht über Konstantinopel und Rom (mit Bemerkungen über den Reiseweg), gleichsam eine Pilgerfahrt in umgekehrter Richtung, voll von selbst erlebten Absurditäten, weil H. sehr abergläubisch war. Mehr sittengeschichtlich als geografisch relevant, bleibt der Bericht (dt. von J. Marquart) in seiner Art doch sehr wertvoll als eine Sammlung von Eindrücken gleichsam von außen.

Hasselbourgh Frederick, brit. Seefahrer in Diensten der Firma Campbell (Sydney). 1810 entdeckte H. mit seinem Schiff *Perseverance* zwei subantarktische Inseln. Die eine, 114 qkm groß, benannte er nach seinen Arbeitgebern, auf ihr gibt es bis heute einen Hafen, der an H. erinnert (Perseverance Harbour). Die andere Insel benannte er → Macquarie Island. Beide wurden 30 Jahre später von Sir J. C. → Ross wissenschaftlich untersucht und kartografiert.

Haßkarl Justus Karl, 1811–94, Naturforscher und Weltreisender aus Kleve, der nach Studien in Bonn nach Java ging und dort die Leitung eines botanischen Gartens übernahm. In die Heimat zurückgekehrt, erreichte ihn ein Auftrag der holl. Regierung, die Chinarindenbäume aus Südamerika nach Java zu verpflanzen. H. reiste 1853 nach Peru, wo die Ausfuhr der Chinarindenpflanze streng verboten war, und schaffte es, Baumsamen von Uchubamba nach Holland zu senden. 1854 hatte er den beachtlichen Erfolg, mit etwa 500 jungen Calisaya-Chinarindenbäumen vom Titicacasee über Brasilien an den Atlantik reisen zu können, ein Transport, der schließlich in regelrechte Flucht ausartete, weil der Zweck von H.s Reise bekannt geworden war. Im Dezember 1854 erreichte H. mit seiner kostbaren Fracht Java und leitete dort die Pflanzung in die Wege, hatte aber seine Gesundheit so strapaziert, dass er schon 1856 nach Kleve zurückkehren musste. Er veröffentlichte Bücher vor allem über die Pflanzenwelt Javas, aber auch über Australien und seine Kolonien (1849).

Hatschepsut, weiblicher Pharao, regierte von 1504–1483 v. Chr. mit starker Hand für den minderjährigen, von einer Nebenfrau des Thutmosis II. stammenden Thutmosis III., den sie, gestützt auf Priesterschaft und Schätze des Amuntempels, völlig in den Hintergrund drängte. An den Wänden des Tempels von Deir el Bahari, den ihr hoch begabter Baumeister und Günstling Senenmunt aufführte, findet sich die kommentierte Bilddarstellung einer Entdeckungsreise in das Land Punt. Es war früheren Dynastien bereits als Handelspartner bekannt gewesen, sodass man in der Expedition der H. eher ein Wiederanknüpfen denn eine völlige Neuentdeckung sehen muss; auch ist das Ziel der Fahrt nicht mit Sicherheit auszumachen, da »Punt« die in ägypt. Chroniken übliche Sammelbezeichnung für Länder im S von Bab el Mandeb, also vor dem Ausgang des Roten Meers war (Hadramaut ebenso wie Somaliland). Dennoch ist die so sicher bezeugte frühe Handelsfahrt als ein Ereignis der Entdeckungsgeschichte zu werten und als Beweis dafür, dass seit etwa 2000 v. Chr. eine Handelsverbindung zwischen Ostmittelmeer und Indischem Ozean bestand.

Haven Edwin Jesse de, 1816–65, Teilnehmer an den Expeditionen von Wilkes und Grinnell, also auch an der Suche nach → Franklin beteiligt. Im Mai 1850 führte er zwei Schiffe durch den Lancaster Sound zur Griffith-Insel, wo er mit → Austin zusammentraf. Als H. vom Eis eingeschlossen wurde, trieb er im Wellingtonkanal bis unter 75.24 Grad nördl. Breite. Gesichtetes hohes Land benannte er nach Grinnell und gelangte dann nördl. der Cornwallisinsel in offenes Meer. Im Herbst 1851 kehrte H. nach New York zurück, ohne Spuren der Franklin-Leute gefunden zu haben. (Das zweite Schiff stand unter dem Kommando von P. Griffin, dessen Name sich in einer schmalen Bucht am Wellingtonkanal erhalten hat.)

Hawaii, bedeutende Inselgruppe im nördl. Pazifik → Cook, → Gaëtano.

Hawkins Sir John, um 1534–96, engl. Seefahrer, Vetter oder Onkel von Francis → Drake. Nach mindestens drei Sklavenhandelsfahrten leitete H. kühne Unternehmungen gegen Span.-Mittelamerika, kämpfte 1588 gegen die Armada und ging bei einem Überfall auf Porto Bello (heute Panama), der auch Drake das Leben kostete, 1596 zugrunde. Aufzeichnungen über seine kühnen Fahrten, von deren geografischen Ergebnissen zwei Generationen engl. Seefahrer profitierten, finden sich in der Hakluytschen Sammlung.

Hawkins Sir Richard, um 1560–1622, Seefahrer aus Plymouth aus dem Verwandtschaftsclan der H.–Drake–Grenville. H. verließ 1593 England mit drei Schiffen, passierte die Magellanstraße, führte Kaperkrieg an der südamer. Westküste und kehrte aus span. Gefangenschaft 1602 nach England zurück. Am 2.2.1594 war er nach Sturmtagen vor der patagon. Küste auf die Falklandinseln verschlagen worden, von deren Entdeckung durch → Davis er nichts wissen konnte (sie wird übrigens bezweifelt). In Gedanken an Englands jungfräuliche Königin benannte er die unwirtlichen Doppelinseln als Hawkins-Maiden-Land, welcher Name sich auf den Landkarten an die 100 Jahre lang hielt.

Hayden Ferdinand Vandiveer, 1829–87, Geologe und seit 1869 Chefgeologe der USA, leitete die Erforschung und Untersuchung der Rocky Mountains im Bereich von Wyoming und New Mexico, Arbeiten, an denen sich Geografen, Ethnologen, Kartenzeichner und erstmals auch Fotografen beteiligten. Eine besondere Leistung war die genaue Aufnahme des Gebiets um den Yellowstonesee. Es waren H.s Berichte, die zur Errichtung eines Nationalparks schon 1872, also auf dem Höhepunkt der Expansion nach W führten. In späteren Jahren arbeitete H. vor allem in Colorado, Nebraska, Utah und New Mexico insgesamt auf einem Gebiet von mehr als 1 Mio qkm, eine schier übermenschliche Leistung.

Hayes Isaac Israel, 1832–81, amer. Arktisforscher. Nahm als Schiffsarzt an der zweiten Expedition von Elisha Kent → Kane zur Rettung → Franklins teil (1853–55 auf der *Advance*) und entdeckte während eines Hundeschlittenvorstoßes Teile von Ellesmereland und Grinnell-Land. Als sich zeigte, dass das im Eis festsitzende Schiff eine zweite Überwinterung nötig machen würde, brach H. mit neun Mann nach Upernavik auf, musste aber aufgeben und traf im Dezember 1854 wieder auf der *Advance* ein. Im Sommer danach gelang dann der ganzen Besatzung der Marsch nach Upernavik und die Rückkehr nach New York. Hier trieb H. die Mittel für eine eigene Expedition auf, startete 1860 mit dem winzigen Schoner *United States*, hatte damit jedoch nach Meinung von → Nansen u. a. Experten nicht die Erfolge, die sein Bericht behauptete, und erboste z. B. → Rasmussen durch die rüde Behandlung der Eskimobevölkerung. Nach seiner Dienstzeit als Armeearzt im amer. Bürgerkrieg kehrte H., begleitet von dem Maler William Bradford, nach Grönland zurück, wobei die ersten fotografischen Aufnahmen der Polarregion entstanden.

Heard, amer. Seefahrer, Kapitän der Bark *Oriental*, mit der er 1853 die bis heute nach ihm benannte Insel mit kleinen Nebeninseln im südl. Indischen Ozean entdeckte. Die bis zu 2 745 m aufsteigende Vulkaninsel ist wegen der niedrigen Dauertemperaturen (höchstes Monatsmittel 3,6 Grad C) stark vergletschert und wurde 1874 von der 1. Challenger-Expedition genauer aufgenommen. Kurios sind auf den heute austral. Inseln einige dt. Benennungen (Kaiser-Wilhelm-Spitze für den höchsten Berg), die wohl auf den dt. Kapitän Joh. Meyer zurückgehen, der die H.-Insel 1857 ansteuerte. Petermanns Mitteilungen (s. Lit.) beschäftigten sich 1858 mit den »sog. König-Max-Inseln«, Westermanns Lexikon spricht nur von einer Insel, nicht von einer Gruppe. → Kerguelen.

Hearne Samuel, 1745–92, brit. Seeoffizier, der in der Erschließung des nördl. Kanada eine entscheidende Rolle spielte. Zunächst Marinefähnrich, Teilnehmer am Siebenjährigen Krieg und für die Hudson Bay Company als Seemann tätig, wurde er von Fort Prince of Wales (heute Churchill, Manitoba) ausgesandt, um den Gerüchten über eine Kupfermine nachzugehen, die unter den Indianern kursierten. 1769 und 1770 scheiterte H. an schlechten Führern und unzureichender Ausrüstung, 1771/72 aber fand er die Mine und den Fluss, den er nach ihr benannte. Er folgte dem Coppermine River bis zur Mündung ins Polarmeer (Coronation-Golf, südl. von Victoria Island) und gründete 1774 den Posten Cumberland House auf Pine Island. Dies war möglich geworden, weil H. sich inzwischen die Überlebenstechnik der Eskimos und Indianer in den Barren Grounds zu Eigen gemacht hatte. Als Gouverneur von Fort Prince of Wales wurde H. 1782 von einer franz. Expedition unter dem Grafen → La Pérouse gefangen genommen und nach Frankreich gebracht, wo man ihn allerdings bald freiließ, damit er seine – auch für die damals in Kanada noch stark engagierten Franzosen interessanten – Reiseaufzeichnungen veröffentlichen könne. Er leitete den Neuaufbau des zerstörten Forts an

Winter am Athapaskasee. Abbildung aus dem Reisewerk Hearnes 1771

einem anderen Platz, wurde 1787 jedoch nach England zurückbeordert, wo er starb. Die Aufzeichnungen H.s über die Landschaft, den arktischen Moschusochsen als Überbleibsel einer Rasse, die 1 Mio. Jahre zuvor die nördl. Hemisphäre bevölkert hatte, und insbesondere die ausführlichen Berichte über die Chipewyan-Indianer erwiesen sich als grundlegend für die Kenntnis des arktischen Kanada, ebenso die geografischen Erkenntnisse über Coppermine River, Saskatchewan, den Großen Sklavensee und die Polarküste. Die in der posthumen Ausgabe London 1795 gesammelten Berichte und Aufzeichnungen wurden ein Klassiker der Entdeckungsgeschichte. H.s Tagebücher erschienen 1934. (Der Posten, mitunter Fort genannt, existiert noch; er liegt am Ostende von Pine Island im Cumberlandsee, den der Saskatchewan bildet, an einem Kreuzungspunkte alter Händler- und Indianerpfade.)

Hecataeus, (auch Hekataios) von Milet, um 560–480 v. Chr., aus altem, adeligem Geschlecht, aller Wahrscheinlichkeit nach Urheber der ersten Weltkarte oder zumindest Verbesserer einer vor ihm erstellten Weltkarte von Anaximandros von Milet. Sie war auf eine Erzplatte gezeichnet, die Aristagoras von Milet, Führer des ion. Aufstands von 499–494, dem Spartanerkönig Kleomenes vorlegte, um dessen Unterstützung gegen Persien zu erreichen. Diese Karte zeigte die Erde als kreisrunde Scheibe, umflossen vom Okeanos und in die drei Erdteile Europa, Asien und Libyen (= Afrika) unterteilt, mit den zugehörigen Meeresflächen und den Flüssen Donau und Nil. Die Grenze zwischen Asien und Europa bildete der Fluss Phasis (heute Rioni am Südwestabhang des Kaukasus). H., mit dessen Werken sich → Herodot an vielen Stellen (meist ohne ihn namentlich anzuführen) auseinander setzt, ist offensichtlich viel gereist, obwohl nur die Nilreise bis Theben absolut klar erwiesen ist. Nicht bezweifelt werden Reisen an allen Rändern des Mittelmeers, wobei freilich meist nur die Küstenstädte und -landstriche besucht wurden; weniger sicher ist, ob H. Thrakien, den Kaukasus und den heutigen Iran selbst bereiste. In seiner *Führung um die Erde* (um 500 v. Chr.) sind alle Berichte von griech. und karthag. Seefahrern verwertet, die H. auffinden konnte, ebenso die damals vorliegende geografische Literatur. Was Herodot über Ägypten und das übrige Nordafrika schreibt, fußt nach Hermann Strasburger – z. T. wörtlich – auf H.

Hector James, 1834–1907, schott. Arzt und Geologe, der im Inneren Kanadas und auf Neuseeland Expeditionen führte. Im Rahmen der Erkundungen, die John → Palliser in den nördl. Rocky Mountains unternahm, erforschte H. selbstständig verschiedene Nebenflüsse des Saskatchewan und verfolgte sie z. T. vom Elbow (dem Saskatchewan-Knie) bis zur Quelle. Er reiste dabei mit Hundeschlitten über Fort Pitt nach (dem damaligen) Fort Edmonton und nahm den Rückweg auf dem zugefrorenen Saskatchewan, wie es durch viele Jahrzehnte die Pelzhändler getan hatten. Sein Standquartier, das er auf diese Weise wieder erreichte, war Carlton House, seit 1810 westl. von Duck Lake (1885 im Aufstand der franz. Mestizen niedergebrannt und nicht mehr aufgebaut). 1862 ging H. nach Neuseeland, wohin er einen Ruf als Regierungsgeologe der Provinz Otago erhalten hatte. Sie erfüllt als größte der neuseeländ. Provinzen den gesamten Südteil der Südinsel. H. bemühte sich hier vor allem um Verkehrswege von Küste zu Küste. Er scheute dabei auch schwierigste Gebirgswege nicht, fand einen (heute nach ihm benannten) Pass im Bereich des heutigen Mount-Aspiring-Nationalparks und überquerte hier die bis zu 3 000 m aufsteigenden Ausläufer der Südlichen Alpen auf dem Weg zum Arawatefluss und zur Jackson Bay (Westküste). H. besuchte auch die Stewart-Insel vor der Südküste Neuseelands, kurz vor 1864, als die Maoris die 1 700 qkm große Insel an die brit. Regierung verkauften. Sie war damals nur von 30 bis 40 Weißen und 200 Maoris bewohnt und hat auch heute nur eine einzige Dauersiedlung. H. übernahm 1865 die geologische Oberleitung der Erschließung von ganz Neuseeland.

Hedin Sven, 1865–1952, Zentralasienforscher und Reiseschriftsteller aus Stockholm. H. begann schon früh zu reisen, als er eine Hauslehrerstelle in Baku annahm und das Zweistromland kennen lernte. Er studierte Geografie und Geschichte in Uppsala und Berlin und schrieb sein erstes Buch über seine Reiseerlebnisse in Persien. 1889/90 als Dolmetscher mit einer diplomatischen Mission in Persien, blieb H. in Teheran und begann seine erste Zentralasienreise über Merw, Buchara und Samarkand nach Kaschgar, überquerte den Tien-schan-Gebirgszug und erreichte den Issyk-Kul-See. Auf seiner zweiten Reise, deren Ziel die Gebirgsübergänge ins Tarimbecken waren, geriet H. in der Takla-Makan-Wüste in Lebensgefahr, weil die Wasservorräte 300 km vor dem Ziel erschöpft waren. Während seine Begleiter und alle Rentiere starben, schleppte sich H. mit einem Diener bis zu einer Pfütze im trockenen Bett des Khotan-Darja (1893/94). Auf weiteren Reisen vertiefte H. nicht nur die geografischen, sondern auch die historischen Erkenntnisse, wobei die versunkenen Kulturen in diesem Begegnungsgebiet der Völker und Religionen im Vordergrund des Interesses standen, aber auch das Wandern von Gewässern (Lop Nor), die Auffindung und Deutung von Gräbern und das so viele Europäer anlockende Tibet, das seine heilige Stadt Lhasa allen Fremden bei Todesstrafe verschloss. H. reiste 1901 verkleidet ein, wurde aber trotz umsichtiger Vorbereitungen zweimal wieder ausgewiesen und gelangte nur in die Stadt Leh. Ein dritter Versuch 1906 brachte ihn von Leh über das Karakorumgebirge in das Hochland von Tibet. Er verlor bei Kältegraden bis zu minus 50 Grad an die 100 seiner 130 Tragtiere, erhielt aber schließlich die Erlaubnis, die Klosterstadt Taschilumpo zu besuchen, durchquerte weitgehend unbekanntes Gebiet

In einem tibetischen Kloster. Zeichnung von Sven Hedin.

und war im September 1907 an den Indusquellen. Als auch ein weiterer Versuch, Lhasa zu erreichen, nach größten Entbehrungen scheiterte, legte H. eine längere Pause ein und widmete sich der wissenschaftlichen und kartografischen Auswertung seiner Expeditionen. Als H. nach dem Ersten Weltkrieg seine Reisen wieder aufnahm, war er längst ein berühmter Mann, geadelt, mit hohen brit. u. a. Auszeichnungen bedacht, und die gemeinsame schwedisch-chinesische Expedition versprach Erfolg. Seine letzte Reise sollte der Erforschung der Seidenstraßen gelten. Dabei wurde vor allem ihr östl.ster Teil, ihr Ende vor der Passage der Großen Mauer, vermessen. In seinen zahlreichen Veröffentlichungen erweist sich H. als Meisterschüler des großen Geografen und Chinakenners → Richthofen, dessen Prosa auch in wissenschaftlichen Werken lesbar blieb. H.s Bücher erfuhren vor allem in Deutschland große Verbreitung und bis 1945 viele Auflagen: *Von Pol zu Pol, Die Seidenstraße, Der wandernde See* u. v. a.

Heilprin Angelo, 1853–1907, ungar. Geologe, Professor der Geologie und Paläontologie in Philadelphia, der in wissenschaftlichen Exkursionen die Kenntnisse über Florida und die Bermudas erweiterte. 1890 ging H. nach Mexiko, bestieg eine Reihe von Vulkanen und bewies, dass der Citlaltepetl (Pic von Orizaba) mit 5 747 m der höchste Berg Mexikos ist. H. blieb bis zu seinem frühen Tod unermüdlich für sein Fachgebiet reisend tätig: 1898 am Klondike (Alaska), 1902 auf der franz. Antilleninsel Martinique und 1906 in Guyana, wo er sich eine Tropenkrankheit zuzog.

Heine-Geldern Robert Freiherr von, 1885–1968, Völkerkundler. Der österreichische Baron beschäftigte sich als Universitätslehrer (1925–56) und in freier Forschung nach ausgedehnten Reisen mit einigen der reizvollsten Rätsel der pazifischen Vor- und Frühgeschichte und den großen polynes. Wanderungen (Migrationsforschung). Schon 1928 schrieb er *Die Megalithen Südostasiens und ihre Bedeutung für die Klärung der Megalithenfrage in Europa und Polynesien* (Anthropos XXIII), danach *Urheimat und früheste Wanderungen der Austronesier* (ebd. XXVII) und 1950 *China, die ostkaspische Kultur und die Herkunft der Schrift.* Von der Wissenschaft nur zum Teil akzeptiert, spielen seine Theorien heute noch eine gewisse

Rolle im Kreis um die Zeitschriften *Terrae Incognitae* und *Almogaren.*

Heinrich der Seefahrer (el Navegador), Prinz von Portugal, 1394–1460, jüngster Sohn von König Johann I. Stellte seine großen Einkünfte als Großmeister des Christusordens in den Dienst der portug. Entdeckungsfahrten an der Westküste Afrikas und gründete nach dem Vorbild des Reeders → Ango von Dieppe in der Stadt Sagres eine Pilotenakademie. Zunächst aus Höflingen wählend, die oft zu früh aufgaben, schuf H. sich schließlich eine Mannschaft tüchtiger Kapitäne auch aus bürgerlichen Familien und erlebte noch die (Wieder-) Auffindung der Azoren und die Entdeckung der Kapverdischen Inseln und Senegambiens. Aber auch die späteren, nun großartigen Entdeckerleistungen portug. Seefahrer gehen auf H.s Initiativen zurück.

Prinz Heinrich der Seefahrer. Miniatur aus der »Cronica do Guiné«.

Heinrich von Morungen → Morungen.

Helluland → Vinland.

Hellyer Henry, 1790–1832, Erforscher von Tasmanien im Dienst der Van-Diemens-Land-Comp. Seine Reisen begannen im Februar 1827 am Circular Head, von wo aus er südostwärts ins Landesinnere vordrang, den Saint Valentines-Peak passierte und benannte und den Cam River erreichte. Einen anderen, nach N fließenden Fluss, den er benannt hatte, tauften seine Auftraggeber später in H.-Fluss um, als H. am Ausgangspunkt seiner Expedition Selbstmord begangen hatte. H. knüpfte an die Entdeckungen von → Goldie an, kam aber weit über sie hinaus und entschleierte vor allem in der Expedition mit Fossey 1828 die gebirgigen Strukturen des Inselinneren mit zahlreichen Benennungen vor allem in Nordwesttasmanien.

Helmersen Gregor von, 1803–85, balt.-dt. Geologe und Asienreisender. Nach Studien in Dorpat dem russ. Finanzministerium zugeteilt, bereiste H. 1828/29 den Ural, wo er mit A. von → Humboldt zusammentraf. 1830/31 bildete H. sich in Deutschland weiter und absolvierte einige geologische Reisen in Mitteleuropa. 1833–36 bereiste er abermals den Ural, den Altai und dazu die Kirgisensteppe. Auf weiteren Reisen (bis 1871) erforschte H. Bodenschätze und geologische Verhältnisse im ganzen Zarenreich und war zugleich Direktor des mineralogischen Museums in St. Petersburg. Gemeinsam mit → Baer war er Herausgeber der *Beiträge zur Kenntnis des Russischen Reiches* (1839–72).

Henday Anthony, geb. um 1720 auf der Insel Wight, brit. Abenteurer und Waldläufer, 1748 wegen Schmuggels verurteilt, seit 1760 in Diensten der Hudson Bay Company. Zwischen Juni 1754 und Juni 1755 vollführte H. eine bemerkenswerte Expedition in Richtung auf das kanad. Felsengebirge, um die Indianerstämme im heutigen Alberta zum Handel mit der Company zu bewegen. Er hatte damit keinen Erfolg, weil er auf zahlreiche franz. Waldläufer und Pelzhändler traf, die bei den Indianern gut eingeführt waren, doch vermittelte sein in voneinander abweichenden Abschriften erhaltenes Tagebuch wichtige Aufschlüsse über die Landesnatur, die Indianer, den Lauf von Flüssen und Höhenzügen usw. und die Bedeutung des franz. Forts A la Corne für die Erschließung des Gebiets. Eine Version seiner Aufzeichnungen erschien 1907, als sich H.s Mitteilungen über die beiden Saskatchewanflüsse, den Battle River u. a. längst bestätigt hatten. (Henday wurde lange Zeit unter der falschen Namenslesung Hendry geführt.)

Henderson-Island, Koralleninsel im Südpazifik, 170 km von → Pitcairn, somit eine von Pitcairn's Dependencies. Die 10–30 m aus dem Meer ragende, seit etwa 275 000 Jahren nicht mehr überspülte Insel wurde 1997 zum Weltkulturerbe erklärt, weil sie von menschlicher Einflussnahme auf ihre Flora und Fauna weitgehend verschont geblieben ist. Verschiedene Schneckenarten, aber auch zwei Landvogelarten kommen nur auf H. vor, die polynesische Besiedlung von etwa 800–1500 n. Chr. stiftete außer Rodungen keinen Schaden. Die von undurchdringlichem Buschwald bedeckte, etwa 45 qkm große wasserarme Insel wurde 1606 von → Quiros entdeckt und 1820/21 von Männern der *Essex* bewohnt, deren Schiff ein Wal versenkt hatte. Dabei wurden Ameisen und Ratten eingeschleppt, was für die Brut vieler Vogelarten verhängnisvoll wurde. Heute ist H. bis auf gelegentliche Holzsucher von Pitcairn unbewohnt.

Hendry Anthony → Henday.

Hendry William, Arzt im Dienst der Moose Factory, der mit einigen Gefährten 1826 den Koksoak River erforschte, aber die Mündung nicht ganz erreichte. Dennoch blieben seine Ergebnisse für die Kenntnis von Nordlabrador zwischen Hudson Bay und Ungava Bay durch Jahrzehnte die beste Information über diese Landesteile von Nordostamerika. H. erleichterte beträchtlich die Aufgabe der ihm nachfolgenden Forscher Finlayson und Erlandson.

Hennepin Jean-Louis, 1640-1705?, belg. Missionar, der 1675 nach Quebec kam. Er begleitete → La Salle zunächst zum Niagara und auf einer zweiten Reise zum Illinois River. 1680 begannen seine selbstständigen Unternehmungen mit einem Marsch von Fort Crève-Cœur am Lake Peoria nach Saint Anthony Falls (Minnesota), bis er am Leech Lake von den Sioux gefangen genommen wurde. Von Daniel → Du Luth befreit, verbrachte er den Winter in Michilimackinak und kehrte bald darauf nach Europa zurück. In Paris schrieb er seine *Description de la Louisiane* ..., ein Buch, in dem er vor allem von den Indianern sprach und dem eine Karte beigegeben war. Es enthielt den ersten Augenzeugenbericht über die Niagarafälle. In einem zweiten Buch, das 1697 erschien, schreibt H. den Reisebericht eines La-Salle-Begleiters namens Membré aus, um sich als Entdecker des Mississippi bezeichnen zu können. H.s Werke hatten außerordentlichen Erfolg vor allem in Frankreich, wurden aber auch ins Englische, Deutsche und Niederländische übersetzt.

Henriquez Don Hernando, span. Konquistador, befehligte die Soldaten der → Mendaña-Flotte und kommandierte insbesondere im Mai und Juni 1568 die Erkundungsexpedition innerhalb der Salomonen. Sein Pilot war H. → Gallego, der zunächst die Küsten der großen Insel Guadalcanal (ca.

150:48 km) aufnahm. Danach wurden einige kleinere Inseln entdeckt und benannt, die später nicht immer sicher identifiziert werden konnten. Schon H. bezeichnete eine Insel als Ulawa, die diesen Eingeborenennamen heute noch führt. Eine andere, Malaita, war mit dem span. Namen Ramos versehen worden (heute mit ca. 60 000 Menschen die am stärksten bevölkerte Insel der Gruppe). Für San Cristobal, die große Nachbarinsel von Guadalcanal und Malaita, hat sich der span. Name gegenüber dem einheimischen (Makira) durchgesetzt, die nördl. vorgelagerte kleine Insel, die H. damals entdeckte und San Juan nannte, heißt heute Uki.

Henry Andrew, amer. Pelzhändler, der um 1807–10 vom oberen Missouri aus in die Rocky Mountains eindrang, die Wasserscheide überquerte und im Einzugsgebiet des Snake River ein Fort errichtete, die erste Handelsniederlassung westl. des Felsengebirges. H. erforschte auch den Snake Fork bis zu den Quellen.

Herberstain Sigismund Freiherr von, 1486–1566, österr. Diplomat aus dem im Raum Gutenstein reich begüterten Geschlecht, reiste 1516–18 und 1526/27 nach Polen und Russland und ergriff neben seinen diplomatischen Missionen die Gelegenheit, Land und Leute kennen zu lernen, über die Städte, die Gebräuche und die Wirtschaft zu berichten. Unter dem gelehrten Titel *Rerum Moscoviticarum Commentarii* verstand es H., mit einer bis dahin unbekannten Klarheit und Umsicht über das sog. Moskowiterreich zu berichten, das ja nur an seinen Rändern und durch seine im Baltikum anzutreffenden Kaufleute bekannt gewesen war. H. sprach Russisch, aber natürlich auch Latein und bewegte sich als Botschafter des großen Habsburgerreichs selbstsicher und mit kundiger Neugierde in einem alles in allem noch exotischen Bereich. Auf Grund des 1549 in Wien erschienenen latein. Originals ver-

Herberstain in moskowitischer Kleidung

fasste H. 1557 eine dt. Version (zu Unrecht als bloße Übersetzung bezeichnet), in die manches einging, was er sich inzwischen an weiteren Unterlagen und Auskünften verschafft hatte. Raubdrucke dieser Darstellung erschienen noch bis zum Ende des Jh.s vor allem in einer Basler Offizin; dabei fehlte meist der Moskauer Stadtplan, den H. dem Originalwerk beigegeben hatte, und die von H. übersetzte Nachricht über die Ost-Erstreckung des Moskowiterlandes bis zum Ob, die sich in der dt. Version findet.

Hereheretue, Atoll der Tuamotu-Gruppe und lange Zeit unbewohnt. In den Vierzigerjahren des vorigen Jh.s geriet ein Mann von der Insel Anaa (Franz.-Polynesien) in ein von N aufziehendes Unwetter und wurde auf die winzige Insel H. verschlagen, wo er mit seinen Mitreisenden, drei Töchtern und einem Sohn, jahrelang lebte. Er starb, als der Handelsfahrer E. Lucett aus Tahiti in H. anlegte und ihn mit Gewalt mitnehmen wollte. Die jungen Leute kehrten heil in die Zivilisation zurück. H. ist heute von 22 Menschen bewohnt.

Hermansz Claes, holl. Seefahrer des 17. Jh.s, der auf der Fahrt zu den niederländ. Faktoreien auf Java im Juli 1623 an die Küste Westaustraliens verschlagen wurde. Er zählt also mit → Hartog, → Houtman und zweifellos noch einigen anderen zu den unfreiwilligen Entdeckern des fünften Erdteils.

Herndon William Lewis, 1813–57, amer. Marineoffizier mit Spionageauftrag, der ihn zu geografischen und hydrografischen Erkundungen veranlasste. H. ging 1851 im Auftrag der US-Marine nach Brasilien und erkundete im Amazonasbecken Wassertiefen, Strömungen, Naturhäfen u. a. für die Marine wichtige Fakten, interessierte sich aber auch für die Bevölkerung, das Klima und die Böden. Er reiste weiter bis Peru und befuhr den Huallaga bis zur Mündung in den Marañon. Er erkundete auch den Ucayali und befuhr den Amazonas bis Pará. Seinen Reisen von insgesamt mehr als 6 000 km verdankt man Verbesserungen der Gewässerkarten im nördl. Südamerika, freilich mehr im nautischen als im geografischen Sinn, denn H. hatte Vorarbeiten anderer Forscher kaum genutzt.

Hernsheim Eduard, dt. Überseekaufmann des vorigen Jh.s und selbst Kapitän, entdeckte 1875 gemeinsam mit dem in

Diensten von H. & Comp. fahrenden Kapitän Blohm, dass es sich bei Duke-of-York-Island um insgesamt zwölf Inseln handelt, und gründete dort zwei Niederlassungen, denen auf dem nahen Neu-Britannien bald 14 weitere folgten. H. hatte schließlich auf den Marshallinseln, auf den Ellice-, Gilbert-, Hermit- u. der Anachoreteninsel Niederlassungen, einer der Gründe für die Errichtung eines dt. Konsulats auf dem Atoll Jaluit, Marshallinseln. (Die Duke-of-York-Gruppe liegt im sog. St. George's Channel, der Wasserstraße zwischen Neu-Britannien und Neu-Irland im heutigen Papua-Neuguinea.)

Herodot(os) von Halikarnassos, 485 bis ca. 425 v. Chr., griech. Geschichtsschreiber aus dem ion. Siedlungsgebiet in Kleinasien, mit bewegtem Lebenslauf, der zweifellos viel reiste und noch mehr von Reisenden erfuhr, sodass er nicht nur als der Vater der Geschichte bezeichnet wird, sondern auch deren Verflechtungen mit Erd- und Völkerkunde bewusst machte. Er ist aber auch der Vater der sog. Petite Histoire, der Geschichten in der Geschichte, und sie sind es, die sein Riesenwerk bis heute zur anregenden und unterhaltsamen Lektüre machen. In neun Büchern, meist unter dem Titel *Historien* zusammengefasst und nach einer Vorrede über die ältesten Gründe der Feindschaft zwischen Hellenen und Barbaren (Persern u. a. Völkern des Ostens), schreitet H. den ganzen damals bekannten Erdkreis aus, wobei die historische Darstellung mit König Kyros 558–529 v. Chr. beginnt und etwa 100 Jahre später endet. Aus dieser kurzen Zeitspanne geht hervor, dass H. sich über die rein geschichtlichen Vorgänge hinaus um Berichte über die Völker, ihre Bräuche, ihre Religion und ihre Vorgeschichte bemüht hat. Sie sind an passender Stelle eingearbeitet und lassen erkennen, dass Herodot selbst den östl. Mittelmeerraum und auch die Schwarzmeergebiete ausdauernd bereist und in Bagdad eine Weile gelebt hat. Was er bei dieser Gelegenheit eifrig sammelnd erfuhr, weitete den Rahmen der 100 Jahre beträchtlich aus, sodass wir in H. die Alte Welt in jenen geschichtlichen, geografischen und ethnografischen Dimensionen vor uns haben, die ihre Gelehrten ermessen konnten. Aber selbst dort, wo er nur vom Hörensagen berichtete (Nordeuropa, Russland), entsprach vieles den Tatsachen, sodass wir H.s unbekannte Zuträger, Seefahrer und Kaufleute, durch diesen großen Autor gleichsam als ein Bündel von frühen Entdeckern bezeichnen dürfen – ein Beispiel, das sich von → Marinos von Tyros über → Caesar und → Ptolemaios bis herauf zu → Heinrich dem seefahrenden Prinzen als fruchtbar erwies. H.-Lexikon 1984 bei Artemis, München

Herron Joseph S., amer. Offizier und 1899/1900 Führer erfolgreicher Expeditionen im Raum des heutigen Anchorage bis zum Yukon und zu Fort Gibbon (an der Einmündung des Tanana in den Yukon). Seine Erkundungen, teils mit Hundeschlitten, teils auf Skiern, führten zur Kartierung eines bis dahin so gut wie völlig unbekannten Gebiets rund um den heutigen McKinley-Nationalpark.

Hervé Don Juan, Teilnehmer der Ostpazifikexpedition unter Don Felipe → Gonzalez. Er zeichnete nach in Booten vorgenommenen Rundfahrten, Lotungen und Messungen die erste Karte von der Osterinsel, die span. als Isla de San Carlos (heute zu Chile gehörig als Isla de Pascua) bezeichnet wurde. Die Hervé-Karte wurde durch James → Cook im März 1774 verbessert.

Hettner Alfred, 1859–1941, bedeutender dt. Geograf, Reisender und Erforscher bis dahin unzureichend bekannter Gebiete vornehmlich in den Anden. Nach Studien bei Gerland und Ratzel Hauslehrer in Bogotá, wo er die ersten Untersuchungen der Gebirgszüge in Südperu und Nordbolivien, vor allem aber in Kolumbien selbst unternahm. H. erkundete genau die Cordillera Oriental, die sich von Neiva nach N zieht und mit ihren Höhenzügen die Stadt Bogotá umschließt. 1883 überstieg H. die Cordillera Central in Richtung auf das Caucatal und blieb bis März 1884 unermüdlich mit weiteren Expeditionen in diesem Bereich tätig. Nach seiner Heimreise 1884 berichtete er in verschiedenen Arbeiten über die Ergebnisse seiner Hochtouren und Begehungen, kehrte aber 1888–90 nach Südamerika zurück, forschte in Südperu und Nordbolivien weiter und bereiste auch Brasilien und Chile. 1894 ao. Professor in Leipzig, danach in Tübingen und seit 1906 Ordinarius in Heidelberg, setzte H. seine wissenschaftliche Reisetätigkeit fort (europ. Russland, Sibirien, China, Korea, Japan, Südostasien). H. verstand es, seine Eindrücke lesenswert zu Papier zu bringen, und gab der

Erdkunde durch seine Veröffentlichungen einen bedeutenden neuen Anstoß. Vor allem aber war er ein Hochschullehrer, der für sein Fach zu begeistern verstand und dadurch in gewissem Sinn die großen Initiativen aus der Zeit eines Alexander von → Humboldt wieder aufleben ließ.

Heuglin Theodor von, 1824–76, stammte aus Hirschlanden in Württemberg und studierte in Stuttgart Berg- und Hüttenwesen, beschäftigte sich aber auch mit naturwissenschaftlichen, vor allem zoologischen Studien und lernte verschiedene Sprachen. 1850 reiste er nach Ägypten, um Arabisch zu lernen, und unternahm verschiedene kleinere Exkursionen zwischen Nil und Rotem Meer. 1852 wurde er Sekretär des österr. Konsuls in Khartum und begleitete diesen nach Äthiopien, wo er in teilweise völlig unbekannte Gebiete zwischen Blauem Nil und dem Atbara gelangte. Als der Konsul unterwegs an Ruhr erkrankte und starb, setzte H. die Rückreise allein fort und kehrte mit wichtigem Material nach Khartum zurück, von wo aus er 1853 noch eine Reise nach Kordofan und an den unteren Weißen Nil unternahm. Dann brachte er das gesammelte Material und seine Aufzeichnungen nach Wien, ging aber schon 1856 erneut in den Sudan, durchforschte vor allem die Bajudasteppe und reiste zur Küste des Roten Meers und ins Somaliland, wo ihn eine Verwundung zur Umkehr nötigte. Die nächsten zwei Jahre verbrachte er zum Ordnen seiner Sammlungen in der Heimat, dann stellte er sich 1860 an die Spitze einer Expedition, die den verschollenen Forscher → Vogel im Ostsudan suchen sollte. Zu seinen Begleitern gehörten mehrere Europäer, unter ihnen auch → Hansal, → Munzinger und → Steudner. Da H. unterwegs aber eigenmächtig die vereinbarte Marschroute änderte, entzog man ihm die Leitung der Expedition; er löste sich von ihr und schloss sich in Begleitung Steudners der Holländerin → Tinné an, mit der er den Bahr-el-Ghazal hinauffuhr, um dessen Quellgebiet zu erforschen. Die Reise stand unter keinem guten Stern, mehrere der Expeditionsteilnehmer starben, auch H. erkrankte schwer, und so mussten die Reisenden schließlich nach Khartum zurückkehren. Damit beendete H. seine Forschertätigkeit in Afrika, die dank seiner sorgfältigen Beobachtungen und Itineraraufnahmen hervorragende Ergebnisse erbracht hatte. 1870 unternahm er mit dem Grafen Karl von Waldburg-Zeil eine Jagd- und Forschungsreise nach Spitzbergen, wobei er im Ostteil der Inselgruppe kartografische Vermessungen und zoologische Studien durchführte. Eine zweite Fahrt ins Eismeer folgte im Sommer 1871, mit dem dt. Kaufmann A. Rosenthal und dem norweg. Kapitän J. Melsom. Auf einem Forschungsschiff ging es an die Südwestküste von Nowaja Semlja. Anfang 1875 brach H. in das noch unbekannte Gebiet der Beni-Amer, eines räuberischen Nomadenstamms im NO Äthiopiens, auf, kehrte aber Ende des Jahres wieder in die Heimat zurück. Hier starb er in Stuttgart während der Vorbereitungen zu einer neuen Afrikaexpedition.

Heyerdahl Thor, geb. 1914, norweg. Völkerkundler mit besonderem Interesse für den Pazifik und die Vorgeschichte Polynesiens. Durch seine spektakuläre Fahrt mit dem Balsafloß *Kon Tiki* (28.4.–8.8.1947) weltberühmt, widmete sich H. in vielen Reisen und Büchern seiner Theorie einer Besiedlung Polynesiens von Südamerika aus. Weniger Erfolg hatten seine Schilfflloßfahrten von 1969 und 1970, die eine Atlantiküberquerung im Altertum beweisen sollten. Sehr verdienstlich sind seine auf einzelne Inseln im Pazifik und deren vorgeschichtliche Denkmäler konzentrierten Forschungen. Die aktuelle Migrationsforschung steht auf dem Standpunkt, dass der Pazifische Ozean ein Großraum vorgeschichtlicher Seefahrt war und sowohl von Afrika und Südostasien aus nach O als auch von Südamerika nach W zu besiedelt wurde, mit einer nicht mehr genau zu ermittelnden Grenzlinie beider Einflüsse. H.s Bücher wurden in alle Weltsprachen übersetzt und sind in populären Ausgaben verbreitet. → Heine-Geldern.

Heyerdahls Floß »Kon-Tiki« im Pazifik.

Heywood, Kadett der Royal Navy, 1816 als Kapitän zur See aus dem Dienst geschieden. Unfreiwilliger Weltreisender, erst auf der *Bounty*, dann, als auf Tahiti verhafteter Meuterer, auf der *Pandora*. Im Herbst 1792 nach fünf Verhandlungstagen vor dem Seegericht freigesprochen und wieder in die Royal Navy eingetreten.

Hezeta Don Bruno de, span. Seefahrer des 18. Jh.s, der auf Befehl des span. Vizekönigs von Mexiko 1775 mit drei Schiffen nach N aufbrach und bis zur Mündung des Columbia River vorstieß. Diesen zu erforschen war ihm wegen Erkrankungen an Bord unmöglich, auch hatte er eine Bootsbesatzung durch Indianer verloren. Das heutige Cabo Falcon (45.46 Grad nördl. Breite) geht als Benennung auf seine Expedition zurück.

Hieron von Soloi, griech. Seemann und Kommandeur einer Trireme, mit zwei anderen Schiffen zwischen 325–323 v. Chr. von → Alexander dem Großen von Indien aus ausgesandt, um die Gestalt Arabiens zu erkunden. Diese muss zwar damals durch zahlreiche Handelsfahrten zwischen Indien und Ägypten einigermaßen bekannt gewesen sein, doch ging es um die militärisch-nautischen Verhältnisse, die H. erfolgreicher als seine Gefährten auf den anderen Schiffen erkundete, ehe Wassermangel das Ende der Expedition erzwang.

Hillegom Haevik Claassoon, holl. Seefahrer des frühen 17. Jh.s, der auf einer Fahrt nach Java nach SO verschlagen wurde und nach seinem Logbuch im Mai 1618 ein unbekanntes, flaches Land sichtete, das ihm für eine Insel zu groß erschien. Nach seiner Ortsangabe muss es sich dabei um die flache westaustral. Küste hart nördl. des Wendekreises gehandelt haben, wo eine sehr niedrige, nach N führende Landzunge den Exmouth-Golf bildet. Wie häufig damals die Javafahrten und das Abweichen vom Javakurs waren, geht aus einer ganzen Reihe ähnlicher Berichte von anderen holl. Seefahrern hervor.

Hilton William, 1617–75, brit. Seefahrer und Floridaforscher, der von einem Neuenglandhafen aus 1662 nach Florida segelte, die Küstenstrecke zwischen Kap Hatteras und Kap Roman aufnahm und auch Flussmündungen untersuchte. Seine Berichte über die große Fruchtbarkeit und das milde Klima der Halbinsel scheinen entscheidend für weitere

Kolonisationsversuche auf Florida gewesen zu sein (einer Gegend, in der dies so erfolglos war, als ob es sich um Spitzbergen gehandelt hätte). Als nach 1650 die span. Herrschaft über die späteren Sea Islands vor Charleston zu Ende ging, unternahm H. eine neuerliche Fahrt in den SO der späteren USA und ließ sich vorübergehend auf einer der Sea Islands nieder, der er auch seinen Namen gab. Sie heißt noch heute H.-Head.

Himilko, Karthager vornehmer Herkunft, der um 505 v. Chr., anderen, ungenannten karthagischen Kapitänen folgend, zu den Zinninseln fuhr. Diese Handelsfahrten durch die Straße von Gibraltar und in das südwestl. England zum Cornwall-Zinn waren damals bereits Routine, was die antiken Autoren, die sich mit H. beschäftigen, bestätigen. Die Fahrt zur Zeit der Hochblüte Karthagos war also keine Entdeckungsfahrt im engeren Sinn, aber sie ist die erste dokumentierte Seereise vom Mittelmeerraum nach England, ca. 150 Jahre vor → Pytheas. Es ging um die Strecke von Gades (Cadiz) zu den Scilly-Inseln westl. vor der Küste Cornwalls oder nach Noirmoutier, einer großen Insel vor der franz. Atlantikküste. Das Zinn aus Cornwall wurde aus Sicherheitsgründen auf Inseln umgeschlagen und auf phöniz. oder karthag. Schiffen zu den Schmelzöfen von Tartessos gebracht, wo es bei der Bronzegewinnung gebraucht wurde. Den Bericht über H.s Fahrt(en) verdanken wir dem röm. Dichter Avienus, der ihn aus karthag. Quellen erschloss.

Hind Henry Youle, 1823–1908, brit. Geologe in kanad. Diensten und Teilnehmer an der Gladman-Expedition von 1857/58. In Leipzig und Cambridge gebildet, kam H. 1846 nach Toronto, wurde dort 1853 Professor für Chemie und Geologie und erhielt von der kanad. Regierung den Auftrag die »Canadian Exploring Expeditions« von 1857/58 als Wissenschaftler zu begleiten. H. bereiste auf diese Weise und unter erheblichen Strapazen die Gebiete des Red River, Saskatchewan und im Sommer 1861 im Rahmen einer neuen Expedition den Moisiefluss in Labrador. Die optimistische Sicht H.s hinsichtlich der Zukunftsmöglichkeit der damals noch unerschlossenen Gebiete machte Sensation, wurde in die Parlamentsakte aufgenommen und wirkt sich bis heute wirtschaftlich aus. Auf seiner Labradorexpedition wurde H.

von seinem Bruder William, einem Maler, begleitet. Der zweibändige Reisebericht der Brüder wurde 1863 in London veröffentlicht, die Berichte über die früheren Reisen nahm z. T. → Gladman in seine große Publikation auf.

Hind William → Hind, Henry Youle.

Hippalos, griech. Handelsfahrer, gest. um 100 v. Chr., Pionier des ägypt.-ind. Seeverkehrs. Der Seehandel zwischen Berenike (am Nordende des Roten Meers) und ind. Hafenorten war um Christi Geburt mit etwa zehn Schiffen je Monat für damalige Zeiten ziemlich intensiv. Dies war eine Folge der Nutzung des Monsuns, jener regelmäßig im Indischen Ozean auftretenden Winde, die es gestatteten, von Berenike aus in etwa 40 Segeltagen Vorderindien zu erreichen. War auch der Handel mit Indien mindestens seit 1300 v. Chr. den Kaufleuten beider Länder zur Gewohnheit geworden, so bedeutete der Monsun durch seine Erforschung und den Einbau dieser Erkenntnisse in die regelmäßige Seefahrt doch einen außerordentlichen Fortschritt, ja eine neue Epoche der Hochseeschifffahrt in der Alten Welt. Bei Plinius heißt der Monsun noch H.-Wind.

Hiram, 969–936 v. Chr., König der Phoiniker und Verbündeter von → Salomo; führte die Handels- und Entdeckungsfahrten nach → Ophir durch.

Hiva Oa, die größte der Marquesasinseln, 40 km lang und 16 km breit, fruchtbar und relativ dicht bevölkert. Sie wurde 1595 von → Mendaña entdeckt, aber danach jahrhundertelang wenig besucht, weil die Bevölkerung wilde Kannibalen waren. (Die letzten kannibalischen Orgien fanden, seit die Marquesas franz. geworden, jeweils am 14. Juli statt.) 1880 erst gelang es drei franz. Kriegsschiffen, die Mission durchzusetzen. 1901 kaufte der franz. Maler Paul Gauguin ein Stück Land vom Bischof von Atuona (der Hauptstadt) und lebte hier bis zu seinem Tod 1903. Seine Tochter Marie-Rose Vaeoho lebte noch, als → Danielsson die Insel besuchte. An der Stelle von Gauguins Haus steht heute eine chines. Bäckerei.

Hiwen Tsang → Hsüan Tsang.

Hobson William Robert, gest. 1880, Sohn des ersten Gouverneurs von Neuseeland, Teilnehmer der McClintock-Expedition auf der von Lady Franklin ausgerüsteten *Fox*. Fand wesentliche Aufschlüsse über das Schicksal der Besatzungen von *Erebus* und *Terror* (1859) und erforschte die Westküste der Boothiahalbinsel, aber auch der King-William-Insel.

Hochstetter Ferdinand von, 1829–84, Wiener Univ.-Professor für Geologie, Teilnehmer der Weltumseglung der Fregatte *Novara* und 1858/59 auf Ersuchen des Gouverneurs Erforscher der Bodenschätze auf der neuseeländ. Nordinsel (zu welchem Zweck H. zurückblieb, als die *Novara* nach Tahiti auslief). Gemeinsam mit → Haast begann H. eine genaue Durchforschung der Gebirge und Flusssysteme auf der Nordinsel, der Kraterbildungen, aber auch der Lebensbereiche der Maoribevölkerung. Später dehnte H. seine Forschungen auf die Küsten der Cookstraße und die Provinz Nelson (Südinsel) aus und kehrte im Herbst 1859 nach Europa zurück. Er hatte nach → Dieffenbach den bedeutendsten dt. Beitrag zur Erschließung von Neuseeland geleistet, widmete sich aber auch in Europa noch der geografischen und kartografischen Auswertung seiner und Haasts Forschungen. Seine Reisebriefe an die *Wiener Zeitung* trugen erheblich zur Erweiterung der Kenntnisse von dem damals noch kaum bekannten Neuseeland bei. 1869 bereiste H. die (damals noch sehr viel größere) europäische Türkei, um Eisenbahnbauten vorzubereiten; 1872 studierte H. die Bergwerke im Ural und hielt in Wien Vorträge über seine Eindrücke dort.

Hofmann Ernst Reinhold, 1801–71, dt.-balt. Mineraloge und Weltreisender aus Livland. Nahm an der Weltumseglung des Otto von → Kotzebue als Mineraloge teil und bereiste später teilweise mit → Helmersen, den Ural, Sibirien und Finnland. 1842–63 war H. ordentlicher Professor an der Universität St. Petersburg. Im Ural war er mit Alexander von → Humboldt zusammengetroffen.

Hohermuth Georg, vor 1500–1540, dt. Konquistador aus Memmingen (lt. Percy Ernst Schramm) oder aus Speyer (lt. Henze → s. Lit.) seit 1534 Statthalter des Handelshauses der Welser im venezol. Hafenort Coro. Von dort brach H. gemeinsam mit Esteban Martin und Philipp von → Hutten in Richtung der kolumbian. Ostkordillere auf, damals Zentrum des Chibchareichs, in dem große Städte, Gold und goldene Götterbilder vermutet wurden. Auf der Suche nach einem Übergang nach W überquerte H. verschiedene größere und kleinere Nebenflüsse des Orinoko, wobei in einem Fall (am oberen Meta) monatelang auf das Zurückgehen des Hochwassers gewartet werden musste. Nach weiterer Hochwassernot und Indianerüberfällen kehrte H. im Mai 1538 mit 160 von 400 Mann nach Coro zurück. Es war H. zwar nicht gelungen, das Hochgebirge zu überqueren, was → Federmann unter unsäglichen Strapazen geschafft hatte, aber der Bericht Huttens über die verschiedenen Flussläufe im oberen Orinoko- und Amazonasgebiet wurde für die späteren, mehr wissenschaftlich interessierten Forscher in diesem Gebiet wichtig. Für H.s Entschluss zur Umkehr war der Tod seines landeskundigen Gefährten Martin durch Indianerpfeile entscheidend, zudem wohl auch, dass ihm Indianer vom Untergang der Herrera-Expedition in Indianerkämpfen berichteten.

Hojeda Alonso de, 1471–1515 (oder 1516?), span. Edelmann aus Neukastilien. Er hatte sich schon in den Maurenkämpfen ausgezeichnet, nahm an der zweiten Fahrt des → Kolumbus teil und drang als erster Europäer ins Innere der Insel Haiti (damals Hispaniola) vor, wo er die Goldlager von Cibao entdeckte. Seine Großtat als Konquistador war die Gefangennahme des Kaziken Caonabo, mehr durch List und Entschlossenheit als durch massive Gewalt, wodurch dieser mutige Feind der Spanier matt gesetzt und die Erschließung der großen Insel ermöglicht wurde. Im Mai 1499 ging H. mit zwei Schiffen auf Entdeckungsreise nach Süden, wobei ihm die berühmten Piloten Juan de la → Cosa und Amerigo → Vespucci zur Verfügung standen. Die Ostküste von Brasilien, die Amazonasmündung und auf der Rückreise die Küste von Venezuela und Kolumbien bis Maracaibo wurden abgefahren und beschrieben, ohne dass H. die gesuchten Schätze gefunden hätte. Nach weiteren vergeblichen Goldsuchfahrten 1502, 1505 und 1509, wobei es auch zu Kämpfen mit den Indianern kam, führte H. ein unstetes Abenteurerleben und starb in Santo Domingo mittellos in einem Spital. H. gilt als der Typus des mutigen und harten Konquistadors, der auf der rücksichtslosen Suche nach Schätzen sich selbst nicht schonte. In einem der Indianerkämpfe, in die H. geriet, ging mit 70 anderen auch Juan de la Cosa zugrunde, dessen Karten eine der Hauptquellen über H.s Unternehmungen sind. Die Chance der persönlichen Verbindung zu den zwei erwähnten großen Piloten hat H. jedenfalls nur sehr unzureichend genutzt.

Holt George, amer. Prospektor in Alaska und im Yukonterritorium, dessen Unternehmungen in den Siebzigerjahren des 19. Jh.s so lange als erstes Vordringen in diese Gebiete galten, als die russ. Expeditionen der Jahre 1806–1847 noch nicht bekannt waren. → Kaschewarow, → Bashenow, → Korsakowski, → Kolmakow, → Glasunow.

Holub Emil, 1847–1902, stammte aus Holitz in Böhmen und studierte in Prag Medizin und Naturwissenschaften. Entdeckertrieb und Wanderlust führten ihn 1872 nach Südafrika, wo er sich im Diamantendistrikt von Kimberley als Arzt niederließ. Innerhalb von fünf Jahren unternahm er drei größere Expeditionen. Nach längeren ausgedehnten Wanderungen 1873 durch Transvaal und das Betschuanaland brach er im März 1875 nach dem mittleren Sambesi auf, den er bis in das Quellgebiet verfolgen wollte. Er musste sein Unternehmen aber abbrechen, da er in den Stromschnellen des Flusses oberhalb von Sesheke sein Boot mit fast der gesamten Ausrüstung verlor. Daraufhin kehrte er in die Heimat zurück und suchte erst einmal die Mittel für eine weitere Reise aufzubringen. 1883–87 stieß er mit seiner Gattin und sechs Landsleuten nochmals zum mittleren Sambesi vor und erreichte endlich das Gebiet der fremdenfeindlichen Maschikulumbe. Dort wurde er vollständig ausgeplündert und konnte nur mit Mühe mit seinen Begleitern das nackte Leben retten. 1887 kehrte er in die Heimat

Löwenjagd. Abbildung aus Holubs »Sieben Jahre in Südafrika«.

zurück. Seine beiden großen Reisewerke, *Sieben Jahre in Südafrika* (1881) und *Von der Capstadt ins Land der Maschikulumbe* (1890), gehörten im alten Österreich zu den beliebtesten und bekanntesten Büchern über Afrika und fanden weite Verbreitung.

Hooker Sir Joseph Dalton, 1817–1911, engl. Botaniker und Asienreisender, der aber auch in den marokkan. Gebirgen und im westl. Nordamerika bemerkenswerte Forschungsreisen unternahm. Nach Abschluss seiner medizinischen Studien nahm er als Unterarzt 1839–43 an einer Antarktisexpedition teil. 1848 wandte er sich, angeregt durch den Direktor des Botanischen Garten von Kalkutta, den Hochgebirgsregionen östl. von Nepal zu und durchwanderte in zwei kühnen Unternehmungen Sikkim bis an die Grenzen Tibets. Er arbeitete sich dabei nahe an den Kangehendzönga heran, überschritt mehrere Hochpässe und erforschte vor allem das Singhalelahgebirge und die Quellflüsse des Tista. Da der Herrscher von Sikkim H. und seine Gefährten einkerkerte, kam die Expedition erst im Dezember 1849 wieder in Darjeeling an. Seine Sikkim-Karte konnte H. noch dem greisen Alexander von → Humboldt unterbreiten. H.s Marokkoreise von 1871 führte zu Klärungen über den Verlauf der Hochgebirgsketten über die Aufzeichnungen von → Rohlfs hinaus. Schließlich bereiste H. 1877 noch die amer. Staaten Colorado, Wyoming, Utah und Kalifornien. Sein Briefwechsel mit Alexander von Humboldt erschien 1849, seine *Flora of British India*, gemeinsam mit anderen Forschern erarbeitet, 1875–79 in London (7 Bde.). Sven → Hedin bezieht sich in seinen Arbeiten über das südl. Tibet mehrfach auf H.

Hookers Lager im Himalaja.

Hooper William Hulme, 1827–54, brit. Marineoffizier, Teilnehmer der → Moore-Expedition zur Rettung von Sir John

→ Franklin. Machte während der Überwinterung 1848/49 nahe Kap Tschukotskoi wichtige Studien über die Tschuktschen und erforschte 1849 mit Pullens die Polarmeerküste zwischen Wainwright Inlet und Kap Bathurst. Dabei wurden 1850 zwei Inseln entdeckt und Pullens bzw. H. genannt.

Hoorn Jan Cornelisz van, niederländ. Seefahrer und Entdecker des 17. Jh.s → May, J. J.

Hornemann Friedrich, 1772–1800. Der aus Hildesheim gebürtige H. studierte wie sein Vater Theologie, sein Interesse aber galt der Geografie Innerafrikas. 1795 wurde er an die Afrikanische Gesellschaft in London empfohlen, die sich bereit erklärte, eine Forschungsreise nach Inner-Afrika zu finanzieren. Ein Jahr lang bereitete sich H. in Göttingen auf seine Aufgabe vor, dann reiste er über London nach Kairo. Hier wurde er – obwohl er im engl. Auftrag reiste – von Napoleon unterstützt und konnte alle Vorkehrungen für seine Expedition treffen. In Begleitung eines dt. Renegaten namens Freudenburg, der als Diener und Dolmetscher fungierte, verließ H. im September 1798 als mohammedan. Händler verkleidet mit einer aus Mekka zurückkehrenden Karawane Kairo. Er besuchte die Oase Siwa, wo er in den dortigen Tempeltrümmern die Reste des berühmten Jupiter-Ammon-Tempels erkannte, den schon → Alexander der Große besucht hatte. Von hier aus zog er durch völlig unbekanntes Gebiet westwärts. Es sollte mehr als ein Jahrhundert vergehen, bis wieder einmal Europäer diesen Weg einschlugen. H. kam bis Murzuk, der Hauptstadt des Fezzan. Von da ging er noch einmal nach Tripolis zurück, um seine Tagebücher persönlich abzugeben (und rund 130 Jahre lang stützte man sich auf seine Angaben). Im Januar 1800 traf er wieder in Murzuk ein. Von hier aus wollte H. als erster Europäer südwärts nach Bornu oder sogar nach Timbuktu vorstoßen. Dann hörte man nichts mehr von ihm. Spätere Forschungen ergaben, dass er tatsächlich nach Bornu gelangt, hier drei oder vier Monate geblieben und dann nach W zum Niger weitergezogen war, wo er in der Hauptstadt des Landes Nupe an Ruhr erkrankte und starb.

Hornetinseln, franz. Liancourt, jap. Take-Shima, Gruppe kleiner Inseln in etwa gleicher Distanz von der korean. und der japan. Küste vor dem Nordostausgang der Tsushimastraße. Am 25.8.1855 von der *Hornet* (Hornisse) unter Captain Elliot entdeckt und der Lage nach bestimmt.

Horstmann Nikolaus, aus einer niedersächs. Gelehrtenfamilie in Hildesheim, trat um 1735 in die Dienste der Holländ-Westind. Handelskompanie und befuhr auf Anregung des Gouverneurs von Surinam den Essequibofluss (heute in Brit.-Guayana) stromaufwärts. Auf dem Rupununi, einem linksufrigen Nebenfluss des Essequibo, gelangte H. ins Pakaraimagebirge, überquerte als Erster die Wasserscheide zum Amazonasbereich (Rio Branco, Rio Negro) und geriet in die Gefangenschaft der sehr wachsamen Portugiesen. Immerhin gelang es H., seine wichtigen Aufzeichnungen an → La Condamine zu übergeben, womit diese erste wissenschaftliche Aufnahme des schwer zugänglichen Gebiets zwischen Rupununi und Rio Branco für die Erdkunde gerettet war. Sie konnte u. a. von Alexander von → Humboldt genutzt werden.

Houghton Daniel, um 1750–91, hatte dank eines langen Aufenthalts in Afrika große Kenntnisse über Araber und Schwarze gewonnen; als brit. Major bot er 1789 der Afrikanischen Gesellschaft seine Dienste an und wurde beauftragt von Gambia aus zum Niger vorzustoßen, um den Ursprung und den Lauf dieses Stroms zu ermitteln und die Stadt Timbuktu zu besuchen, die damals noch kein Europäer betreten hatte. Im November 1790 zog H. von der Gambiamündung aus in das Reich Mambuk, wo er Erkundigungen über den Lauf des Niger einholte. Ob er den Fluss erreichte und befuhr, wie manchmal behauptet wird, lässt sich nicht nachweisen. Wahrscheinlich wurde er absichtlich in die Irre geführt und kam dabei auf dem Weitermarsch um.

Houtman Cornelis, 1540–99, und Frederik, um 1570–um 1630, Seefahrerbrüder aus dem holländ. Gouda, die 1595–97 die erste der folgenreichen niederländ. Fahrten nach Insulinde unternahmen. Frederik entdeckte auf späteren Fahrten (1598 und 1603, vor allem aber 1619, von Amboina aus) kleine Inseln, Korallengürtel und schließlich östl. davon Festland in großer Ausdehnung (27–32 Grad südl. Breite). Die Houtman Abrolhos westl. von Northampton bzw. Geraldton (Westaustralien) erinnern bis heute an diese Entdeckung: Sie liegen 45–80 km vor dem Festland, bilden drei Gruppen und sind eine baumlose Halbwüste auf sehr früh entstandenen Korallenriffen. Die Nachrichten, die Frederik H. über sie gab, sind die ersten Berichte von Australien, die Europa erreichten und in Landkarten eingingen.

Hsüan Tsang, 602–64, buddhistischer Priester aus Honan, dessen Geburtsname Chen I lautete. Er wurde schon mit 20 Jahren Priester und trat 629 seine Reise zu den heiligen Städten des Buddhismus in Indien an, von der er erst 645 zurückkehrte und mit größten Ehren empfangen wurde. Kaiser Tai Tsung verlieh ihm den Ehrenrang eines San Tsang. H. führte auf der Rückreise nicht weniger als 650 Bücher mit sich, die er in seinen weiteren Lebensjahren übersetzte. Vorher aber überreichte er 646 dem Kaiser seinen Bericht aus den westlichen Ländern, eine wohl geordnete Reisebeschreibung in 137 Kapiteln (647/48 noch einmal ergänzt). Danach ging die Reise durch die Wüste Gobi, über Hami, Kutscha und Aksu, über den Tienschan zum Issyk-Kul, Ferghana, Samarkand, Buchara und über den Amu-Darja in die alte Karawanenmetropole Balch, wo H. sich – wie später Marco → Polo – sehr lange aufhielt. Schließlich reiste er über Kabul, Peschawar und den Khaiberpass nach Indien weiter, wo er sich vor allem an den Ufern des Indus und im Fünfstromland aufhielt und Taxila besuchte, das schon vom Alexanderzug berührt worden war. In der Stadt Srinagar weilte H. volle zwei Jahre, unternahm dann kürzere, nicht mehr zu ermittelnde Reisen und gelangte schließlich ins Gangesbecken. Hier, im heiligen Land der Buddhisten, folgte er dem Strom bis zu den Quellen, drang bis Nepal vor und erreichte Magadha, das Reich südl. des Ganges, das im Leben des Buddha eine so große Rolle gespielt hatte. Hier blieb er fünf Jahre in einem Kloster, denn die berühmte alte Hauptstadt Pataliputra, Residenz des

Hsüan Tsang.

großen Ashoka, fand H. als Ruinenstätte. (Das Kloster Nalanda, im 7. Jh. das Oxford des Buddhismus, wird seit 1916 ausgegraben.) Danach durchwanderte H. Vorderindien bis an die Malabarküste und kehrte endlich über Kabul, den Khevakpass im Hindukuschgebirge und die Hochpässe des Pamir ins Tarimbecken zurück, wo er die südl. Seidenstraße nach China einschlug. Auch hier versanken später Orte, die er noch antraf, in Schutt und Sand (Phu-kiai in der Takla-Makan-Wüste). Reiseleistung und Bericht sind durch ihre Ausführlichkeit besonders wertvoll; zahlreiche Beobachtungen und Erscheinungen finden sich später in den Berichten anderer Reisender von Marco Polo bis Sven → Hedin bestätigt. (Beste Ausgaben des Berichts *Voyages des pélérins bouddhistes* hg. von Stanislas Julien, Paris 1857/58, mit Kommentaren von Henry Yule: *Notes of Hwen-Thsangs account* ... 1873.)

Hüan Tsang → Hsüan Tsang.

Huc Evariste Régis, 1813–60, franz. Asienmissionar und mutiger Reisender. H. reiste 1839 von Le Havre aus zunächst nach Macao, bereitete sich dort bis 1841 auf seine Arbeit vor und wählte dann den S der Mandschurei als Hauptbetätigungsfeld. Im September 1844 erreichte er gemeinsam mit seinem Glaubensbruder Gabet das Tatarengebiet zwischen Hsi-ning und Kukunor. Eine Pilgerkarawane in Richtung Lhasa dürfte die beiden Geistlichen dazu veranlasst haben, entgegen ihrer ursprünglichen Absicht nach Tibet einzureisen, was in einer gefährlichen und anstrengenden Winterreise auch gelang. Ebendiese Schwierigkeiten jedoch stellten sich genaueren Aufzeichnungen entgegen, sodass H.s Mitteilungen über Osttibet vergleichsweise dürftig sind. H. schildert ausführlich und beinahe poetisch den Kuku-nor-See, nicht aber das Gebirge,

Evariste-Régis Huc.

das er überschritten haben muss. Hingegen enthält H.s Reisewerk gute Schilderungen der tibet. Wüsten und der Gebiete am oberen Jangtsekiang, in der Bajankaraschankette, nördl. deren die Hoangho-Quellen liegen. In Lhasa selbst konnten H. und Gabet sich nur sechs Wochen aufhalten; am 15.3.1846 mussten sie wieder aufbrechen, wobei ihnen der Rückweg nach Osten auf der chines. Nachschubstraße über Giamda und Tschiamdo vorgeschrieben wurde. Von Sven → Hedin maßvoll kritisiert, von → Prschewalski im Wahrheitsgehalt angezweifelt, erfreuen sich H.s in Frankreich wiederholt aufgelegte Reiseberichte eben wegen ihrer gefälligen Form und mancher Ausschmückung bis heute großer Beliebtheit. Eine populär bearbeitete dt. Ausgabe erschien 1966 in Tübingen.

Hudson Henry, um 1550–1611, kühner Nordlandfahrer im Auftrag der Muscovy-Company u. a. brit. Kaufleute. 1607 befuhr er die grönländ. Westküste bis 73 Grad nördl. Breite, segelte dann nach Spitzbergen, wo er 79.49 Grad Nord erreichte, und entdeckte Jan Mayen. Eine zweite Reise sollte eine Nordostpassage erkunden, endete aber vor Nowaja Semlja. Im Sept. 1609 drang er auf der Höhe des heutigen New York in den H.-River ein und fuhr stromaufwärts bis zur heutigen Lage von Albany. Er wurde von den Eingeborenen so gut aufgenommen, dass auf seinen Bericht hin vor allem holländ. Kaufleute und Pelzhändler sich dorthin aufmachten und Fort Orange (später Albany) und Neu-Amsterdam (später New York) gründeten. H.s vierte Fahrt diente wiederum der Suche nach einer Nordwestpassage und erbrachte die Entdeckung der H.-Bay, in der sich für die nachfolgenden Seefahrer und Landexpeditionen zahlreiche neue Ziele boten. H. überwinterte 1610/11 im Eis eingeschlossen in der James Bay, dem südl.sten Fortsatz der Hudson Bay, dessen Südende in der Luftlinie nur 900 km von Montreal entfernt ist, und kam im Juni 1611 vom Eis frei. Die Besatzung, die eine Fortsetzung der Passagensuche fürchtete, meuterte jedoch und setzte H., seinen Sohn und sechs Kranke in einem offenen Boot aus, in dem sie zugrunde gingen. Ein Rest der Meuterer erreichte im Oktober 1611 England, unter ihnen S. Bylot, der sich in weiteren Entdeckungsfahrten (Hudson Bay, Baffin Bay) selbst einen Namen als Pilot machte.

Hudson William L., Kapitän der *Peacock* in der Expedition von Charles → Wilkes, 1838–42.

Hudson William Leverett, 1794–1862, amer. Seeoffizier und Südseeforscher, der sich durch emsige Vermessungs- und Forschungsfahrten um die Kenntnisse verschiedener Inselgruppen im Pazifik verdient gemacht hat. (Gilbert-, Phoenix-, Tokelau-, Ellice-Gruppe und Einzelinseln). 1841 entdeckte er, nach Hinweisen des Walfängers Swain, die noch heute diesen Namen tragende kleine Koralleninsel im heutigen amer. Samoabereich 450 km nördl. von Tutuila.

Hügel Karl Alexander Anselm Freiherr von, 1796–1870, österr- Diplomat und Asienreisender. H. machte verschiedene Feldzüge gegen Napoleon I. mit, weilte 1821 mit der österr. Armee in Neapel und blieb dann als Attaché dort zurück. 1830 begann er sich mit den Naturwissenschaften zu beschäftigen, reiste in England und Frankreich und schiffte sich 1831 in Toulon in den Vorderen Orient ein. Dabei wurden auch Ägypten u. a. Teile Nordafrikas besucht, in Tripolis die Cholera überstanden und die Reise schließlich bis nach Indien fortgesetzt. Hügel bereiste das Pandschabgebiet und Kaschmir, hielt sich fünf Monate lang in Ceylon auf, reiste weiter nach Neuseeland und kehrte über die Philippinen, Südafrika und St. Helena 1837 nach Europa zurück. H.s reiche Sammlungen naturwissenschaftlicher und ethnologischer Art wurden ebenso wie seine Münzensammlung für den österr. Staat angekauft (sie enthielt allein 258 baktrische Stücke!), während H. sich der Ausarbeitung seiner Aufzeichnungen widmete. 1849 machte H. den ital. Feldzug mit Feldmarschall Radetzky mit und kehrte danach in den diplomatischen Dienst zurück: 1850–59 als Gesandter in Florenz, eine der begehrtesten Sinekuren, die Wien zu vergeben hatte, und 1860–69 in Brüssel. Im Ruhestand lebte H. vorwiegend in England, starb aber in Brüssel. – H. war ein Mann von größter persönlicher Kultur, der in seinen Erinnerungen einen viel bewunderten Stil schreibt. *Kaschmir und das Reich der Sikhs* (4 Bde., 1840–42), *Das Kabulbecken* (2 Bde., 1851/52). 1860 erschien *Der Stille Ozean und die spanischen Besitzungen im Ostindischen Archipel.*

Humboldt Alexander von, 1769–1859, wissenschaftlicher Schriftsteller und Forscher mit vorwiegend geografischen und ethnologischen Interessen, zudem der bedeutendste Organisator zwischenstaatlichen Wissenschaftsaustauschs und internationaler Zusammenarbeit der Forscher untereinander und mit den Regierungen. In allen diesen Aktivitäten ist H. bis heute Vorbild und richtungweisend. H. war der jüngere Sohn eines preuß. Offiziers und einer hugenott. Mutter, sein Bruder Wilhelm (1767–1835) berührte sich nur in der Splittersprachenforschung mit den Arbeiten H.s, wirkte aber verdienstlich für die Erneuerung Preußens nach den Niederlagen von 1806 und für die Organisation des Schul- und Hochschulsystems, was ihn ebenfalls in späteren Lebensjahren mit H.s Tätigkeit zusammenführte. Die Brüder H. hatten auf Schloss Texel ausgezeichnete Hauslehrer, die erste Hinweise auf ferne Länder u. Forschungsreisen gaben. Danach besuchte H. die berühmte Bergakademie in Freiberg (Sachsen) und empfing weitere Anregungen, als er mit → Forster eine topografische und Kunstreise längs des Niederrheins absolvierte. 1794 begann der Kontakt mit Goethe, aus dem H.s erste Pläne zu einer Weltgeschichte der Pflanzen erwuchsen. 1796 gab H. das Amt eines Oberbergmeisters auf und begann gemeinsam mit → Bonpland die Vorbereitung seiner Reise nach Span.-Südamerika, die nach Überwindung vor allem politischer Hindernisse (in Südamerika gärte es!) am 5.6.1799 begann. Auf den Kanaren wurde der Pico de Teyde bestiegen, im November 1799 wurde Caracas erreicht. Etwa ein Jahr brachten die beiden vor allem im Gebiet des Orinoko zu, dann folgten Archivstudien auf Kuba, Reisen in Ecuador und 1802 die Besteigung des Chimborazo bis 5 759 m (den Gipfel mit 6287 m erreichte → Whymper 1880), 1803/04 weilten H. und Bonpland in Mexiko. Für Verlag und Druck der Berichte und Illustrationen erwies

Hängebrücke in Peru. Abbildung aus dem Reisewerk Humboldts.

sich Paris als der günstigste Ort, womit für H. ein lebenslanges Dasein zwischen zwei Sprachen begann, zogen sich doch Auswertung und Veröffentlichungen bis 1827 hin, nicht zuletzt weil immer wieder neue Forschungsergebnisse eingebaut wurden und H. mit seinem Stab zu einer Schaltstelle für die geografische Forschung aller Nationen geworden war. Der Reisebericht mit seinen 35 Bänden lag 1834 vollständig vor, ein kostbares, Epoche machendes Werk, dem *Ansichten der Natur*, ein Versuch über den politischen Zustand des *Königreichs Neuspanien* und ein zweibändiger Essay über Kuba folgten. Neben diesen größeren Arbeiten erschienen immer wieder Aufsätze H.s über Botanik, Völkerkunde, Landeskunde und spezielle Probleme der Geografie wie die Isothermen, Höhenmessungen usw. 1827 verlegte H. seinen Wohnsitz nach Berlin und nahm 1829 eine Einladung des Zaren zu einer Gelehrtenreise bis zum Ural an, die sich schließlich bis in den Altai und zum Kaspischen Meer ausdehnte. Bald darauf erschienen Arbeiten über Geologie und Klimatologie Asiens, über die Bergketten Zentralasiens und ihre Klimate. Die letzten Lebensjahre widmete H. der Propagierung seiner Wissenschaft durch Vorträge und der Zusammenschau aller Ergebnisse und Ideen in dem Alterswerk *Kosmos* (5 Bde., 1845–62, unvollendet), das nur noch mühsam mit den neusten technischen Errungenschaften des neuen Jh.s Schritt hielt. Zuletzt auch für den Hof nur noch ein unbequemer Mahner und Bettler für junge Gelehrte, starb H. vereinsamt und verarmt. Seine unschätzbare Bibliothek verstreuten Londoner Antiquare in alle Welt.

Hunt Wilson P., um 1780–1842, Pelzhändler der Unternehmungen von Johann Jakob Astor aus Heidelberg (1763–1848), die Pelze u. a. gegen asiat. Güter wie Tee handelten und darum an gangbaren Ostwestwegen durch die USA interessiert waren. H. durchquerte 1811/12 Nordamerika bis nach Fort Astor an der Columbiamündung. Mit diesem Marsch, der am oberen Missouri begann, die Big Horne Mountains überquerte und den Unionpass erschloss, erreichte H. über den Snake River den Columbia River (der damals noch nicht so hieß) und befuhr ihn auf Flößen bis zu den Stromschnellen bei der heutigen Stadt Carson. Von dort ging es zu Fuß weiter nach Fort Astor (heute Astoria), der ältesten Weißensiedlung in Oregon unweit der Stelle, wo 1805 schon → Lewis und → Clark ihr Ziel erreicht hatten. Noch im selben Jahr 1812 brach R. Stuart in der Gegenrichtung auf, womit der Oregon Trail Wirklichkeit wurde.

Hunter John, 1737–1821, schott. Australienpionier und Gouverneur von Neusüdwales. H. kam 1787 als Kapitän auf der *Sirius* mit der Philipps-Flotte nach Australien, brachte 1790 Sträflinge auf die Norfolkinsel und war dort nach einem Schiffbruch dem Hungertod nahe. Auf der Rückreise mit der *Waaksamheyd* wurden vor längerer Zeit entdeckte Inselgruppen (Stewart Islands = Sikaiana, Lord-Howe-Islands u. a.) passiert und die Duke-of-York-Insel näher erforscht. Als Gouverneur förderte H. die Expeditionen von → Bass und → Flinders.

Hunter Robert L., Kapitän des brit. Walfangschiffs *Marshall Bennett* mit ausgezeichneter Kenntnis des westl. Pazifiks. Auf seinen verschiedenen Fahrten zwischen 1830 und 1840 entdeckte er die kleine Gruppe der Torres Islands (im NW der Banks-Gruppe), die größte 16 km lang, aber alle bergig, und drei Inseln der Vanuatu-Gruppe. Zudem vertiefte er die Kenntnis von Woodlark (→ Grimes), der Goldinsel mit dem Eingeborenennamen Murua, und von Matthew Island, 450 km östl. von Neukaledonien. Als einer von wenigen Walfängern schrieb er in Fachzeitschriften über seine Entdeckungen und Beobachtungen (*Nautical Magazine* 1840/43), worauf sich die in unserer Zeit erhobene Forderung gründete, Logbücher von Walfangschiffen und Inselpendlern zu sammeln und auszuwerten.

Huon de Kermadec, berühmtes breton. Seefahrer-, Korsaren- und Entdeckergeschlecht, das schon im 13. Jh. belegt ist. Unter den frühen Namensträgern sind zu nennen: Vincent H., 1671–1746, zeichnete sich 1690 beim Überfall auf die brit. Flotte von Tingmouth aus, kämpfte bei La Hougue und fuhr 1697 als Korsar auf der *Sceptre* in die Karibik, verlor beim Angriff auf Cartagena (heute Venezuela) zwei Brüder und kämpfte später vor Tripolis und Danzig. Sein Sohn François-Pierre, 1726–87, kämpfte vor Santo Domingo gegen den berühmten brit. Admiral Hawke. 1755 finden wir ihn in Kanada, 1774 kreuzte er mit der Fregatte *Diligente* in der Karibik und nahm 1778 nach der Schlacht bei Ouessant verwundet den Abschied.

Huon de Kermadec Jean-Marie, 1747–96, nahm an der Geschwaderschlacht vor Dominica teil, nach der die nahe beim franz. Guadeloupe liegende Insel kapitulierte. Nach dem Dienst beim Gouverneur der »Inseln unter dem Winde« kämpfte er im Indischen Ozean, bei der Ile de France und vor Ceylon gegen die Engländer, wurde aber trotz seiner Verdienste von den Revolutionären ins Gefängnis geworfen und starb, erst kurz vor seinem Tod entlassen, auf seinem Schloss Tromeur bei Brest.

Huon de Kermadec Jean-Michel, Chevalier, 1748–93, Bruder von Jean-Marie H. 1779 kämpfte er an Bord der *Diadême* im amer. Unabhängigkeitskrieg gegen die Briten vor Savannah (Georgia) und ging 1785 mit → D'Entrecasteaux nach Ostindien. Im Oktober 1786 erhielt D'Entrecasteaux den Auftrag, Routen durch die weniger befahrenen Zonen des Indischen Ozeans und der südostasiat. Gewässer zu ermitteln, und H. hatte die Ehre 1789 vor der *Académie royale de la Marine* in Brest seinen Bericht von dieser Reise vorzutragen. Am 28.9.1791 liefen die Schiffe *Recherche* (Kommandant D'Entrecasteaux) und *Espérance* (Kapitän H.) von Brest aus, um den verschollenen → La Pérouse zu suchen. Sie fanden ihn zwar nicht, vollbrachten aber eine gewaltige Entdeckungsleistung. Die Iles d'Huon (nördl. von Neukaledonien), der Huon-Golf (im SO von Neuguinea) und die → Kermadecinseln erinnern an H. Wegen der Kannibalen an der Balade-Bai (Neukaledonien) wurde sein Grab auf der kleinen Insel in der Bucht erst 1845 gekennzeichnet.

Hurtado de Mendoza Diego, Kapitän des Hernan → Cortés und von diesem 1532 mit einer Entdeckungsfahrt von Acapulco nach N beauftragt. H. sollte nach seiner erhaltenen Instruktion der Küste folgen, bis er die leicht erkennbare Grenze des von Vizekönig Diego de Guzman beherrschten Gebiets erreicht haben würde (dort lief ein Hügelrücken der Sierra bis unmittelbar ans Meer). Dort sollte die eigentliche Entdeckungsfahrt beginnen, wobei besonders auch auf Inseln zu achten war. H. kam diesem Befehl nicht nur nach, sondern segelte über den vereinbarten 27. Breitengrad hinaus nach N, also tief hinein in den Kaliforn. Golf. Er passierte die Mündungen des Sinaloa und des Fuerte, wurde aber auf der Nahrungssuche an Land mit 14 seiner Gefährten von den Indianern im Schlaf erschlagen. Dies wurde ein Jahr später bekannt, als die Guzman-Expedition zum Yaqui bei der Rückkehr auf die Reste des Schiffs stieß, welches die drei Überlebenden, unfähig, es zu dirigieren, auf den Strand gesetzt hatten. Der Guzman-Expedition wurde bei dieser Gelegenheit auch bekannt, dass die Indianer H. von den → Sieben Städten erzählt hatten, was diesem Mythos neuen Auftrieb gab. Die von H. vor Guzman entdeckten Gebiete beanspruchte Cortés für sich.

Hutchinson Norton, brit. Chinafahrer des 18. Jh.s, entdeckte 1761 zwei Inseln im SW der Palau-Gruppe: Es handelte sich um Pulo Ana und Merir (früher: Warren Hastings) nördl. des Großen Barrierriffs von Palau in der 963 Inseln umfassenden Gruppe der Karolinen.

Hutten Philipp von, um 1505–46, kais. Obrist, dt. Konquistador aus dem Geschlecht des berühmten fränkischen Humanisten. H. kam 1535 nach Coro, nahm an der → Hohermuth-Expedition von 1535–38 teil, wurde nach Hohermuths Tod Statthalter in Coro und machte sich im August 1541 erneut auf die Suche nach Eldorado, zuletzt mit nur noch 40 von 150 Mann. Am Guaviare, einem bedeutenden rechten Nebenfluss des Orinoko, traf er auf große Indianersiedlungen und musste vor der Hauptstadt der Omeguas sein Vorhaben aufgeben. Auf dem Rückmarsch nach Coro wurden er und Bartholomäus Welser von Juan de Carvajal, einem Rivalen um die Macht in Venezuela, nach einem Scheingerichtsverfahren auf grausame Weise hingerichtet. H.s eigene Aufzeichnungen über diesen Marsch durch ein erst 300 Jahre später erforschtes Gebiet gingen bei diesem Verbrechen verloren.

Hyder Schah, legendärer Pandit (gebildeter Brahmane), der eine Anzahl wichtiger Reisen im brit. Auftrag glücklich ausführte (→ Montgomerie). 1870 überschritt er von Peschawar aus den Hindukusch und gelangte nach Faisabad im Tal des Amu-Darja. In den Jahren nach 1872 war er viel im alten Chorasmien unterwegs, besonders in den Gebirgsländern zwischen Kabul, Buchara und Turkestan. Zu dieser Zeit war der Emir von Buchara in einer Reihe blutiger Schlachten zu Freundschaftsverträgen mit den Russen gezwungen worden (1868), sodass sich Engländer in dem noch immer unruhigen Gebiet nicht sehen lassen konnten.

Hyder Ali Khan Bahadur (etwa 1722–1782) ind. Feldherr u. Abenteurer, der während der frz.-brit. Kämpfe um Vorderindien zu Macht und Einfluss kam und nach der Erbeutung der Schätze von Bednor (1763) zeitweise große Gebiete des Subkontinents beherrschte. Eine geogr. Großtat war die Überschreitung der Pässe von Ghats in Richtung auf Conjeevaram mit einer ganzen Armee (1780). Le Maître de la Tour, frz. Kommandant seiner Artillerie, widmete ihm eine aufschlussreiche Monografie (Paris 1783).

Register

Das hier folgende Register beinhaltet Personen und Personengruppen, nicht aber geografische Begriffe, Inseln, Städte usw. Die aufgelisteten Personen sind teils bekannt, ja berühmt, sehr häufig aber auch einfache Seeleute oder Offiziere, Kapitäne und Kaufleute. Das erklärt, warum wir in vielen Fällen den Namen nicht vollständig anführen konnten. Die römischen Ziffern verweisen auf den Band, die halbfett gesetzten Seitenzahlen auf den Haupteintrag.

A

B

C

D

E

F

G

H

I

J

K

L

M

N

O

P

Q

R

S

T

»Die Abbildungen stammen aus dem Privatbesitz von Heinrich Pleticha.«